# 精武志

上海精武体育总会 编

文匯出版社

# 《精武志》编纂委员会

**顾　问**

黄跃金　贾树枚　陈思和　刘　建

**总　编**

颜建平

**副总编**

薛海荣

**主　编**

仲富兰

**副主编**

张治中　刘延申　刘新民

**委　员**（按姓氏笔画为序）

文学国　王　栋　王　东　王雪瑛　王泽华　王方凯　田兆元　石　磊　冯学钢　冯永健
史国祥　齐路通　仲富兰　刘延申　刘亚军　刘新民　孙　剑　许　鑫　张建新　张　雄
张治中　张文建　张潇杰　陈先法　陈东湖　陈　涛　忻　平　吴云初　杨　俊　何华湘
李同兴　宋　昱　宋海禹　林　凯　孟　建　孟昭智　周　武　周　斌　周　菲　周智强
姚承赟　姚子阳　胡海荣　胡杰明　姜雪峰　徐国富　唐忠毛　顾　海　袁辰捷　黄　健
蒋光明　强　荧　管建强　蔡建国　潘文焰　颜建平　薛海荣　薛锡祥　薛海波　戴建国

**精武文化工程办公室**

张治中　仲富兰　田兆元　薛锡祥　史国祥　姚承赟　刘新民　潘文焰　胡海荣　胡杰明

**上海精武体育总会《精武志》审定人员**

徐民富　徐文庆　陈内华　刘黎平　方　婷　何君岗　李国华　孙嘉雄　孟欢欢　郑天子

**出品策划**

上海精武体育文化发展有限公司

# 凡例

一、本志以传承精武文化传统、遵循实事求是为原则，力求全面、精准、客观地记述上海精武体育总会的历史与现状。

二、上海精武体育总会在111年的发展历程中多次更名，如“中国精武体操学校”“中国精武体操会”“上海精武体育会”“上海精武体育总会”等，根据1919年孙中山先生亲自题赠匾额及为《精武本纪》撰写序文，而命名本书为《精武志》。

三、本志记载时间，上溯有史料可据的晚清年间，下至2021年。

四、本志采用小章并列体例，除概述、附录之外，章下分节，节下根据情况分目或不分目。

五、本志采用述、记、事略、简介、表、录、考、注、图等体裁；表随文设，图取串文分散相形式；表、注，均为志书可信可用而设，针对无据异说，则视情设“注”；“注”为“页下注”和“括注”。

六、历史年号、历史地名，悉遵上海市地方志办公室的志书《行文规则》，标明公历、今地名，稍复杂的以页下注说明之。

七、本志所采史料，包括文字与图片，主要来自上海精武体育总会档案资料室；1979年之前，部分采自《申报》等民国报纸期刊；1979年之后，部分采自有关人员的口述资料。

八、本志所有资料，于志书出版后，建档入藏上海精武数字博物馆。

九、志文中多次出现的机构名称，为节省篇幅，除以节为单位于首次出现时使用全称外，采用通常而又无歧义之简称。

十、为方便读者使用，志后附设附录若干，以备读者查考。

《精武志》编纂委员会

2020年11月18日

# 序一

颜建平
上海精武体育总会会长

111年前诞生于上海的中国精武体操会，是上海精武体育总会的前身，由同盟会会员陈其美、农劲荪和爱国武术名家霍元甲等人共同创建，是我国近代成立最早、规模最大、历时最长的一个民间体育社团组织。到了2014年，“精武武术”成为国家级非物质文化遗产，获得了国家的认可。经过百年发展，精武文化和精武精神深入人心，目前已在全球建立了77个精武会。

精武会大力倡导“爱国、修身、正义、助人”以及“乃文乃武、惟精惟一”的宗旨，为提振近现代中国人的民族精神起到了振聋发聩的作用。革命先行者孙中山先生对精武会的举措大加赞赏，曾两次莅会并题词“尚武精神”，应邀撰写了《精武本纪》序言。

“爱国”是精武会不变的灵魂。精武会的成立就是为了“强国强种”，改造国民性，“期造成一世界最完善、最强固之民族”。精武会初创时期的中坚力量，就是以同盟会在上海的主要成员为主的，许多成员同时也是爱国实业家。他们捐献家财，培养人才，贡献智慧，倾力赞襄精武事业。

在辛亥革命时期，精武会积极参加到攻打江南制造局的革命行动中。精武会资助陈延年、陈乔年等一批青年才俊赴法勤工俭学，为国家培养优秀人才。针对上海租界内的外滩公园竖着“华人与狗不得入内”的侮辱性招牌，1920年初春精武会建成了精武公园，挂牌“凡属人类苟能守文明通则者，咸准入园游玩”，两者境界高下立判！精武公园建成后，还立有一口“黄钟”，目的是“唤醒黄魂，注重武术”，强我国人之体魄。

日本发动侵华战争之后，精武会积极投入爱国救亡运动。精武会有关会员参与了电通公司的成立，拍摄了一批革命进步电影。积极参与剧联的成立，参与起草并通过了《中国左翼戏剧家联盟最近行动纲领》。积极参与筹募夏令卫生经费；精武会武术科、摔角协进会等三十多人深入到坚守四行仓库的“孤军营”举行慰问表演；为普及救护知识，开办救护训练班；与工部局华员总会等三团体联合设立难民收容所，开办济众难民医院，利用救护医院设备开设门诊部，等等。

新中国成立后，精武会积极响应上海市民主青年联合会发起的各界慰劳解放军活动，和市体育馆、侨联等八个组织共同筹备“上海体育界劳军”活动，陈毅市长下令嘉奖，并亲笔题词“劳军模范”。

为实现“修身”的精武宗旨，精武会大力改造中国传统武术，成功实现了向现代体育转型，为新中国体育事业作出了应有的贡献。精武会主张并践行“无门无派”，摒弃门户之见，包容百家，融合中西，体现出了鲜明的海派文化特点，创造了多个国内第一，例如，精武会是现代中国拳击、健美健身等体育项目的发源地。精武会对传统武术门派进行了艰苦的梳理和厘清工作，在此基础上进行理论化、系统化的教育研究工作。

为实现“爱国、修身”的宗旨，精武会大力改造教育，提出“三育并重”的科学口号，目的是“体育者野蛮其体魄，智育者文明其精神，德育者公正其行为”。首先，改革传统武术的师徒传承制，推行传统武术的教育现代化。精武会建会之初，逐步确立了“精武十套武术基本套路”，举办各种体育培训活动，德育上积极倡导和践行“正义、助人”的精武精神。

其次，为改变传统武术只重“言传身教”而对其知识体系少有公开传播之弊，实现武术与体育的规模化普及，精武会编撰了大量图书，包括《潭腿精义》《工力拳》《达摩剑》等十余种，由精武出版社、商务印书馆等出版发行，在社会上产生了重大影响。拍摄影片5卷66节，用于政府招待驻沪各国领事，为国家的外交事业贡献力量。

复次，为推广精武体育事业，培养新型体育人才，精武会先后开设过中国精武体操学校、精武体育师范学校、上海女子体育师范学校、平民夜校和培训班、上海精武进修学校。这是我国历史上最早的武术进校园实践。这些学校将现代化的精武武术之原理、派别、教学及比赛方法等内容，列入到体育教育中。这和我国当前学校体育教育要实现的“增强学生体质，提高运动技能，塑造健全人格”三大目标高度吻合。

精武会对教育的重视，还表现在秉持“无文不能远行”的理念，设立了精武医学部，成立各种精武医社，提出并实行运动医学，研究运动过程中出现的医学问题尤其是修复运动过程中发生的各种损伤。成立了精武会旅行组，提出“运动旅行”“摄影旅行”“游艺旅行”，是中国旅游业的开创之举。设立了文事部，旨在对会员进行艺术培训和熏陶；成立摄学部，进行摄影教学；开设映雪楼，收藏和出版教学图书；举办精武学术论坛。同时，设有京戏、音乐、书画、摄影等组，开展文化教育。这种“乃文乃武”的科学实践，实际上是昭示世人，武术体育人才是能文能武、文武兼备的社会精英，而不只是目不识丁的赳赳武夫。

111年以来，精武会始终坚持公益性组织的定位，一以贯之地服务国家、服务社会、服务民众。1920年，精武会开展了“五特使下南洋”的壮举，开创了我国最早的“民间外交”实践。他们携带《精武本纪》等书籍、精武章程等制度设计，以及精武自拍的影片，先后到访了越南、新加坡、马来西亚、印度尼西亚等地，并在当地纷纷建立了精武会。目前，世界五大洲已建立了77家精武会，在“一带一路”上有30多个精武会。各地精武会都融入当地，成为联接中外、沟通世界、“美美与共”的典范，获得了所在国家或地区的高度认可。新加坡前总理李光耀先后两次为当地精武会题词，美国的小布什和奥巴马两位总统先后为当地精武会及其举办的体育活动致贺词。

经过111年的发展，诞生于海派文化土壤里的精武文化，现已成为具有世界影响力的文化品牌，在世界范围内获得了广泛的认可。由上海精武体育总会牵头成立的世界精武联谊会，总部所在地就设在上海；世界精武武术文化交流大会已形成了每两年举办一届的机制，在海内外产生了积极影响。

今天，我国已经稳步地走在了民族复兴的大道上，并且比历史上任何时期都更接近中华民族伟大复兴的目标。在这个伟大的时刻，我们编写了这本厚重的《精武志》，以此纪念一个多世纪以来精武先贤们的筚路蓝缕之功，以明精武会面向未来、继续再创辉煌之志，以为中华民族的伟大复兴而贡献自己应有的力量！

# 序二

仲富兰
上海市民俗文化学会会长
华东师范大学教授

精武体育会1910年7月7日成立于上海，尽管它始终是一个民间体育组织，但是它诞生在海派文化的发祥地、先进文化的策源地、文化名人的聚集地，在上海开埠以来的一百多年历史上，精武会作为上海一个不可多得的主题文化品牌，是上海连接国际的一个重要抓手。从晚清及至民国，直至上海解放以后，这一百一十年的历程，伴随着百年历史的翻腾，从精武会这个侧面，可以感受到上海城市发展的百年悲欢。

20世纪初年，中国正处于风雨如磐、积贫积弱的时代，在那个饱受屈辱的年代，正是一个英国大力士奥皮音口出狂言的一个偶然事件，却搅动了当时中国人捍卫民族尊严的轩然大波——

当时人还在河北的大侠霍元甲接到沪上同盟会有关人士的邀请，便携其徒刘振声于1910年3月赶到上海，并在陈公哲及译员陪同下，找英国大力士奥皮音商谈比武事宜，最后议定“用摔跤方式，以身跌于地分胜负”。于是，发起人开始筹措资金在上海静安寺路（今南京西路）张氏味莼园（张园）内搭建了“高四尺，宽广二十尺”的擂台。这就是发生在上海具有传奇色彩的“张园比武”，但这场轰动上海的擂台赛最终以奥皮音爽约而告终。此消息在当时上海报界舆论中不胫而走，中国人扬眉吐气，这个故事后来在民间越传越神奇，文艺家将这个事件搬上舞台银幕，编撰出多种版本“精武门”故事，由此造成了人们的刻板印象，好像精武会里的人都是一些打打杀杀的武夫，错！真实的“精武会”，比电视剧里的形象厉害百倍，它是海派文化土壤里养育滋润的一项世界性的文化遗产。

正是在同盟会在沪成员陈其美、农劲荪等人的倡导下，由霍元甲先生为代表的仁人志士创办了中国精武体操学校（亦称“中国精武体操会”），及至1916年演变成精武体育会，它是我国清末建立最早的民间体育社团。111年来，这个民间体育组织历经时代风霜雪雨的打磨，历史的风尘还是难掩“精武会”的辉煌，它在全球华人乃至国际间还是风生水起，成为上海海派文化的一个瑰宝，也是中华武术文化蜚声国际的一个重要传播媒介。

精武体育会的历史表明，她作为一个民间社会组织，其命运是与国家的命运息息相关的：在1937年日本侵华之前，是民国时期的所谓“黄金十年”，也是精武会得到长足发展的时期；日本侵华之后，精武体育会同样遭到日军的残酷打压；抗战胜利后，当时的国民政府迫害过精武体育会，甚至想以官方的“国术馆”取而代之。新中国成立后，精武会获得了新生，但也经历过一段坎坷之路，甚至一度被改名为“要武体育馆”；党的十一届三中全会之后，精武会重新焕发新的活力，尤其是20世纪90年代，伴随着上海城市的发展与进步，精武体育会才真正迈上了复兴之路。可以预见在我国比历史上任何时期都更接近中华民族伟大复兴目标的当今，精武体育会必将大有作为。

专业的地方志书，有一套约定俗成的编撰规则。地方志书是一个地区的总汇；行业志书，是一个行业的资讯总汇，不过，为民间体育组织做“志”，在全国也算是破天荒的，特例就要特办，完全遵守编撰地方志的一定之规，恐怕难以做到。作为“精武志”的主编，借此机会，我向读者诸君做一个约略和概括的介绍，为读者起一点引导或佐读“精武志”和用好“精武志”的作用。

第一，本志力图说明上海精武体育会产生的社会历史背景，并在此基础上重点记载和解读上海精武体育会体育思想的形成及其文化内涵。中国精武体操会是在晚清社会转型、从专制走向共和、在当时军国民教育思潮影响下创办的具有军国民性质的体育组织。之后随着实用主义和自然主义体育思想的传入，中国精武体操会借助新思想、新思潮，更易名称，改革会务，逐步走向现代化体育组织的道路。精武体育会承载着历史，在历史演进中，这个民间社会组织不单单是一个民间体育组织，而是上海开埠之后海派历史和文化的载体，有着丰富而深厚的内涵。从成立最初的年代，上海一批受到西方文化思想影响的知识分子，他们用自己的实践，逐步构建了较为系统的体育思想，改革以传统武术为代表的中国传统体育，并且引进西方体育项目及管理模式，有组织地向社会推广精武体育等，以至于在“风雨如磐暗故园”的年代，精武会通过多方面所做的努力，对上海乃至中国体育的现代化产生了重大影响。

第二，上海精武体育总会把它对自身文化内涵的阐释，所宣扬的各种道德规范、行为理念、教育思想等一系列内容，综合成“体”“智”“德”三育并重的全面教育思想。提倡“尚武”“合群”“牺牲”精神，把它们作为普及精武体育，实现体育救国理想的手段和途径。历史证明，这条道路是非常艰难的。然而，精武会结合中国传统武术“谱系传承”的传播模式，对以武术为主的中国传统体育在师承流派、传播方式、教学训练方法、订定教学内容等方面所进行的改革。针对西方兵式体操代替体育盛行全国的现象，精武体育会将中国传统技击术与西方兵操及军事技术相糅合，创编出具有自身特色的“中国式体操”。以挽救“国乐”为名，抗衡西方健美体操表演为实，探索如何将武术、舞步与音乐相结合，编制成具有现代武舞表演形式的精武跳舞术。上海精武体育会创建运动会技击大会制度，精武技击运动会是精武体育会展示体育研究成果的重要舞台，也为现代体育运动会的开展奠定了实践基础。

第三，上海在20世纪30年代就曾跻身于“国际大都市”行列，与伦敦、纽约、巴黎、东京、柏林并称为世界六大国际大都市，引领国际风潮。如今，根据上海市“十四五”规划，上海确立了建设全球城市的远大战略。为达此目标，特别要发扬当年精武先贤“内引外进，精武迈步世界”的放眼世界的格局与筚路蓝缕的开拓精神。当年，精武体育会致力于把中国武术传播、推广到东南亚及欧美等世界其他地区。那种担当与作为是前无古人的，可以说大大超越了当时官方组织的提倡。到1927年精武会达于鼎盛，它有友会52处，会员49余万人。

精武武术在国内蓬勃发展的同时，还走出国门，进军国际舞台。如今在全国城市化水平快速持续推进的大格局下，国内城市品牌总量上升，城市品牌竞争加剧。客观上，在举国大规模迈向城市化，城市开发遍地开花的潮流之下，上海并非资源型城市，在城市化方面的领先、城市开发方面的优势将渐不明显。因此，上海要避开同质化竞争，城市品牌要持续引领潮流，也必须发挥国际化的存量优势，继续先人一步，提升一个频段，在“全球城市”轨道上走出一条示范之路。城市品牌建设不在于蛊惑人心的营销技巧和品牌技巧，而在于是否走对了路。迅速将精武文化品牌进一步国际化，应该是上海城市品牌开发与推进的一着好棋。

第四，编撰精武志，阐述精武文化之内涵。精武文化是上海海派文化中的特质资源，是对城市特质资源进行凝练与整合所形成的文化成果。我们要通过坚持不懈的努力形成“精武文化”的品牌认知和社会共识，从而成为上海最具识别力和竞争力的标志之一。城市特质资源首先要属于本民族文化传统、传承本民族文脉，切不可盲目求新立异，片面追求“西化”“西式”。就像一句耳熟能详的话语说的，只有历史的、民族的，才能是中国特色的；也只有是中国的、上海的，也才能是世界的。

第五，要找准“精武文化”品牌精细化、个性化的特质定位，形成差异化竞争优势。以往一些城市的定位，大多固守宏观的区域功能规划，比如金融中心、经济中心、文化中心等；或使用概念宽泛、含义模糊的宏大词语，像生态城市、园林城市等，趋于同质化，缺乏辨识度，没有新鲜度。而“精武文化”品牌作为特质资源，它的核心价值就在于其独特性，这是上海城市的优势和标识所在。在此基础上，还应进行精武文化的提炼，制定实施与精武文化配套的实施规划，以主题文化之“点”带动城市发展之“面”，从而提升上海城市品牌的核心竞争力。

最后说一下我与《精武志》的缘分，记得2016年，那时我还在云南大理采访调查，精武体育会的领导打电话给我，邀请我帮助他们完成一册书籍《精武武术》，说是上海非遗办公室要出版一套非遗项目丛书，“精武武术”不仅是上海市的非遗项目，而且是国家级的非物质文化遗产项目，被定为这套非遗丛书中的一种。感谢精武会领导的信任，我毅然决然地将这项工作担当起来，还请了几位对精武会比较了解的人士，特别是邀请了上海体育学院专攻上海体育史的博士研究生孟欢欢，组成一个编撰小组，大约花费了18个月的时间，从大纲设计直到拿出初稿，送交精武会领导与相关专家审核，算是完成了这个任务。

通过编撰《精武武术》，阅读相关史料，我的收获还是很大。这次，精武会领导又请我担任《精武志》的主编，当年所下的功夫没有白费，使我大大提高了对精武会这个民间社会组织的认知，编撰这本志书，是个很费劲的工程，“为伊消得人憔悴”，吃的苦、遭的罪就不说了。全赖编辑组全体同仁的不懈努力，念兹在兹，最终还是将这本志书做了出来，尽管还不是十分完美。我想，当本志付梓之际，恳望读者诸君能够以宽容的态度看待这本具有开创意义的志书。它有些缺点和错误，在所难免，欢迎各位方家、学者、同仁多多批评指正，使我们再版时能够进一步修改完善。倘若社会公众都能积极参与，就精武会发展与上海城市主题文化形成共识；围绕精武文化，制定实施系统的发展规划，最终凭借其无可替代的优势与特色，将精武文化品牌打造成世界名牌，这就是我最大的愿望了。

# 精武赋

仰望星空，紫气东升。鹰翔龙舞，叱咤风云。
流彩炫动，弧光魅影。仰俯天地，吞吐乾坤。
煅造脊梁，锤炼血性。铁骨柔肠，强能修身。
乃文乃武，惟一惟精。倚天仗剑，正义助人。
何畏强虏，笑傲苍穹。壮气吞牛，正视绳行。
兵之骁勇，爱国精忠。铁马金戈，砥砺精魂。
大义安泰，稳如昆仑。扛鼎撑天，气贯长虹。
悬壶灌顶，着手成春。中西合璧，纳古含今。
武学有术，化气为能。造福人类，医武贯通。
厚德载物，雅量容人。人类命运，和衷共济。
天下大同，万物归宗。觉醒破执，雷厉风行。
信仰之上，英雄至尊。扬帆海上，逐梦天宇。
弘扬正气，志在干云。尚武精神，雄关正道。
海纳百川，功夫行健。追求卓越，睿智开明。
大气谦和，烟雨氤氲。世界共舞，丽日和风。

薛锡祥 张治中于己亥年春

# 目录

# 概述

111年前诞生于上海的精武体育会（以下简称“精武会”），是我国近代民间体育史上成立最早、规模最大、历时最长的一个民间社会组织。经过百年发展，精武文化名扬海外，目前在全球建立了77个精武会。

“爱国、修身、正义、助人”“乃文乃武，惟精惟一”，是以传播和弘扬中华武术、培养民族正义力量为旨归，将中华民族的传统武艺与西方体育的概念和内容有机结合，构成了中国武术文化的有机组成部分，在彰显民族精神的同时，精武武术也作为上海城市文化资源而载入史册。

## 一、精武会缘起与社会背景

“精武武术”发端于上海，绝不是偶然的现象。

在20世纪初年，中国正处于风雨如磐、积贫积弱的时代，在那个饱受屈辱的年代，一个偶然的社会事件，掀动了中国人捍卫民族尊严的轩然大波——

1909年冬，英国大力士奥皮音在上海北四川路52号亚波罗影戏院（Apollo Theatre）“登台表演举重，露肌及健美种种姿态，约二十分钟，一连数晚，最后一场言，愿与华人角力。于言谈中，带多少轻蔑口吻，翌日见于报端，沪人哗然”。英国大力士奥皮音夸下海口说“愿与华人角力”，表现了对中国人的一种蔑视。根据精武会骨干之一的陈公哲《精武五十年》的记述，当时沪上有关士绅名流陈其美、农劲荪、陈公哲等，萌生了请竞技名家登台与奥皮音比试的念头，“咸欲聘请技击名家，登台与赛，以显黄魂。”

当时人还在河北的霍元甲接到邀请，便携其徒刘振声于1910年3月赶到上海，并在陈公哲与另一译员陪同下，找奥皮音商谈比武事宜。奥皮音认定用西方人的规则，霍元甲则是抱定中国人的方式，经过磋商，最后议定“用摔跤方式，以身跌于地分胜负”。于是，发起人开始筹措资金在上海静安寺路（今南京西路）张氏味莼园（简称张园）内搭建了“高四尺，宽广二十尺”的擂台。这就是在上海具有传奇色彩的“张园比武”，但这场约定在六月中旬下午四时举行的擂台赛并没有如期举行，原因据说是英国大力士奥皮音因故爽约。但是，约定同台竞技而不到场，按照惯例，霍元甲是“不战而屈人之兵”取胜了。此一消息经当时上海报界传播，不胫而走，民众扬眉吐气，霍元甲自此名扬上海滩。

乘着“张园比武”的气势，上海有关人士顺势而为，策划了以霍元甲为首的“中国精武体操学校”，此即精武体育会的前身。

精武创始人、著名武术大师霍元甲，年轻时绰号“黄面虎”

《时报》刊登中国大力士霍元甲广告

从此，开启了中国精武武术与精武体育恢宏壮观的一页。

1910 年 6 月，以霍元甲的名义，在上海《时报》刊登建会招生广告，1910 年 7 月 7 日（农历六月初一）正式成立中国精武体操会，会址设在闸北旱桥以西王家宅。正当霍元甲主持中国精武体操会精心培养骨干，以图大展伟业之时，却英年早逝。霍元甲的突然逝世，使中国精武体操会顿时失去了支柱，会务也一度出现停顿。为了继承霍元甲的遗愿，上海一大批志士能人，有钱出钱，有力出力，力图恢复精武会的元气。1911 年，中国精武体操会迁入万国商团中国义勇队旧址（今静安区民德路南端跨越铁路至浙江北路处）；1915 年，中国精武体操会在王家宅的会馆因台风毁损，陈公哲捐出倍开尔路（今惠民路）73 号作为馆舍。1916 年，中国精武体操会正式更名为上海精武体育会，并于同年年底迎来了孙中山的视察。自此之后，经上海报界的报道与传播，武功高强的霍元甲在上海市民中名声大振，影响力很大。此时，从日本回国的陈其美等人，在沪积极培育发展同盟会成员，以规划反清革命事宜。

1919 年，适逢上海精武体育会成立 10 周年之际，中华民国的缔造者孙中山先生亲临于此，挥毫题词“尚武精神”，并为即将出版的《精武本纪》作序：

> 精武体育会成立既十年，其成绩甚多。识者称为体魄修养术专门研究之学会，盖以振起从来体育之技击术，为务于强种保国有莫大之关系。推而言之，则民族所以致力于世界平和之一基础！会中诸子为《精武本纪》既成索序于余，余嘉诸子之有先知毅力不同于流俗也。故书此与之。

孙中山先生所作的这篇《精武本纪》序文，精辟提及了精武会几大要旨——

体魄修养术专门研究，振起体育之技击术，强种保国，致力于世界平和。这些，可以被视为是对传统中国武术的发扬和超越，也使云集在上海的许多志士能人都将这个组织作为推翻旧世界、建设新世界的平台。

霍元甲就在这种社会背景下被推上了历史舞台，最终成为民族英雄的。此时，大清政府正在全面推进政治体制改革，出现了中国历史上前所未有的“空窗期”，在地方自治运动中，一些以强身健体为旗号的民间准军事力量纷纷出现，同盟会自然也要抓住机遇，“希望十年内训练出千万名既有强健体魄，又有军事技能的青年以适应大规模革命运动和改良军事的需要”。霍元甲在江湖上名头响亮，历史最终选择了霍元甲。

今天看来，同盟会策动霍元甲迎战已经在上海家喻户晓的奥皮音，是一次十分成功的“借势公关”。报刊大张旗鼓地进行报道，霍、奥之战俨然成为事关中华民族尊严与脸面、彰显“黄魂”（即黄种人的魄力）的巅峰对决。在万众瞩目之下，策划者们开始在上海著名的“张园比武”，在张园内搭建了大擂台，“高达四尺，宽广二十尺”。奥皮音被霍元甲和其所代表的中国真功夫吓破了胆，落荒而逃。这样的结局，自然是大长了中国人民的志气，大灭了帝国主义分子的威风。霍元甲在报上刊登广告，高举爱国主义的大旗：“世讥我国为病夫国，我即病夫国中一病夫，愿与天下健者一试。”并宣称：“专收外国大力士，虽铜筋铁骨，无所惴焉！”

大量精武史料证明，没有反帝反封建的仁人志士就没有精武会，没有爱国武术家的崇高形象和号召力，就不会有精武会的昌盛和发展。没有这位爱国武术家的崇高形象和号召力，就不会有精武会的昌盛和发展。但在霍元甲的背后站着诸多的同盟会志士，也是不争的事实。当霍元甲从河北省初来乍到十里洋场的上海时，可谓人生地不熟，辛亥革命元老邵元冲（1890-1936）后来曾这样写道：“其时有北方拳术家霍元甲到申，（其美）先生重技术，就相结识，谈论间颇觉霍君富爱国思想，乃运动上海各界人士为技击者谋划创办学校，挑选同志中志向坚定体格强健者50人，由霍君传授拳术，并及军事，以应革命之需要。”[1]说明作为中部同盟会的主要领导人、孙中山先生得力助手的陈其美先生，对于创办中国精武体操学校以适应反清革命之需要的重要作用。

除了陈其美、农劲荪，其他的同盟会骨干也起了相当的作用。如陈铁生（1873-1940），此公年轻时身体不好，正是因为体质差，不到40岁还要拄手杖才能走路，曾有“油炸烩脚”（油条腿）的绰号。民国五年（1916）参加精武会，主编《学生杂志》的“技击从刊”。同时开始习武，不到一年，即能在刀剑丛中“与诸少年角逐”。以后专心致志从事精武事业，一直是精武会的主编人员。编著有《潭腿》《达摩剑》《会战》《五虎枪》《童子军棍术》《精武》《精武本纪》等10余种书籍，也是《中央精武杂志》的主要编纂者。民国六年（1917），就武术与“国粹”等问题在《新青年》杂志的“随感录”中与鲁迅开展了辩论。民国二十四年（1935）去广州，民国二十九年（1940）逝于澳门。陈铁生是精武会中难得的武术理论家，对于传统武术著述颇丰，在海内外颇有影响。

中国同盟会骨干王一亭（1867-1938），是清末民国时期海上著名书画家、实业家、杰出慈善家、社会活动家与宗教界名士。加入中国同盟会，资助辛亥革命和二次革命，曾任中国国民党上海分部部长。上海光复后，历任军政府交通部部长、商务总长、中华银行董事。王一亭是精武会的首批会员，他作为一名著名的实业家和社会活动家，不辞辛劳、不计得失，成为上海最著名的慈善家和慈善界的领袖人物，表现出高度的近代人文主义精神和爱国精神。

徐一冰（1881-1922），青年时代，正值外国列强欺侮中国，他以“东亚病夫”为耻，于光绪三十一年（1905）东渡日本，进大森体操学校，立志体育救国。两年后毅然决然地回到上海，主张“强国之道重在教育，教育之本体育为先，人种不强国家安赖”，积极提倡体育教育事业。

近代著名体育家杨谱笙（1879-1949），名兆釜，原籍浙江湖州市菱湖镇人，是湖州旅沪公学的创始人兼校长，也是陈其美先生革命活动的积极支持者，同盟会中部总会的创始人，更是一位爱国革命志士。杨谱笙主旅沪公学，徐一冰主中国体操学校，颇有办学经验，“谈教育者辄以德智体并重之说，为根本之研究”，是他们教育思想的核心，这对精武精神之确立，坚持以“德智体备染青年子弟”，规定“以仁爱为怀，服务为旨……造福人群”，造就“最完善、最强国之民族”的理念具有一定影响。

精武会初创阶段，还有三个核心人物，即有“精武三公司”之称的陈公哲（1890-1961）、卢炜昌（1883-1943）和姚蟾伯（生卒年不详）。这三人结为莫逆，正是血气方刚的青年，又都毕业于上海的高等学校，受到新文化的影响，具有强烈的爱国热情。他们都是精武体育会创建初期的栋梁，是霍元甲的第一批学生。陈公哲的会员证是344号，卢炜昌的会员证是341号，姚蟾伯的会员证是345号。在霍元甲不幸遇害遽然逝世后，初创未久的精武会处于风雨飘摇之际，三人出谋划策、团结会众、捐资出力，将中国精武体操学校更名为精武体育会，明确宗旨，制定章程，统一会标，终让精武走出低谷，走向繁荣。尤其是陈公哲把自己私宅和宅基地捐赠出来作为精武新会所，贡献巨大。1924年《精武内传》称：“吾会自创立至今，会中最得力之桢权数人耳。”其中“坚毅如炜昌，勇猛如公哲，聚合如蟾伯，聚合于一炉，以铸就此宏大之事业”，因此被大家尊称为“精武三公司”，“精武三公司”在精武发展史中占有不可动摇的地位。

## 二、民俗类传统武术向现代体育的转型

武术运动深深地扎根在中国这块古老的土地上，与古代希腊、罗马的竞技运动相比毫不逊色，它是中国文明史中的一个杰作。从先秦“六艺”中的“射”“御”，到军事操练和民间游戏中的蹴鞠；从唐宋元三代宫廷贵族迷恋的“击鞠”（马球），到清代少数民族政权喜好的摔跤、“冰嬉”……中国的民俗健身运动逐渐浮现出隐秘的武林，中国人在漫长的历史中形成了自己独有的身体文化和身体技术。中国武术把攻防格斗与健身娱乐、身体运动与

我国早期体育教育家徐一冰先生

哲学道理结合得自然而完美，逐渐发展成一个丰富多彩、千姿百态的体系，成为古代中国特有的一种文化现象。

鸦片战争之前，中国人的健身大抵属于民俗活动的范畴。传统体育是中华民族创造和发展并流传下来的民族体育活动，经常被狭义地理解为武术，但实际上包含的内容是十分丰富的。按照比较流行的分类方法，传统体育大致可以分为三类：（1）军事性的体育项目。包括武艺（武术）、射箭、摔跤、击鞠、牵钩等全部从军事技能中衍生出来或与军事技能有关的项目。（2）健身养性的民俗活动，包括消肿舞，导引术、养生术、五禽戏、太极拳等一类的项目。（3）娱乐游戏性的体育如：舞蹈、百戏、棋类、龙舟、秋千等各种民间游戏和少数民族的体育活动。不但有健身功能，还有娱乐的作用[2]。

明末清初，中国民间就在一些体育项目上对外进行交流，主要交流对象包括琉球和俄罗斯等国家。其中的项目有传统的武术、摔跤、冰嬉等，而作为脑力活动的围棋交流更是从未停止。

中日甲午海战之后，洋务运动派遣出去的留学生陆续回国，极为重视国民素质的提升，从而使得体育运动蓬勃发展。留学海外的学生，不仅通过演讲等形式对一些体育项目进行了宣传，还在各地的学校积极开展活动。事实上，这些留学生很多都担任了学校的教员，清朝末年的小学生到大学生的课程表上都加了一项体育课。弘一法师曾经写过一首《体操兵操歌》，作为学生们出操的歌曲，受到了广泛的欢迎。

19世纪末传入中国的田径、游泳、球类运动等西方体育项目以及奥林匹克式的竞技规则，与我国本土发展起来的“传统体育”存在巨大的差异，不仅体现在从事的人群、遵守的规则、调动的肌肉和使用的器械等方面；更重要的是，“传统体育”所代表的士大夫的侠义之道和帝国中心的“天下”秩序，已经不能适应清末民初知识精英的政治理想和诉求，他们需要借助象征着纪律、力量和进步的“现代体育”，来构建一个现代民族国家，将中国重新纳入全球的格局和历史进程之中。

除了民间机构和人士的努力之外，清朝政府在洋务运动之后也做出了相应的努力；但是，政府对体育训练的推广一开始是在军营里，而不是在学校中。他们聘请了来自美日等诸多国家的优秀教员，担任部队中的体能以及兵操训练师。在洋务运动后期，清政府才将体育训练普及到了学校，中国的学堂内部开始有了真正意义上的“体育课”。这些课程的内容还包括“卫生普及”以及“心理知识普及”，在一定程度上促进了中国教育事业的发展。

武术又称武艺，民国时期称国术。武术具有技击、健身、观赏等功能，是军人必练的技艺，并广泛流传于民间。1901 年之前，清政府每三年举行一次武艺科举考试。光绪二十七年（1901），松江府在清代最后一次乡试中共录取武童 298 名，其中上海 76 名。1901 年之前，武术作为清政府的武举项目，获得应有的继承和发展。1901 年之后，由于朝政府停止武试，同时因义和团运动兴起，“剿清”“灭洋”的口号对清政府带来巨大的冲击，因此清政府禁止民间习武，一度造成武术不振。

1911 年辛亥革命以后，中华民国政府成立。随着新式教育进一步推行，西方体育——最先以“兵式体操”形式出现——受到政府和社会各界的重视。在西方体育浪潮涌入之际，基于民族文化的自觉和强种强国的内在诉求，在南京国民政府的大力提倡下，武术的地位上升为国术，武术融入近代化的社会洪流中，在融会中西体育文化的基础上实现了转型发展。

中国现代最早的体育教育出现在军校和基督教教会学校。军校的体育教育主要受到德国和日本的影响，由外籍教员或者留洋归国的中国教员主持训练，训练内容以瑞典或德国式的体操为主，这种体操在明治维新时期传入日本，在日本经历了一定程度的本土化（如与武士道的糅合），再由留日的中国学生引入中国。“嗣渐多趋重我固有之武术。而强民主义，始得倡行无阻。各名流或组织武术机关，造就武术教材；或汇集各界人士研究武术；或著述武术专书；或编辑武术杂刊……而军警或以为正式体操，或以为普通运动。各男女学校，或列为正课，或列入课外。”

在 20 世纪最初的十年内，下至社会一般民众，上至名震文坛的学术精英，他们对中国武术抱有极大的疑义。例如，在江苏省立第三次（1916 年 11 月）与第四次（1918 年 4 月）联合运动会中，有人对女学生表演拳术刀棍等国技持有不同看法：有人认为，女生是否应该一起提倡国技值得商榷。有人担心生理的不同，而主张女学生不需学武术。有人主张提倡拳术，学生以徒手为宜而不宜学武器，一来认为此乃卖艺者所为，缺乏教育价值；二来容易出现伤亡事件，也远比田径赛危险。还有人认为武术虽能锻炼体魄，但也容易使身体肌肉僵硬，而且专以打人为目的，更是不宜提倡。直到 1919 年，北京体育研究社呈请当时北洋政府教育部，规定学校武术课程教材，并附上数种材料供该部参考。此种提案最后获得当时北洋政府教育部通过，并分行各省转饬各校办理。然而，质疑之声仍然不绝于耳，更有人向全国体育学家征求意见，讨论武术是否合乎体育价值。

我国近代武侠小说奠基人，同时也是精武会早期会员的向恺然（平江不肖生）（1889-1957），是 20 世纪 20 年代侠坛首座，领导了南方武侠潮流，在其《我个人对提倡拳术之意见》一文中，提出了他对武术的独特观点，指出社会上一些以提倡拳术为职志、创办已久的团体，存在既无对拳术的阐明，也没编定任何拳术教科书，或是为拳术界制订一定学程等，其主要原因在于：

（学生）本人普通知识较高，薄拳师粗野，不乐为其徒。

本人曾研究拳术有年，于身手步法之知识，强半通晓。拳师无高深之知识，足以启发，甚至令其舍其所学，从（重）新打拳师之拳，而所打之拳，或较其所曾学者，理法更庸浅。

本人体质瘦弱，拳师所教之拳，纯为硬门，习之殊觉吃力，而成就较他人迟缓，因不能鼓其继续研求之兴趣。

本人资质较鲁，拳师无善诱之方，同学有揶揄之意，兴致索然，业何由进？

教者与学者之间，或以质疑问难，或因督责纠扶，于声貌言词之中，发生龃龉，因拳师多无学养，非崖岸自高，即狭匿易与，二者皆不足为人师也。

此外，这位“侠坛首座”还专门探寻了中国传统武术发展的困境与瓶颈，分析了其中的许多原因：

因中国拳术家，素重门户家数，双方因派别不同，各不相下，至于决斗，刳腹剔肠，以身殉技者，在拳术界中，不可胜数。提倡者，既不能冶各家之长于一炉，而所聘之教员，复非能一洗从前拳师之习气者，子弟学之，适足以增加其好勇斗狠之心。

因（拳师）无一定学程之教授法，复无足供研习之教科书，学者所得，不过破碎不完全之拳法，理与实用，皆无从讲求，果有令其子弟习技之心者，毋宁独延一教师于家教之较为妥当。

因（拳师）专事武术，无其他之科学，无论拳术本无卒业之期，即令三五年可卒业，而卒业后，殊缺乏致用之途。

向恺然的批评，反映了当时国内武术教学的种种缺点，而这也是国术运动另一需要改善之处。

时人杨文辉的《武术之讨论》一文对当时武术（即国术）界的缺点进行了全面的概括：

一、武术虽经体育家许可它是运动之一，但是从未加以注意，并未辅助它充分发展。

二、武术界中，无人起来研究进步的方法。并且未将它的成绩，供献与社会，博得大多数人的信仰。

三、缺乏良好师材。现在的一般拳术教员，多系旧日遗下来的老拳师，既乏知识，更不懂什么叫合乎“体育原理”。

四、武术较其他运动，因性质上不同的关系，团体教授上，颇感困难。且缺乏较有兴趣的教授法。

五、缺少比赛方法，及联合运动等，致无鼓助兴趣的真能力。

六、武术不只是运动，且是一种技击的艺能。人既学武术，即存有击人必中之心。要武术成为技击，其成功确甚困难。人常因不得要领，渐觉乏味，故多半途而废。

七、武术派别太多，不能互相融洽。且常起争端，使大多数人，觉得武术粗俗，失去爱护精神。

八、缺少有价值的记载，和研究的书籍，坊间虽偶有出版，但少善本。

长期以来采用“师傅带徒弟”的封建作坊式的武术门派，充满了门户之见，在科学与民主的大时代下，其缺陷很快显现出来，可以概括为欠缺理论建构、师徒制教学多有弊病、门户之见的阻碍、资料匮乏等几个方面。这些意见在那个时代可以孙中山为精武体育会题词"尚武精神"

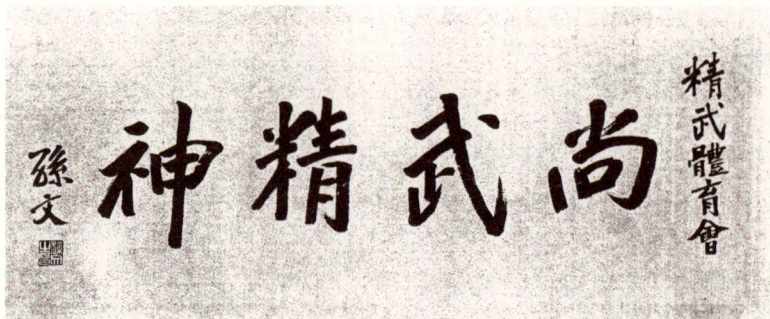

说是振聋发聩的。正因为有这些问题，使得武术界深信，这些旧时代的缺点和弊端是阻碍中国武术停滞不前的主要原因。

1916年春，中国精武体操学校迁往新址，确定宗旨，制订章程，更名为"精武体育会"，以"三育"，即"体育、德育、智育"为会旨，以教练武术为主要内容，并公开征集会员，使原本松散的体操学校发展成近代新型的武术组织——精武体育会。1916年民主革命领袖孙中山先生参加精武体育会高级技击班毕业典礼并讲话，强调"技击有益于身体，即使长枪长炮也有行峙之日"，勉励国人必须致力于技击。1919年孙中山为《精武本纪》作序，并亲笔题写"尚武精神"的横匾。

在此影响下，一时间武术爱好者发起的国技传习所、拳术研究所、中华武术会、南洋大学技击部、上海武学会等武术团体或研究组织纷纷成立。清宣统三年至民国九年（1911-1920），上海建有武术团体14个；民国十年至十九年，达25个。这些武术团体或研究组织大都以新式会社形式组成，吸收了现代西方体育组织文化的优点，改变了传统的开门收徒的封建传习方式。在这些武术团体中，精武会是一个杰出代表，其一显著特点就是"无门无派"——她的宗旨是弘扬中华武术，主张摒弃门户之见，海纳百川，包容百家，从而成为中国近代第一个"现代化"的武术团体。精武会不限家族、宗派、地域、门户，在组织内部摒弃传统武术团体的师徒、行辈关系，人际网络，采用现代科层制运作；教习拳脚，则采公开授受之现代学校教育形式，摒弃传统师傅徒弟、家学秘授之办法；擅于组织宣传与规划管理，制定精武体育会的中长期发展的计划和思路；等等。因此，精武会作为中国第一个"公共教育"型的武术文化团体，是当之无愧的。更重要的是，虽排除了传统的师徒人身依附关系，改采"教练—学员"之方式，但仍然维持了师生的真挚感情，受教者也感念至今。

总而言之，上海精武会融现代化的经营管理与传统的伦理精神，是她一百一十年生生不已的秘诀。

## 三、精武会除旧布新的改革实践

### 1. 推行传统武术的教育化

精武会建会之初，就提倡"体、智、德"三育并进和"乃武乃文""惟精惟一"的方针，体育以武术为主，逐步确立了初、中、高三级的“精武三十套武术基本套路”，后精编成“精武十套”基本教程，举办各种体育培训活动；德育上则以“爱国、修身、正义、助人”为精武精神，积极提倡和努力践行。在新中国成立之前，就曾编辑、出版《精武本纪》《潭腿精义》《潭腿挂图》《工力拳》《达摩剑》《粤曲精华》《新乐府》《测光捷径》《精武医说》等数十种作品和书刊，在社会上具有广泛影响。此外，还自行拍摄影片5卷66节，配合政府用于招待驻沪各国领事，为国家的外交事业贡献力量。

为了推广精武体育事业，培养新的体育人才，精武会先后开设过中国精武体操学校、精武体育师范学校、上海女子体育师范学校、平民夜校和培训班、上海精武进修学校。这些学校把已经现代化了的精武武术之原理、派别、教学及比赛方法等内容，列入体育研究事项中。这一方面，继承了北洋时期的训练班模式；另一方面，则进一步严格入学资格，强调学术并重、中西兼备的课程，满足了与西洋体育进一步沟通、融合的需求。

霍元甲徒弟刘振声(右)与赵汉杰在上海精武会门前

早期精武会传授武术的著名武术家赵连和

## 2. 包容传统武术领域的各门各派

众所周知，中国传统武术领域，历来是派系林立，门户之见很深。为除此弊，精武会成立后就进行了艰苦的梳理工作，首先厘清传统武术的门派、种类和数量，为传统武术与现代体育的接轨，进行理论化、系统化奠定扎实的基础。例如，《精武本纪》以地理区域作为划分标准，统计了黄河、长江与珠江流域的武术名目，按性质分成拳术、兵器与其他三类。这种因地理环境的不同，从而造就了南北方拳术风格的不同，为采用地理区域来划分国术系统奠定了科学的基础，既合理又客观。在摒弃传统武术门派林立的弊端之上，精武会编制了“精武基本十套”，即潭腿、功力拳、节拳、大战拳、套拳、接潭腿、单刀串枪、群羊棍、八卦刀、五虎枪。

“潭腿”是老一辈武术家所公认的一套很有价值的拳术。在精武会习武者，均从潭腿开始，它由基本动作组成，尤多腿法动作，具有动作简朴、清晰严谨、左右对称、易学易记等特点。潭腿注重功力，经常练习，不仅可以全面锻炼身体，还能为学习其他武术打下扎实的基础。凡在精武学有成就者，无不得力于潭腿，并终身习之。

功力拳，早先流传于黄河流域，由赵连和先生在精武会传授。它具有动作简朴、刚劲有力、招式清晰等特点，练习时讲究动作规范、劲力充沛、干净利落、步法稳固。

节拳，又名捷拳，是武术界“南拳北腿”之说中的“北腿”。节拳具有鲜明的北派特色，精于腿法，动作简朴无华、快速勇猛、连贯协调，整个套路内容丰富，特别是腿法和跳跃较多，弹腿、蹬腿、飞腿、扫腿，还有腾空蹬腿、腾空飞腿、腾空挂面腿、旋风脚等跳跃动作，非常适合青少年爱好者练习。

接潭腿，则是在潭腿的基础上由两人攻防练习的套路。整个套路为十二路，左、右势重复练习，套路结构攻防合理，配合默契，可以连起来整套练习，也可以拆开来分路打，具有练习灵活的特点。

套拳对打，则多擒拿格斗，经常练习，可掌握格斗技能，获抗暴自卫技能。

大战拳，分为上、下两路，动作质朴，劲力充实，手法连贯，势势相连，随各人身体条件可分为上、下路练习，也可以上下路连起来练习，是提高人体耐力和发展力量的优秀套路。

八卦刀，是精武十套中的短器械，不同于八卦门的八卦刀，它的刀法多变，刚劲有力，练习时要求刀法清晰，身械协调，刚中有柔，眼快手捷，势如猛虎。

五虎枪则是精武十套中长器械之一。它以拦、拿、扎枪为基础，动作大开大合，以柔制刚，枪法结构全面，动作朴实简练，充分体现枪扎一线，活似游龙。

群羊棍具有结构严谨，劲力充沛，舒展大方，活泼而不呆板，具有融技击、功架于一体的特点，属短拳类双头棍，练习时注重把法，棍使二头，强调棍法和腰部发力，才能体现群羊棍的特点。

单刀串枪是精武十套中长器械与短器械的对练套路，又是长短两种不同器械对练形式，全套动作短小精悍、古朴，结构简练，重功架，求神韵，是体现精武风貌的代表作。

“精武基本十套”成为精武武术的基本教材，凡精武会员“必须熟悉此十种，方及他技”，而教师也吸纳各家各派，非常包容。

### 3.“无文不能行远”，提倡乃文乃武

精武会的目标并不是“打”，而是“以提倡武术、研究体育，铸造强毅之国民为主旨”，因此建会之初就大力倡导各派武术同源的观点，主张只要能发扬中华武术，增强国民体质的武术，都一律兼收并蓄。为此，上海精武会先后聘请了黄河、长江、珠江流域各派武术名家到精武会公开传授武艺，形成了海纳百川的武术新风尚。同时，上海精武会吸收《尚书》名言：“乃文乃武，惟精惟一”“无文不能行远”，要求精武会成员不仅是爱国修身的正义之辈，同样也是文武兼修、精其所长、报效社会之人。此外，精武会的文化，还继承历史传统，又结合时代的特点，将书法、象棋等“文”的内容融入精武的文化内核里，与“武”共同成了精武文化不可或缺的“两翼”，展翅腾飞。这样一来，精武体育实际上是“文、武、体”包容并举、兼收并蓄、共同发展的一项伟大工程。

20071　中華民國十六年八月十五日出版　（第一期）

# 精武畫報

張一麐題

左君廣生。擅攝影術。尤精於美術人像。公餘之暇。舍研究攝影外。別無他好。以故藝術日精。歐美攝影名家。咸樂與往還。作藝術上之交換。其藝術早已蜚聲海外。本會特請為攝影學顧問。下圖之「新裝」即君之近作也。編者識。

戴竹書女士

## □國內外精武消息錄

中央精武定期國曆八月廿八日在上海開國內外精武第一次代表大會。設立籌備處分總務文書財政招待四部辦理。經由秘書處議就法則大綱先行分發各會徵集衆意。現接各會報告已經派出代表者漢口曾務初唐鼎群。香港莫慶鏘。廣州陳彥。佛山任孝安梁敦遠。梧州林君選云。

七絃琴為我國固有之正樂。其高尚優美。世界音樂莫與比倫。自歐風輸入。古調不彈。由來已久。本會向以國樂國操為立會之本。自應極力提倡。以維繫此數千年不絕如縷之國樂。茲有吳浸陽先生以精於七絃琴受聘滬會。已于本月三日正式開課。會員如欲加入者。請向幹事部報名。

上海精武女會自民六成立。迄今十稔。現定期八月廿六日開十週紀念大會。各種游藝。均屬一時之選。想屆時必有一番鬧熱也。

佛山精武元甲學校開辦三年。成效卓著。近以學子日增。籌款四萬元建築校舍。現已組織特務委員會辦理其事云。

梧州精武第二屆徵求會已於七月十七日開幕。聞成績極佳。現又設立女子部。使女界有練習國操之機會。

出席全國運動之廈門精武籃球隊。隊員十二人。除隊長王炳坤出席遠東運動會。其餘已於本月六號回廈。

廣州國民革命第四軍。為積極訓練兵士起見。特聘廣東精武教員林蔭棠教授國操。同時薛岳選所部二千人習槍術。為預備衝鋒短兵相接時所用。限三個月訓練成功云。

已在印刷中之南溟精武大事記。怡保精武二週紀念特刊。兩書均由滬會編印。准於八月底出版。印刷精良。插圖每書多至二百餘幅。欲知南洋英荷各屬精武近狀者。不可不讀。定價每册一元。另加郵費。總發售處上海精武會。

四川順慶精武會近於會內附設體育師範學校。造就人材。為將來普及國技之準備。現擬從本學期起擴充學額。所需經費。已着手勸募云。

上海精武醫社——陳杜卿陳季植兩醫生。向以治療婦孺產科。成績極著。近更添置二千餘倍顯微鏡一具。故對於診察病症。更為得手。如肺癆瘰癧痢症腸熱等症。一經診察。便立斷病症。是誠病者之福音也。凡屬會員門診得免診費云。

进入21世纪以来，精武会仍然一如既往地秉持“乃文乃武，惟精惟一”“无文不能行远”的宗旨。近年来，在上海精武体育总会和有关单位的共同努力下，“集体武术操”作为推动武术运动项目走进了校园，让更多的中小学生知道什么是“马步”、什么是“冲拳”。除了开展武术操普及外，上海精武体育总会还开展了其他一系列的活动，加深武术在青少年中的影响力。在2017年9月30日，国家法定“烈士纪念日”上，上海精武体育总会组织了1000多名精武会员来到龙华烈士陵园，缅怀那些为革命而牺牲的先烈，从小培养青少年的爱国主义精神，传承中华传统美德。

## 4. 创编教材，普及传统武术

传统武术只重“言传身教”而对其知识体系少有公开，然而，如果要实现武术与体育的规模化普及，文字出版物就成为必要的载体和途径。“无文不能行远”，为保存国粹，阐扬武化，精武会编撰图书，涉及武术、文化、医学、艺术等各个领域，由商务印书馆、中华书局出版发行，产生了较大社会影响，得到社会上层人士关注与重视。

精武会在建会初期就设立了文事部，旨在对会员进行艺术培训和熏陶，成立了摄学部，进行摄影教学，出版各类武术健身教学书籍，举办精武学术论坛。还开展足球、篮球、台球、单杠、双杠、平台、摔跤等运动项目，同时设有京戏、音乐、书画、摄影科，开展文化教育。此外，精武体育会还出版了《潭腿》《达摩剑》《功力拳》《十字战》《合战》等武术书籍，将武术动作拍成电影放映。特别是编成应用科学的武术书籍，说明各动作在生理上、心理上与教育的关系及各部主要肌肉的作用，并且将其编成连贯教材与实用攻防对练法，配上乐谱，编成有趣的国粹舞蹈。正因为这类刊物、教材的出版，让国术普及化、公开化的理念得以实现；另一方面，更昭示世人，国术家是能文能武，有武功、有智识的社会人才，而不再只是目不识丁的赳赳武夫。

## 5. 多维辐射及与精武医学互动

上海精武会在发展过程中，还展现出了鲜明的海派文化底蕴和地域色彩。

精武武术文化作为中华民族传统文化的一个有机组成部分和独特表现形式，与中国的古典哲学、政治伦理、军事思想、文化艺术、医学理论、社会习俗等相互联系，相互作用，共同组成绚丽多姿的中国文化整体。

中国传统武术最富有民族文化特色，其指导思想是中国传统的“天人合一”哲学思想，认为人和自然在本质上是相通的，人应顺乎自然才能获得生存与发展。“天人合一”思想给中国传统哲学带出了一系列的合一，如形神合一、主客合一、理气合一……无不展现了中国武术深厚的思想基础，并与社会诸多领域形成多维辐射与互动。

武术练功是把人作为一个整体来训练的，讲究“内练精气神，外练筋骨皮”“内外合一，形神兼备”。而且，把人放到自然中去，将人的运动同周围环境密切联系起来——练习武术要求按不同的季节、时辰、

陈子正与学生李佩弦

时令等，还要根据自然界和人体机能的变化，采用不同的方法，来达到强身健体的目的。

武术的核心是技击性，实战搏击又有千姿百态的各种打法。虽然各家各派在技击方法和技击原理上各有不同，但都遵循攻防的规律，表现攻防的特点。因此，武术由于具有攻防技击的特征而区别于其他体育项目。从中国武术发展的历史来看，武术有技击运动和套路运动两种表现形式。技击运动为散手和推手等对抗性项目，着重实用，有明显的攻防技击特点；套路运动则讲究表演艺术效果，追求美感，但都仍是以体现武术的根本特征技击性为目的，力求表现逼真的攻防动作，给人技击含意的感受。

武术活动本身又是社会生活内容的有机组成部分。1919 年夏天，一位神秘人物来到上海精武体育会，他交给陈公哲一口大箱子便悄然转身离去。箱中附有信函一封，书曰：“精武能为社会谋幸福而无权利思想，故以此三万银元为赠。愿执事扩而充之，以期造福全国。”陈铁生在《精武本纪》中写道：“隐名氏捐此三万银元，乃期吾精武造福全国，我们切不可只为精武体育会着想。上海租界内有一外滩公园，门口写有‘华人与狗不得入内’，此乃我华夏同胞的奇耻大辱，用此笔资金来建造一座‘精武公园’，以扬我华人志气。”精武会主事共议精武新会址之事，上海精武体育会用三万银元购得倍开尔路精武会舍旁十余亩空地建一“精武公园”。1920 年初春，精武公园正式落成，与租界里“华人与狗不得入内”的侮辱性招牌截然相反，落成后的精武公园门口赫然写道：“凡属人类苟能守文明通则者，咸准入园游玩。”其境界高下立判！

精武会在历史发展的进程中，积极参与上海社会生活的变革。例如精武会成员多次推动商会改革，创办中华体育协进会，参加中华卫生会，支持与参与五四运动，积极投身抗日救亡，开办济众难民医院，在解放战争中也发挥了精武会的重要作用。

武术之所以具有独特的魅力，除了它的内容丰富、体用兼备之外，还在于它是一种身体运动形式，属于人体科学的一部分，而中国的人体科学是建立在传统医学——中医学的基础之上的，传统练功的理论是以中医的阴阳五行说、经络学说、脏象学说等基本理论为生理学的依据的。中医理论认为，人之一身，“惟精气神”为三宝。精气神三者是相互联系的，“精盈则气盛，气盛则神全，神全则身健；精生于气，气化于精，精化于气，气化于神”。武术练功不仅重视内在的“精气神”的锻炼，而且还强调以内形于外、重在外在的攻防技击技术动作的演练，因而收到内外兼修、强身健体的健身效果。因此，精武会成立之初就设立了精武医学部，成立各种精武医社。抗战时期，精武会在上海设立济众难民医院，霍元甲之子在印尼爪哇泗水设立东阁制药厂，发明了一系列造福民生的药品，使中国传统武术对医疗保健作出了杰出的贡献。

精武会提出并实行运动医学，就是用医学来研究运动过程中出现的医学问题，如运动医务监督、运动型疾病防治、运动营养学、运动创伤防治、体疗康复，特别是在体育运动过程中所发生的各种损伤。预防和治疗运动中的损伤，研究损伤发生的原因、机制、规律，并和教练员、运动员一起改进技术和训练手段，以提高运动成绩，延长运动员寿命，成为后世研究运动医学的主要内容之一。

太极拳能起到强身壮体、祛病延年的作用，因而深受世人的欢迎。日本医学家古田信夫的研究证明，太极拳具有精神和肉体的双重医疗效果，对高血压和肥胖病特别有效。因此，太极拳被誉为中老年人的健身宝，是治疗慢性病的良药。

此外，武术中的各种拳术和各种办法，也具有良好的医疗保健作用。例如：形意拳中的崩、炮、横、劈、钻五拳，相应与五行相配，练此五拳时也可相应收到练肝、心、脾、肺、肾的效果；八卦掌以及不少拳种的拳理均强调站桩及行拳时要“五趾抓地”，这有促进经脉内气通畅的功效；近年来流行的经络点穴疗法和气功点穴疗法亦能收到一定的疗效。

## 6. 精武旅游与武术的美学实践

精武成立之初鉴于当时“沪上烦嚣浮靡，无可作正当之消遣”，遂成立精武会旅行组，提出了“运动旅行”“摄影旅行”“游艺旅行”业务。起初是自组社团，南至龙华、南翔之境，北抵江湾、吴淞之滨，作浮生半日之闲游。看似这仅仅是一个小小的起步，然而由此催生了民国时期上海精武旅行社事业的发展，是中国最早的旅游业的开创之举。

随着“运动旅行”“摄影旅行”“游艺旅行”观念的深入人心，精武旅行社有了长足的发展。精武旅游适时又推出“海上旅行”“天空旅行”等业务，频繁发起的各类长短途旅游活动，给渴望一睹异地风光的市民带来了诸多便利。比如暮春的赴杭专车、秋季的观潮专车等，每次旅行前，精武旅行社会在会内刊物上印发旅行通告，写明旅行地点、时间、行程、费用，团员可根据自身情况酌情报名。一开始，旅游地点不外乎上海周边一带，后来逐渐拓展至苏州、无锡、镇江、扬州等地。特别旅行，则视情况不定期举办。1929 年，杭州西湖博览会召开，精武旅行社特开专车赴杭参观，此为专车游览之始。1930 年，又开专轮赴普陀山游玩，是为“海上旅行”，此后还利用新航线的开辟，开展了“天空旅行”，行程从上海出发，取道彭城、济南，一路游览至曲阜、泰山，再至故都北平参观明陵、八达岭、故宫、天坛、颐和园等名胜。因北地之风土人情，与南方迥异，颇受团员欢迎，每次开团，报名异常踊跃。

民国初年是中国社团运动发展狂飙突进的年代，举凡文学、艺术、科技、金融、体育各领域，无不风生水起，名团涌现。及至1929年秋，精武体育会旅行组与其他友会社团联合至崇明旅行。1932年，精武旅行组又与相关组织共同举办苏州长途徒步竞赛。同时，还开展了昆山徒步竞赛、莫干山登高竞赛、南翔骑马旅行竞赛等颇为时髦的趣味旅行，在当年风行一时。

武术的美，早已为人们所认识，古代就有“武舞”的娱乐表演。武术的某些表现形式和技艺，已相继被我国的戏剧、舞蹈、杂技所吸收和借鉴。武术给人的美是一种矫健的运动之美，同时在身态、动态、节奏和神采上又兼有民族风貌的英武之美，是高度的力与美的结合，是一项很有健身效果和艺术之美的体育运动。武术美包含功架造型、攻防技击和手眼身法步以及节奏、速度、力度等方面。其中功架造型直接产生技艺形式之美，攻防技击是武术特有的内涵，武术之美寓于攻防技击之中。武术具有的美学价值，丰富了世界体育的美学内容，给世界人民提供了高尚的美的享受。

武术的娱乐性更是雅俗共赏、老幼咸宜。一是人们从习武中获得身心的愉快，并在社会大众中得到发展；二是人们从对武术的观赏中获得艺术的享受，武术与戏曲、舞蹈、杂技、文学、影视等文艺形式的结合表演，均给人们留下深刻的、精彩的印象。精武会组织“中西各音乐小组”“中华音乐会”“粤乐雅集”“群众歌咏”，乃至组织“精武武舞”展演。此外，精武会还创建了“精武话剧团”“中华音乐会新剧团”“辛酉剧社”，其中值得大书一笔的是成立“左翼剧社联盟”。

1927年大革命失败后，中国共产党1929年在上海成立了中央文化工作委员会（简称“文委”）。在文委领导下，上海艺术剧社率先揭开了左翼戏剧运动的序幕。1930年3月，由上海艺术剧社和辛酉剧社发起，联合南国社等戏剧团体，正式成立了上海戏剧运动联合会。不久，上海艺术剧社、南国社相继被国民党当局查封。为了加强团结，坚持斗争，决定改组联合会为中国左翼剧团联盟，于1930年8月23日召开了成立大会，1931年1月改为“左翼剧社联盟”。

由上海精武体育会参与并支撑的剧联成立后，起草并通过了《中国左翼戏剧家联盟最近行动纲领》。剧联主要任务是在白色区域开展工人、学生和农民的演剧活动，采取剧联独立演出、辅导工人和学生表演以及联合演出方式，开创了无产阶级戏剧运动。剧联以秘密盟员为核心，团结进步的戏剧工作者，组成了50多个左翼剧团，演出了大量进步剧作家创作的剧目。剧联冲破国民党当局的破坏和阻挠，通过各种方式推动学生演剧和工人演剧活动，有力地扩大了左翼戏剧运动的影响。在剧联领导的左翼戏剧运动中，戏剧工作者通过艺术实践，提高了演剧运动的水平，培养出一批优秀的戏剧人才。

由精武会会长朱庆澜投资设立的“电通影片公司”，是中国早期私营电影企业之一。1934年夏，“电通影片公司”由司徒逸民、龚毓珂、马德建创办于上海，其前身是成立于1933年9月以经营“三友式”有声电影录音放音设备的电通股份有限公司。“电通影片公司”是由中国共产党领导下的电影小组直接指挥的左翼电影公司，在短短的一年多时间里，共摄制故事片《桃李劫》《风云儿女》《自由神》和《都市风光》四部享有盛誉的影片，在反文化“围剿”的斗争中，作出了杰出的贡献。其中《风云儿女》的主题歌《义勇军进行曲》，由田汉作词、聂耳作曲，在新中国成立后，被定为中华人民共和国国歌。与“电通影片公司”对应的精武摄学部，专门进行摄影教学，培养摄影人才，通过摄学部，拍摄了多部精武体育纪录片。

## 四、思想——精武会行稳致远的灵魂

诞生于上海的精武会，迄今已有111年的历史，在国内外产生了重大的影响，为中国培养了大批体育人才。然而，如今对精武会的研究，大多侧重于精武会的组织与活动，对精武会人物思想方面研究则是凤毛麟角，甚至没有涉猎。文献表明，早期支撑精武会的栋梁之材，大抵是受过良好高等教育，积极有为、奋发向上，有抱负、有理想，特别是有思想的一个群体。

法国17世纪哲学家帕斯卡尔在其著作《人是会思想的芦苇》中写道：“思想形成人的伟大，是人的全部的尊严所在。”德国诗人海涅说：“思想走在行动之前，就像闪电走在雷鸣之前一样。”人类社会的每一次重大变革，人类文明的每一步重大前行，都离不开先进思想的引领和驱动，即便是经济活动，也离不开思想的指导。从这个意义上讲，人的力量就是思想的力量。而思想力量的伟大，一言以蔽之，它能指导人们改造客观世界。

111年以前精武会的优秀人才，他们环顾当时的社会现实，提出了“爱国、修身、正义、助人”的口号，正是那个年代闪闪发光的思想结晶。“精武”二字中，所谓“精”，指的是一种精神力量。就如同后来一首歌所唱的：“万里长城永不倒，千里黄河水滔滔……要致力国家中兴。岂让国土再遭践踏，这睡狮渐已醒。”力雪国耻，扬我国威，这就是精武精神文化内涵之精髓。所谓“武”，指的是一种物质力量。精武精神是那时的上海在民族危难的重要时刻，为积贫积弱的中国擎起的一面振奋民族精神、弘扬中华国威的旗帜。

### 1. 爱国情怀

陈公哲先生在提及为何创立精武会时，坦言：“公哲虽曾受维新、革命学说之熏陶，而以爱国为心。”他说：“当时中国民族，有以‘东亚病夫’之诮。余尝考其所至之由，夫每个民众身体之不健全，亦即全体民族之不健全，欲泄此耻，厥为提倡国民体育耳。盖无体育不足以强身，无体育不足以强民。”其所定精武精神也充溢着浓郁的爱国情愫，“……萃群众于一堂，互相观摩，互相砥砺……期造成一世界最完善、最强固之民族。斯即精武之大希望也，亦即精武之真精神也。”[2] 陈公哲不仅在20世纪20年代赴南洋宣扬中华文化，提倡精武精神，着力发展分会，显示了爱国精神；还以参与中华赈灾协会义演活动、售画捐款等行动表现其觉悟。

中共早期骨干，为中国人民解放革命事业做出过巨大贡献的陈延年（1898-

精武体育会骨干之一的陈公哲先生

1927），是陈独秀长子。1915年，考入上海法语学校专攻法文；1917年考入震旦大学攻读法科；1918年12月，加入上海精武体育会，会员编号696；1919年12月下旬，与弟弟陈乔年受上海精武体育会会长霍守华资助赴法国勤工俭学。1919年担任上海精武体育会会长的朱庆澜将军（1874-1941），1925年后长期从事慈善救济与抗日救亡事业；1933年初，朱庆澜以东北义勇军后援会会长和东北抗日义勇军总司令的双重身份，多次奔赴热河前线。1934年夏，由朱庆澜及其好友马德建、司徒逸民、龚毓珂等集资创建的中国电通影片公司成立，共拍摄了《桃李劫》《风云儿女》等四部享有盛名的影片。特别是朱庆澜出资赞助上海电通影片公司拍摄抗战电影《风云儿女》，其主题歌集合了田汉与聂耳两位大家作词作曲。本来影片中的主题歌并没有确定歌名，只是写了“进行曲”三个字，由东北义勇军总司令、东北义勇军后援会会长、影片出品人朱庆澜将它命名为《义勇军进行曲》。

那个年代，一大批聚集在上海租界内外的知识分子和爱国人士，同时怀揣着各种各样的救国的梦想，做着改造国民性的努力。他们的内心充满着炽热的爱国情怀，精武文化就是在这种时代背景下被提上了议事日程。许多成员同时是爱国实业家，陈公哲、姚蟾伯、卢炜昌分别有自己经营的公司，故有“精武三公司”之说，他们身体力行，捐资献财，赞襄精武事业，表现出重义轻利、重权利更重义务的主体意识和使命意识。精武会宗旨是“爱国、修身、正义、助人”，而“爱国”是精武会的灵魂，可见，精武会产生的历史条件就是爱国，在成立的背景上更有其特定的历史意义，爱国主义的核心价值更加鲜明。

## 2. 重义轻利

早期的精武会创始人与主事者，表现出鲜明的重义轻利思想、爱国的主体意识和使命担当。

在陈公哲的著述中，更多的爱国主义思想在“精武精神”中闪现，他认为：“……贾子曰：‘贪夫徇财，烈士徇名。’财与名固世人所斤斤者也。惟我精武会员，人人知有义务，不知有权利，有时且牺牲一己之权利，助成义务而不居其名，斯其行谊深合儒家克己之旨而不流与虚。……人人摒嗜欲，淡名利……”他还说道，“致力社会事，若无舍己为人之牺牲精神，不足以言服务，必加佛门之头陀、公教之修士，以身奉献，终身行之，乃克有成。既出钱，复出力，为当然应备条件；蒙耻辱，被牺牲，为当然应受之灾难。西谚有言，‘名誉乃自泪海中得来’，非虚语也。”以上陈公哲先生的话语，显示其重义轻利观，提倡奉献精神。下面一段引言更能体现精武会先贤改良社会以强国的主体意识和使命意识，“精武体育会，提倡三育，以强国健民为宗旨……霍氏（指霍元甲）精于武术，非精于学术，对于时代认识更浅，改良社会自谈不到。精武会之有今日，乃用最新科学与主义推动，集众人之力，以五十年时间行之而有效……”[3]

为了精武会的发展，1915年，陈公哲与姚蟾伯一起合捐建筑精武会所，捐出倍开尔路地段二亩，合计14200方尺，当时价值2000多银元。1921年，他又将倍开尔路约二亩地产及四层富丽堂皇的大厦建筑，包括家具设备赠予精武会。“父母则徙住于苏州，余则迁寓于北四川路，克明路十七号，一楼一底之市楼，月租十八元。”其上海百老汇路粤瑞祥五金号，河南路新瑞祥五金号；无锡振源号，汉口瑞源号等，“各店每年利润收数万，大部分用于精武。”甚至最终因为为精武会垫捐数十万元，营业缺乏现金周转，而导致个人的商业破产。“一九二四年，余丁父忧，妻病无力延医，女死无以为殓，到处遭逢白眼。”[4]他心里常记着重义之人和事，褒扬重义轻利与奉献精神。如陈凤元自动负担精武建筑经费，“精武中人，多未谋面”，陈公哲对此一直记着，称其为无名英雄。对有自我牺牲精神之李志羲赠书“精武圣女”条幅以赞之，以慰之。对重义之罗冠球特书“精武义人”，以赠之。

### 3. 平等、团结与守信

首先是主张平等思想的阐发。陈公哲认为：“克己也，平等也，博爱也，儒佛耶之真精神也。今以观于精武会员能融会贯通，无可偏驳……贫富贵贱，两两相形，乃生芥蒂，惟我精武会员一视同仁，不分阶级。其人而可以为善，虽鄙夫视若弟昆；其人而行检攸亏，虽契友不稍宽假，斯其品性深合佛氏平等之旨而不流于诞。”[5]

平等主张体现在尊重武术的各个流派。虽然陈公哲先生精于潭腿等，但对其他各派并无成见，而是认为武当少林等各有特点，各有长处，“拳术技艺，本无上下流之分。”精武会是要保存国粹，强民强国，所以它聘请各派武术流派高手在精武馆传授武艺。“是故精武之能发达，武术之能中兴，具备诸色人才，各种学术有以致之。”[6]对于精武会成员各帮各派的武艺技能一视同仁，特别难能可贵的是坚持男女平等，尊重女性，精武会允许女性参加，如李志羲、陈美秀、陈士超等。陈公哲还让胞妹陈士超主持精武女子体育会，到外地，如南洋表演并演讲，宣扬武术以促成各地女子精武体育会成立。陈公哲在一次演讲中曾经说道：“余之提倡武术，普及男女，可谓开风气之先，在当时旧社会中，颇受一般人之指责，难矣哉！新风气之推行也。”[7]

精武会在章程与组织制度上，也阐明了精武会成员之间应相互尊重和博爱。如“精武式”第二条，“化正廉明，尊人重己。”第三条中有“博爱平等”。第十条，“爱己及人，视同兄弟。”明确表述了平等和博爱观念。“精武会训”中还规定：“凡我会员必须以仁爱为怀，服务为旨。”“精武精神”中有“贫富贵贱，两两相形，乃生芥蒂，惟我精武会员一视同仁，不分阶级。

其人而可以为善，虽鄙夫视若弟昆……”

其次是主张团结。精武会曾有标语，“我之拳头不许加在同胞身上。”（“此为精武会初期提倡武术之标语，亦即今日全国武术界提倡大团结之先声。”）如1917年广肇公所加租办学风潮起，新旧两派对立，对立双方约各有三百人，准备武力解决，新派中有精武会员。经陈公哲劝阻成功，他认为自己向持“止戈为武”之义，精武向以“无斗为勇”。

团结的主张，体现在精武会成员注重感恩上，许多会员为社团建设都做了无私奉献。例如，陈凤元自动负担精武建筑经费。又如，袁恒之先生每逢精武“会中有所举措，无不自动捐输”，仅“一九一五年……恒之自动捐出民国六厘公债票面五千元（此时实值九百元），每年可收利息三百以为精武经费”。又如对三十多年前赴南洋时受朱戟门夫妇款待一直心存感激，认为“迎住彼家，视同手足，得友（戟门）如斯，夫复何憾……托妻寄子之义，终身难忘”。

精武会提倡行而后言，是“精武精神”中的“事务求实践，力戒虚骄”的鲜明体现。1919年，一位名为霍守华的广东人答应捐建精武公园，但因一时未有现款，要求陈公哲先生先行垫付。虽然陈公哲并不富裕，却“即日布置，填土方，盖亭榭，铺草皮，筑马路，三月而成。”由于霍守华尚未将款交还，未便宣布，乃暂以“隐名氏”对外公布。后来霍守华经济枯竭，陈公哲所垫付之款三万连同精武会挪借霍守华二万二千元无法归还，最终由陈公哲和郭唯一负担。

## 4. 乃文乃武、惟精惟一

精武是个武术与体育的民间社会组织，其精神和宗旨是为“强国强种”，保存国粹。“盖无体育不足以强身，无体育不足以强民。”这是重武。但精武的创始人和早期立会者，更重视科学文化知识传授和艺术熏陶，认为“无文不能行远”，重视文化。陈公哲曾经求教过国学大师章太炎先生。精武会成员郑荣光、欧阳浩民等人，则有武术之深造，兼有科学之头脑者，是精武会的难得之人才。

习武之人，若无文化，可扰乱治安，破坏法律，反过来影响武术自身的发展，因此练武之人有习文的必要。陈公哲指出：“中国历代以王化治天下，王化所不到之处，端赖自身力量以为防卫……拳棒可以救生，亦可杀人，地方官吏，不准设立武馆者，防患于未然也。武术之流行，多在少受教育阶级中，偏武无文，故世人莫不视为下流末计，风气之坏，莫甚于此。且晓武术之人，每每好勇斗狠，累及身家，于是父禁其子，兄戒其弟，不许练习矣。至于侨居海外之华侨，更不争气，居美国者，时有姓氏堂门；居马来亚者，时有帮会争执，死伤枕藉，外人只知练习拳棒者，多为扰乱治安之人，为绥靖计，一律禁止。”[8]所以，精武会的主事者一直强调习武之人要文武兼备，要做到文武兼备，就得提倡“体”“智”“德”的“三育”。“精武会训”中规定：“世界以人类为本，人类以身体为基……体育发达，万事无不可能。身体者载知之器官也。修德必先益智，所以明是非，辨善恶；求知必先强身，所以精思考，显技能。夫健全之精神寓于健全之体魄，故体要其健，智要其博，德要其重，三育俱备，方克有为。”[9]

精武会的精神“爱国、修身、正义、助人”“乃文乃武，惟精惟一”正是构筑在“三育连锁”的思想基础之上的。所谓“体育者野蛮其体魄，智育者文明其精神，德育者公正其行为。无野蛮之身体不足以御百病，广技能，行道德；无文明之精神，不足以广见闻，维道德，保性命；无公正之道德，不足以维正义，合人群，事修养。三者互相联系，不能一时离也。体育者犹船身，智者犹机器，德者犹南针。无船身不足以载机器，无机器不足以动船身，无南针不足以达彼岸，三者连锁，不能一时离也。”[10] 这些思想是很深刻的。

精武会骨干卢炜昌、陈公哲等都受了新式学校的教育，同时自幼接受了较深的中国传统文化，因此能在吸收了西方文化后，坚持“中学为体、西学为用”的原则。这在所谓的东方老大帝国、弱国备受欧美和日本的欺凌和宰割，传统文化在西方文明不断强有力的冲击中陷入尴尬困境之时，是难能可贵的。

## 五、精武国际化的努力：“五特使下南洋”

中华传统武术文化历久弥新，它融合了易、儒、释、道、兵、医等丰富的文化内涵，不再仅仅是一种竞技体育项目，而是一种文化的象征。中华文化，以文为魂魄，以武为脊骨，造就了汉唐盛世，创造了无数奇迹。人无文不智，国无武不立。武术成为中国人的一个名片，外国人都不远重洋来华夏学武术，“上武得道，平天下；中武入喆，安身心；下武精技，防侵害。”诚哉斯言！

1920年，上海精武体育会特派陈公哲、罗啸璈、陈士超、叶书田、黎惠生五人出访南洋，史称“五特使”。他们携带《精武本纪》《精武章程》等书籍，以及精武自拍的影片，先后到访了越南、新加坡、马来西亚、印度尼西亚等地。此次行程历时73天，先后访问四国九城，开始了精武国际化的努力，将精武精神传遍南洋。“五特使”在南洋大力推广国术及现代体育，还深入学校工厂演讲、介绍上海精武会的宗旨及十年来的成就、表演精武武术、放映精武电影、与代表座谈建精武会有关事宜。所到之处反响热烈。更值一提的是，“五特使”还联谊当地的华侨组织为中国北方旱灾及南方水灾筹款。

“五特使”在南洋期间，陈公哲、陈士超、罗啸璈等发表演讲30多次，教练各校精武体操十校，参观工厂、学校29次，习拳者二百余人。此外，各地设欢迎会，赈灾表演，皆为此行之成绩。所到之处，均甚轰动，一时之间，南洋各地陆续设立精武会。如西贡、新加坡、吉隆坡、槟榔屿、雅加达、三宝垄、泗水等共八个大埠均建立精武分会，使精武的影响日益扩大。其后更有1921年成立新加坡精武会、雪兰莪精武女会、金宝精武会，1922年成立森美兰精武会、越南精武会、印尼泗水精武会，1924年成立怡保精武会、槟城精武会、槟城精武女会，1925年至1935年间成立太平精武会、实吊远精武会、和丰精武会、麻坡精武会、马六甲精武会、安顺精武会等。精武会由此在南洋迅速且完全扎下根来，

1920年上海精武会下南洋的五特使

南洋各地精武会纷纷建立，并得到所在国家或地区领导人的充分肯定。例如，新加坡总理李光耀前后两次为新加坡精武体育会发来贺词：第一次是精武会成立45周年之际，题写了《精武体育会的新任务》献文；第二次是精武会成立60周年之际发表的“献词”——五特使的“播种”终于结出了累累硕果。

早年上海中央精武会在努力将精武拳术传播到中国各地与南洋诸国时，深深感到外派的教员必须对精武宗旨与精神有深切的了解，并具有精熟的拳艺，才能发挥领导作用。因此，上海精武会开办了精武拳术专修训练班和精武师资训练班，积极培训武术人才与师资，并分派到学校、社团、各分会及南洋各地分会担任教员，传播精武拳术和精武思想。这些选派来南洋的优秀教师，不但技艺高超，且具传教士般之敬业精神。由于长期耕耘，获得了可观的成效。例如，在吉隆坡等地服务的“叶氏三雄”，不但是最早的精武南洋五特使之成员，其所练拳术和上海中央精武总教练赵连和也是同一个系统，所以所传授的大部分是中央精武规定的套路，除了潭腿与北少林拳术外，也包括了醉八仙、大圣拳、地趟门等拳术。

集合中国南北各派能手，共同推展武术活动来激奋人心，振兴国家。因而精武会开创了良好的风气，罗致了许多武术名家，容纳了各种流派的拳术，吸取精华，发展成精武武术的系统。精武会早期章程所列的精武拳术，包含了黄河、长江、珠江三大流域的拳种将近三百套，有徒手、兵器及对练等。而依霍元甲订定的精武十套基本拳，即：潭腿、功力拳、节拳、大战拳、八卦刀、群羊棍、五虎枪、接潭腿、单刀串枪、套拳，则成为精武会员必修和考试的课程。精武会员必须完成规定的十套基本拳课程，经考试成绩及格，才可以根据自己的志趣和擅长，跟会中各派教师学专门拳艺。这十套拳的格局，基本上是北方的拳系格局，与闽粤拳系的拳理并不相同，但都在精武会中并行不悖。同样地，在精武会中教的各流派拳，如太极、形意、八卦、螳螂、鹰爪、罗汉、大圣、醉八仙等，也均属北方拳种。精武会所演练的北方狮舞、跳梅花桩，也都与南狮不同。

五特使下南洋，通过畅叙友情、加强合作、建立分会等合作机制，是百年前一次成功的国际民间交流。

由于中国武术蕴含着深刻的哲理思想，具有修心养性的功效，因此它在世界上很多国家有着广泛的影响。例如，我国古老的健身术与导引术早与印度瑜伽相互渗透，少林拳法于明清时代传入日本等国，都足以说明中国武术与世界体育文化的交流有着悠久的历史。而在漫长的历史中，中华武术也对世界体育文化产生了深远的影响。例如，当代一些国家的拳术，几乎都或多或少地受到源自中国或受中国武术的影响。据一些中、日学者考证，中国武术直接影响了日本柔道的形成。如日本讲道馆八段、早稻田大学教授山本秀雄在《柔道入门》一书中说："在柔道各流派的著作中，有各种各样的说法。一种说法是：柔术来源于中国唐代拳术，是徒手形式的柔法、和法、体术、捕手、小具足、拳法等打、踢、摔、拿竞技项目的总称。到了明朝末年，曾在少林寺学过武术的陈元赟于十七世纪上半叶东渡日本，在江户城南国正寺，传授中国武术，致使柔道在日本广泛开展起来，从此流派也日益繁多……"最有说服力的是，在日本爱岩山还残存一块题为《爱岩山泉法碑》的石碑，上刻着"拳法之有传也，自投化人陈元赟而始"。19世纪末，日本人嘉纳治五郎吸收各武术派的长处，经加工整理，并不断改进，创立了柔道。

日本国际拳道学联盟理事长大西荣三在《我所创建的国际柔道学》一文中写道："相传在八十多年前，空手道从中国的福建省传到日本冲绳。后来冲绳首里的系洲官恒先生将传入冲绳的空手套路进行总结，形成了冲绳最初的空手流派。与此同时，冲绳那霸的东恩纳宽量先生正好在中国福建拜谢先生为师，并学成回到日本。"[11]

复如流行于朝鲜半岛的跆拳道，是朝鲜的传统武术，其前身是"花郎道"，起源于韩国的民间自卫术，至今已有1500多年的历史。历史表明，跆拳道与中国武术有着很深的历史渊源。早在明代之前，中国的武术技艺就传入朝鲜，特别是在近代，随着中国武术和日本武术的不断输入，花郎道的臂掌结合中国拳术、日本空手道等技术，融汇成一种独特的朝鲜拳术，即今天的跆拳道。

再如泰拳。泰拳是泰国的国技，是最受泰国人民喜爱的一项传统的民族体育运动。在关于泰拳起源的众多说法中，有一种说法是，泰拳主要受中国古代技击术的影响，源自中国。明太祖洪武十年（1378）始昭禄群鹰为暹罗王，以我国翰林学士谢文彬为坤岳，建立了暹罗（即泰国）第一王朝。此后，中暹的关系日益密切，中国云南省等地迁居暹罗的人越来越多。明清两代，华侨在暹罗做官的也很多。泰国人的祖先，大部分来自我国云南省西南的傣族。中国武术早就随着其他文化传到暹罗。从经过泰国几代人的筛选、提炼、融化而成今日独具一格的泰拳，不难看到，泰拳中的肘技、腿技等主要技击招式与中国武术完全相同或十分相似，这也许可以证明泰拳是源自中国、深受中国武术的影响。

武术的技击方法门类繁多，博大精深，受到世界上许多国家的注目和吸纳。从技术发展的角度来看，以中国武术的竞技特征，作为推向世界的重要因素，已越来越多地为国际武坛有识之士所认同。

新加坡、马来西亚、印尼等国至今仍保留着精武体育会。在每年举行的东南亚武术邀请赛上表演的拳术，除流行的五祖拳外，还有泰拳、缅甸拳、本扎（印尼拳）等，也都是吸收了中国武术技法而发展起来的一些拳种。

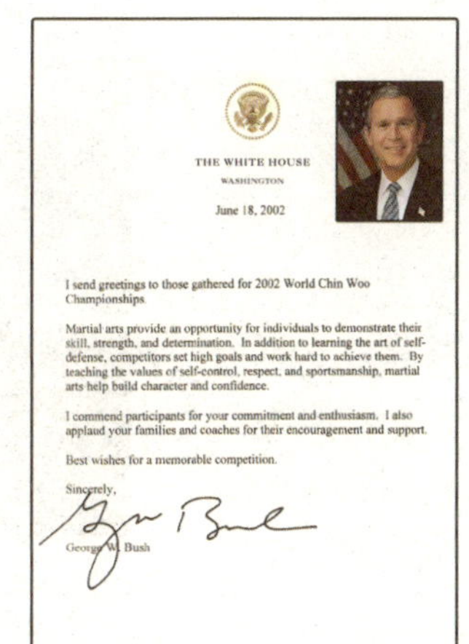

THE WHITE HOUSE
WASHINGTON

June 18, 2002

I send greetings to those gathered for 2002 World Chin Woo Championships.

Martial arts provide an opportunity for individuals to demonstrate their skill, strength, and determination. In addition to learning the art of self-defense, competitors set high goals and work hard to achieve them. By teaching the values of self-control, respect, and sportsmanship, martial arts help build character and confidence.

I commend participants for your commitment and enthusiasm. I also applaud your families and coaches for their encouragement and support.

Best wishes for a memorable competition.

Sincerely,

George W. Bush

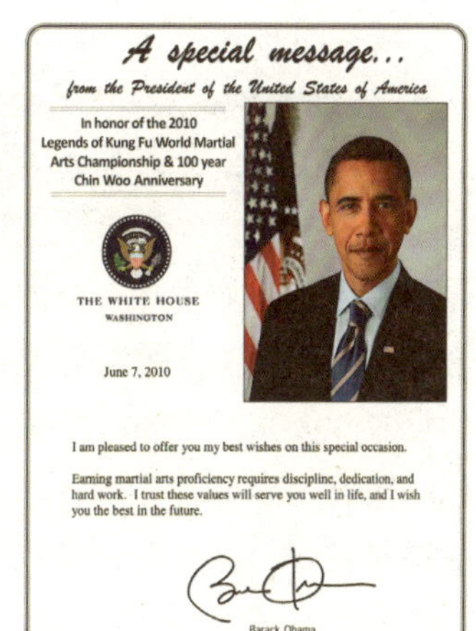

A special message...

from the President of the United States of America

In honor of the 2010 Legends of Kung Fu World Martial Arts Championship & 100 year Chin Woo Anniversary

THE WHITE HOUSE
WASHINGTON

June 7, 2010

I am pleased to offer you my best wishes on this special occasion.

Earning martial arts proficiency requires discipline, dedication, and hard work. I trust these values will serve you well in life, and I wish you the best in the future.

Barack Obama

2002年小布什总统致函祝贺第七届世界精武武术文化大会在美国召开和2010年奥巴马总统发函致美国精武体育会祝贺精武百年纪念

武术在日本十分流行，仅“少林南拳法联盟”就有2600多个国内分支和300多个欧美分支组织，共有100万会员。近几年来，其曾先后11次派代表团来中国访问，并邀请中国武术协会访问日本。日本的大、中、小学还把柔道、剑道、相扑和弓道等民族传统体育项目列为学习课目。

中国武术在东南亚各国和我国香港、澳门、台湾等地区很是流行。

随着许多国家和地区出现的“武术热”，世界上武术团体如雨后春笋纷纷成立，推动武术向广度和深度发展。1994年9月在上海召开世界精武体育会长联席会议时，“世界精武体育会联谊机构”正式决议成立，采用的是上海精武会的草案版本；联谊机构设常务秘书处，秘书处设在上海精武体育总会。“世界精武体育会联谊机构”通过的世界精武体育会联谊之宗旨为：“（一）促进世界各地精武友会间的团结与合作；（二）发扬精武传统武术与中华文化活动；（三）弘扬精武精神；（四）推动精武事业的发展。”在北美大陆地区，精武武术文化以其独特的魅力，甚至得到了国家元首的喜爱和认同。例如，美国先后共有两位总统为精武致贺词：一次是2002年小布什总统致函祝贺第七届世界精武武术文化大会在美国召开，另一次是2010年奥巴马总统发函致美国精武体育会祝贺精武百年纪念。

综观人类文化发展的历史，中国武术同国外其他体育项目一样，都与国家或民族的政治、经济、科技与文化发展有着密切的联系与相互影响。

## 六、精武会——上海城市主题文化品牌

“海派无派”“海派无形”，上海精武体育会就是一个典型的例证。由于上海所处的地理位置及其高度移民的特点，展现了对各地文化乃至世界文化的包容性，多元文化的交汇从而形成了上海独特的文化价值。海纳百川、融汇百家，把所有各方面的精华浓缩整合在一起，从而可以弃其糟粕，因此海派不可简单地认为是某一个派系，而是各个派系经过提炼、整合、浓缩后的超级有机体。

精武精神诞生在上海，是上海乃是一座具有光荣传统的英雄城市之基因的体现。

近代以来，国内外商人到上海这个码头打拼，为的是利益最大化，因而上海文化的底色是商业文化。商业就要交易，交易则须平等，所以上海文化与皇城根下的文化有着区别，更加驳杂与多彩。它的精髓和深层内涵就是开风气之先的创新精神，不墨守成规，总能迎合时代潮流，敢于吸纳新事物并对传统文化进行变革。大至社会风尚，小至日常生活，包括价值观念、行为方式、文化艺术、饮食起居、服饰装扮、娱乐游戏、风俗习惯，都表现出敢于破除陈规旧俗、勇于趋时求新的姿态。这正是上海文化的活力所在，也是包容异质文化最多的一种文化形态。

包玉珂编译的《上海——冒险家的乐园》，该书名源自一个西方人撰写的材料。这句话并不全面。实际上冒险与创新才共同构成了上海城市的精武精神。正是与上海地域文化，即所谓“海派文化”精神高度契合，为精武会诞生在上海奠定了基础。其一个显著特点是它的现代性。史料证明，精武会当初为什么果断地中断了几千年来传统武术教授的师徒制，而选择了更为先进合理的“理事会”制度，也与上海早期高度市场化的特点并行不悖，聘请各地各门派的武林高手，来做总教练，或总教习，但决定该会走向的仍然是具有现代企业制度的“理事会”。理事会一人一票的表决制，可以防止因个人独断而带来的祸患，保证整个组织在良性发展的道路上，行之久远，因而独具魅力。

精武武术是将中国民俗体育形态转型为现代体育事业的典范。它起源于强身健体的民族自尊，在广大民众的参与和拥戴下，逐步升华为捍卫民族尊严的一种精神。这种精神体现了“自强不息”与“厚德载物”的中国传统文化的基本精神，是真正的中华文化。精武会不是单纯的武术搏击的技艺团体，从某种意义上说，精武精神更是一种文化精神。自上海精武会建立之日起，就摒弃“因袭宗法，师徒秘传”的陋习，提出了各派同源的观点，“不争门户之短长”，熔各派武术于一炉，将各流派各门户的武术都“落户”精武。

2019年1月19日纪念霍元甲150周年诞辰精武迷踪拳千人展示于北外滩举行

据1924年重订的国术总目所称，“精武”传播的武路有黄河流域、长江流域和珠江流域等各派的代表拳术，仅黄河流域派就有独习拳术69种，对手拳术19种，独习兵器56种，对手兵器36种，空手入白刃类6种。据《精武本纪》记载：“本会教员，各派俱备，惟初级科目有规定，以正始基，初级科目共十种，潭腿、工力拳、接潭腰、八卦刀、五虎枪、大战拳、套拳、群羊棍、单刀、串枪，必熟悉此十种，方及他技。”这就是闻名武坛的精武十套。

除教授武术外，精武会还设有音乐部、戏剧部、摄影部、兵操部等，各部均有主持者与指导者。张大千为《精武画报》题签，徐悲鸿为“精武潭腿”作画，上海滩一大批知名艺术名家均为精武会献计出力，人才济济，独树一帜。从本质上说，是百年前海派文化的一次大整合。“乃武乃文，惟精惟一”的题中之义从1916年到1919年三届精武运动会都通过强大的宣传、会员的示范，向国人展示了“弱者以强、病者以起”的精武风采，极大引起了国人的习武热忱。当时社会各界在精武精神感召下，纷纷邀请精武体育会派员到各地教授武术，而精武体育会也会在人手比较充裕的时候，尽量满足社会各界的需求。为将精武精神以文字形式更加广泛地传播，精武体育会集中会员中的能文之士出资编辑出版了《精武外传》《精武本纪》等数十种武术类书籍。据相关资料显示，精武会出版的书目有44种，其中书籍31种、杂志7种、特刊6种。此外很多分会也自行编辑出版了多部武术专著或期刊。

“精武体育会”所代表的精武精神，出现在上海，是上海城市一份独特的城市文化软实力，也是上海城市的一个主题文化品牌。

1937年，位于虹口的精武会所被日寇侵占，于是精武的一切会务集中于南京路慈淑大楼分会，并积极投入救亡运动。发起者积极参与筹募经费，开救护训练班，设难民收容所，办救护医院。1941年二战爆发，上海一夜之间租界均被日寇侵占。精武体育会活动中断。

1949年5月，上海的解放给精武带来生机，是年6月精武会与8个单位筹备“上海体育界劳军”工作，组织乒乓、健美、摔跤、体操、武术表演队慰问演出与解放军联欢，新中国上海首任市长陈毅元帅来到兆丰公园（今中山公园）参加全市性军民联欢，后来又为精武会亲笔题词：“劳军模范”。

从20世纪50年代起，精武会属政府管理。1965年，特批经费将中央大会堂大修换新貌。“文化大革命”中，精武会业务活动停止了七八年，仅保留了武术和棋类等少数项目，而宝贵的精武历史材料（包括档案、刊物、摄影等）和武术器械大部分被销毁，精武会曾被更名为“要武体育馆”。

1983年恢复了上海精武体育会的原名。1994年在原“中央大会堂”的旧址上建造“精武大厦”。时任上海市市长汪道涵为“精武大厦”题词。建成后的精武大厦楼高28层，裙楼部分外形仍保留中央大会堂的格调。2002年4月30日正式启用上海精武体育会新会所，对于国内外武术爱好者，这是一个值得纪念的日子。

在中国近现代史上的每一个重要关口，总有精武人的身影和呐喊，精武会发展的历史折射了中国近现代历史的步履和痕迹。民族的觉醒、民族的尊严、民族的大义和民族的复兴，不仅是我们这个民族的生命和灵魂，也是精武人的精神皈依。因为“精武”，中国传统武术的深厚土壤里，生长出一朵永不凋谢的奇葩！因为“精武”，近世以来积贫积弱的中国，擎起了一面振奋民族精神、弘扬中华国威的旗帜！因为“精武”，作为国际大都市的上海，在上海城市文化资源中，留下了可歌可泣的亮丽篇章！更是因为“精武”，强健着我们这个民族的精神与体魄。

# 七、强健中华民族的精神与体魄

诞生于1910年的上海精武体育总会已经走过了111个年头，现已发展为我国最具有广泛性、最具有影响力的大众体育健身的社会形态。

精武会首先是一个民间社会组织，是精武精神的一个物质载体，其中包含很多的种类，这些种类在三种情况下形成了精武会，其核心首先是爱国主义，是在爱国精神的感召中诞生的。爱国主义和爱国精神支撑了上海精武会的生生不已！

精武的命运与中国近现代的历史紧密关联，折射了中国近现代历史的艰辛步履和厚重脚步。

展望未来，精武将继续“积跬步以至千里，立足上海纳百川”，继承先贤的业绩发扬光大！

2007年6月，上海市人民政府批准“精武体育”列入上海市第一批非物质文化遗产保护名录。旋即“精武武术”又被列入国家级非物质文化遗产保护项目名录。今日，以“弘扬中华武术，倡导现代体育，传承中华优秀文化”为宗旨的上海精武体育总会，将为当今中国“提高国家文化软实力”注入新的不竭动力。

2014年，上海市迎来世界精武联谊会两年一度的年会。作为东道主，上海精武体育总会提出了精武会新的发展构想，即：通过“十个一”建设，拯救民族文化，弘扬民族精神，展示虹口深厚多元文化底蕴，提升上海精武体育总会在全国乃至世界体育文化领域的影响力，实现申报全国非物质文化遗产的夙愿。“十个一”即：一首歌——精武之歌；一本书——精武百年本纪；一套操——精武武术操；一条路——精武总会路；一个站——地铁精武总会站；一座馆——精武博物馆；一台戏——精武魂；一所学校——精武青少年活动中心；一面旗帜——爱国、修身、正义、助人；一个公园——精武公园。

为弘扬中华民族的优秀武术文化，传承“精武武术”，缅怀精武先贤，牢记历史，激励后人，上海精武体育总会在2019年1月19日当天特举办霍元甲先生150周年诞辰纪念活动，旨在打响上海文化品牌，展现红色文化、海派文化、江南文化，凸显“爱国、修身、正义、助人”的精武精神的文化内涵，挖掘精武精神的当代社会价值；助力“第15届世界武术锦标赛”，推进传统武术的国际交流与发展，弘扬中华民族的优秀武术文化，扩大中华武术的世界影响力，为继承和保护传统武术文化、促进我国体育文化事业的繁荣与发展贡献力量。

在2020年6月13日“文化和自然遗产日”，虹口区非遗办、上海精武体育总会、上海市民俗文化学会主办了“百年传承·精武之路”高峰论坛。在论坛上，《精武志》编辑委员会和精武博物馆筹建委员会都已正式揭牌，并提出了申报世界文化遗产的目标与使命。在会上，专家们认为，上海市委领导强调全力打响上海服务、上海制造、上海购物、上海文化四大品牌，上海精武文化就是上海不可多得的主题文化品牌之一。这项上海城市主题文化品牌具有稀缺性与独特性，更具有经济价值的增值性，具备进入文化产业、转化为文化资本的可能。未来“十四五”规划上海体育产业要做大

“百年传承•精武之路”高峰论坛上《精武志》编辑委员会和精武博物馆筹建委员会正式揭牌

做强，利用精武文化品牌，通过合理的开发和利用，将其转化为社会生产力，不仅对于上海，而且对于未来长三角地区，有望成为重要的经济引擎，推动精武品牌保护和经济发展的良性互动。专家们还建议：内外联动，加强上海精武体育总会与世界精武文化联谊会的组织建设与合作机制建设，为上海全球城市建设注入新动力。同时，按照中央将“一带一路”建成文明之路的要求，依托上海国际文化大都市建设，搭建更多精武文化中“医、武、文、旅”等交流机制和平台，全面提升精武人文合作空间与交流水平。

在实现中华民族的伟大复兴的道路上，在提升文化自信的国家号召下，在构建“人类命运共同体”的国家战略中，在配合国家“一带一路”倡议中，上海精武体育总会必将大有作为，作出应有的历史贡献。

注释：

1. 邵元冲：《陈英士先生革命小史》。
2. 谷世权：《中国体育史》下册。
3. 陈公哲：《精武会五十年》，春风文艺出版社 2001 年版。
4. 陈公哲：《精武会五十年》，春风文艺出版社 2001 年版。
5. 陈公哲：《精武会五十年》，春风文艺出版社 2001 年版。
6. 陈公哲：《精武会五十年》，春风文艺出版社 2001 年版。
7. 陈公哲：《精武会五十年》，春风文艺出版社 2001 年版。
8. 陈公哲：《精武会五十年》，春风文艺出版社 2001 年版。
9. 陈公哲：《精武会五十年》，春风文艺出版社 2001 年版。
10. 陈公哲：《精武会五十年》，春风文艺出版社 2001 年版。
11. [日]大西荣三：《我所创建的国际柔道学》。

# 第一章 百年历程

# 第一节 张园赛事：精武会诞生

## 张园赛事

1909 年冬，在上海北四川路 52 号亚波罗影戏院（Apollo Theatre，今四川北路中行大楼六楼）演播影戏过程中，为了娱乐观众，在中场休息时间加插了歌舞杂技。英国大力士奥皮音[1]在此期间登台表演举重，露肌及健美种种姿态，约二十分钟，一连数晚，并在最后一场言愿与华人角力。奥皮音的言行翌日在上海各报刊上登载，沪人一片哗然。于是沪上士绅名流陈其美、农劲荪、陈公哲等，萌生了请竞技名家登台与奥皮音比试的念头，“咸欲聘请技击名家，登台与赛，以显黄魂。”并最终邀请到了爱国武术家霍元甲前来同奥皮音擂台比武一决高低。由于身怀绝技的霍元甲威震华北，奥皮音闻风丧胆，没有赴赛。霍元甲的“不战而屈人之兵”，全国人民欣喜异常，爱国之心为之一振。

对此轰动全国的大事，晚清著名报人汪康年[2]在其《汪穰卿笔记》中有记载：

> “近有霍力士大获名于上海，常与美之力士约比力，已而美力士不至，乃罢。后闻美力士闻华人搏时用足，又有手点穴之法，而西人无之，与霍言，欲舍此二者乃可。霍以此传之师友，不能舍己之长以短与人角，因此遂罢。”[3]此外，另一当时著名的小说集《虞初近志》[4]也作了简略的记载：“美国大力士某，力能扛鼎，身载重千斤，问君（即霍元甲——编者注）

大力士改期較藝之原因 ○中國大力士霍元甲君本定期昨日在張園會場與英國大力士奧皮音君互較勇力嗣因中西証人未齊擺房又以爲時怱促不及繕發照會故須另行改期昨日午後三點鐘時中英兩力士均在會場互相討論奧皮音議及將來角力時均不准用脚勾拆戳諸法而霍君以中國拳術自有心傳不能舍所長而用所短故彼此議論亦未能妥洽云

大力士改期较力之原因《时报》刊登中国大力士霍元甲广告

当时的张园内擂台所在地

愿与较否？君谓如是勇夫，为吾北方人见，乌足雄？遂慨然应之。”

对张园赛事记载翔实的要数民国时人柴小梵积十年之功而成的历史笔记《梵天庐丛录》[5]：“有大力士至上海，腹上可承铁磴，重八百斤。”但在霍元甲应邀到了上海后，奥皮音却到南洋去了。奥皮音的经纪人跟霍元甲约定，在第二年的三月公开较量一场，胜利者可获两千元，而违约者要赔五百元。为了打赢这场具有重大意义的比赛，霍元甲希望能够事先了解外国人的技击术。“会有白人与黑人决斗，鬻观券者，皆自命为大力士”，于是霍元甲前往观看，结果发现他们只是仗着力气大和勇猛，并没有什么技巧可言，便约他们中的胜利者——那个黑人进行切磋。黑人来的时候带了个律师，说比武可以，但霍元甲不能用脚，不能用拳，不能用肘，不能直接发生身体上的接触……霍元甲听完后更是信心大增，取笑说道，“惧我，即窜去，安得为此无礼之言！”果然，黑人和其律师“大惭而退”。

翌年三月，霍元甲和奥皮音的擂台比武，场地设在当时名冠上海的名园——张园。张园原是英商和记洋行经理格农在南京西路之南、石门一路之西所筑的别墅，占地20余亩。1882年被无锡人富商张叔和购得，后又在园西购得土地40亩，拓展南至威海卫路（今威海路590弄），北达斜桥路（今吴江路），东西介于同孚路（今石门一路）和慕尔鸣路（今茂名北路）之间，一跃而列为当时私家园林之首。在比赛前的几天，奥皮音提出采用西方人的赛事规则，霍元甲则抱定中国人的比武方式，后经过磋商议定“用摔跤方式，以身跌于地分胜负”。但是，这场约定在四月中旬下午四时举行的擂台赛并没有得以如期举行，原因据说是奥皮音去了东瀛。然而，按照惯例，霍元甲可谓“不战而屈人之兵”。此消息立即在上海舆论界不胫而走，霍元甲从此名扬上海滩。

霍元甲（1869-1910），字俊卿，天津静海人。其父霍恩弟习武一生，武艺高强。霍元甲排行第四，因自幼体弱多病，其父不许他练武，也不让他跨入习武房。求艺心切的霍元甲，无奈只能偷看其父与诸兄练武，并夜深人静之时独自一人在枣园内苦练和揣摩，数年下来武艺大有长进。霍元甲自小疾恶如仇，富有正义感。为人谦虚，待人恭谨，说话诚恳，衣着简朴，深受乡里人尊重。早在1901年霍元甲就曾与俄国力士打过交道。那时有个俄国力士在天津戏院卖艺，自称为“世界第一大力士”，并说“第二是英国人，第三是德国人”。霍元甲闻知后，挺身而出，欲与俄国力士较量。俄国力士被霍元甲的气势所慑，登报更正大话而离去。

## 陈其美与农劲荪

晚清因为遭受列强欺侮，许多仁人志士都呼吁“强国强种”，呼吁尚武精神，如大学者梁启超[6]大声疾呼：

> 世人之恒言曰：野蛮人尚力，文明人尚智。呜呼！此知二五而不知一十之言，迂偏而不切于事势者也。罗马文化，灿烁大地，车辙马迹，蹂躏全欧，乃一遇日耳曼森林中之蛮族，遂踣蹶而不能自立，而帝国于以解纲。夫当日罗马之智识程度，岂不高出于蛮族万万哉？然柔弱之文明，卒不能抵野蛮之武力。然则尚武者国民之元气，国家所恃以成立，而文明所赖以维持者也。卑斯麦之言曰：天下所可恃者非公法，黑铁而已，赤血而已。宁独公法之无足恃，立国者苟无尚武之国民，铁血之主义，则虽有文明，虽有智识，虽有众民，虽有广土，必无以自立于竞争剧烈之舞台。[7]

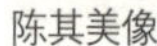

陈其美像

农劲荪像

为与西洋大力士打擂台，以刹其嚣张气焰，为中华民族争气，上海同盟会骨干、后任沪军都督的爱国志士陈其美，及同盟会会员农劲荪等人起到了十分重要的作用。

陈其美（1878-1916），浙江吴兴（今湖州）人，字英士。1906年（光绪三十二年）留学日本东京警监学校，是年冬加入中国同盟会。1908年奉命回国，往来于浙江及京津等地，联络党人。1909年（宣统元年）创办《中国公报》《民声丛报》，并协助于右任等创办《民主报》。1911年同盟会总部成立后，被推为庶务部长。后被举为沪军都督。1914年中华革命党成立，任总务部长。1915年10月被孙中山委为淞沪司令长官。

农劲荪（1862-？），出身满族官僚家庭，原籍河北。自幼熟读诗书，并拜太平天国的一位志士习文练武，此人不仅学识渊博，而且精通技击。后农劲荪赴日本留学，与革命志士接触，激发了爱国爱民的思想，并奉孙中山先生之命，回国在京津一带活动，广结武林英豪，积蓄革命力量。农劲荪在天津时期，开设药栈，与具有爱国思想而精于武术的霍元甲相识，并聘请其在药栈工作，以采购药材为掩护，结识武林名家，常在一起切磋技艺。宣统年间，农劲荪迁居上海闸北。

在共商邀请哪位武林豪杰来沪比武时，名扬燕赵大地的霍元甲成为不二人选。而且，农劲荪也熟识霍元甲，因而和陈其美等一批同盟会会员都赞同北上邀请霍元甲来沪比武。1909年12月下旬，霍元甲应邀赴沪比武，但因奥皮音托词要去外埠，故相约于次年春比高低。1910年初《时报》刊登张园设擂比武广告：“中国大力士霍元甲

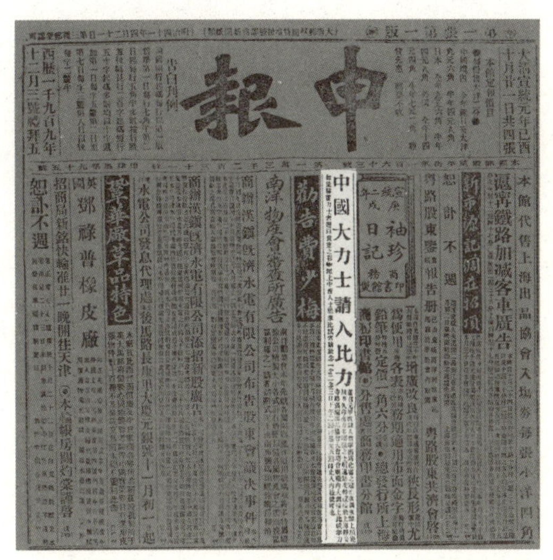

申報

大清宣統元年己酉十月廿一日共四張

西歷一千九百九年十二月三號禮拜五

本館代售上海出品協會入場券每張小洋四角

滬甯鐵路加減客車價告

粵路股東報告冊

粵路股東共濟會啟

中國大力士請入比力

袖珍日記

南洋物產會籌備所廣告

商辦漢鎮既濟水電有限公司布告股東會議決事件

商辦漢鎮既濟水電有限公司添招新股廣告

英國鄧祿普橡皮廠

招商局新銘快輪准廿一晚開往天津

恕訃不週

申报刊登中国大力士请入比力

为北省拳术之冠。去年在敝园演技三日，无不称赞。”

1910年4月，霍元甲第二次接上海来函后，偕其徒刘振声来沪。霍元甲师徒抵沪后，经与奥皮音数度商洽，订定条款，约期比赛。陈其美、农劲荪、陈公哲等捐集款项，借定会场，搭架擂台于沪上张园，并定于4月中旬午后四时比武。然而，奥皮音失约未赴赛，据说是他害怕霍元甲的高强武艺逃之夭夭。

乘着“张园比武”的气势，陈其美等有关人士顺势而为，策划了以霍元甲为首的“中国精武体操学校”（亦称“中国精武体操会”），就是后来精武体育会的前身，从此开启了中国精武武术与精武体育恢宏壮观的一页。

# 第二节 辛亥战歌：闸北王家宅

## 创办体操学校 传授中华武术

自经张园比武之后，霍元甲的名声已经“不胫而走，扬名沪渎”，很多人给霍元甲写信，表示希望能跟随其习武。“沪人如黎惠生、农劲荪、姚蟾伯、蔡少香等时往探视，公哲亦为座上客，时有馈赠，以应旅费，常谈武事。”[8]1910年4月19-21日《时报》以中国大力士霍元甲名义连登三天广告，大意为诸君有愿比试者，即以入场券款作彩，除园主二成扣外，余均归胜者，如愿比拳脚更佳，惟须早日挂号，以便在华界察请租地也。再，来函欲学诸君鉴来函甚多，不胜遍复，怅甚，等比较后，拟立一学堂，以副诸君雅意，并提倡尚武精神，亦快事也。[9]

霍元甲欲设立学堂招生收徒的想法，与陈其美等爱国人士创建体操学校培养人才的设想不谋而合。早在1909年，陈其美就在上海联络革命力量、筹备反清革命，准备成立一个军事学校，作为培训革命骨干和干部的训练机关。陈其美在日本留学期间学的是军事，在反清斗争中，陈其美认为有准备军事人才的必要。而且这一时期，社会上蔓延着军国民思潮，社会和学界洋溢着浓厚“尚武”之风。霍元甲的到来，恰恰适应了陈其美倡导军国民、创办军事学校的愿望，于是“乃运动上海各界人士之好尚技术者谋画创办学校”，“预备挑选同志中志向坚定、体格强健者50人，由

上海精武会最早的会址——设在闸北王家宅的习武会馆

中国精武体操会第一次技击初级毕业纪念摄影

霍君教授拳术，并及军事学，以 6 个月毕业再由毕业的人到各处组织同性质的学校，每人再担任教授人。照这样办下去，不到 10 年，可以练成数十万或百余万体力强健并有军事学识的青年，则对于革命运动或军事改良上必有极大的影响。”[10]

陈其美、农劲荪、霍元甲等人经过商议，决定创办中国精武体操会，一方面作为安顿霍、刘二人之计，另一方面作为训练革命青年的场所。1910 年 6 月 14 日（农历五月初八），在《时报》上连续数日刊登“中国精武体操会广告宗旨”，内容有本会宗旨以提倡尚武精神为目的。年龄 12 岁以上 35 岁以下合格。会费鹰洋二元。本会现蒙巡警局批准立案。择于本月 20 日下午三点钟借张园开会，深望绅、商、学、报诸君届时驾临赐教为幸。落款是霍元甲谨启。[11]

1910 年 7 月 7 日（农历六月初一）中国精武体操会正式宣布成立，农劲荪任首任会长，霍元甲主持武术技击训练并习军事。当时众人筹集到的创办中国精武体操会的第一笔资金共一百余元，陈其美、霍元甲、农劲荪等人在上海华界闸北旱桥西大约一里许的王家宅，寻觅到一所旧式两厢一厅的平房，以月租十四元的价格将王家宅房屋租借下来，作为中国精武体操会会址。

王家宅会址有旧式两厢一厅平房一所，土堂瓦屋，外有院落，足为技击操场。众人集得百余元，迁入居住，并向房东借得方台、板凳，购置刀枪三五件，开始教授拳术。除霍元甲亲自授拳外，还有其徒刘振声及后来的赵汉杰。据资料记载，中国精武体操学校成立日期是1910年7月7日（农历六月初一），1910年6月至8月第一批入会共七十三人，有陈公哲、丘亮、李迪初、姚蟾伯、王维藩、卢炜昌及其他数人。陈其美亦为首批学员，中国精武体操学校开办之初，陈其美、农劲荪等也常来会指导。

## 霍公元甲遇害 精武萧条破落

以霍元甲为代表的精武会一开始将自己的组织命名为“中国精武体操会”，正是基于当时的社会背景。中国精武体操会成立与中国武术名家霍元甲息息相关，又与陈其美等爱国人士的革命活动密不可分，是两者的结合共同缔造了这个带有军国民性质的民间体育社团。此后，伴随着国内的各种思潮，特别是受五四新思想、新文化的洗礼，上海精武体育会逐渐改良军国民体育思想，使体育向健身、娱乐、大众化方向转变，凭借对中、西方体育文化的解读和吸纳，一度成为引领近代上海体育发展方向的民间体育教育组织。

中国精武体操会从建立之初，便接受了一批走在时代前沿的知识分子做会员，为其日后的发展奠定了基础。精武会的第一批入会会员共73人，包括陈其美、农劲荪、王一亭、杨谱笙、徐一冰等同盟会会员。这些人在当时的上海滩拥有很大的号召力，而且杨谱笙主持旅沪公学，徐一冰领导中国体操学校，都很有办学经验，他们所提倡的全面教育思想对日后精武体育会体育思想的形成有很大影响。

中国精武体操会成立后不久，在沪的日本人对霍元甲恨之入骨，日本武士多次提出要与霍元甲比武较量。上海蓬路（今塘沽路）是日本人聚居的地方，日本人在该地的三元里（今鲁关路）附近设有一家日本技击馆。当日本武士了解到霍元甲仅以其名声就将欧洲大力士奥皮音吓跑，并在张园连胜赛擂对手，加之霍元甲随后又在上海成立中国精武体操会，亲自担任技击主任，十分不服气，于是由日本技击馆出面向霍元甲提出邀约，欲与霍元甲比武较量。为提振民心，霍元甲偕同其徒弟刘振声如期前往技击馆赴约。霍元甲师徒赴约的本意，是想与日本武士们切磋武艺，交流经验，并没有比武论高低的意思。但是，与日本武士见面后，日方一再要求较量高低，为不伤和气，双方约定比赛以不损伤任何一方为原则。比赛开始后，霍元甲让刘振声先行与日人比试，双方不分胜负。之后日本另换一名柔道会教师出手与霍元甲较量，霍元甲与之交手后，二人进入胶着状态，两手互执，成摔跤形势。日人企图通过袭击霍元甲的方式将其跌翻在地，在遭到霍元甲的反击后，日本武师右足未能站稳，霍元甲转被动为主动，乘势将其推倒，不幸跌落在台阶上摔断了右手。这虽然是无意的伤害，但落败后的日本武士却一直耿耿于怀，与霍元甲结下仇怨。[12]

日本自甲午战争以后，侵略中国领土的野心越来越大，上海的爱国报纸《民吁日报》《中国公报》《民声丛报》《民立报》等纷纷宣传革命，尤其是《民吁日报》，从1909年10月21日到11月19日持续近一个月，掀起揭露日本帝国主义侵略的热潮。日本驻沪总领事松岗曾亲自向清政府和上

追随霍元甲练武的近代武术家刘振声

海道施加压力，并于11月19日查封了《民吁日报》。但人民反日爱国行动仍在继续。此时，陈其美、宋教仁等爱国人士为“间岛问题”所“作排日之举动”，更是遭到日本人的痛恨；而1910年由陈其美等人倡办的中国精武体操会相应也引起日本人的注意。日本为警告革命党人，经过密议，决定采取杀鸡儆猴的策略，首先向中国精武体操会的精神领袖霍元甲伸出毒手。[13]

霍元甲少年时曾练气功，“吞气横网，遂伤肺部”，故有唠血病，“因曾唠血，面色蜡黄，故有黄面虎之称”。当时有人向霍元甲推荐了一个名叫秋野的日本医生为其诊治，霍元甲购买了秋野的丹药，服药后病情加剧，众人遂将霍元甲送入新闸路中国红十字会医院诊治，医治两星期不仅未见好转，反而病情日益加重，最后医治无效而逝世。关于霍元甲辞世一事，《精武本纪》记载1910年9月15日“力士（指霍元甲）殁之翌晨，日医秋野已鼠窜归窟。力士门弟子大疑，检力士日服之余药，付公立医院察之，院医曰此慢性烂肺药也”。霍元甲死后，[14]“众人为之办殓，移厝于河北会馆”。[15]霍元甲应邀来沪至被人所害，时仅6个月。尽管对于霍元甲最终死亡的原因，还需有各种调查研究和各种证据，至今尚未有明确的结论，但吃了日本人的药是个明证。因为霍元甲本身有沉疴，而最后又因为是服了秋野医院的药后死亡的，所以很多人认为这是日本人的一场阴谋。据说1989年修建霍元甲陵园时，对霍元甲遗骨进行化验，最终证实霍元甲是被毒死的。

陈其美对霍元甲之死，深为悲痛，也很是内疚，认为这是因他聘请霍元甲来上海，才引起的祸事，对霍元甲怀有深深的内疚，因此由他亲自主持以中国精武体操会的名义，厚葬了霍元甲。“越一年运柩北返，精武同人赠以‘成仁取义’挽幅”。[16]

霍元甲的突然病逝，使中国精武体操会失去了支柱。在霍元甲追悼会后不久，首任会长农劲荪因接受新的任务离开上海，陈其美也因忙于革命事业无暇顾及，体操会的会务无形中停顿，革命党人训练武装骨干的计划也因此搁浅。[17]此时的中国精武体操会一时陷入群龙无首的状态，校中学员“日来三五，有些学拳者已不来上课，而上课又无一定时间”，“学生不来，空悬一块招牌，出入其中者为寄宿之学员，无形中为一间免费公寓”，“入其门萧条之象殆如破落之古刹”。[18]刘振声对此种情形，叹喟“长此下去，恐将流落沪间”。[19]在此窘境下，陈公哲、卢炜昌、黎惠生、刘宸臣、姚蟾伯、邱亮、宁竹亭等仍坚持留在精武体育会内，为精武事业奔波。并最终将接受新式教育的商人成为体操会的领军人物，逐步实现由“体操”向“体育”的转变。

## 从“体操”到“体育”

对于“体操”“体育”二词的来源，有学者考证，认为皆是近代的留日学生将其引入中国的。由于日本汉字“体操”一词的解释是“为达到健身目的而进行的人体有规律的操练”，遂被我国军事、教育、体育界所接受，并直接指出“体操”一词泛指一切体育活动，包括了一切身体教育的内容。但是，由于受条件限制，近代国人对体操的认识基本上局限在兵式体操上。“体育”一词首次出现在中国，是1897年底康有为收集并编纂的《日本书目志》的第五册“教育门”卷十中。几乎与之同时，上海南洋公学编的《蒙学读本》上也出现了“体育”一词，并在中国近代首次将“德育”“智育”“体育”三词作为一个完整的教育口号提出。不过，开始时“体育”与“体操”是混用的，所指皆为与身体锻炼和身体教育有关的所有内容。直到1922年，北洋军阀政府颁布《新学制课程标准》，将学校的“体操科”改为“体育科”，“体育”一词得到官方的认可，从此“体育”一词逐渐被人们普遍接受。[20]

1910年7月7日（农历六月初一）正式成立中国精武体操会，会址设在闸北旱桥以西王家宅。中国精武体操会的创立，是一个划时代的事件，并成为20世纪上半叶上海最大且最具影响力的民间体育组织。中国精武体操会融合中西体育精神，堪称辛亥革命前夜一首激奋人心的战歌，成为资产阶级民主革命中的一面大旗，它摒弃武林中帮派林立、以强欺弱的陋习，引领传统体育借鉴西方体育的观念和手段，将武术的实用价值转到强身竞技、锻炼身心、道德修养、审美要求的轨道上。

## 陈其美的创建之功

同盟会会员陈其美等人是推动创办精武会的先贤。据陈公哲的记述：“倡其事者有陈其美、农竹、陈铁生及余数人。”[21]而且陈其美在精武会的会员编号是“183”号，《精武本纪》会员登记表特地注明1910年8月入会。[22]在《陈英士年谱初稿》中，也有“民元前二年（清宣统二年、庚戌），公34岁……在沪筹设精武体操学校”

的记载。[23]孙中山先生后来在追述陈其美等人为辛亥革命所做贡献时说："时影响之有力，而影响于全国最大者，厥为上海。陈英士在此积极进行，故汉口一失，英士则能取上海以抵之。"[24]1916年5月18日，陈英士在反袁斗争中被袁世凯唆使的歹徒杀害后，孙中山曾亲撰祭文叹曰："呜呼英士，生为人杰，死为鬼雄。"然而，由于历史的原因，这样一位在辛亥革命中建树功勋的资产阶级民主革命家，却被贬为"风流都督""青帮头目"，致使他倡办精武体育会的历史功绩也被埋没。这是不公正的。党的十一届三中全会实事求是的思想路线，维护了历史的公正，不少史学工作者以史实为根据，以社会实践为唯一标准，秉笔直书，正确地评价了陈英士的功过是非，还这位资产阶级民主革命家以本来面貌。

在辛亥革命的前夜，陈其美与宋教仁、谭人凤、杨谱生等组织中部同盟，以规划长江党事。为了武装起义，推翻帝制，建立共和，需要大批军事人才，所以就考虑创办学校，培养军事人才。陈英士善于团结各界人士，霍元甲为人爽直，又有炽热的爱国之心，两人一见倾心，决定创办中国精武体操学校，聘霍元甲主持武术技击训练，并习军事，计划挑选志向坚定、体格强壮的青年五十人加以训练，作为骨干，六个月为一期，毕业以后分配到各地，开办同类学校，[25]"希望十年内训练出千万名既有强健体魄，又有军事技能的青年，以适应大规模革命运动和改良军事的需要"。[26]

# 第三节 初创发展：火车站旱桥

## 继承先人遗愿 三杰重振精武

然而，正当霍元甲主持中国精武体操会，精心培养骨干，以图大展伟业之时，正当盛年的霍元甲突然逝世，这对精武会无疑是巨大的冲击。

为继承霍元甲的遗愿，以陈公哲、卢炜昌、姚蟾伯为代表的一批中坚学员，共商重振精武大计，都表示："既感受种种之刺激，复以身受霍先生之教育不能尽，引以为憾，乃约同志继霍先生之业。"鉴于体操会会所破败，又"孤立于田圃中，只有一所房屋，去市区颇遥"，为继承霍元甲遗愿，使精武事业能重整旗鼓，一批中坚学员陈公哲、卢炜昌等共同商议，最终决定迁移地址，确立宗旨，厘定章程，广泛征集会员，重振精武会事业。1911年3月3日，在旱桥万国商团中国义勇队旧址（现民德路南端跨越铁路至浙江北路处，1939年被日军拆毁）附近，由陈公哲、姚蟾伯两人出资年租金二百元建第二校所。会址有一连八间平房，附有厨房间与厕所，前面还有两片操场，改为两个练习室、图书馆及宿舍，还加盖棚辟一摄影室。

第二校所落成后，学员略有增加，并聘请商界名人袁恒之为中国精武体操学校校长。《精武本纪》评价袁恒之为"热肠古道之君子人也，当举世非议之时，独任将伯，且投身会中，肆力于技击焉"，"然

人称"精武三杰""精武三公司"的陈公哲、卢炜昌、姚蟾伯

是时会务既渐扩充，经费日见增益，执事中有典衣质物以相支持者，亦良可念矣。”

为募集校务资金，曾尝试向社会公开募捐，精武最初的印刷品即为“中国精武体操学校募捐启”，内容如下：

……念天下之兴亡，虽匹夫有其责……不少金刚，会须锻炼，此霍元甲先生欲雪东方病夫之诮所由，与同志组成中国精武体操学校（会）也。开幕以来，同堂日众，……卧薪尝胆，舍我其谁，乃大道多魔，竟有鸠人叔子之心而心丧其服，……不妨重新壁垒，惟欲造斯皇之多士，必兴广厦之千间，此校舍之建筑，尤万不容缓者也，尚赖仁人或金券之频颁，或珠囊之慨解，多固益善，少亦无妨，如蒙大力维持，热心赞助，俾校舍早日落成，武术从兹发达，霍先生固衔结于九泉，同人等亦馨香而万祷，谨升小启，翘启鸿施渥荷，玉成还祈金诺。

中国精武体操会第二会所落成后，为了扭转处于颓势的会务，中国精武体操会大力改革会务，并聘请武术教练来沪任教。首先，体操会邀请商界名人袁恒之担任中国精武体操会会长，通过商界力量加大对体操会的资金赞助，“是时会务既渐扩充，经费日见增益，执事中有典衣质物以相支持者”，商界人物开始成为中国精武体操会的中坚与核心力量。[27]与此同时，为了筹备经费，体操会“以会款支绌，特假新舞台开运动会筹款”，此后精武会每年开秋季运动会一次，“实滥觞于此。”[28]其次，霍元甲去世后，其弟霍元卿来到上海，继承霍元甲的遗志，加强对会员的训练。另外，为了扩大教学规模，中国精武体操会还“遣人赴燕敦请擅斯道者数人”来沪，一时到会者，“如赵连和、赵汉杰，赵观永，李健民，张富猷，李占风，李莲村，霍先生之子东阁等，皆擅绝技而富经验者”。[29]其中赵汉杰本是霍元甲的徒弟，功夫与刘振声相当，擅长双刀。这些人的到来进一步壮大了中国精武体操会的实力。

为了进一步发展体操会，以陈公哲、

精武会第二会所王家宅馆舍

民国五年（1916）第一次技击高级毕业委员会合影

卢炜昌、姚蟾伯为首的受过西方新式教育的骨干成员，决定为体操会重新选择会址并建立自己的会所。中国精武体操会的三个主要成员陈公哲、姚蟾伯、卢炜昌，起初并未有创立体育组织的明确意图，霍元甲的去世促使他们开始考虑体操会的前途问题。此三人皆受过新式高等教育，既是中国精武体操会创建的筹备人，又是霍元甲的第一批学生，三人入会学拳，追随霍元甲左右，深受霍元甲爱国精神教育。在中国精武体操会学习技击的过程中，陈公哲、卢炜昌、姚蟾伯等人一直在思考武术与改良社会的关系，武术于体育如何顺应时代潮流、强国强民的道理。

## 精武思想逐步明晰

精武体育会在成立初期，并没有一个完整的思想理念。在精武会搬往第二会所期间，主事者开始思考做什么和怎么做，他们高瞻远瞩，对精武会所应遵循的宗旨和精神、德智体三育连锁的全面教育思想等进行了充分思考，并对建设符合时代潮流的新型社团作了认真探索。之后，随着精武事业的发展，精武体育会的理念和思想逐渐形成了比较有自身特色的文化理念。

“精武思想”是一个涵盖内容十分广泛，并随着时间推移不断发展的概念，它既包含精武体育会对自身文化内涵的阐释，又包含其所宣扬的各种道德规范、行为理念、教育思想等一系列内容，同时也隐含着对西方体育思想文化的吸纳和融合。它被认为是精武体育会之所以能够存在和发展的一种精神支柱，是精武人的理想追求。精武体育会的主要拥趸们在初创发展时期就将精武思想化为一种具有个性特征的文化精神，体现在精武体育会所遵守的宗旨、性质及其办理方法之中，落实到精武会的一举一动之中，融入整个精武事业中。20世纪20年代就有人对精武思想内涵予以释义和总结，认为“至少有四”，“一曰尚武、二曰合群、三曰牺牲、四曰诚信”[30]。具体来讲，包含以下几个方面。

### 第一，确立三育并重的教育思想

受国内外全面教育学说的影响，上海精武体育会在制定教育思想时，把“体”“智”“德”三育并重作为精武体育会的会训加以提倡，并成为精武体育会用人及培养人的基本标准。

在“体”“智”“德”三育的关系上，精武人认为，健康的体魄是“载智”“载德”的工具。认为如果一个人没有一个强健有力的体魄做支撑，就无法顺利进行智育方面的教育，而智育不健全，也就无法谈论德育的培养。特别是陈公哲在强调“体育”是进行“智育”和“德育”的基础时指出，“所谓体育者野蛮其体魄，智育者闻名其精神，德育者公正其行为”。之后，他又详细地阐述三者之间的关系，认为人具有“野蛮”的身体是抵御疾病、学习科学文化知识、维护社会伦理道德的前提；不断学习和吸取世界文明成果是开阔视野、扩充见闻、丰富知识、维系道德的基础；拥有“公正”的道德水准，则是维护正义、集合群众、提高修养的根本。[31] 陈公哲将体、智、德三育看作一个整体，认为“体育”就如同一艘船的船身，“智育”就是驱动轮船行驶的机器，“德育”是为轮船行驶指定方向的指南针，“无船身不足以载机器，无机器不足以动船身，无南针不足以达彼岸”，强调“三育连锁，不能一时离也。”[32]

## 第二，崇尚尚武精神

中国自古就崇尚“尚武”精神。先秦时期，由于战争频仍，民风剽悍而古朴，尚武氛围浓厚，人们对勇武之士多崇拜和赞美之词。

《诗经》里那些作战勇敢的诸侯、卿大夫、武士、猎人经常成为被赞美的对象。先秦时期的这一“尚武”文化特质一直影响到秦、汉、唐各朝代的文化风貌。但在中国传统文化的演进过程中，“尚武”逐渐被“崇文”所取代，形成以仁义化育天下、以道德治理国家的传统文化特征，人们崇尚儒家的贵和中庸、道家的清净无为、佛教的慈悲为怀，从而形成中华民族和平主义的主导心态，并因此衍生出贱武尊文、摒弃征战的思想，产生了较大的负面性，在列强环视的清朝末年尤为严重。

因此，精武先贤们认为“政治为一时之现象，而技击为万世之根本”。[33] 指出中国积弱的原因，是由于国民没有强壮的身体，若要使之强大，除了“尚武”没有其他的途径。[34] 精武会要“以唤起国人尚武精神，改铸国人体魄为宗旨”[35]，其目的就是“造成学养功深武德纯粹之平民”。[36] 在精武体育会的章程中明确规定“同人组织此会，为强种、保国起见，凡属会员均宜奋勉练习。以养成刚健强毅之风，而划除萎靡颓惰之习”。精武所提倡的“尚武”，精武会要吸收中国传统文化精华，明文规定“本会宗旨以技击为根本，以武德为皈依”[37]。

精武先贤所推崇的精武思想提倡“体、智、德”全面发展的教育思想，崇尚“诚信”“尚武”“合群”“牺牲”精神，在此思想的指导下，希望通过以“技击”为主导的体育运动实现“强民、强种、强国”的目的，并通过普及和推广精武事业，构建一个平等、和谐、民主的，既无阶级区分，又无宗教分途，无年龄、性别限制，也无党派之囿的大同社会。可以说，精武思想融汇了中国传统的儒家思想、佛教教义及西方基督教精神内涵，并使其贯穿到精武体育会的教育、训练和日常生活中，成为指导精武体育会会务发展的精神指南。

正因为有对精武思想的深入反思与思考，故经历了一段萧条之后，在一批中坚学员的支持下，1911 年，中国精武体操会迁入万国商团中国义勇队旧址（今静安区民德路南端跨越铁路至浙江北路处，亦属王家宅区域）。

精武重新开张后，习武训练开始走上正轨。1912 年，首届精武运动会召开。学员们身着统一服装，队列整齐，节目精彩，轰动申城。运动会开完后有很多人要求报名参加精武会。

# 第四节 壮大繁荣：杨浦惠民路

1916 年，对于上海精武体育总会是一个重要的年份。这一年，精武会迁入属于自己的第三会所，这是一个崭新的起点；上海精武体育会的正式定名，从此进入了这个组织壮大发展阶段。

## 陈公哲献私地 体操学校更名

如前所述，霍元甲逝世，中国精武体操学校经历了一段萧条时期。1915 年 7 月，上海又遭台风袭击，第二校所严重受影响，供学员练武之用的篁棚席卷而去，给学员练武带来困难。

为了建设精武新校址事，陈公哲慷慨献出提篮桥倍开尔路 73 号（今杨浦区惠民路荆州路口）宅地 2 亩，“乃合姚卢之力，同仁建筑”动工建造新舍。由姚蟾伯、陈凤元等人出资，姚蟾伯、卢炜昌二人负责，开始动工建造新会所。[38]1916 年 4 月 6 日中国精武体操学校迁入新舍，并将名称更名为上海精武体育会。

更名看似小事一桩，实质说明了精武会理念的先进性和科学性，以及精武会的务实工作作风。在精武会初期，只有技击这一科目，理应称为“拳术、技击或武术会”，因此从逻辑上说，“体操学校”更名为“体育会”，似有牵强附会之处。其时，一方面是因为“拳匪之乱刚戢，地邻租界，恐当局有所误会，以为拳匪余孽”，陈公哲

台风侵袭后的精武会王家宅会址

认为“运用武术以为国民体育，一则寓拳术于体育，一则移搏击术于养生，武术前途方能伟大”[39]。经过众人商议，认为把武术纳入“国民体育”之列，另外，当时很多人认为，凡是设立社团，多少总会带有“革命”的性质，或者是属于“政治组织”，恐怕要招官厅的审查，利用“体育”这一名词，正好可以免去社团自身的政治色彩。经过综合考虑，最终决定将“体操”二字改为“体育”。

其实，上海精武体育会新会所所在的倍开尔路地属租界，开办会所须征得工部局的允许，进行注册后方可开办。最初以“中国精武体操会”这一名称向工部局申请注册时，“各西人疑虑不允”，经过改造和易名后的上海精武体育会，以现代化的体育组织面目出现，工部局对其态度大变，“嗣由局长亲行察视，大表欢迎，不特允免照会，

1916年落成的上海精武体育会倍开尔路新会舍

陈公哲捐献的新会舍大门

且捐款助之”，并“任令会员购置器械在会练习”[40]。

经过主事者反复权衡考虑后，最终决定将“中国精武体操会”易名为“上海精武体育会”，“凡一切有关体育者罔不具备”[41]。

## 孙中山赞精武 唤起民众强国

1916 年 11 月 5 日，中国民主革命领袖孙中山先生亲临上海十六铺新舞台旧址“凤鸣茶楼”，参加上海精武体育会举行的技击高级学员毕业典礼并讲话，强调“技击有益于身体，即使长枪大炮也有行恃之日，勉励国人必须致力于技击”。

1919 年 10 月 20 日，孙中山先生又为上海精武体育会出版的《精武本纪》作序：“慨自火器输入中国之后，国人多弃体育之技击术而不讲，驯至社会个人积弱愈甚，不知最后五分钟之决胜常在面前五尺地短兵相接之时，为今次欧战所屡见者，则谓技击术与枪炮飞机有同等作用亦奚不可。”孙中山先生文中对重火器而轻视技击的批评，就是唤起人民重视技击术，参加技击运动，以达到强国强种的目的。孙中山先生在序文中表彰了精武事业的成就，“精武体育会成立既十年，其成绩甚多，识者称为体魄修养专门研究之学会，盖以振起从来体育之技击术为务于强种保国有莫大之关系。”在上海精武体育会建会十周年之际，孙中山先生还亲笔题写“尚武精神”的横匾。

将中国传统武术并入到西方现代体育的意涵中，精武会之宗旨“研究我国数千年原有之技术，以求适合于国中人人之练习，使普及全国，确定为我国之体育科学，以期显我国家之光荣”[42]便说明这一点。中国传统武术借此时机得以正名，逐渐取代兵操，成为学校教学科目之一。1915 年 4 月，全国教育会联合会通过了“各学校都应添授中国旧有武技，此项教员，于各师范学校培养成之”[43]的决议。1918 年 10 月，全国中学校长会议决定要在全国中学校一律添习武术。

以体育进入中小学校为标志，唤起民众强国就有了扎实的基础。

## 体智德为宗旨 确立精武精神

为塑造新型社会团体，上海精武体育会提倡体智德三育并重为宗旨，以技击为根本，以武德为皈依，辅以有益之学科，正当之游艺，时代之方法发展会务，旨在发扬尚武精神，践行“爱国、修身、正义、助人”的精武精神，提出“不准以我之拳头加予同胞身上”，“体魄之不健全，曷足以言智育，智育之不健全，曷足以言德育”。“躯壳者实为载智载德之工具也。”

为培养精武人的精神风貌，强调以体育人，寓教于体，善与人同，后为己任，力戒虚骄，精武会制定了会员行为规范，名为“行精武式”的会员守则，其内容如下：

一、精武之人物：三育训练、获有全能；

二、精武之人格：公正廉明、尊人重己；

三、精武之风度：诚实坦白、博爱平等；

四、精武之言行：坐言起行、证以事实；

五、精武之信守：一言一诺、重于订约；

六、精武之守时：约会守时、不求原谅；

七、精武之正义：尊重正义、不讲私情；

八、精武之服务：非以役人、乃役予人；

九、精武之福利：乃予于人、非取诸人；

十、精武之友谊：爱己及人、视同兄弟。

制定了以黄、蓝、红三颗星为代表体、智、德的会旗、会徽和一整套严格的管理制度，并创作了会歌。据《精武本纪》记载：“本会对于会员蹈履上之约束最严，凡入会者必有介绍，介绍者有负责成，工农学商，皆可入会，无阶级，无贫富，惟入会之先，必须审查，入会之后，尤多纠察，苟有不规则行为之见端者，立予除名。”“故会员初则兢兢自守，恐侵神圣之约束，久而久之，躬行实践，则亦入而俱化，行所无事矣。”

## 摒弃门户之见 发扬武术新风

自中国精武体操学校建立之日起，就摒弃传统的武术门派林立，破除“因袭宗法，师徒秘传”的陋习，主张各派同源，“不争门户短长”，熔各派武术于一炉，将各流派各门户的武术都“落户”精武。云集中国黄河、长江、珠江流域的赵连和、张富猷、霍元卿、陈维贤、孙赞轩、孙玉峰、罗光玉、霍东阁、陈子正、吴鉴泉等各派武术名家齐集精武会。在精武传授的拳术多达54种，对手拳术19种，独习兵器6种，对手兵器38种之多。

精武会创立了一种新的武术训练教学方法，开办初级班、中级班、高级班。规定一定的学习内容，两年为一期，考核合格者，颁发毕业证书。高级班毕业后可委任为技击或国操教练。参加运动会的统一服装上，凡襟缀三星者为六年毕业学员，双星者四年毕业，单星者为两年毕业，无星者为初级修业学员。在武术教学的教材上，贯彻“南宗、北派并蓄兼收”，“熔各派于一炉”，编制“精武基本十套”，即潭腿、功力拳、节拳、大战拳、套拳、接潭腿、单刀串枪、群羊棍、八卦刀、五虎枪，成为精武武术的基本教材，凡精武会员“必须熟悉此十种，方及他技”，“南派、北派、短拳、长拳，罔不具备，即使教师不能沟通南北，而学员是南北混成，久而久之，自成一种融合南北、取精用弘之技术”。

此外，精武会还建有运动会（技击大会）制度，每一年或两年都要举行规模盛大的运动会，将“精武十套”编配口令，在运动会上进行会操或表演，这都成为推动精武武术的有效形式，有利普及，促进提高。

为弘扬武术，精武会先后出版了《功力拳》《潭腿精义》《合战》《达摩剑》《十字战》《五虎枪》《潭腿挂图》《降龙棒》《潭腿十二路全图》《少林宗法》《少林拳术图说》《硬捶挂图》《太极浅说》《武铎》等书籍。这批武术书籍图文并茂，不仅使精武武术动作要领都达到准确、规范，而且对普及精武武术起了重要作用。

精武会让各派拳师走出精武大门，深入到复旦公学、中华工业专门学校、东亚体育专科学校、松江江苏省立第三中学、圣约翰大学、澄衷中学、岭南中学、爱国女校、粤东小学、培德学校、培本小学、崇德女校、吴淞水产学校、工界青年励志会、青年俱乐部、上海青年会及恒丰纱厂、德大纱厂等40多处。这些人经精武拳师辅导后掌握了精武武术的要领，弱者以强，病者以起，练武之风，在学校、社团、工厂蜂起，形成一股热潮。

## 乃武兼办乃文 传承中华文化

精武体育会既是一个社会团体，又是一所公益学校。它倡导乃武乃文，传承中华文化，弘扬民族精神。

精武的文化，继承了历史传统，并结合了时代特点，内容丰富，有临池（书法）、图画、国语、摄影、粤乐、铜乐、弦乐、京剧，还有影戏、医学、旅游、雄辩等。据《精武本纪》记载：民国五年，会员王汉礼氏发起临池会，相约于武课之余，研究八法，与会者五十余众，皆能寒暑不辍……凡武术深造之会员，其书法必佳，一若刀之与笔有连带关系焉。至六年即作书展览，至八年已分甲、乙、丙班。

精武的粤乐活动开展得很兴盛。陈铁生是粤乐前辈严老烈的高徒，于1918年组织精武粤乐部，1919年又在北四川路6号（武昌路精武会办事点之一）组建中华音乐会，聚合了吕文成、甘时雨、何仿南、司徒梦岩等粤乐业余名手（大都是精武会员）。这些先贤改革过主奏乐器高胡、扬琴、新式鼓架，并将小提琴用于粤乐演奏。其突出的成就是在上海创作、改编了近百首粤乐作品，其中《步步高》《雨打芭蕉》《渔歌唱晚》《孤舟雪夜》等近十首成为广东音乐的传世佳作，通过录制唱片向广东和全国推广。会员参加者众多，不仅自娱自乐，还经常彩排演出，座无虚席，掌声满场。

精武的摄影在社会上颇有影响。其中陈公哲对摄影艺术颇有造诣，著有摄影专著，他的摄影作品尤其是《三潭夕照》的风景艺术照受到行家们的很高评价。精武会员中参加摄影班的相当踊跃。经过授课，实习并按其摄影作品进行评定，成绩优良发给合格证书。学员的摄影作品经评选择优者举办精武摄影展，向公众展示。

精武医学中西兼备，主任中医为罗伯夔，西医为博士林锦华。罗伯夔在《精武本纪》著文云：“辱承精武宠召，讲过医学，不揣固陋，敢贡其一得之愚，与诸君子商之……”

精武雄辩团在《精武本纪》有记载：“本会既有国语一门，祛方言之障碍，合吴越于一堂。今若利用练习之机会，设为雄辩之一科，固亦时势与事机之所必要者矣，且吾会中毕业欧美得博士学位者尤不乏人，固不患师资之难获，异日者练习有得于传布技击，解释武术，犹有莫大之效果，愿同人感自勉焉。”

精武旅行团1922年组成的精武旅行团规格最高，是负有加强与友会交往使命的一次旅行。据精武《中央》杂志记载：上海精武旅行团男女会员凡30余人，其行程先赴天津、北京，然后转至汉口，参与汉会四周年纪念并行新建会场开幕礼。旅游点有南京、栖霞山、镇江、常州、超山、无锡、庙行、浙东、杭州、宁波、雁荡、天台、龙华、宜兴、奉化、滁州、崇明、普陀、高桥、戚家墩、扬州、青岛、嘉兴、黄山、常熟等地。每年达二十余批，人数达二千余人次。精武体育会还开展“精武舞艺”，由郑灼辰、李佩弦、陈善、陈荣孙、姚蟾伯等自行编导，编排的舞蹈有：滑稽舞、武化舞、共和舞、三星舞、凤舞、对舞等，每舞都配有粤乐名曲，深受会员欢迎，经常结合精武活动参与演出。

## 重视妇女体育 建立女子分会

精武体育会自迁入新会所起，就把开展女子体育列为重要内容，有明确的要求和措施，把女子学校列为辅导对象，在爱国女子学校任技击教练的先有卢炜昌，后有宁竹亭，以及到崇德女校任技击教练的陈士超等。精武女子体育由小到大，逐步发展。先从建立精武女子模范团开始，其发起人陈士超说：“精武女子模范团之设，欲提倡女体育也。”“天之生人也，头同是圆，趾同是方，无稍判别，然任事每让于男子者，则以女子自甘于承认为体质柔弱，又未讲求体育也……”“遂于七年六月全体会议约章及选举职员，严定赏罚，团员踊跃练习，风雨不间，而体力进步固不让彼自命昂藏七尺之男儿，孰谓吾界为天生弱质也……”

精武女子模范团的显著成绩，在精武会员中反响强烈，因而于1920年5月1日隆重召开精武女子体育会成立大会，来宾达二千余人，陈士超被选为主任。

精武女子体育会成为一个完全由女子组成的体育组织，不仅使一批女子在会务活动中大显才能，而且团结了众多的女子在自己组织的周围。据1925年6月《精武月报》报道：“上海精武女会，以发展会务起见，今年与男会同时举行征求（会员），成绩颇佳……”在精武女子体育会中涌现出陈士超为代表的一批精武女杰，不仅具有卓越的组织才能，而且武艺出众，不愧为精武的巾帼英雄，1921年被选派到马来西亚吉隆坡、雪兰莪、槟城等精武体育会服务。

上海精武女子体育会是精武事业的重要组成部分，以后一些友会在建立精武会的同时，也积极创造条件建立精武女会。

## 重视书刊出版 无文不能行远

精武体育会深知“无文不能行远”，因而十分重视出版工作，以与精武的会务发展同步进行，相辅相成。出版的宗旨是必诚必信。目前可查资料书目有44种，其中书籍31种、书刊7种、特刊6种，由商务印书馆、中华书局出版发行。

陈铁笙（铁生）从中国精武体操学校筹备时即参与工作，至1916年正式义务参加精武会工作，1924年主编《精武杂志》（一年后改名《精武月刊》）和《学生杂志》的“技击丛刊”专栏，又著有《国技大观》等书。罗啸璈原为广州《七十二行商报》社长，大力宣传精武。1920年罗啸璈作为“五特使”之一被上海精武会派往南洋一带，回国后写成《精武外传》，1921年初被选为中央精武会参事，1923年又派往京津等地宣传精武，回沪后写成《精武内传》。陈公哲善摄影技术，编有《测光捷径》一书。精武会武术总教练赵连和曾著有《功力拳》《潭腿》《达摩剑》等书籍。薛巩初著有《技击准绳》等。此外，还有《精武丛报》《精武画报》《精武医说》《精武粤传》《新乐府》《粤曲精华》等。精武书刊在社会上有较大影响，尤其得到社会上层人士的关注与重视。

## 摄制精武影像 传播精武事业

精武体育会，先后摄制了5卷精武影像片，真实地记录了精武事业的发展，在大众中很好地宣传了精武，帮助社会大众加深对精武的了解和认识。这些影片不仅是“五特使”访问南洋一带的形象宣传资料，而且也是向国内外介绍精武体育会的生动材料。据《精武本纪》记载，精武影像片的目录如下：

第一卷：（1）鼓励士气之盾；（2）以身殉技之霍元甲；（3）赞助本会最力之老友袁恒之君；（4）十年来茹苦之职员：陈铁生、黎惠生、霍守华、周锡三、郭唯一、金光曜、郑灼辰、聂云台、赵连和、卢炜昌、简琴石、程子培、李耀邦、翁耀衡、姚蟾伯、陈士超、宁竹亭、陈公哲；（5）民国八年之会长朱庆澜；（6）民国前二年之始创会所；（7）民国二年之会所；（8）从前赴会必经之铁路旱桥；（9）民国四年之会所（自费建筑）；（10）技击运动室；（11）会员沿途赴会；（12）会所外观；（13）军乐班；（14）五四成立之健儿团；（15）爱国女校之拳术；（16）训练甫成之军队；（17）训练已成之军队。

第二卷：（18）各派技击教员；（19）民国五年第一次六年毕业之三星学员；（20）崇德女校拳击班；（21）精武第一分会成立运动；（22）国语班；（23）凌空术；（24）临池会；（25）乒乓；（26）恭祝国庆；（27）京乐班；（28）会员之课外体操；（29）拔河；（30）广东小学团体操节拳；（31）广东小学套拳；（32）平台；（33）木马；（34）杠子；（35）秋千援架；（36）军队生活。

第三卷：（37）赞助最有力之会长袁恒之君聂云台君；（38）活动摄影；（39）会员赴会之络绎；（40）精武第三分会会长王绍坡；（41）精武第三分会及总会董事；（42）粤乐班；（43）自由车队；（44）工人拳术（工商青年励志会）；（45）清晨莅会之安步队；（46）女子体操学校拳术班；（47）弓箭；（48）雄辩团；（49）医学；（50）网球；（51）有志莫逮之体育潭。

第四卷：（52）历年为社会服务之成绩；（53）急救伤科；（54）技击科表演；双十节在公共体育场与会数万人；（55）弦乐班；（56）赠送弦乐班之花篮；（57）隐名氏捐助三万元之影事；（58）理想中将来之会所；（59）女子模范团；（60）五龄幼女之技击潭；（61）袖镖；（62）

军用实施。

第五卷：（63）摄学部；（64）精武式之技击会操；（65）照耀全国之精武三星会旗。

精武影片从一个侧面记录了精武事业的发展历程，是宝贵的历史资料，可惜毁于抗日战争时期。

## 建造精武公园 大长华人志气

精武公园，在《精武本纪》中记载：“八年夏，有热心公益者自署为隐名氏，慨助三万金于精武体育会，附以一函，其意略谓精武能为社会谋幸福而无权利思想，故以此为赠。愿执事扩而充之，以期造福全国云。干事部乃于七月八日下午五时，邀集郭唯一、霍守华、黎惠生、陈公哲、卢炜昌、姚蟾伯、郑灼辰、程子培、陈士超、陈铁生、金光曜、宁竹亭、翁耀衡、周锡三、李耀邦等十五人聚商于岭南楼，众以当开大会，取决八月二十八号，董事职员会员等开联席会于岭南楼，主席者为老会董袁恒之先生议决，即以此三万金在精武会之右旁购地十余亩，创办一公共花园，王维藩署名曰‘精武公园’，众又议，取世界主义，凡属人类苟能守文明通则者，皆准入园游玩云。人道正义，此之独也。隐名氏先生指之当亦点头称可，现在加工建筑，屈指九年春初，倍开尔路大连湾路之角，当有精武公园，灿然在望也，书此以作先声。”

此文中告示人们，建精武公园既表达了隐名氏造福社会，为社会谋幸福的心愿，又是对租界公园“华人与狗不得入内”行径的有力反击。

1920年11月7日举行的庆祝精武体育会建会十周年的大型活动，在精武公园隆重拉开帷幕。

后来，由于债务问题，不得已最后将精武公园出售。陈公哲于1926年11月17日以中央精武主任名义在《申报》发表“为精武公园通告全国精武会暨各界人士启事”，言明“公园创设之初，实缘鉴于公共租界区域之广，人民之众，而无公共运动场所，其于体育研究，实多妨碍，且斯时租界范围各公园，竟不许华人游息，尤足可耻”。又云“押款到期，无款取赎”“奔走呼号，无法维持”“乃佥以出售表决，俾清债款，俟再有机缘，徐图规复”。

尽管精武公园从建成到出售抵债仅数年时间，但在精武历史上留下了值得纪念的光辉一页。

## 广泛征求会员 努力筹集经费

随着会务的不断发展，精武事业的日益繁荣，其所需经费支出也随之而增大。此时其经费来源主要靠历届会长、副会长、理事及精武主事者的捐赠，其次就是靠征求会员筹集资金。

据《精武丛报》记载：“纳费规定：凡捐助百元以上者，请为‘会董’，得介绍免费会员三人；五十元以上者为‘维持会员’，得介绍免费会员二人；二十五元以上者为‘赞助会员’，得介绍免费会员一人。以上三者其子女共享会中一切利益，不另收费；十二元者为‘普通会员’；女会员六元。交费后掣取本会正式收据，随发会证。此项会证在有效时期得通行国内外精武会。”

“特设‘商店会员’，凡商店（公司）捐助会费二十五元者可保送店伙二人，五十元者可保送四人，百元者可保送八人。以上三者所享会中一切利益与普通会员同，惟以店伙为限。”

征求会员结束后，公布成绩，以征求会员多少排列各人名次，再排出每队的第一名名单和整个征求人数最多者的名单，以资鼓励。

征求会员的活动，不仅扩大了会员队伍，而且是向社会宣传精武的好形式。

### 协办国内友会 开拓精武事业

上海精武体育会会务得到发展，会员日益增多，活动内容丰富多彩，舆论宣传相当频繁，影响四处辐射，地位明显提高，凝聚力不断增强。邻近上海的绍兴、南浔率先建立了精武体育会分会，武术活动随之开展起来。在上海精武会派员积极推动、广泛宣传下，各地精武会先后建立，在陈公哲、卢炜昌的宣传与指导下，派教员李健民担任汉口精武会的教员，成立汉口精武会。陈铁生、卢炜昌、陈公哲、姚蟾伯、沈季修、黄汉佳六人赴粤协助建广东精武会。1920 年汕头分会成立，1921 年佛山、香港精武会成立。以后香山、肇庆、新会、厦门、南宁、梧州、桂平、澳门、九龙及广州女子等精武会三十余所相继成立。

### 精武走出国门 武术走向世界

自广东精武会成立，精武武术在粤地传播，作为南洋之门户，精武的影响也随之传向海外。

此时，上海精武会会员黄强亚因母丧，返粤后转赴马来西亚吉隆坡报社任职。其间，不断宣传上海精武会情况，使当地华侨商贾对精武会留下深刻印象。上海精武会的罗啸璈为广州坤维女子学校重建事，将有马来西亚之行。上海精武会即寄《精武本纪》、国术丛书及组织章程多份，以备南行宣传资料。不久，罗啸璈返沪，谈及“若欲南洋各埠早日成立精武，必须亲自莅马，以遂侨胞仰慕之殷”。1920 年 8 月 17 日由陈公哲、罗啸璈、陈士超、叶书田、黎惠生五人，先后到越南、新加坡、吉隆坡、槟城、雅加达、泗水等地。每到一地都受到当地华侨、各界人士的热烈欢迎。“五特使”做演讲，介绍上海精武会的宗旨及十年来的成就，表演精武武术、放映精武电影，与代表座谈建精武会有关事宜。“五特使”的出色宣传，使精武体育会的种子在南洋各地发芽、成长。

自此以后，马来西亚、新加坡、越南西贡、印尼的爪哇、泗水、雅加达等各地精武体育会先后成立。

## 第五节 海外拓展：虹口大发展

### 精武事业蓬勃发展 组织建设凝聚力量

自 1910 年创建至 1920 年的十年间，

各地建立起精武体育会已近20个，东南亚地区也相继建立了精武体育会。为推进精武事业的发展，体现“精武一家”的精神，1921年正式建立了中央精武。据《精武月刊》报道：“中央精武职员表如下：主任：姚蟾伯、陈公哲、陈铁生、郑灼辰。参事：宁竹亭、陈善、余笑常、罗啸璈、邓次乾、张文德。秘书：黄维庆、薛巩初、翁耀衡。交际员：连胞三、周锡三。”

“中央精武为海内外各处精武之总机关，凡各处精武之国操主任暨教员，均由中央委任，各处精武来往函件务希直书中央精武收……盖上海精武只为一省区之分机关……”[44]

中央精武派到各地的国操主任或国术教员有：广东沈季修、香港张俊庭、佛山李佩弦、江西胡昆放、梧州林君选、澳门卢衡浦、厦门卢吉明、汉口庞宜之、上海卢炜昌、南洋七州府主任罗克己、渣华全岛主任霍东阁、星州女主任吴秀媛、吉隆坡女主任冯琼珊、庇能女主任李志羲、西贡陈启英、上海精武第三分会国操主任张子扬。

在上海精武派到海外精武执教武术的人员中，颇有建树的有：黄强亚，是精武传播南洋的先行者，首任怡保中国精武会技击主任，曾创建南洋精武友会多所。霍东阁1919年受上海精武总会选派到广州（广东）精武会任教。1922年赴爪哇岛上泗水埠，于1924年8月泗水精武会宣告成立，继又协办吧城、芝利群、巨港、西朗、三宝垄等地精武体育会，史称：“一年之间，得会员千，成立会六。”上海精武总会拳师魏元峰，1924年派往新马，当时年仅18岁。后任新马精武总会总教练、总评议员。

此外，直接由上海精武总会选派的教师还有：叶书田、叶书绅、叶书香，他们到全马、吉隆坡被尊称为“叶氏三雄”。赵连城到新加坡、森美兰芙蓉，李瑞标到新加坡，王成章到吉隆坡，刘法孟到槟城，唐文伍到新加坡、吉隆坡，姚电侠到吉隆坡，欧阳少烈到怡保，罗克己到全马，刘清桂到槟城、芙蓉、新加坡，刘致祥、张德纯到槟城，夏启芳到新加坡、吉隆坡，王玟琴到槟城，卢苏丽到新加坡，李少林到槟城，王风岗到西贡、新加坡，等等。

精武体育会自迁入新会所，毕业于新式学校，同时又受到新文化影响的三位血气方刚的青年陈公哲、卢炜昌、姚蟾伯成为体育会的实际主事者，“余陈公哲与姚、卢三人因策动会务，进为莫逆交”[45]。三人同策同力，为精武体育会厘定宗旨，订立章程，扩充学科，改良形式，并增设书报室、兵操、文事、游艺等种种科目，使精武事业迅速发展起来。

更名后的精武体育会改良形式，规范章程，确定会徽、会旗，更新会服样式，并扩大会务，成了一个制度较为完备的团体组织，进入到快速发展的时期。由于精武会机构日渐庞大，会员众多、活动频繁。凡开大会，倍开尔路73号会所已不能容纳众多的会员集会，必须外出租借舞台才行。

美国有两位叫布莱恩·肯尼迪（Brian Kennedy）和伊丽莎白·郭（Elizabeth Guo）的作家后来在他们合作撰写的 Jingwu : The School That Transformed KUNG FU 一书中用一张很形象的图画来表示精武存在和生存的支撑力量：

正是由于在社会各界力量的支持下，

支撑精武会的几个台柱，载《精武本纪》第237页，沈伯诚绘

此时的精武会增设了文事部、游艺部和兵操部，随后不久，便在上海设立了三个分会：一分会在北四川路福德里，二分会在南市新北门煤炭公所，三分会在鲁班路山东会馆[46]。1919年，原倍开尔路会址改为上海精武体育总会，领导上海三个分会。

## 创办师范学校 培养精武人才

随着精武事业的蓬勃发展，各地精武会的广泛建立，人才的需求日益迫切，上海精武体育会运筹帷幄、创办精武体育师范学校。在简章中对缘起提及：“精武开创至今已十四年，分设各省埠暨海外者共二十余所直接间接以国操及各种技术传授国人者二十余万众，而师资所自出皆直接由上海老同仁派出主任，此为同仁之天职，亦同仁之素志，岂足云劳。然精武事业既日益发达则此项师资安能用之不竭，且同仁多业商，亦未能尽离职业。民国十一年冬中央精武开会决定今春创办一师范学校以承其乏，以竟吾同人未尽之职责，当亦邦人君子所乐予提携者也。”

师范学校学制定为两年。招生对象为身体健壮品性优良，男女生年龄在18岁以上25岁以下，曾在中等学校毕业或具有同等之学历，经学校考试合格者。

精武体育师范学校校长为卢炜昌。学校办了一学期后，曾举行过休业礼。1923年8月以后，因精武债务问题导致经济不景气而中途停办。

## 建中央大会堂 立精武新标志

在上海以外，南浔、芜湖、绍兴、汉口、广州、香港、佛山等地也相继成立了分会。1920年，上海精武会派出陈公哲、罗啸璈、黎惠生、陈士超、叶书田五人为“五使”，南下宣传精武会，随后越南、吉隆坡、雪隆、泗水、爪哇等地也纷纷建立分会。据不完全统计，到1927年，精武会共有分会49个，总会员数逾40万。各分会的会长由分会自行推举产生，上海精武总会只派武术教员前往各分会指导日常教学，各分会也时常到总会学习观摩，并向总会报告会务。为加强对各分会的管理，也为树立上海精武体育总会的对外形象，上海精武体育总会建立中央精武提上了议事日程。

据《精武五十年》记载：精武组织日渐庞大，在上海一隅，有总会一所，分会三所，会员众多，活动频繁，凡开大会，必须租借舞台举行。遂由陈公哲向上海北区（今虹口区）横浜桥福德里内，觅得空地一段，为广肇公所产业，租给精武，订立租约，建筑精武中央大会堂，由陈公哲绘图，1922年动工，1923年竣工，1924年中央精武迁入办公。中央大会堂建筑经费一万七千元，座椅装修五千元，合计二万二千元。陈公哲捐五千元，简照南捐五千元，代募两千元，其余一万元由会员分担募捐。

中央大会堂，中为堂座，可作运动场；后为舞台，阔二丈许，后台为化妆及演员休息室；堂座后为楼座，全堂上下可放八百座位；堂之两旁有半圆柱八，皆紫红色，壁悬盾形反光灯，布置采宫殿式。堂前入门处有大走廊及办公室，上有藏书室。中央大会堂的建立，为上海精武体育总会和海内外精武体育会提供了一个宽阔的室内运动和会务交流场所。

## “公之于世，办班传授”

20世纪20年代至30年代是精武会发展的巅峰时期。为了更好地发扬光大武学与国术传统，精武会首倡各派同源观点，不争门户长短，熔各派武术于一炉，把各流派各门户的武术名家招至麾下，聘为专职教员。各路名家在精武会将绝技“公之于世，办班传授”，互相观摩、互相砥砺，优者以勉、劣者以奋。

精武会的技击部一直是其核心部门，以传播武术为宗旨。技击教员主要来自精武会自己培养的高级毕业学员和各地区、各派别的名家，包括“斩马刀”赵连和、“鹰爪拳王”陈子正、“七星螳螂”罗光玉、“太极名师”吴鉴泉等，教授的武术内容也是兼容各家之所长。20世纪20年代前后，精武会从全国黄河、长江、珠江流域各派武术名家的拳艺中挑选、编制成“精武基本十套”作为精武会的基本技击科目。每个时期邀请的技击教员的专长，[47]也会成为那个时期精武会主推的武术内容。

宋代以前，中国传统武术基本是以刀、枪、剑、棍、拳分门别类，明代开始形成流派或门派。[48]每一个流派或者说门派的武术都有自己独特的风格、方法和内容。到了清代，武术体系进一步发展，各地不同流派、拳种并立，名家辈出。传统武术的生存和发展主要局限于本土，农村、家庭和若干区域是其传承之地。[49]近代资本主义对中国传统自然经济的冲击，加之义和团事件后，清政府加紧对民间结社、习武的管制，1901年废除了武举制度，这些原因导致了民间练武之人开始向城市转移。[50]来自不同地域、不同流派的习武之人聚集在上海这样的城市。精武会聘请不同地域、流派的武术名家教授各家武术，面向社会招募会员。与此同时，精武会与当时上海很多学校、社会团体都有着密切往来，经常应邀派教员前去教授技击、拳术。精武会并不是一个武术门派或流派，它打破了各流派武术原本单一的传授路径和门户畛域。[51]

传统的武术，遵循的是“授徒制”，师徒之间实际上有很强的人身依附关系。例如，徒弟要向师父磕头，逢年过节要给师父送礼送帖子。精武会为除此弊，摒弃“授徒制”，引进先进的学校关系。整个精武会所采取的是理事会和董事会制度，这些主事者都是文化水平很高的先进分子，复旦大学、大夏大学、光华大学的学生。这些人学贯中西，对西方文化也有深厚的了解，对中国文化也有深厚的根底。在他们的指导下，中国武术革去了人身依附性，以更公开化、更大众化的方式传播开来。

精武会建立起董事会制度，凡是有本领之人，如霍元甲一类的武术名家，都被请入为总教练，但要遵守精武的董事会制度。“精武门无门无派”，指的就是先进的董事会制度。在此种先进制度之下，精武将各种拳，少林拳、武当拳等中国武术精华融为一体，形成一套基本教材。在考试制度方面，规定学员前两年打基础，后两年还考段位，引进了先进的考级制度，培养了大量武术人才。董事会制度，为能人提供了一个平台，但不受制于某个能人；而且，董事的去留，不影响整个组织的存在和运作。董事会制的建立，表明精武会在组织制度上的先进性，是上海文化一百多年前吸收西方先进文化的一个范例[52]。

在精武体育会的“体、智、德”三育中，以体育居先。上海精武体育会作为一个以传授武术为主的民间体育组织，“体育”教学是这个既具有“俱乐部性质”，同时又具有“学校性质”的体育社团的主要活动内容。[53]为了发展体育，精武会以体育教育为依托，开展教育活动，并强调“体育复以武术为主，参与时代各种运动，因会员之需要，随时设备”[54]。

为了武术训练和普及体育，精武会设有自己的会所及分会所。在武术教学方面，精武体育会聘请全国各派名师到各处精武担任武术教练工作，汇集在精武体育会内的著名拳师涵括了黄河流域、长江流域和珠三角流域。除开展武术教学活动外，精武会也不断引进和开设其他体育运动，如足球、篮球、台球、绒球、乒乓、单杠、双杠、木马、平台、秋千、举重、拉弓、射箭、袖镖、飞锤、飞镖、跳高、跳远、哑铃、捻石、骑马、溜冰、狩猎，及当时所能涉及的各种田径赛，应有尽有，根据实际需要进行教学活动。

在智育方面，精武体育会更多强调的是会员多种文化知识的培养。上海精武体育会会员，多半都是受过一定教育，并有自己固定收入的在社会上属于中上阶层的市民。针对会员“多为成年人，曾受相当教育”的实际状况，精武会开设有多种学科的教学活动，借以丰富和提高会员的“智识水平”。当时精武会开设的“学校以外之学术”有弦乐、铜乐、京剧、粤乐、书法、绘画、国医、伤科、急救、照相、狩猎、兵操、演讲等，这些科目的教员大多是会内职员或直接由会员义务担任教授，也有以付给薪水的形式聘任而来的教员。各科教师都是在各自领域内较有名望的人士，如弦乐有司徒梦岩，书法有陈铁生，国医有罗伯夔，急救有林锦华医生，照相有程子培，狩猎有陈公哲，兵操有郑灼辰，演讲有罗泮辉，京剧有武秀魁，粤乐有陈铁生，等等。其中，司徒梦岩毕业于美国麻省理工学校船舶制造专业，兼学小提琴，曾就学于美国著名小提琴制造家沃尔特·戈斯（Walter Goss）及美国音乐批评权威吉尔伯特（Gilbert），特别擅长以震音表达感情[55]。

精武会在虹口发展壮大的过程中，高扬民族主义的大旗，上海和各地城市中的工商界、文化界和学生是其最主要的群众基础，而这些人也正是精武会的主要参与者和拥趸，其中以旅沪粤商的贡献最大。以精武会为代表的武术团体以用传统武术强健国民体格为宗旨，将武术带入都市，改变了传统武术主要以秘密结社、家传或师徒关系为纽带的传承方式，以新式的现代组织团体为平台，公开地在都市中推广武术并打破了传统武术各派别门户独立的状态，将各家武术都纳入精武会中，面向全社会招募会员，还将武术编成简单的套路，并且出版成书，将武术推向大众化，传统武术成功地实现了现代转型。

# 第六节 抗战救难：黄浦南京路

## 陈离去卢主事 合并意图未果

20世纪20年代后期，由于经营失利致使支持精武事业之财源受到影响，无奈将精武公园出让，精武体育师范学校也因而停办。陈公哲、卢炜昌两位，由于事业上各有追求亦渐趋分离，陈公哲已无暇顾及，不久退出精武，卢炜昌主持精武体育会会务。

1929年2月，中央国术馆企图合并精武体育会，上海市教育局曾以训令，转令上海特别市政府3702号训令，将精武体育会与中央国术馆合并。行文下达后上海精武体育会据理力争，致函上海市教育局申述理由，函云："敝会纯为社会教育团体，与中央国术馆所指为国术团体截然不同，实无并入之必要。"由于精武体育会是有广泛影响的社会团体，经多方周旋，当局同意，免予合并。

## 召开代表大会 会务平稳发展

经过18年的发展，国内外精武体育会已达49所。上海精武体育会第一次代表大会，于1927年9月20日在上海召开。在这次代表大会上代表们相互交流会务，讨论和制定发展会务的有关办法，各会提出的有关提案都统一了认识，研究相应的解决方案，对推动精武事业起了积极的作用。据当时《申报》一篇题为"精武体育会主任记"中记述：昨日上午八时，该会在映雪楼开会，欢迎南洋回国荷属精武总主任霍东阁君庇能精武主任李志羲女士。由中央精武卢炜昌致欢迎词毕，霍、李两君先后报告情形及最近之发展，均希望彼此相互联络，以固团体。又以该处附近各埠纷请教员，沪会需造就人才，以资应付之。[56]

在全体同仁的共同努力下，在社会各界的热情支持下，精武会各项活动得到平稳开展，其历史地位得到继承和发展。

为弘扬中华武术，在1936年前，先后举办了22届国术毕业考试。依照会章，练满二年考试，成绩及格者予以初级毕业证书，练满四年经考试及格者予以中级毕业证书，练满六年经考试及格者予以高级毕业证书。组织国术考试委员会，除国术科以及教员为当然委员外，推举徐致一、薛巩初、李明德、朱廉湘、郑经伯、马成鑫为考试委员。其考试科目分为：

［潭腿门］初级（潭腿）（功力拳）中级（大战）（八卦刀） 高级（节拳）（五虎枪）

［查拳门］（三躺查拳）（五躺查拳）

［螳螂门］初级（碰步）（摘腰）中级（出洞）（梅花拳） 高级（梅花枪）（燕青刀）

［翻子门］初级（上五路行拳）（大雄拳）中级（上五路行拳）（罗汉拳）高

抗日英雄符保卢在1936年奥运前田径训练班

级（八步槌）（连拳）（连环剑）

［太极门］初级（盘架子）中级（盘架子）（推手）高级（盘架子）（推手）（太极剑）

在继承传统国术项目基础上，精武会还开展近代体育运动。1936 年举办了精武会第一届乒乓个人锦标赛，为以后精武形成全市乒乓球中心，并拥有全市一批优秀乒乓球选手奠定了基础。

为提倡与推动群众性长跑活动，1936 年 4 月举行了 3 万米长跑接力赛，凡本市各团体均可报名参加。此项活动在长跑爱好者中引起很好反响。

为适应临战形势，举办“民众对于现代防空应有之准备”讲座，以唤起民众，动员民众。

精武的武术活动成果累累，人才辈出，被武术界公认为重要基地。1936 年正逢中国将参加在德国柏林举行的第十一届奥运会，其中选拔六名武术选手前往表演，上海精武体育会承办此项选拔活动，时任上海精武体育会会长褚民谊和叶良为国术选拔委员。

为欢送我国出席第 11 届奥运会选手赴柏林比赛，上海精武体育会联合中华体育会、中华武术会于 1936 年 6 月 14 日在八仙桥青年会举行欢送仪式，上海精武体育会符保卢、陈宝球、翁康廷三人，入选奥运代表团，其中符保卢参加撑杆跳高比赛，进入复赛。

然而，日本帝国主义的野蛮侵略打断了精武会发展的进程。1937 年爆发抗日战争，位于横浜桥的精武体育总会陷为战区，会所被日本侵略者侵占，精武的一切会务集中于南京路慈淑大楼分会。20 世纪 20 年代，精武体育会在上海分别设立了总会和三个分会，而中央大会堂就设在横浜桥的福德里内——后来，这里成了上海精武会的总部所在地。

## 日本发动侵华 精武投身救亡

当国家处于民族存亡的历史关头，以“爱国、修身、正义、助人”为宗旨的精武体育会挺身而出，积极投入救亡运动，开展多方面的救亡工作。

据有关资料统计，当时租界人口集居至 450 万，每日死亡骤增，各医院人满为患。上海难民救济协会联合沪上各医疗团体、社会团体，组织劝募夏令卫生经费委员会，劝募经费五万至十万元，以添置医药及医疗用具，广设诊所，尽力减少无故死亡。上海精武体育会作为发起者，积极参与筹募夏令卫生经费，精武粤乐部为上海难民救济协会劝募夏令卫生经费，于 1937 年 7 月 12 日下午 3 时至 5 时，在新新电台播音劝募。

为普及救护知识，开办救护训练班，精武会会员及家属闻讯加入者达110余人。学员训练完毕后，服务于本会所办第十九救护医院者共达30余人，其余的在其他救护及难民医院服务，亦不在少数。同时，与工部局华员总会、蚁社、志社三团体联合设立难民收容所。于1938年8月19日在爱文义路卿云小学设立一处，继又在卡德路美华女中开设第二处。在难民中组织卖报团、小贩组，供给资本，助其生产。凡有家属散失者为之招寻团聚。要返家乡者遣送原籍，总计进所及经遣送难民人数达500余人。

鉴于难民疾病丛生，死亡相继，于是联合工部局华员总会改办济众难民医院于汉口路115号，利用原有救护医院设备，开设门诊部。为劝募难民医院经费，在会员中开展“一角捐”活动，聚沙成塔，筹集到了大量的资金。

开展救亡工作，还表现在救济无家可归的孤儿和失业工友。精武会联合沪上各团体联办幼难童教养院及本市成人义务教育促进会；为筹集教养经费，发起举办现代名人书画展览会，组成组织委员会，负责办理书画展事宜。1941年10月8日精武会在功德林素食店邀请书画家磋商办法，征集作品，参加者120人，征集作品六百余件，均为沪上书画名家近作。征品分甲乙两种，甲种全部捐助，乙种提成捐助。自11月16日起至24日止，一连九天在精武会公开展览，每日参观人数达一千余人，净得四千二百五十三元五角七分。其中除拨助成人义务教育促进会一千元外，其余如数拨助幼难童教养院。书画展承书画家踊跃参加，济华堂药房、南洋烟草公司、五洲药房、中法药房、新星西药行、新亚药厂捐助义务广告，取得圆满成功。

## 居孤岛守阵地 精武业永不息

自位于虹口横浜桥的精武体育会被日侵占后，上海的英法租界地区尚处于日军包围的非战区，成为“孤岛”。位于南京路慈淑大楼三楼的精武体育会，成了精武体育会的活动阵地。当时人们虽生活于沉闷窒塞的环境之中，但精武会员与日俱增，从二千增至六千余会员，他们每日参加各种户内外活动。

为救济受难同胞，1939年4月8日举行了第二届精武杯全沪公开乒乓球个人锦标赛，门票收入全部拨充善举。

为促进国民体育运动和募集慈善基金，精武会联合中华武术会、市摔角促进会、华联同乐会、益友社、银钱业联谊会、慕尔堂、忠义拳术社、郝氏太极拳社、得胜国术馆、新亚药厂国术组、砖灰业国术班，于1939年4月9日在静安寺上海中学操场举办了上海国术运动大会，项目有拳击、器械、团体操、射箭、摔角、举重。参赛运动员171人，来宾达四千余人，情绪热烈，秩序井然。门票收入九百二十六元七角，全部用于捐赠。这次沪上规模最大的运动会，共筹备经费二百三十六元七角三分，均由发起团体量力承担。

1941年10月5日，精武会胶州公园举行第二十一届秋季运动会。运动会设主席团，由吴耀庭、徐致一、杨明新、梁锦堂、袁鹤松、陈贵立、翁耀衡、朱廉湘、金信民、唐豪、陶然人组成，梁锦堂任总干事，邓效良为副总干事。

秋季运动会得到社会的关注与支持，上海一大批著名体育工作者与专家都热情参与裁判工作。他们中有国术赵连和、翁耀衡、朱廉湘、陈贵立、刘同德、梁子鹏、陈展璞等，摔角章伟川、朱文伟等；搏击郑吉常等，田径周家琪、施肇康、陈宝琳、张志和、张良、顾惠之、王宏德、尹思聪、乐秀荣、陆翔千、杨永灿等，网球陈吉祥、李礼民、顾鹏程等，垒球罗宗强、郑君亮等。

为改善慈淑大楼分会场地不敷使用状况，1939 年 7 月精武会租赁该大楼四楼平台建健身房，计面积 1045 方尺，除装置各种运动器械外，并可练习手球、篮球、摔角、拳击等项目。

《新闻报》于 1939 年 6 月 5 日、6 日，登载了杜星吾荒唐、迷信宣扬武功，激起精武会同人的极大气愤。精武会为此联合华联同乐会国术股、银钱业联谊会国术股、益友社国术股、上海市摔角协进会、郝氏太极拳社、申报馆同人国术班、慕尔堂国术团、砖灰业国术班，于 6 月 27 日集体致函《新闻报》主笔，强烈要求澄清，还武术本来面貌。

按章程，精武会每年选举理事一次。1938 年至 1941 年三年未举行。其原因是第九届理事接任不久，外鉴于环境之变迁，内陷于经济之困扰，维持现状，已觉不易，不得不裁员减薪，厉行紧缩政策。后经精武同人齐心协力，冲破难关，使会务逐步恢复，裁员先后复职，1941 年 8 月 17 日召开上海精武会第十届理事会议，9 月 4 日产生新的理事会。

1941 年 6 月 6 日，精武体育会骨干之一、精武文献的主要作者，自 1916 年起义务担任精武会文书主任的陈铁生不幸病逝于澳门镜湖医院。此时，自 20 世纪 20 年代后期主持精武会务的卢炜昌也于 1942 年离沪他去。

1941 年 12 月 7 日，日本偷袭美国珍珠港，太平洋战争爆发。上海租界的“孤岛”形势，急转直下，一夜之间租界均被日军侵占，成为沦陷区。精武体育会原所开展的社会活动被中断停止，仅靠慈淑大楼会所设施开展一些阵地活动。日本侵略者于 1945 年 7 月提出要征用慈淑大楼，并进行封房。会所被迫搬往北京路中兴贸易公司为临时办事处。因日侵者已面临四面楚歌，败局已定，最后取消征用，会所再搬回原地，但几经折腾，元气大伤。

## 第七节 恢复振兴：1946—1965

### 面对百废待兴 复兴步履艰难

在度过了“孤岛”与沦陷时期，精武会已被破坏得面目全非，精武会所有设备荡然无存，百废待兴。成立了以王晓籁会长为首的复兴会务委员会，全力复兴会务。

复兴会务需要大批资金，乃求助于劝募活动。1945 年 11 月 14 日，王晓籁会长为复兴会务发表劝募启事：“有赖各界热心人士赞助，深望社会贤达，慷慨捐输，成兹于举，使本会得以继续为社会服务。”

鉴于当务之急是收回曾被侵占的会所。1945 年 12 月 26 日，以会长王晓籁的名义致函有关方面日侨管理处，要求从速归还曾被强占的总会会所。

位于虹口横浜桥福德里的会所，除中央大会堂为精武出资自建外，毗邻的第34号房屋一幢系向广肇公所承租。为收回所承租的第34号，又致函广肇公所：“务祈及早向上海房产处理委员会登记，请求收回上项房屋，提前发还本会，以利进行，无任感祷。”

“征求会员大会”是扩大会员，增加会费收入的传统活动。抗战胜利后第二十七届征求会员大会于1946年5月5日在康乐酒家举行，各征求队揭晓第一次得分结果，由39队姜守棠以110万分得第一名，由93队邓效良以80万分得亚军，季军为第75队崔衍纲以70万分获得。第二次揭晓由总队长王晓籁与奚玉书亲临主持，竞争结果93队邓效良以184万分夺得冠军，预计2000万分之目标业告足额。

重修精武体育会的主要建筑中央大会堂已刻不容缓，所需经费求助于社会各界赞助。于1947年设立重修中央大会堂劝募委员会。以会长王晓籁、副会长吴涵秋名义向社会劝募。

1947年11月2日，精武会召开抗战胜利后第一届会员大会。在会务报告中第一部分汇报了精武会发展中的过去时期、抗战时期和复兴时期。汇报的第二部分重点讲述了未完成及计划进行事项，包括体育方面、社会福利事业方面。

## 会所先后修复 活动逐步开展

中央大会堂的修建工程经复兴会务委员会第一届理事王晓籁、奚玉书、张文魁、徐致一、郭琳爽、徐雨孙、崔聘西、崔挺东、黎衍卢、孙沣伟、王一、杨明新、李泽民、梁锦堂、郑家驹、邓启尧、陈贵立、黄育珊，暨企业界巨子刘丕基、唐叔明、刘汉堃、陆菊生、邓宝虎、黄春芳、卢续章、杨延修、戴志明、邵修善、赵国梁、韩志成诸公，见义勇为，捐资修建，完成巨大工程，而体育协会理事长奚玉书赞助尤力。当时精武中央大会堂为北区唯一完善的运动场所，于1948年8月14日正式举行揭幕典礼。由精武会举办的精武杯排球赛同时举行，沪上排球好手，踊跃参赛，计有甲组6个队、乙组12个队，女子4个队，老将新秀齐集一堂。

随着精武体育会会所的修复和设备的添置，各项会务逐步得到开展。

为弘扬中华武术，精武国术研究团于1946年11月12日成立，实到团员七十余人。除早晚分班训练外，为扩大对外宣传，曾先后在体育馆、中国红十字会上海分会、中山公园举行的园游会上进行表演。影响日益扩大，练拳人数增多。

应浙江省国术研究会之邀，1946年11月至12月精武会为杭州幼育所筹募经费，特派摔角班、双单杠班、健美班赴杭表演。表演三天门票收入悉数捐助幼育所。浙江省府主席沈鸿烈在其公馆设筵招待精武全体人员，在座的还有抗日名将蔡廷锴将军，沈鸿烈主席还特赠精武体育会大银鼎一座。《杭州正报》刊登鸣谢精武体育会的报道。

1927年澳大利亚悉尼体育俱乐部拳击训练中心教练陈汉强应上海精武体育会之邀，创办精武第一个拳击训练班，培养了被誉为“亚洲毒蛇”郑吉常等中国第一代拳击手，击败多名日本、英国等拳击冠军，威震国内外拳坛，此后任上海精武拳击教练，培养了一批精武拳击爱好者。在参加中青会主办的1946年度全沪中西业余拳击比赛中，与苏、葡、意等七国业余拳击好手角逐，精武拳击选手陈松根、李琪英、钟颖业、周士彬、陈祖良、顾伯龄、高士宗参赛。比赛结果周士彬获华尔达级冠军，陈祖良获亚军。顾伯龄获中量级冠军，高士宗获亚军。精武选手压倒沪上各国业余拳击好手，不仅是精武的光荣，也为中国人赢得了荣誉。

精武摔角运动开展历史较长。最有影响的是1946年11月20日在市体育馆举行的摔角比赛。特聘宿将佟忠义及北平少壮派摔角专家宋振甫担任顾问。大会主席团为邵汝干、吴瀚秩、徐熙等，裁判由陈伯民担任。精武参赛队员有周士彬、马松霖、陈惠利、华寿江等。

为适应精武摔角运动发展，由会长张文魁，常务理事和理事徐致一、梁锦堂、翁耀衡、孙沣一、朱廉湘、陈绪良、章伟川、陈占元等九人组成团务委员会。并为发展摔角运动，团务委员会着重抓了以下几件事：首先拓宽摔角房，将8×8平方米的更衣室改成专用摔角房。其次抓摔角人才培养，开办训练班，每期2个月，从初级至中级直至高级，毕业后即成为精武摔角团正式团员。第三为争取把摔角运动列为第七届全国运动会正式项目，由精武体育会向第七届全国运动会正式建议，将摔角运动从表演项目改为正式项目。后经中央国术馆呈请教育部，建议将国术中的摔角列为锦标赛，最后经第七届全国运动会筹委会通过，摔角分为轻量级，丁丙乙甲；中量级分为乙甲；重量级分重乙重甲。第四定期举行摔角观摩大会。第一次于1948年7月初在精武大会堂举行，邀请摔角名家宋振甫偕子宋保生莅会。王宏训对张世正，杨杰民对王立康，华寿江对曹彧进行表演；第二次观摩赛共有30人参加角逐；第三次观摩赛参加人数众多，持续一个多月才结束。在此基础上于1947年春正式成立上海精武摔角团。

摔角团首次亮相就一鸣惊人。1947年12月23日在市体育馆举行的京沪摔角比赛，结果九对选手对阵，精武获得五胜、二平、二负的战绩，其中精武选手周士彬竟在与名震大江南北的摔角老将常东升对阵中，第一回合就摔倒对手。从而周士彬一跤成名，成为美谈。

精武体育会主办的精武杯全沪个人乒乓锦标赛，创办于1938年，后因太平洋战事发生，因而停顿。抗战胜利后，又继续举办第五届杯赛，参加选手有34人，于1946年12月14日揭幕，1947年1月12日闭幕，历时近一月。比赛采用分组单循环制，取各组冠亚军各一名，参加总决赛，决出名次。经各组单循环赛产生各组冠亚军为一组王友信、陈兴权，二组张孚伟、范良骥，三组张善达、水涵高；四组李震、胡一萍，五组杨开运、陈曾亮。总决赛的优胜者为冠军王友信、亚军张孚伟、季军杨开运。这次赛后，王友信、杨开运都相继加入精武乒乓球队。

精武足球队由来已久，早在1924年就建有足球队，但扬名于上海足坛是从1946年开始的。当时以学生为主体的兰白队集体加入精武之后，于1948年由丙组晋级参加第四届甲组比赛，他们以充沛体力、娴熟技术，以2比2逼和当时盟主青白队，力挫劲旅志超队和中航队，成为上海足坛崛起的一支充满生机、颇具实力的新军。当时舆论给予了高度评价：“精武足球队是一支新军，技术颇佳，作战努力，而最好一点是他们以‘体育精神’来作第一训练，赢来不骄，败亦不馁，曾经博得国内外一致赞赏。”当时精武足球队的阵容为：守门员高致文、陈慧民，后卫郑德耀、黄立甫，中卫赵宝礼、郁琪、应书昌、陈良琏、陈成达、陈福赉，前锋范本钧、庄心佳、陈一飞、吴敬仁、马群贤、李荣邦、吴祚昌、方纫秋、汪国光、夏贻德。

精武体育会开展的各项体育活动，不仅使广大会员丰富了业余生活，增强了体质，交流了友谊，而且培养和造就了一大批优秀运动员。他们为精武赢得了荣誉，为上海争了光，为中国争了气。1948年5月在上海举行的第七届全国运动会，在上海代表团中就有精武会的胡维予、汪绍章（举重）、华寿江、曹彧、方明扬、周松霖（摔角）、周士彬（拳击）七名选手入选。

精武会会所及中央大会堂的相继修复，为集中力量和节省开支，经理监事会议决，拟将南京路慈淑大楼分会会所除保留办事处、健身房、浴室三处外，其余书报室、弹子房、演武厅、乒乓室各部出让予人，所得款项除清理债务外，其余为精武体育会基金。

上海沦陷后，总会会所和中央大会堂均被日军强占，总会被迫迁往吴淞江以南与一分会合并活动。民国三十五年（1946）迁回时，总会已被破坏，只得求助各界集资，于民国三十七年（1948）修复。此后，因时局艰难，经费短绌，精武活动规模缩小，被迫将慈淑大楼场地大部分出让。民国三十八年（1949）1月。国民党军警卫团、宪兵团又先后占用精武总会所驻兵，造成会务停顿。在如此境况下，精武被迫停止活动，但坚守阵地，迎接上海解放。

## 调整组织机构 发挥阵地作用

新中国成立前夕政局混乱，通货膨胀，百业凋零。精武会也经费无着，会务受到严重影响。工商界爱国人士、精武会原会长王晓籁于1948年初辞任；纺织厂主、原理事长张文魁亦于1949年初转赴巴西经营，留下“会务复兴委员会”主席徐致一及部分留沪理事、教师、职工等，大家同舟共济，维护会务，活动尚能继续进行。

1949年5月底，上海解放，给精武会带来了生机，徐致一和曾任副会长的朱廉湘等理事继续开展一系列会务活动。

1949年6月，为积极响应上海市民主青年联合会（筹）发起的各界慰劳解放军活动，决定由精武会和市体育馆、侨联等八个体育单位共同筹备“上海体育界劳军”工作。派出副总干事盛泽钧代表精武参与其事。精武会全力以赴，全体工作人员和许多会员夜以继日，不取报酬，进行乒乓、健美、摔跤、体操和武术表演，还配合青年文工团，在解放剧场义演舞剧《白毛女》。其次，组织体育队伍到上海市体育馆（后为卢湾体育馆）、大光明电影院、天蟾舞台（现逸夫舞台）、大世界等处慰问演出。

在组织会员与解放军进行联欢活动中，最盛大的一次是在兆丰公园（今中山公园）举行的全市性军民联欢，时任上海市市长陈毅参加。

体育劳军历时一个多月，市民青联（筹）9月份在大光明电影院召开总结表彰大会，会上表彰了上海精武体育会并奖赠陈毅市长亲笔书写的“劳军模范”题词一幅。

1949年9月，上海市体育会筹备会成立，精武会徐致一等7人被推荐为委员。同年9月28日，精武会积极参与上海体育界“保卫世界和平，庆祝中国人民政协、中央人民政府成立”大游行筹备会。10月19日，上海市体育会（筹）接受中央有关部门邀请，组织“赴首都体育参观团”，精武常务理事朱廉湘为17名成员之一。

1950年初，上海市体育会以精武会为主，组织市体育会下属群众团体之一“上海市国术联谊会”，精武会5人被选为委员，并由徐致一任主席，陈绪良任副主席。另有三人进入市体育会下属的举重委员会、技巧运动委员会和摔跤联谊会。

为促进会务，成立“会务促进委员会”。主席由徐致一担任，副主席是翁耀衡，总干事是黄维庆。其他常委和委员是陈绪良、胡维予、盛泽钧、朱廉湘、陈占元、章伟川、李伯龙、王一、梁锦堂、简世铿、文继康、张菊生、邓效良、朱戚公。于1950年8月17日向市教育局作了体育社团登记备案。

1951年10月，上海成立了专业足球队，精武足球队队员陈成达、方纫秋、郑德耀三人入选。1954年成立八一队，精武会的陈复赉和汪国光等三人被选为主力，不久，陈复赉、陈成达、方纫秋又升入国家队效力，而郑德耀则调往广东省队任教练。

上海解放后，精武活动恢复正常。经费依靠场地收费，可以自给自足。

新中国成立后，上海精武会原属市体委领导。市政府建立体育运动委员会后，1956年下半年，上海精武会下交虹口区体委管理，徐致一本人调去北京工作。“会务促进委员会”的日常管理工作由黄维庆、陈绪良和几位专职人员负责。经济上主要依靠总会，分会两处场地对社会开放，收取费用维持基本开支，自给自足。若遇有开展大型活动而经费有困难时，区体育部门也给予补贴，一些义务性的文体活动相应减少。

1956年，精武会归虹口区体委管理，重大活动由政府给予经费补助。1956年起，中央大会堂大修，亦由政府出资扶持。

1956年市房管部门调整办公用房，南京东路慈淑大楼改为政府机关办公大楼，三、四楼的精武分会协商迁至延安东路57号二楼，面积441平方米，除继续开展武术、举重等活动外，还设立了大型乒乓室，安放12张乒乓桌，对社会开放，吸引了许多乒乓球爱好者前来练习，也是乒乓名将徐寅生、李富荣、张燮林、孙梅英、杨瑞华等经常去练球的地方。同时还续办过几次“精武杯”乒乓联赛，对推动上海乒乓球活动起了良好作用。

精武会对武术人才的培养，在这阶段仍较突出。武术教师主要是鲍希勇、李龙标、王凤岗、孙润志，除了教精武基本十套武术之外，鲍希勇是鹰爪拳陈子正的传人，李龙标之父李汇亭是精武名师，他自己擅长查拳、查刀。鲍、李两人主要在横浜桥总会任教。王凤岗是少林名家、精武总教练赵连和的高徒，擅长兵器，有“单刀王”的美称，在海内外精武任教40年。孙润志则是吴式太极名家，长期在精武服务。1959年，王凤岗受聘任江苏省武术队总教练。

除武术外，还有胡维予教师担任举重、健美和摔跤指导，培养出多名一流举重运动员，1954年调至上海体育学院任教；被誉为“亚洲毒蛇”，曾在沪击败欧洲名手的郑吉常一直担任拳击教练，直至1958年我国拳击项目暂停，由陈少秋任摔跤教练。

武术、摔跤、乒乓、棋类，是这段时期精武会的四项特色活动，经常以精武名义或虹口名义参加市级比赛和表演并为市专业队输送了多名人才。

虹口的室内体育场所只有精武会一家，而分会（先南京东路后迁延安东路）也是黄浦区内少数室内训练场所之一，场地租借和使用率都较高，对于开展群众体育，尤其是虹口区中小学生的体育训练活动起了积极的作用。虹口区体委每年都下拨一定经费让精武会添购体育设备。1965年，虹口区政府特批经费大修会所，原中央大会堂因建造年代久远，越修发现问题越多，预算不断追加，直至修好为止，1966年上半年竣工，面貌一新。政府对一个民间体育社团积极支持扶植，无疑是对精武体育会在体育事业上所作贡献的肯定。

### 十年“文革”影响 活动基本停滞

“文化大革命”期间（1966-1976），精武会务活动基本停顿，损失巨大。会名一度被改为“要武体育馆”“精武体育馆”。此时，精武历史资料（包括档案、刊物、摄影等）和武术器械等大部被销毁。延安东路分会的房屋调作他用。

黄维庆、陈绪良、赵子平三位专职干事，在精武长期专职工作。黄维庆是精武元老之一，自1916年担任干事，后任总干事，服务于精武50余年，1967年初被退职。

## 第八节 传承拓展：1977-2020

### 上下内外联系 积极筹备恢复

1977年，“文革”结束后，上海精武体育会与各条战线、各行各业一样，开始拨乱反正。精武活动再度开展，曾承担组织市、区级武术、拳击、棋类等赛事。

根据当时的形势，针对上海精武体育会的现状，《中国体育报》记者平原向报社和国家体委写了一份内参，呼吁国家体委要给精武体育会正名，恢复上海精武体育会的本来面貌，发挥其体育团体的作用。

时任国家体委主任李梦华作了重要批示并将批示精神写了“编者按”，刊登于国家体委内部刊物《体育工作情况》。随后，当时的虹口区体委主任沈文彬，即按内参与编者按的精神，着手进行恢复精武体育会的筹备工作。

从1978年开始相继开展精武体育会的传统项目，与海内外友会陆续取得联系，整修了会所，挖掘整理了精武传统套路，在各方面支持下，举办了三次大型纪念活动：建会73周年、建会75周年、霍元甲逝世75周年。

为宣传武术，扩大影响，重塑精武形象，精武体育会广泛联系原精武教练、会员和武术界、拳击界人士共商推动方法，于1979年4月17日在会内举行一次大型群众性表演，共有60人表演武术套路和散打，参演的有傅钟文、蔡鸿祥、邹兴祖、吕继唐、黄寿亭、陈新富等老拳师和新秀。同年8月18日，上海精武会在虹口乍浦路灯光篮球场，公开组织了一场拳击表演赛，率先在中国尝试开展中断了20年的拳击运动。

1980年起，精武会陆续举办武术、拳击、摔跤、柔道、散打、气功和棋类、桥牌等项训练班，每年开班15-20个，学员合计约2000人。还在天钥桥路、中兴路、乍浦路、历城中学、川沙和虹口体育场等处开设武术辅导站，吸引更多的人参加体育锻炼。面向全市举办武术、拳击、棋类、羽毛球、桥牌等各类精武传统项目比赛。

1980年11月21日，国家体委《工作情况反映》（第26期）就上海精武会举办拳击表演一事加了编者按："多年来，拳击一直不予提倡，现在有些群众自愿组织开展拳击运动，我们认为，可以允许在一定范围内试验，引导抓好技术辅导和比赛的组织工作，保证活动的健康进步并注意这方面的经验。"此后，上海精武会组织拳击队伍，赴有关省市进行表演和交流，并连续举办了9届"精武杯"拳击邀请赛，使拳击运动在中国开始复苏。

1982年8月7日借虹口体育场灯光篮球场举行"纪念上海精武会建会73周年传统项目表演大会"，邀请老精武理事出席，安排新老会员同场表演。会上介绍了精武会的简史和近况，邀请了各方面人士约400人观摩，100多名精武人员表演了武术、拳击、柔道、摔跤等节目共56个。

1983年恢复了上海精武体育会的原名。

1984年初成立了"精武理事会筹备会"，由沈文彬、陈内华等负责，着手进一步开展恢复会务的各项工作。

精武历史上传授过的拳术和械术有记载的达248套。为了继承和发扬中华武术，1984年组织了25位新老会员对精武以前传授过而流传下来的传统武术进行挖掘整理，整理出（1）拳类有：潭腿，功力，脱战，十字战，大战，合战，短战，迷踪艺，八极，金枪手，少林，子孙丹，二郎，四六，卧地炮，黑虎，五虎，鹰爪行拳十路，鹰爪连拳五十路，鹰爪罗汉，杀手掌一、二、三路，杀蛟，棉掌，太祖，大雄，小雄，崩步，剁刚，一、二、三路摘要，五路梅花，十四路螳螂手，八步锤，八面锤，插锤，五郎锤，偷桃，出洞，柔铃，接潭腿，一百零八手，雁行，青龙，节和散拳等；（2）械类有：八卦刀，五虎枪，虎扑群羊棍，达摩剑，金刚双刀，夜战枪，抱月刀，梅花刀，八仙剑，连环剑，杀手锏，奇门棍，六合刀和双刀进枪，单刀串枪等60多套精武传统武术。这些挖掘整理的宝贵资料全部上交给上海和国家武术管理部门，并由上海武术馆出版了专辑，其中《精武拳械录》被授予二等奖，并对25位整理者进行了表彰奖励。

"迷踪艺"又称"霍氏练手拳"，是霍元甲打破"秘不外传、传媳不传女"的旧例，由其子霍东阁及高徒刘振声将此秘传授于精武会教员并惠赠其秘谱，武术教练苏锦标和会员袁继袖两人根据多年教学迷踪艺的体会，合作将《迷踪艺谱》于1984年下半年整理成册。

1984年11月12日至18日，在新修葺的精武会堂隆重举办建会75周年大会，活动得到了政府有关部门的有力支持和许多企业的大力赞助。许多外省市的老会员和体育组织寄来信件表示祝贺。上海市体委主任沈家麟著文祝贺，副主任金永昌参加大会并致辞。新加坡精武的舞狮"侠士"廖德南和教练林维明带着完成师傅的"携"

金狮回娘“家”遗愿，在大会上做了精彩的表演。76岁的浙江慈溪姚电侠老师，参加精武会已60年，曾在上海、吉隆坡和佛山精武会授拳，回慈溪后任武协主席，出席盛会后，与弟子符永江成立了余姚精武会。天津西郊区代表团成员、霍元甲嫡孙霍文亭在讲话中回忆说：“先祖霍元甲爱国尚武、取忌歹人，惨遭暗算，壮志未酬、含恨而逝”“先祖逝世后，神圣的精武事业更加兴旺发展，历久不衰，这又足以令人欣慰”。同时表示：“作为霍氏后代，我愿和诸位先生秉承精武精神，为实现精武宗旨，发展精武事业，贡献余生。”当年精武四大拳师之一鹰爪王陈子正的传人、嫡侄——九十高龄的陈国庆，家居河北石家庄，特派其子陈正跃前来参加庆典，并在会上表演了鹰爪铁砂掌绝技。66岁的精武老会员李子怀，1960年去江西工作，24年中三回上海都来精武造访。此次在场上表演的当年在精武所学的“一路杀手掌”仍是刚劲有力，干净利落。近年来茁壮成长的新手，老一辈精武教练，市武协副主席傅钟文和郝鸿昌、何炳泉等都登台表演。中外宾客相聚在上海精武会堂，共同纪念建会75周年，是继1920年10月庆祝建会10周年之后的又一次海内外精武大家庭的聚会。

精武粤乐早期甚为著名，1984年复建，队员有20余人，每周活动1-2次，配合会务活动经常宣传演出。1987年5月，广东江门市粤剧团来沪公演，曾受邀到精武会内联欢，同奏各种粤曲。

1985年5月9日，前世界重量级拳王穆罕默德·阿里应邀来我国，在对北京和西安访问以后抵达上海，专程来精武会进行拳击指导，上海有关报纸记者作了现场采访报道。

1985年9月14日是精武创始人、爱国武术家霍元甲逝世75周年纪念日。9月15日（星期日）下午7时在虹口体育场灯光篮球场上举行纪念活动。出席的有理事会筹备会成员、老会员及家属、上海各武术社团代表及区体育工作者和新闻单位等共约两千人。会上由区体委领导和老会员代表发言，缅怀先辈业绩，勉励后人奋进。纪念仪式结束后，由精武传统武术队、散打队和市武术队、市武警武术队作表演。

1985年，上海精武会专程走访了天津和北京的霍元甲后裔，并与天津协办了“霍元甲生平事迹展览会”，在天津、扬州各展一次，宣传霍元甲和精武精神。

1986年6月，国家体委在秦皇岛会议上宣布恢复拳击项目。1987年8月22日成立“上海市拳击协会”，市体委宣布“拳协”的办事机构——秘书处设在精武会，时任区体委副主任贾瑞宝和精武会著名老拳击教练郑吉常两人担任拳协副主席、精武会干事长，陈内华担任秘书长。

上海精武会会务活动的恢复，与海外友会的联络与交往也逐步开展，早在20世纪20年代初建会的马来西亚、新加坡友会首先来信联系，随后，新加坡精武老教师、原上海精武教练魏元峰于1980年专程来访；马来西亚总会委托森美兰精武副会长黄祝财借回中国探亲之机于1983年10月访问上海精武，了解近况，共商协作。至1989年初时，马来西亚及其下属十多个分会、新加坡、英国、加拿大、美国、瑞士以及国内佛山、余姚和香港等友会都已相互来往。日本、斯里兰卡、越南等地也来商议恢复或筹建精武会组织。

建会75周年纪念活动后，着手访问老会员并作表格登记，逐步寻踪，老会员也辗转相告，主动来会。又在当时所办训练班中择优发展会员。至1989年已登记会员有1405人，授予荣誉会员称号44人。

1988年11月30日，亚洲武术联合会主席、中国武术协会主席徐才，特地来上海精武会视察工作，在听取了工作汇报和参观场地后，在座谈中对精武工作提出了要求和希望："精武要有新的发展，要有传统的，又要有现代的；既要保留传统，又要注入新的精神，要推陈出新"，"武术要有精神支柱，要有精神的要求；对好的传统要敢于肯定，但对一些落后的东西也要敢于否定。"并为精武会题词，"古木逢春、推陈出新、整理扬弃、精武真情"。

## 致力会务建设 发展精武事业

各项会务活动的恢复，使上海精武体育会发展进入新时期，建立新的组织机构势在必行。1989年8月20日举行了中断40年之久的会员大会，重新确立了上海精武体育会章程、会旗、会徽、会歌，选举产生了恢复会务活动后的第一届理事会机构。

会长：卢丽娟　　副会长：姜其昌

常务理事：贾瑞宝　沈文彬　周士彬　何炳泉　平原　陈内华

理事：余觉安　陈立勤　苏锦标　黎永钊　方长生　王宝锷　周元钧　包文光　何炳生　孙申霖

干事长：陈内华（兼）

副干事长：陈立勤（兼）　苏锦标（兼）

授予傅钟文、郑吉常、吴玉昆、胡维予、陈霖笙、荀达三、邓效良、盛泽钧、郝鸿昌9位德高望重的精武老人为名誉理事。

41位精武老会员和对精武恢复活动，有较大贡献者为"荣誉会员"。

1989年8月29日隆重举行上海精武体育会80周年庆典大会，有来自新加坡、英国、国内余姚等友会，日本太极拳人士，天津霍元甲家乡代表，精武会全体理事和会员共300多人参加。国家体委、全国体育总会、中国武术协会、上海市政府、上海市体委等有关领导和海内外14个友会为大会发来贺词、贺信。会上，各友会互赠纪念品并进行武术交流表演；其间，各友会还就精武传统武术作了交流探讨，以拳会友，情融一堂。会后，出版了建会80周年纪念册，除各种报道、照片外，还刊登了新老精武会员写的12篇体会文章。

1990年12月17日，经市政府批准会名改为上海精武体育总会。

1991年底制订了"精武贡献奖"条文，第一批授予周士彬、傅钟文等65名人士，并于1992年1月26日会员大会上授奖。

至1994年底，上海精武会会员增至1983人，荣誉会员52人，每星期日上午在会内设立"会员活动日"，有计划组织武术的传授和交流，粤乐队亦开展自娱自乐活动。1994年会所拆建后仍外借场地进行，风雨无阻，每年平均有2000多人次参加。

1994年10月成立上海精武会会史编写小组。为广泛听取友会对上海精武会史的意见，上海精武会与香港精武会联合于1995年8月30日在港召开上海精武会史研讨会，并于1996年完成上海精武会史（1910—1996）编写和刊印工作。

1995年1月《精武会讯》问世，担负

起传播精武事业日新月异的信息，传递各地友会的动态，成为交流精武会务活动的园地。至1996年12月止共出版了10期。

由于会务活动取得成绩，上海市体委授予上海精武体育总会“1992年度上海市体育社团先进集体”称号，卢丽娟、黎永钊被评为先进个人；授予“1994年上海市群众体育先进单位”和“1995年先进集体”称号。

根据章程规定五年任期已满，需换届改选。1995年3月19日经全体会员大会举手通过，产生第二届理事会。

会长：卢丽娟　　副会长：贾瑞宝

常务理事：王培锟　王肇基　平原　沈文彬　张文藻　陈内华　周士彬　洪源长　蔡龙云　蔡鸿祥

理事：方婷　方长生　王宗宜　包文光　孙申霖　苏锦标　余觉安　何炳生　陈立勤　陈俊彦　陈毅忠　范洪梅　周元钧　黎永钊

干事长：贾瑞宝（兼）

副干事长：张文藻　王宗宜　苏锦标　孙申霖

增选娄琢玉、傅声远、吴玉昆三位名誉理事。

上海精武会受各精武友会委托，本着“以武会友、交流武艺、弘扬精武”的宗旨，在上海各级政府的大力支持和企业的赞助下，1990年9月8日在黄浦体育馆举办第一届精武国际武术邀请赛。参加的精武友会有：马来西亚、新加坡、英国、美国、加拿大、日本，以及国内佛山、广州、天津、余姚和上海，还有苏联技击协会和东台市气功协会共8个国家13个代表团136人，其中武术运动员76人。分别参加了规定项目比赛和传统项目表演，涉及22个拳种、22个械种共186个项目。上海精武代表团共20人参加。中国武术协会名誉主席李德生等领导送来题词。亚洲武术联合会主席、中国武协主席徐才专程来沪并与上海市副市长刘振元一起亲切接见各代表团领导人，在讲话中对精武事业予以高度评价。虹口区区长黄跃金、市体育总会主席杜前等领导人出席并为运动员发奖。

在两天交流比赛中，从12岁的小字辈精武选手到88岁高龄的精武前辈，几代精武人，荟萃一堂。国内上海、天津、广州精武选手各具优势，日本、英国的太极拳达到相当水准，马来西亚、新加坡的精武传统武术有很多精彩表演。上海精武会在130枚奖牌中获得51枚。

在邀请赛期间，上海精武体育总会同市体委体育文史委员会举办了“精武历史”和“精武拳种”专题论文报告会。100余名海内外精武友会代表与体育文史学者出席，11篇论文经过征集、评审在会上报告。各友会还就适应精武事业的发展和准备筹建精武国际联谊机构的问题进行了商讨，并议论了举办第二届邀请赛的改进措施。

第二届精武国际武术邀请赛于1992年8月22日至27日在新建的虹口体育馆举行。参加的有新加坡、马来西亚、英国、美国、日本、加拿大，以及我国的香港、广州、佛山、天津、余姚和上海等13个代表团共197名代表，其中运动员119名。进行了5场比赛，涉及45个拳械种类计248个项目。此届比赛规定项目为精武十套和太极五式，表演项目为其他拳、械，显示出精武特色；按年龄分为甲乙组比赛，更具合理性；在乙组中增设“全能”项目；运动员比赛服装统一整齐。上海精武代表团共26人参加，夺得比赛项目96枚奖牌中的49枚（金21、银19、铜9），在29枚表演项目奖牌中获得7枚（金1、银3、铜3）。大会期间，各友会领导人聚集一堂，畅谈经验，交流会务，共叙友谊，商讨促进交往的意向和发展精武事业的大计。

第三届精武国际武术锦标赛于1994年9月20日至23日在上海虹口体育馆举行。新加坡、马来西亚、瑞士、波兰、俄罗斯、美国、日本，和中国的佛山、天津、余姚、上海等8个国家的11支精武友会代表团参加。中国武协主席张耀庭参加了开幕式。这届比赛的项目、规则等安排上更趋完善，并将“邀请赛”改为“锦标赛”。第一次聘请友会成员担任裁判员（共10名）；年龄组别的设置分为甲、乙、丙三组，更为合理，上海代表团派出28人参加。

自1989年理事会成立以来，与友会及其他团体之间的交往、访问、学习交流逐渐增多，马来西亚雪兰莪精武女会李云桢、马六甲精武会长陈展鲲、英国精武会长黄济复、瑞士精武会长周国英、日本精武会（筹），及我国的余姚精武会长符永江、台湾精武会（筹）、南宁精武会（筹）等海内外友会友人先后来访。

日本武道研究会、日本各地的太极拳协会10批、美国武术代表团、美国亚特兰大太极拳健身团、法国武术参观团、斯里兰卡精武副总教练、美国武术爱好者70余人（四批）等友好团体来会交流。

1991年8月9日-23日，上海精武会代表团（会长卢丽娟、干事长陈内华等5人）访问新加坡、马来西亚精武友会，参加了精武传统武术交流活动；组团赴天津参加“92中国天津国际精武武术邀请赛”；赴英国参加“英国精武体育会成立五周年”“欧洲精武联谊会”成立大会（因签证耽误，开幕时未及赶到）；赴中国香港参加“上海精武会会史研讨会”并访问佛山精武会；赴辽宁参加“葫芦岛市精武会成立典礼”；赴广东参加“陆丰精武体育会成立典礼”；赴广东番禺参加“第四届精武国际武术锦标赛”预备会，并参加佛山精武会活动；赴香港参加“香港精武会成立73周年”庆祝活动；访问余姚精武会。

在友会间相互交往中，双方探讨如何进一步从组织上巩固发展精武事业的基础上，从1991年开始，经过几年的酝酿，借第三届精武国际锦标赛在上海举行之际，于1994年9月19日，20个精武友会齐聚上海丝绸之路大酒店举行会长会议，经过讨论，友好协商，决议成立“世界精武体育会联谊机构”，参加联谊机构的团体成员必须是在当地政府注册或以其他方式承认的精武体育会组织。明确联谊机构的秘书处设在上海精武体育总会，负责联谊机构的日常工作。联谊机构的产生，加强了各友会间的联谊、合作，促进世界精武事业的发展。

1990年第一届精武国际武术比赛后，各友会发现“精武十套”的一些动作存在差异。并决定一致委托上海精武于1991年5月23日-27日，在上海复旦大学举办“精武传统武术套路研讨会”，有9个友会共20人出席，他们是：新加坡的廖德南、潘振强；马来西亚的杨柏志、邓炜如、叶汉辉、陈书章、陈才英；英国的黄济复；国内广州的招德光；佛山的黎日晴、区卓雄；上海的陈内华、苏锦标、黎永钊、袁继袖、包文光、孙审霖、孙剑狄等。研讨会上统一了《精武基本十套套路动作》，通过了《精武国际武术竞赛规则》并分别作出决定，发布了《会议纪要》。

上海精武会受委托，组织8名教练集中精力编辑和排练示范动作，与上海师范大学电教中心协作，摄制成一套三辑，即第一辑（拳术）：潭腿、功力拳、大战拳、节拳；第二辑（械术）：八卦刀、群羊棍、五虎枪；第三辑（太极）：陈、杨、吴、武、孙五式的资料录像带。录像带中有整套动作，分段动作，线路，解说和特技等内容，并分中英文解说和中文解说两种版本，于1992年4月发行。

1991年4月制定了《上海精武体育总会武术技术考核办法》，这项办法的贯彻，对学员的水平巩固，对促进教学质量的提高都很有利。至1995年3月，经考核达到初级和中级毕业的总人数有102人。

精武武术队伍在1989-1995的7年中参加了6次市级比赛、3次全国比赛（不包括三次精武锦标赛），共取得40枚金牌、24枚银牌和团体奖杯两座。

1995年冬，上海精武会与上海第七百货商店及上海体育学院合作组建“精武七百武术队”和“精武七百散打队”，招收有武术基础的人员参加，第七百货出资助学，由上海精武传授精武十套、上海体院武术系训练规定武术套路。在学期间，代表精武、七百参加表演和比赛。建队半年便开始见成绩，效果良好。

第四届世界精武武术比赛暨文化交流大会，于11月13日-16日在广州市海珠体育馆举行，此次参赛的运动员有326名，其中国内为101名，比赛项目分：国家竞赛套路（长拳、太极、南拳、刀、枪、剑、棍）、精武传统套路（潭腿、功力、大战、节拳、五虎枪、群羊棍、八卦刀）和表演项目，经激烈角逐，上海队获15枚金牌、4枚银牌、2枚铜牌的佳绩。大会期间举行了太极技击研讨会、搏击研讨会、咏春拳研讨会和舞狮竞赛。

根据武术要从娃娃抓起，把武术引向中小学的要求，上海精武会组织精武武术骨干，通过各种途径、形式，到全市十余所学校开展武术活动。帮助学校创办武术特色学校，建立了闸北区临汾路小学“陆海英之杰”少儿武术俱乐部，受到了有关领导与有关方面的肯定。1996年12月上海精武会被国家体委武术运动管理中心命名为首批全国先进武术（馆）校。

20世纪80年代，举办3次建会周年纪念活动（含一次霍元甲逝世75周年纪念会），中央精武与海内外精武恢复联系。上海精武1985年起重新发展会员，开展会务。至1989年，已登记会员1405人，荣誉会员44人。

1992年获上海市体育社团先进集体称号。

## 百年精武城市主题文化 打造世界级文化品牌

2020年6月13日，在全国“文化和自然遗产日”之际，建会110周年的上海精武体育总会举办了“百年传承·精武之路”高峰论坛。会上，上海精武体育总会举行了《精武志》编辑委员会和精武博物馆筹建委员会的揭牌仪式，以及“精武世遗研究与申遗”、精武文化工程《精武志》、“精武学堂”国际文化之路、“精武文化资源研究与保护利用”的签约仪式，正式迈出打造世界级文化品牌之路。

按照签约仪式的内容，上海精武体育总会将联手文汇出版社，将精武110周年历史用志书的形式呈现。上海精武体育总会还将在精武会旧址建成精武会史馆，以全媒体展现的方式向市民展现精武110周年的历史与文化。未来，上海精武体育总会还将携手社会各界，共同筹建“没有围墙的精武博物馆”，并启动申请世界级非物质文化遗产。

此次举办的“百年传承·精武之路”的高峰论坛，旨在以习近平新时代中国特色社会主义思想为指导，进一步加强世界各地精武会之间的联系和交流。回顾一个多世纪以来世界各地精武前辈筚路蓝缕、栉风沐雨、艰难开拓的奋斗历程，使“民心相通”成为增强各友会间团结、协作的桥梁与纽带，联接中外，沟通世界，促进中外民间文化的交流，对于传播与践行“构建人类命运共同体”的世界精武文化之路、提升上海“精武”城市品牌文化的发展之路、海派文化品牌的建设，具有深远的影响力。

与会专家认为，上海发挥服务国家“一带一路”建设桥头堡作用，精武文化也应充分体现服务和对接好国家战略。以内外联动的大视野，加强上海精武体育总会与世界各地精武文化联谊会的组织建设与合作机制建设，为上海全球城市建设注入新动力。当前上海各方应形成共识，转变观念，凭借精武文化的优势与特色，将精武文化与“一带一路”的倡议结合起来，在坚持爱国主义与人类命运共同体的大趋势下，将精武文化服务社会、服务民众的旨意在世界舞台上放射光芒。

## 纪念“五特使”下南洋百年精武开启文化传播新征程

2020年8月16日，“百年精武传播之路——精武‘五特使’下南洋100周年”纪念活动在上海精武体育总会举行，精武大讲坛、精武会客厅正式揭牌。

中国人民大学杰出学者、教育部长江学者特聘教授、中国未来研究会理事长金灿荣，北京大学社会科学部副部长、教育部北京大学中外人文交流研究基地执行主任王栋，外交部原亚非司司长、中国中东问题特使、全国政协委员、全国政协外事委员会委员吴思科，中国拳击协会主席张传良，教育部全职委副主任、华中师范大学博导、教授刘延申，上海市人民对外友好协会副会长景莹，上海市文化和旅游局副局长王玮，上海市文化和旅游局非物质文化遗产处处长胡恩同，上海市人民对外友好协会亚洲处黄仰冰，以及虹口区体育局、虹口区文化和旅游局等领导、专家、学者汇聚一堂，共同纪念精武“五特使”下南洋开展民间文化国际传播交往100周年，探讨百年精武如何在新时代做好民间外交的友好使者，如何讲好中国故事、传播中国文化。

100年前的精武“五特使”出访南洋，将精武武术和精武精神传向海外；100年后，精武体育会遍及世界五大洲，世界精武联谊会成为民间外交的桥梁。对此，上海精武体育总会会长颜建平表示：“‘爱国、修身、正义、助人’的精武精神与社会主义核心价值观高度契合，具有普世价值，能更好地融入世界文化。在实现‘中华民族的复兴、中华文化的振兴’的过程中，

纪念“五特使”下南洋100周年、中国人民大学著名国际问题专家金灿荣教授演讲《当前的国际格局及新时代精武文化的国际传播》

弘扬精武精神，有利于促进与世界各地的武术文化交流活动，进而不断扩大精武精神和中华文化在海内外的影响力，提高国家文化软实力，联接中外，沟通世界。”

上海精武体育总会常务副会长薛海荣表示，通过对精武五特使的纪念，进一步加强世界各地精武各友会之间的联系、世界各地民众之间的交流，为民众服务、为社会服务，增强中国文化的自信心与凝聚力。“在‘一带一路’的背景下，‘民心相通’成为团结和协作的桥梁与纽带，促进中外民间文化的交流，践行新时代中国文化‘联接中外、沟通世界’的责任与使命，让精武承载中国故事，也让精武承载世界故事，增进中国和世界之间的相互了解，同心构建人类命运共同体，同德共建美好家园。”

中国拳击协会主席、上海精武体育总会拳击总教练张传良也受邀参加本次活动。张传良直言，虽然自己有不少荣誉头衔，但没有任何一个头衔比精武拳击总教练的身份更让他骄傲和自豪，“因为精武、武术是我们中国人自己的体育文化。”

在本次纪念活动现场，上海精武体育总会聘请了教育部全职委副主任、华中师范大学博导、教授刘延申担任上海精武体育总会教育总监、精武学堂校长一职，助力精武学堂进一步擦亮金字招牌。

作为虹口区教育局与上海精武体育总会共同打造的终身教育学堂，上海精武学堂正式开馆于 2015 年。目前精武学堂已开设社会管理（健康管理）大专专业，聘请文化、武术等多方面师资教学，致力打造融合成人高等教育、社区教育、老年教育三位一体的终身教育体系。

针对精武学堂未来发展，刘延申认为目前学堂师资力量较为短缺，适用的教材和教学质量有待提高，资源整合亟待加强。刘延申表示，要办好精武学堂，一定要坚持科学定位，突出“精武”二字的特色所在。同时，还可以充分调动社会力量办学体系，坚持中外合作共同发展，采取中外学校企业及社团合作办学模式，帮助精武学堂走向世界。

“当今世界正经历百年未有之大变局，在发展同世界各国和地区交流合作，推进公共外交的人文交流时，武术作为人类共同文化遗产，具有独特的时代价值。”刘延申认为，从精武百年的历程来看，精武为民族振兴、国家开放都做出了非常重要的贡献。同时精武精神又具有民族性、世界性，精武精神不但是上海的、中国的，也是世界的璀璨文化之宝。为加强上海城市文化建设，与国家“一带一路”倡议对接，精武有着讲好中国故事、构建人类命运共同体的重要使命，同时，也可以将“精武”打造成为新时代中国文化的一个新载体。

加强上海精武体育总会会址的保护建设、加快精武数字博物馆的规划建设、加快精武档案文献资料的征集研究工作、在上海规划建设世界精武大会永久会址、大力推动精武申请世界级非物质文化遗产……刘延申还提出了许多宝贵的建议：“未来，相信作为上海的文化地标，建立文有左翼联盟、鲁迅，武有精武会、霍元甲的上海著名文化马路，可以将上海精武体育总会建设成传承上海城市文脉和上海人文精神的文旅目的地。”

注释：

1.《汪穰卿笔记》的记载是“美力士”，认为其国籍是美国。《梵天庐丛录》《清稗类钞》和《拳术见闻录》则记载其国籍为英国。著名文史学者周简段在《武林拾趣》的记载是“欧洲人”。

2. 汪康年（1860-1911），初名灏年，字梁卿，后改名康年，字穰卿。浙江钱塘（今杭州）人，光绪十八年进士。甲午战后，在沪入强学会，办《时务报》，又先后办《中外日报》《京报》《刍言报》。

3.《汪穰卿笔记》，上海书店出版社 1997 年版。

4.《虞初近志》，清人张潮编撰。

5.《梵天庐丛录》全书共三十七卷，事目一千一百八十三，条数一千九百九十八，五十六万余言。卷二十七至卷三十七记奇人异事，凡旁门左道之类，囊括其中。

6. 梁启超（1873-1929），字卓如，一字任甫，号任公，又号饮冰室主人、饮冰子、哀时客、中国之新民、自由斋主人。汉族，广东新会人，清光绪举人，和其师康有为一起，倡导戊戌变法维新，并称“康梁”，是中国近代维新派代表人物。

7. 梁启超《新民说》，辽宁人民出版社 1994 年版。

8. 陈公哲：《精武会五十年》，春风文艺出版社 2001 年版，第 4 页。

9.《时报》1910 年 3 月 10 日。

10. 王云五主编《新编中国名人年谱集成第八辑·民国陈英士先生其美年谱》，台湾商务印书馆发行，1980 年第 1 版，第 45 页。

11.《时报》1910 年 5 月 8 日。

12. 胡玉姣：《上海精武体育会体育现代化研究》（1910-1937），华东师范大学历史系 2011 届博士学位论文。

13. 详细参阅姚辉、朱馥生《陈英士评传》，团结出版社 1989 年版，第 46 页；莫永明《陈其美传》，上海社会科学院出版社 1985 年版，第 29 页。

14.《精武本纪》，上海档案馆，Q401-10-48，卷宗号 SC0033。

15.《精武本纪》，上海档案馆，Q401-10-48，卷宗号 SC0033。

16. 李润波：《上海精武体育会》北京市平谷区档案局馆专稿，《北京档案》2007 年第 10 期，第 36 页。

17. 姚辉、朱馥生《陈英士评传》，团结出版社 1989 年版，第 46 页。

18.《精武本纪》，上海档案馆，Q401-10-48，卷宗号 SC0033。

19. 陈公哲：《精武五十年》，春风文艺出版社 2001 年版，第 18 页。

20. 参考杜俊娟《“体操”与“体育”的词源学略考》，《北京体育师范学院学报》1998 年第 3 期，第 76-77 页。

21. 陈公哲：《精武会五十年》，春风文艺出版社 2001 年版。
22.《精武本纪》“精武会员登记表”。
23.《浙江通志馆馆刊》（民国三十五年一月）第二卷第一期。
24.《孙中山全集》第 6 卷第 244 页。
25. 潘公展：《陈其美评传》，见《陈英士纪念集》第 192 页。
26. 张重天：《我所知道的陈其美》。
27.《精武本纪》，上海档案馆，Q401-10-48，卷宗号 SC0033。
28.《精武本纪》，上海档案馆，Q401-10-48，卷宗号 SC0248。
29.《精武本纪》，上海档案馆，Q401-10-48，卷宗号 SC0248。
30.《上海精武体育会内传与章程》，上海档案馆，Q401-10-2，卷宗号 SC0064。
31. 陈公哲《精武会五十年》，春风文艺出版社 2001 年版，第 36-37 页。
32. 陈公哲《精武会五十年》，春风文艺出版社 2001 年版，第 37 页。
33.《精武本纪》，上海档案馆，Q401-10-48，卷宗号 SC0034。
34.《上海精武体育会内传与章程》，上海档案馆，Q401-10-2，卷宗号 SC0064。
35.《精武本纪》，上海档案馆，Q401-10-48，卷宗号 SC0059。
36.《精武本纪》，上海档案馆，Q401-10-48，卷宗号 SC0031。
37.《精武本纪》，上海档案馆，Q401-10-48，卷宗号 SC0031。
38. 卢丽娟主编：《上海精武体育总会会史（1910 年 7 月 -1996 年 12 月）》（未付印），第 11 页。
39. 陈公哲：《精武会五十年》，春风文艺出版社 2001 年版，第 19 页。
40.《精武本纪》，上海档案馆，Q401-10-48，卷宗号 SC0255。
41.《精武本纪》，上海档案馆，Q401-10-48，卷宗号 SC0248。
42. 罗啸璈：《精武内传》，上海社会科学院出版社 2008 年版，第 11 页。
43. 体育史资料编审委员会编：《中国近代体育议决案选编》（《体育史料》第 16 辑），人民体育出版社 1991 年版，第 5 页。
44. 1926 年 8 月 15 日的《精武月刊》第 52 期。
45. 卢丽娟主编：《上海精武体育总会会史（1910 年 7 月 -1996 年 12 月）》（未付印），第 8 页。
46. 精武体育会编著《精武本纪》，商务印书馆 1919 年版，第 19 页。
47. 陈铁生：《运动会纪》，载精武体育会编著《精武本纪》，商务印书馆 1919 年版，第 21 页。
48. 国家体委武术研究院编纂《中国武术史》，人民教育出版社 2011 年版，第 245 页。
49. 郭志禹：《东方传统武术都市化路径一探》，《武术科学•搏击学术版》，2005 年 3 月（第

2卷第3期），第2页。

50. 林伯原：《中国近代前期武术家向城市的移动以及对武术流派分化的影响》，《体育文史》1996年第3期，第14页。

51. 杨媛媛：《近代上海精武体育会研究（1910-1949）》，华东师范大学硕士学位论文。

52. 仲富兰：《望道讲读会：民俗文化与家国英雄》，上海市社联2020年6月17日演讲稿。

53. 《精武本纪》，上海档案馆，Q401-10-48，卷宗号SC0031。

54. 陈公哲：《精武会五十年》，春风文艺出版社2001年版，第33页。

55. 陈公哲：《精武会五十年》，春风文艺出版社2001年版，第34页。

56. 《申报》1927年9月7日。

# 第二章 社会事件

# 第一节 参与辛亥革命

1911年民军占领上海江南机器制造局之大门

同盟会的目标为十六字纲领："驱除鞑虏，恢复中华，建立民国，平均地权"，并提出了军政、训政、宪政三步走的蓝图，同时坚持政治革命与社会革命并举。1908年，作为同盟会会员的陈其美奉命回到上海，利用民间秘密帮会，暗中策划革命。为了宣传革命，他亲手创办了一批报纸，为争取舆论支持立下大功；为培养军事人才，他一手创办了中国精武体操会，聘请霍元甲做总教练，训练革命青年们武术、军事理论；为了获得金钱和武装支持，陈其美争取到富商虞洽卿、王一亭等人的支持，并掌握了商团武装。

1909年前后，陈其美等人在上海联络革命力量，谋划起义革命，这需要大量军事人才和武装力量，因而计划集结"上海各界人士之好尚技术者谋划创办学校"，并"挑选同志中志向坚定，体格强健者50人"，"可以练成数十万或百余万体力强健并有军事学识的青年"，"对革命运动或军事改良上必有极大的影响"。[1]陈其美联合天津的同盟会会员农劲荪共同策划和资助，力邀已在天津小有名气的大力士霍元甲携其弟子刘振声南下上海，在上海各界热心人士的共同努力下，中国精武体操学校（也称中国精武体操会）成立。

历史学家将陈其美领导的辛亥革命在上海的起义做了如下描述——

在上海起义过程中，唯一硬仗是攻打江南制造局。江南制造局是当时中国最大的兵工厂，清政府极端重视。其时制造局总办张士珩是李鸿章外甥，所部300多人，均为其安徽同乡，武器弹药充足。11月3日，张士珩听说闸北起事以后，立即抽调炮兵入局驻守，在江边列排炮6尊，要口设机关枪，大门口设小钢炮，戒备森严，准备一战。张士珩不肯投降，革命军只有强攻。11月3日下午3时许，以会党为主体的一批敢死队作先锋，从斜桥直扑制造局后门西栅栏，陈其美等率众随后跟上。5时，敢死队趁制造局放工之际，自西栅栏潜行至局门前，向里冲去。忽然，随军督战的陈其美叫大家暂缓进攻，提出由自己说服守卫制造局的军队放下武器，以达到不流血而成功的目的。这位虎胆英雄只身入内，对守军作了一番演说，然而守军不予理睬，而是将其俘获。

革命军获悉陈其美被抓，急思救援，三支武装合力攻打制造局。第一支是商团，由李平书负责总指挥；第二支是张承梗等率领的敢死队；第三支是李燮和率领的已经起义的军警。在凌晨两三点钟的时候，将江南制造局三面围住（另一面是黄浦江），频频攻击，军警攻前门，商团、敢死队攻后门。李燮和担心诸营并起，不相统一，且各自为进退，不利于作战，乃派人到处奔走，通令协同作战。11 月 4 日上午 9 时，制造局终于被攻克。在攻克清政府老巢江南制造局的战斗队伍里，就有精武会成员的身影。

陈其美为辛亥革命做出了巨大的贡献。在袁世凯夺取政权、谋杀宋教仁以后，他又坚定地追随孙中山，参加“二次革命”，参加中华革命党，成为中华革命党中最重要的骨干，地位仅次于孙中山。1916 年 5 月 18 日，他被袁世凯派人收买的刺客暗杀于上海寓所，时年只有 39 岁。他的故乡人民为了纪念他，在湖州建立了陈英士陵园。上海在民国时期也建有陈英士纪念塔（在老西门以北人民路、方浜路口，现已拆除），还辟有以他的名与字命名的其美路（今四平路）与英士路（今淡水路）。[2]

孙中山对陈给予高度的评价：“武昌起义，各省响应，吾党之士，不约而同，各自为战，不数月而十五省皆光复矣。时响应之最有力而影响于全国最大者，厥为上海。陈英士在此积极进行，故汉口一失，英士则能取上海以抵之，由上海乃能窥取南京。后汉阳一失，吾党以得南京以抵之，革命之大局，因以益振。则上海英士一木之支者，较他省尤多也。”

# 第二节 资助优秀青年出国留学

精武会从成立之日起，直到 1937 年抗战爆发，担任精武会会长的，大抵由在上海具有很高名望的商人出任，“在当时精武体育会之负责主持的，又不能不设法应付。所以当时不得不聘请商界里的有名人物，如袁恒之、聂云台、王阁臣、霍守华等，先后任会长，以免引起官厅的疑虑。”[3]因在当时官厅的心目中，总认为殷实商人，身家优厚，断不肯作出冒险的事而有越轨的行动。

霍守华，广东广州府南海县人，系早期精武会的会长之一。1882 年，在皖南兵备道张荫恒劝说下，广、潮两帮米号率先迁往芜湖，霍守华作为广帮一员，又是芜湖顺泰成米号老板；民国肇建时，他已经在上海开设了租赁轮船公司；民国二年（1913），霍守华一心要办更大的事业，在上海成立裕繁铁矿股份有限公司，并在芜湖、繁昌设立分公司及矿山事务所，霍守华任董事长，聘请唐耐修（1879-1949）任总经理。在建矿初期，由于缺乏技术装备，不得已与日本三井洋行合作，欲借助日资与技术发展生产。此后，裕繁公司经历了一波三折的开矿过程，在此期间，霍又重新与中日实业公司（中日官办）签订了经营合同，除缴纳出井税与关税外，再按每吨四角缴纳地方公益捐。此外，他培养国内技术人员，逐步收回主权。

在霍守华担任精武会会长期间，恰是中国共产党诞生的前夜，积弱多病的中国掀起了一股赴法勤工俭学的热潮。一批又一批有志青年怀揣追求真理、振兴中华的梦想，从黄浦江畔的公平路码头登船，远渡重洋，踏上了上下求索之路。在 1919 年至 1920 年，由高语罕牵线联系，霍守华捐巨资赞助皖籍学生赴法勤工俭学，其中即有陈独秀的两个儿子陈延年和陈乔年。[4]正是由于精武会长霍守华的出资资助，帮助陈延年、陈乔年兄弟二人走上了革命道路。

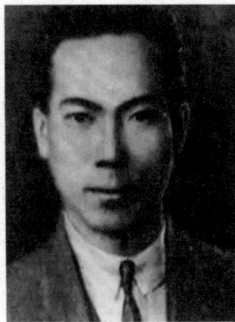

陈乔年像　　陈延年像

陈延年（1898-1927）为陈独秀长子，陈乔年（1902-1928）为陈独秀次子，都出生在安徽省的安庆。他们读书认真，穷经究理，不苟言笑，对旧掌故新知识都有兴趣，视野开阔，抱负不凡。1915 年陈延年 17 岁、陈乔年 14 岁，由陈独秀接到上海求学，兄弟俩双双考取上海震旦大学。陈独秀坚持不让兄弟俩回到家中过平稳、依赖生活，而是让他们勤工俭学，培养独立、吃苦的精神。艰苦的环境炼就了兄弟二人自强倔强的个性。早年求学期间，陈延年、陈乔年兄弟俩一度信仰无政府主义。1920 年初，两人来到法国勤工俭学，还成了无政府主义的工余社成员。后在周恩来、赵世炎等人的热情帮助下，抛弃了无政府主义，认识到马克思主义是真正的革命科学，参加了旅欧中国共青团和共产党。赴法勤工俭学之后，1922 年 6 月，陈延年与赵世炎、周恩来等被选为旅欧少年共产党委员，兄弟俩同时加入中国共产党。1923 年，中央派遣陈延年、陈乔年兄弟同赵世炎等人赴莫斯科东方大学学习。

1924 年陈延年奉命回国，1925 年春接替周恩来担任两广区委书记。陈延年夜以继日，像周恩来一生那样不知疲倦地工作。他除了规划、部署、处理党的组织建设工作，到各处作政治报告、工作报告和经常著文刊出之外，还深入工人群众。为了把人力车夫团结、组织起来，他到这些穷苦劳动者家中探访，代年老病弱的车夫出车，赚回的钱全部交给车夫。香港有的商报刊文讥笑共产党高官竟为人拉人力车，陈延年一笑置之。1925 年 6 月，陈延年和邓中夏、苏兆征等人领导了震惊中外的省港大罢工。

“四一二”反革命事变后，陈延年与周恩来、赵世炎等联名发出《迅速出师讨伐蒋介石》电文。可惜党中央由于各种复杂原因，在北伐与东征问题上犹豫不决，未能接受电文意见，丧失了挽救革命的时机。1927 年 4 月，陈延年接任中共江浙区委书记、江苏省委书记，并在中共五大被选为中央委员，后为政治局委员。面对白色恐怖，陈延年勇挑重担，忘我无私，像一头骆驼那样不知疲倦地工作，不避杀身之祸。他也从不讲究吃穿，比一般党员、工农还清苦，是一位革命的“苦行僧”。

1927 年 6 月，江苏省委机关被反动军警包围，陈延年以桌椅板凳与敌搏斗，掩护其他人逃跑，不幸被捕。7 月 4 日深夜，延年在刑场浩气凛然，刽子手按他下跪，他傲然而立，说革命者决不下跪，只能站着死。众刀斧手按着他下跪，延年又一跃而起，吓得他们差点摔倒，然后硬是以乱刀将延年砍死。

陈乔年 1925 年春回国，担任中共北方区委组织部部长（书记为李大钊），在“三一八”惨案中带伤指挥群众撤退。1927 年参加了党的“八七”会议，旗帜鲜明批评了其父陈独秀的右倾投降主义。后担任中共中央组织部副部长、江苏省委组织部部长。在国民党先后杀害陈延年与赵世炎的艰险环境中，他将生死置之度外，不断地变换斗争的方式，巧妙地与敌人周旋，使上海和江苏的党组织得以恢复。由于叛徒告密，1928 年 2 月被捕。1928 年 6 月 6 日，陈乔年在上海龙华枫林桥畔英勇就义。牺牲前，监狱中的战友为他即将被害十分难过。陈乔年却仍然乐观地说："让我们的子孙后代享受前人披荆斩棘的幸福吧！"

## 第三节 精武公园与精武黄钟

1919 年夏天，一位神秘人物来到上海精武体育会，交给陈公哲一口大箱子便悄然转身离去。箱中附有信函一封，书曰："精武能为社会谋幸福而无权利思想，故以此三万银元为赠。愿执事扩而充之，以期造福全国。"陈铁生在《精武本纪》写道："有一位隐名氏先生捐了三万圆于精武体育会，精武会就将此三万圆建筑一座公园，从今后我中国人在租界里有自建之公共花园矣。"精武会主事共议精武新会址之事，上海精武体育会用三万银元购得倍开尔路精武会舍旁十余亩空地，1920 年初春，精武公园正式落成，与租界里"华人与狗不得入内"的侮辱性招牌截然相反，落成后的精武公园门口赫然写道："凡属人类苟能守文明通则者，咸准入园游玩。"这是多么难能可贵的精神境界！

《精武本纪》记载："本会每年于秋季举行技击毕业礼。并于是日运动。"而 1920 年 11 月举行的秋季运动大会正赶上精武公园开园和庆祝精武体育会建会十周年，于是一场大型的"精武嘉年华"在精武公园展开。

《精武本纪》记载嘉年华上的大会操："吾会派员教授之上海各团体，如复旦大学、中华工业学校、东亚体育学校、上海青年会、澄衷学校、岭南中学、十三队童子军、爱国女学、中国女子体操学校、商务印书馆工界青年励志会、广东小学、培德小学、青年俱乐部、培本小学、广肇女学、崇德女学等。于每月之第四星期，召集之于本会操场，会操技击。虽千数百人，以口令指挥之，裕如也。本会教练注意团体操，盖欲养成一种共同生活之精神，此四图为会操时与散队之真相。"

精武公园建成后，还立有一口"黄钟"，这是由陈公哲夫人卢雪英女士的三十两金银首饰熔铸而成，目的在于"唤醒黄魂，注重武术"，强我国人之体魄。而卢雪英

精武会会员在进行武术训练

精武体育会建立"精武公园"全图

精武大会操举办情形

精武会成立10周年庆典"陈列展览"

1921年的精武安步团全体与黄钟合影

是精武女子模范团的骨干。这种拳拳报国的热忱就像磁石一样吸引着广大市民的积极参与。

《精武本纪》中记载："易曰，天行健，君子以自强不息。吾团之立，盖有感于古训也。五年冬，学长郑灼辰，创始是团。赞成者仅有黎惠生与光曜两人，迄今有十余人焉。团员必于每日清晨六时有半，集合于虹口之大铁桥，整队步行，直赴会所（计自大桥至会门凡三千九百步，需时三十分）。除星期外，苟非有特别事故、预行请假者，逾时数秒，必科罚如例。其例则计全队之人数，而每人以铜元六枚为数率。罚金之收入，储备天雨之日，则全团乘电车至提篮桥（桥与会之距离为一千三百步，需时十分）之车资也。故虽际严冬，冰天雪地、霜风刺骨之日，亦必准时举发。曾忆六年冬寒暑表降至十二度，亦无敢规避者。黄氏善祥，一髫龄学子也，自隶团以来，曾未遇罚，历数年如一日。

庚 園林 一二二



上海指南 目錄 七

民国上海园林目录，精武公园为其中第三十四个

新精武公园内精武故事长廊

新精武公园霍元甲铜像揭幕仪式

精武会成立10周年庆典“兵式体操”

其立志之沉勇坚毅，有足多者，故频得本团之奖励。其余以一岁不受罚而获奖者，尤不乏其人云。”

1997年12月，上海市人民政府在中山北一路、中山北二路合围区域里，开辟出占地近7万平方米的以体育健身为特色的曲阳公园。公园一号门坐落于虹口区中山北一路880号，二号门为东体育会路980号，三号门位于中山北一路858号。2014年，市区两级政府拨款对曲阳公园进行综合改造。为弘扬精武精神，将“爱国、修身、正义、助人”的精神发扬光大，曲阳公园被命名为精武公园。改建后的精武公园内，设置了由上海著名的雕塑大师严友人雕塑的霍元甲全身铜像，以及精武历史上十八位名人的半身铜像，使得精武公园不仅成为爱国主义教育基地，也为上海乃至全球爱好和平与武术的人们提供了一处艺术与人文氛围浓郁的历史主题公园。

# 第四节 多次推动商会改革

鸦片战争之后，随着《南京条约》的签订，中国被迫开放了上海等5个通商口岸，其中上海位于长江的出海口，背靠中国的最为富庶的江浙腹地，有着世界上最为优良的深水港，且离统治中心北京最近，自然很快超越广州成了外国人青睐的第一大贸易港口。而广州原先的对外贸易霸主地位一落千丈，到了19世纪50年代被上海超越，之后还陆续被天津、汉口、大连、青岛等港口超越，逐步沦为了二线港口城市，同时也就意味着广州就业市场的迅速缩小，不得不逼迫依靠对外贸易为生的广东人开始背井离乡，转战中国最大的港口城市上海。广东人凭借着雄厚的企业启动资本和丰富的外贸经验，凭借敢拼敢闯、吃苦耐劳、精明细致的商人精神很快在上海各个行业开疆拓土、站稳脚跟，成为上海崛起成为国际大都市的核心力量之一。

晚清广东商人徐润（1838-1911），可以算作中国最早的房地产大亨。1860年太平天国战乱为上海滩带来了大量资本雄厚的“难民”，英商宝顺洋行年轻的买办徐润，抓住乱世机遇，仅仅用了两年多时间，到了1863年就拥有了位于上海滩商业中心的“余庆里”、西门城内“九亩地”“二摆渡”等大片房产。携年纪轻轻即富贵在身的威势，徐润后来运用类似今日“滚动开发”的模式，先用已有的房产作抵押，从钱庄借出一笔钱搞房地产开发，然后再拿新开发的项目作抵押，继续新一轮的借贷、圈地、开发。到1882年，44岁的徐润所掌控的房地产公司“地亩房产”，资产总市值高达350万两白银，俨然是当时上海滩的房地产巨鳄。

广肇公所于1872年（清同治十一年）由旅沪广州、肇庆府人建立，地址在英租界宁波路，范围约相当于今宁波路、江西中路、北京东路、四川中路一圈。1916年，香港广东银行在上海设立分行，公所遂将东南部（今宁波路2-8号）转让给该银行（20世纪30年代后，该行在宁波路52号自建广东银行大楼）。由于此地位于市区中心地带，民国以后宁波路已逐渐形成银行和钱庄集中之地，于是公所将房产先后让给钱业公会和其他银行，自己仅保留宁波路10号的一部分，作为办事所。公所下设有广肇山庄，主要是在上海的广东人坟地，还建有广肇医院、广肇义学。

广肇公所是一个老牌的民间团体，早在徐润还在上海打拼的时代就已成立。随着公所内一帮有财有势的旧董事年纪越来越大，他们越来越关注自己死后的坟墓以及殡葬礼的气派程度，对新派人物提出的大办义学和医院等要求置之不理。1918年上半年的一天，广肇公所新派人物霍守华、冯少山，带着200多名刚从训练场上下来的精武兄弟，冲进正在开会的广肇公所，一帮旧董事吓得灰溜溜地跑了。从此，广肇公所陷入分裂状态。[5]

广肇公所在20世纪20年代有大量董事同时也是精武会骨干，在1929年的一次

上海广肇公所学监温钦甫先生（左）、辛亥革命商人冯少山先生（右）

唐少川先生暨董事陈炳谦先生、温钦甫先生等留影

事件中，国民政府反动势力通缉广肇公所董事8人名单（冯少山、卢炜昌、陈公哲、招烨年、吴国鎏、罗伯夔、陈铁生、霍守华）中有6人是精武会骨干。精武会的很多资产亦是租借广肇公所，所以精武会和广肇公所的关系是十分密切的。[6]

1920年11月15日，商总联举行第二届董事选举会议，30多位董事出席，选出总董袁履登，副总董潘励绅、吕静斋。1921年4月初，袁履登因去汉口经商提出辞职，各路董事开会公举南京路出席董事陈则民继任总董。8月1日，副总董吕静斋因串通董事张慕曾私造选民名册，以商总联的名义向总商会领取选举入场券，假公济私，被撤销董事资格。同时，总董陈则民侵占上海地区省议员初选入场证，各路商界联合会代表王少庵、赵南公等3次向上海地方检察厅提交诉状，控告陈则民负有刑事责任，要求迅速侦查提起公诉。随后，以霍守华、汤节之、冯少山、赵南公、季次山为首，召集四马路、北海路、吴淞路、山西路等24个

# 國民政府明令提倡國貨感言

馮少山

去年國民軍進展徐州。日本適於其時出兵山東。阻撓北伐。國人激於義憤。乃以對日經濟絕交相對待。而提倡國貨之聲。洋洋盈耳矣。不佞曾謂提倡國貨之大業。宜有永久計畫。其實行之法。有屬於政府方面者。有屬於社會方面者。有屬於商人本身者。其詳見於本報第七卷第九號所載拙著我之提倡國貨觀一文。最近國民軍再度北伐。已進克濟南。行將會師幽燕。迺日本又演出兵山東故技。同時國民政府已明令提倡國貨矣。據報載薛內政部長篤弼呈請國府通令提倡國貨。並擬具辦法五條如下。(一)請令大學院編審中小學校課本。特別注重提倡國貨。(二)請令工商部速籌振興工藝計畫。並嚴禁以外貨冒充國貨。(三)請令財政部實行保護國貨政策。減輕稅率。(四)通令各機關非中國所無之必需品。應一律購用國貨。(五)通令各省市政府佈告全體民衆一律提倡購用國貨云云。第一四五各條政府既提倡在先。國民定深印入腦。不佞商人也。對於第二三兩條。尤有至深之印象。請有以畢其說。

各國對於保護國產之道多端。而關稅政策其一也。主張保護貿易說者曰。凡工業幼稚之國。對於外國

商業月報　第八卷　第四號　國民政府明令提倡國貨感言　一

冯少山先生所写《国民政府明令提倡国货感言》

马路商会，在9月25日正式成立了“上海各马路商界联合总会”（简称“商联总”），选出总董汤节之，副总董汪醒斋、赵南公，议长杨春缘，副议长周伯尧、霍守华。办公地址设在江西路60号。商总联则整顿组织、修改章程。[7]

由于精武会成员的积极推动，使得广肇公所与商会组织不断改革，进而发挥更大的社会作用。

## 第五节 创办体育协进会 收复奥运主权

1923年，广东精武体育会会长熊长卿带着家人到日本参加了远东运动会，结束后来到上海，为中国在国际比赛中的失败而深深痛苦。

熊长卿是一名武术家，也是精武体育会会员。熊长卿是一位传奇人物，他是广东梅县人，曾是清朝的一位武官，1911年辛亥革命时，在肇庆率部归附民国。因他酷爱武术，众多妻妾和子女在他指导下，大多练有一身武艺。成才者不少，其子熊略便是其中一个。熊略曾在陈炯明部下当过军长，是陈的一员干将。熊长卿与李明德一起，先后拜访了唐少川、马子贞和报界的戈公振等人。唐少川建议先在上海组设中华体育协会，规划全国体育大运动场，并且准备筹募基金百万，推举上海有实力团体管理。因为熊长卿和李明德是广东精武体育会的主干人物，并且上海精武体育会又开办多年，成绩卓著，就把这个任务交给了他们。

熊长卿找到精武会主事者之一的卢炜昌，之后就在中央精武开会讨论。众人认为这关系到全国，所以应联合更多有能力的团体共同参与，才能更快实现。最后推举熊长卿、唐少川、马子贞和戈公振四人各自介绍认识的上海团体热心人士，先组织一个发起人会，7月7日定在岭南楼开筹备会，推举筹备干事并指定办事地点。最后，会议决定先借精武中央大会堂内的中央精武为协会办事处，刊发宣言及会章，定期成立，先筹建全国体育大运动场。建成前先以中央精武公园内的大操场、青年会体操场和公共运动场3处为临时操练场所。还推选了唐少川、熊长卿、马子贞、马西民、

中华全国体育协进会董事兼名誉会计卢炜昌照片

第一次會議

開會地點　東南大學化學教室。

開會日期　十三年七月四日。

與會代表　有江蘇，浙江，直隸，山東，河南，陝西，湖南，湖北，江西，安徽，四川，香港等十餘省代表六十六人。

臨時主席　張伯苓博士。

臨時書記　沈嗣良。

首由主席報告，略謂上次在武昌開全國體育會時，因未能正式成立，遂由各省代表推舉鄙人及盧煒昌先生爲籌備員，負責進行。籌備員等即請聶雲台，郝伯陽，王壯飛，柳伯英，沈嗣良五君爲章程起草委員。現本會草章已印就分發各位，請細加察閱，發表意見，俾本會得在此次中華教育改進社年會時期，正式成立。

麥克樂提議，在評議部未成立前，由與會代表選出臨時董事九人，負責進行，沈嗣良附議。通過。

麥克樂主張由本日與會代表推出臨時董事提名委員五人，提出被選董事九人以上，然後用表決法或票選法產生臨時董事九人。多數贊成。

當推盧頌恩（華東），章輯五（華北），黃公誠（華中），黃代國（華西），侯可久五人爲臨時董事提名委員，提出被選董事二十一人。在此二十一人中，由與會代表用記名選舉法選出九人。結果，張伯苓（三十三票），郭秉文（二十一票），陳時（二十九票），盧煒昌（二十三票），聶雲台（二十二票），郝伯陽（二十二票），沈嗣良（十八票），方克剛（十四票），穆藕初（十二票）九人當選爲臨時董事。

档案记载的中华全国体育协进会成立时会议文件

戈公振、侯可久、贾季英、沈信卿、唐范生、李明德、刘福基、沈嗣良、杜连科、高梓、郝伯阳、裴国雄、陈公哲、卢炜昌为筹备员。

之后，又议定在精武公园之后划出200多亩的空地，建造大学校，与全国体育大运动场建造资金一起募集。随着精武担负的社会责任加重，所需费用还是要依靠精武实业。于是，又讨论推选卢炜昌和熊长卿筹募并扩张现有的精武实业。为此，熊长卿让自己的女儿熊富珠留在了上海，为之后精武医社的建立打下了基础。

在精武实业的人事调动中，中央印刷公司由甘鉴先（中华民国首任国务总理唐绍仪女婿）担任总理，周锡三（商务印书馆编译所主任）为总董。

1923年5月，第六届远东运动会结束后，上海体育界筹备成立全国性的“中华体育协会”。经一年酝酿，1924年5月，趁第三届全国运动会在武昌举行之机，召开了全国各大区体育界代表会，推选出全国体协的章程起草委员。7月4日，中华教育改进社在南京开会，同时召开了全国体协的成立大会，通过了章程，选举张伯苓、郭秉文、陈时、聂云台、方小川、沈嗣良、郝伯阳、卢炜昌、穆藕初为董事。后在第一次董事会上，又将该会正式定名为中华全国体育协进会。

1924年7月4日，中华教育改进社在南京开会，同时召开了全国体协的成立大会，通过了章程，选举张伯苓、郭秉文、陈时、聂云台、方小川、沈嗣良、郝伯阳、卢炜昌、穆藕初（一说曹云祥）为董事，王正廷被聘为名誉会长，张伯苓为会长，沈嗣良为名誉主任干事，卢炜昌为名誉会计，宋如海为名誉干事，蒋湘青任干事。后在第一次董事会上，又将该会正式定名为中华全国体育协进会。新中国成立后，中华全国体育总会第一届代表大会在北京召开，决定将原中华全国体育协进会改组为中华全国体育总会，即新中国的国家奥委会。

根据沈嗣良撰写的《中华全国体育协进会成立大会纪》记载：“筹备委员：中华业余运动会联合会会长张伯苓，及中华体育协会发起人卢炜昌先生。”[8]其中卢炜昌、郝伯阳皆为精武会员，聂云台、穆藕初也曾担任精武的正副会长。

《精武内传》中对中华全国体育协进会的成立过程有详细记载：

> 会熊长卿君挈其家人赴东洋参与远东运动会，事毕返国到沪不几日，极感受此届远东运动会失败之痛苦，日与李明德君四出筹策谋此后之挽救。因先访唐少川君，

继访马子贞君，复访报界戈公振君等。唐君建议先于上海组设中华体育协会，规划全国体育大运动场，以为造就人才经营进取之地，准备筹募基金百万，推举沪中有实力团体主其事。旋以熊、李两君为吾粤会主干人物，复以沪会开办多年，成绩昭著，即拟以此任务属之。吾精武任之熊君遂以此意达之炜昌，乃开中央会议谋应付。多数意见以此事关系全国，应联合多数之有力团体共同肩任，使事易集而速奏功。结果推由熊、唐、马、戈四君各本所知介绍沪中诸团体热心人士，先组织一发起人会，定期七月七日假座岭南楼，特开筹备会，推举筹备干事及指定办事地点。

可见，1923年起首先由上海精武会成员早先酝酿与推动，因为“此事事关全国，应联合多数之有力团体共同肩任，使事易集而速奏功”。故延请当时中华民国南京政府有关部门。由于1922年，国际奥委会决定增选一名远东体育协会的发起人和赞助人之一为国际奥委会委员，时任北京大学校长的王正廷入选，成为第一位中国籍和远东地区的国际奥委会委员。天津南开大学校长张伯苓，在1922年4月3日担任了中华业余运动联合会的首任会长。由此，中国与国际奥委会建立了直接的联系。1924年8月，由王正廷、张伯苓为会长与董事长的中华全国体育协进会成立，标志着中国的体育事业与国际奥委会的联系。同年，中国陆续加入了田径、游泳、体操、网球、举重、拳击、足球和篮球八个国际体育组织。

## 第六节 参加中国卫生会 推动卫生防疫

在中国近代的“救亡图存”语境里，疾病和体弱作为一种文化隐喻，很自然地成为政治家、知识精英、地方士绅甚至普通民众的国家或民族形象的想象，由此形成了一套“强国强种”的话语体系。这套话语体系可让所有人清楚地感受着国家像病体一样被侮辱、践踏和歧视，进而又把被治愈的病体想象成民族再生的符号。

身体健康、习惯卫生被视为文明与野蛮、先进与落后之分的标识。“民族体质之优劣，与繁殖之消长，系国家之盛衰，或竟至于亡国，实属天演公例，无待赘言。吾人应如何使吾民族优良向上，免东亚病夫之号。”[9]“东亚病夫”为清末民初最为熟知的以疾病隐喻社会政治的概念，其并非单纯指国民体质的虚弱多病，更强调的是国体的积贫积弱、国民的麻木不仁。有人把“东亚病夫国之病”概括为四大病象：其一为瘫痪，地方各自为政，中央号令不灵，恍如四肢瘫痪之人体，手足麻痹，难以动弹；其次为贫血，国家财政空虚，军阀诛求无厌，当局补血无术；再次为疟疾，社会动荡时常发生，类似三阴疟疾，愈发愈凶；第四为秋瘟，干戈扰攘，不啻瘟神下降，瘟势大强，历次百姓罹此而死者，难以尽数。根治这种疾病，则有待医国高手，苟能对症发药，俾得立起沉疴。[10]

1921年11月28日，卫生教育会召开董事会，爱国人士胡宣明指出，卫生事业“颇

本會執行委員會諸委員照片

余日章博士　丁淑靜女士　誠靜怡博士

樂靈生博士　費佩德博士

鄺富灼博士

劉湛恩夫人　傅步蘭夫人

牛惠生醫師　胡貽穀長　胡宣明博士

中华卫生教育会执委会诸委员照片

20世纪50年代，胡宣明与其妻子周淑安合影

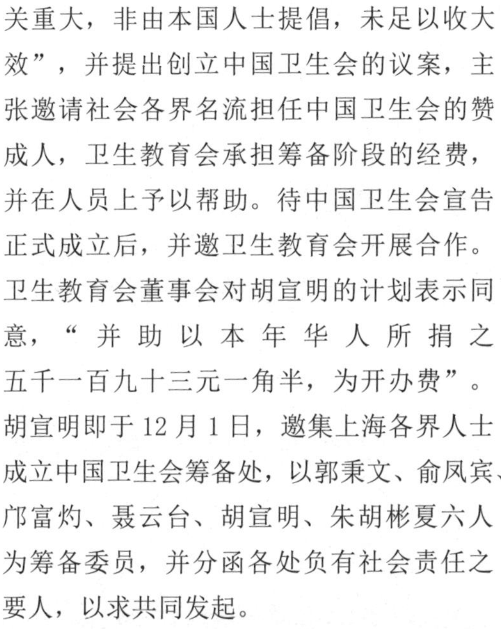

关重大，非由本国人士提倡，未足以收大效”，并提出创立中国卫生会的议案，主张邀请社会各界名流担任中国卫生会的赞成人，卫生教育会承担筹备阶段的经费，并在人员上予以帮助。待中国卫生会宣告正式成立后，并邀卫生教育会开展合作。卫生教育会董事会对胡宣明的计划表示同意，“并助以本年华人所捐之五千一百九十三元一角半，为开办费”。胡宣明即于12月1日，邀集上海各界人士成立中国卫生会筹备处，以郭秉文、俞凤宾、邝富灼、聂云台、胡宣明、朱胡彬夏六人为筹备委员，并分函各处负有社会责任之要人，以求共同发起。

与此同时，胡宣明前往各埠提倡组织分会，到1922年10月，各地分会“已告成立者，如杭州、无锡、江阴、嘉兴、海宁、开封、彰德、太原、长沙等处，广州、南昌因兵事未能进行”。

1916年3月，中华公共卫生教育联合会在上海成立，其后于1922年改名为中华卫生教育会。该会由中国博医会、中华医学会、中华基督教青年会等团体共同组织成立，以“普及卫生常识，强壮国民体魄”为宗旨，从事卫生知识传播和卫生教育，为我国第一个卫生教育组织，也是最早以“卫生教育”命名的学术团体。1923年1月，中国卫生会通过执行董事部互相投票，选举聂云台为正会长（1918年在上海精武体育会会长），石美玉、俞凤宾为副会长，胡宣明继续担任义务总干事，中国卫生会宣告正式成立。之后，该会又议决江苏省教育会、中华医学会、家庭日新会、中华民国江苏童子军联合会、精武体育会、中华武术会、同济医学会、上海青年会为团体会员，毕德辉、兰安生等四名国外人士为名誉会员，熊希龄、颜惠庆、蔡元培、伍连德等人为名誉董事。

该会组织机构健全，下设总务部、编译部、孩童卫生部、学校卫生部、城市卫生部等，各部由主任负责；出版《卫生季刊》，编写了《卫生丛书》《中华卫生教育小丛书》等专门书籍，并于1928年与上海特别市卫生局合作出版了《卫生月刊》。同时，中华卫生教育会还利用举行卫生征文比赛、举办健康中心与暑期卫生学校等方式，致力于公共卫生教育，提高社会整体公共卫生意识水平，对我国民众公共卫生意识的启蒙和卫生教育活动的展开起到了积极的引导作用。由于，“该会未能寻找到足够支持，仅维持了两年便解散了”。1930年，中华卫生教育会结束历史使命，退出历史舞台。

# 第七节 投身五四运动 组织游行

1920年春，在酝酿筹建上海共产党早期组织的同时，共产主义者积极深入到工人群众之中。4月18日下午，在陈独秀等支持下，上海中华工业协会、中华工会总会、电器工界联合会、中华全国工界协进会、中华工界志成会、船务栈房工界联合会、药业友谊联合会七个工界团体代表召开联席会议，筹备首次纪念"五一"国际劳动节。会议开始时，主持人、中华工业协会代表黄介民说："五月一日，为世界劳动纪念日。凡我工界同胞，当积极团结开一大会，以为全国表率，以应世界潮流。"大家表示赞同，希望以此"促进劳工神圣之观念"。[11] 北洋政府获悉申城将集会纪念"五一"国际劳动节，非常惊恐，立即密令上海军阀当局"严为禁止"。淞沪护军使署和淞沪警察厅于4月底分别发出布告，严禁工人群众开展此项活动。根据陈独秀等的建议，集会名称为"世界劳动纪念大会"。会议决定，在5月1日，除了电灯、电车、自来水、电话、电报等公共事业，各业均须休息一日，并"通电全国"。

5月1日清晨，荷枪实弹的军警强占位于南市方斜路、大吉路处的上海公共体育场。工人群众不顾禁令，从四面八方赶过来，至下午一时，已聚集5000多人。由于上海公共体育场被封锁，并屡遭阻挠，大会几次更改会场，最终移到老靶子路（今武进路）的一片空地。下午三时，大会正式开始，在场数百人热情高涨，挥舞红旗，高声歌唱；一辆小推车被用作讲台，工人代表首先慷慨演讲，学生和商界代表也相继发言。大会通过决议：一、要求每日八小时工作制；二、组织真正的工会；三、各业工人要联合起来。最后，大会在震天的口号声中结束。当晚，上海七个工界团体发表的《上海工会宣言》指出："我们上海各业大部分工人，同时休业，举行第一次世界劳动纪念大会……从今天起，我们中国工人觉悟的团结的精神，已经足以使压制我们的人胆战心惊。"[12] 这次活动由陈独秀、施存统、陈望道等人在虹口澄衷学校发起，是中国工人阶级第一次纪念自己的节日——国际劳动节。

中华全国工界协进会于1919年9月14日成立。成立前召开茶话会讨论筹备工作，国民党人胡汉民、戴季陶、廖仲恺、朱执

澄衷学校（虹口区唐山路457号）旧貌

信等应邀到会演说，还有曹亚伯、陈家鼐等发言，均表示支持与鼓励。开成立大会时，据称到会者约千人。该会会长是广肇公所董事、中华爱国公司发起人卢炜昌，副会长系裁缝行业的王亨利和机器行业的杨广才。该会自称会员有4000余人。副会长王亨利亦是精武会员，他开办的王亨利洋服公司曾为孙中山定制过西服，也为精武会员常年提供服装定制。

卢炜昌（1883-1943），广东香山人，毕业于上海堡黎英文书院。原为礼和洋行职员，后任新瑞祥五金号经理。宣统三年（1911），与陈公哲、姚蟾伯等重建中国精武体操会，在民国五年（1916）协助筹建精武会新校舍。曾任该会会计、座办、书记等职。民国十二年（1923）为全国武术大会发起人，同年任精武附设体育师范学校校长，并在中华体育协会筹备委员。此后，一直主持上海精武体育会工作。民国十三年（1924）任中华全国体育协进会董事，兼名誉会计。民国二十五年（1936）因参加李济深、李宗仁发动的两广事变，受到牵连，民国二十七年（1938）被国民党政府以“日特嫌疑”名义下狱，民国三十二年（1943）死于桂林狱中。著作有《少林宗法》《少林拳术图论》等。

## 第八节 开设平民夜校

由于五卅运动的影响，很多工人夜校被迫停办。共青团杨树浦部委总结了经验教训，认为工人夜校对提高工人文化素质，唤醒工人政治觉悟具有非常重要的作用。因此，决定坚持继续办好工人夜校，进一步培养优秀的工人青年骨干。

时任共青团杨树浦部委书记的陈醒吾，租借了当时杨树浦部委机关隔壁过街楼（今榆林路478号），创办了杨家宅平民夜校，向附近的青年工人敞开大门，培养了大批共青团员，后来这些人都成了上海工人第三次武装起义的骨干力量。

杨家宅平民夜校地址在榆林路478号，几任团部委的领导都十分重视学校的教学活动，连续几届团部委书记陈醒吾、瞿景白、顾作霖等都先后兼任过该校老师，亲自教授课程。上海精武会成员也积极参加并开设平民夜校，支持革命活动。夜校的办学条件较为艰苦，仅有一架旧风琴和十几条长凳，但学员们学习热情很高，挤出宝贵的休息时间积极参加学习。针对工人们文化基础比较薄弱的情况，学校课本采用世界书局出版的小学教学用书，内容大多为“小猫三只、四只”“日出月落，月出日落”等比较简单的语言，通俗易懂，生动具体，让工人学员们容易接受。

平民夜校的教师们也用生动的语言和灵活多样的教学方式向工人们传授文化知识。曾任团部委书记的顾作霖经常到学校教授政治课，宣传中国共产党的主张，启发工人政治觉悟，很受学生欢迎。有时，工人因为工作比较劳累，会在教室里打瞌睡，顾作霖就会组织大家一起唱唱歌，用奋进、激昂的歌声赶走“瞌睡虫”，休息调整过后大家再聚精会神地听课。

通过开展形式多样、生动活泼的各种活动，精武会与工人们建立了深厚的感情，

1928年平民学校情况表

| 学校 | 地址 | 主办者 | 招生（人） |
| --- | --- | --- | --- |
| 精武第一平民夜校男子部 | 宝山路鸿兴里 | 精武体育会 | 40 |
| 精武第二平民夜校女子部 | 宝山路 | 精武体育会 | 40 |
| 精武第三平民夜校 | 喇格纳路六合里 | 精武体育会 | 40 |
| 精武第四平民夜校 | 唐山路业广里 | 精武体育会 | 40 |
| 精武第六平民夜校 | 白克路上海公学 | 精武体育会 | 40 |
| 精武第七平民夜校 | 梅园路立达平民学校 | 精武体育会 | 40 |
| 精武第八平民夜校 | 宝山路鸿兴坊 | 精武体育会 | 40 |
| 精武第九平民夜校 | 温州路交通公学 | 精武体育会 | 40 |
| 精武第十平民夜校 | 高昌庙市立小学内 | 精武体育分会 | 40 |

也为开展革命活动打下了良好的群众基础。1926年春节，顾作霖与团干部们一起筹办了春节同乐会，借用学校附近的院子，搭建临时戏台，邀请一些独角戏、杂技、沪剧、魔术艺人来演出，让工人和家属免费观看。热闹非凡的演出，给长期劳苦工作的工人们带来了难得的欢乐和放松。1927年，时任共青团沪东部委书记的周朴农还经常到杨家宅平民学校教工人唱革命歌曲，为学员们弹琴伴奏。有时结合形势变化，自编歌曲教学员们演唱，生动地进行思想教育。

1927年4月国民党统治上海后，于5月初就改组了上宝平民教育促进会。6月22日将上宝平民教育促进会改组为上海特别市平民教育促进会，并决定平民学校除进行“千字课”教学外，增加三民主义浅说及时事资料为教学内容。上宝平民教育促进会所办平民学校被国民党市教育局接管并改为市立民众学校后，社会上尚有23所非官方所办的平民学校持续进行千字课识字教育。1928年10月，上述23所私立平民学校奉市教育局命令改名为民众学校，所设识字班，每期四个月，在学人数共有900余人。每年从千字课识字教育毕业者有1500人左右。到1928年，上海的精武体育会共开设了10所平民夜校，教授民众识字。[13]

# 第九节 慰问四行仓库守卫战士

1937年7月7日，日军悍然发动“七七事变”，发动了全面侵华战争。面对嚣张的侵略者，国民政府发表了《抗战自卫书》，宣布“中国决不放弃领土之任何部分，遇有侵略，唯有实行天赋之自卫权以应之”。随后，国民政府尽遣70余万精锐之师，与日本侵略者展开了气壮山河的生死搏杀。

1939年元旦，由精武会武术科长朱廉湘，摔角协进会主持人唐豪、陈绪良，摔角技术指导田毓荣率领的三四十人摔角队，到星加坡路八十八师坚守四行仓库的“孤军营”举行慰问表演。这天，孤军领袖谢（晋元）副团长因病住院，由一位吴萃其先生接待。这位吴先生是位商人，在八十八师坚守四行仓库的时候，激于爱国热情，毅然奔赴抗敌最前线与“孤军”并肩作战。在欢迎仪式中，孤军营雷营长和唐豪分别致欢迎辞和答谢辞。尽管表演场上西北风很大，精武演员们和某中学组织的女同学歌咏队的精彩表演，仍赢得勇士们阵阵掌声。在热烈的气氛中，还聆听了八十八师可歌可泣的战斗事迹，和勇士们合唱《义勇军进行曲》等抗战歌曲，参观营房。最后大家一起合影留念，在依依不舍的情景中握手道别。[14]

1939年《精武》杂志刊登了《孤军营摔角表演特写》一文，更详细地介绍了当时的情况：[15]

在一个冬天的早晨，雨点还断断续续地滴着，每家大楼的屋顶旗杆上，都扯起了青天白日满地红可爱的国旗。每天到会里来练习摔角的老张，仰看着天不高兴地在自言自语：“昨天前天都是晴天，今天国历元旦，刚下起雨来，真扫兴……”小蔡担心似的附和着说：“假使雨再不停，今天恐怕不能去表演了。”站在旁边的阿陈反驳地嚷：“你们真是杞人忧天。我们能在廿八年元旦，去到民族勇士那边去表演摔角，那是一件多么有意义，值得兴奋的一件事情，即使下着铁我们也该去，怎怕下雨呢。”

摔角指导田先生正点查已到的表演员

1938年6月摔跤队与孤军营勇士合影

人数，昌林和荣楣忙着分发制服和整理应用的东西，表演基本练习的队员，三三两两在演习各种姿势，摔协会的主持人唐先生陈先生，本会武术科长朱先生，也陆续地到了，相当宽大的本会第一练习场，一忽儿熙熙攘攘挤满了表演员和同去参观者。

全体站队点数刚完毕，搬场汽车的喇叭，已在楼下呜呜地叫着。于是大家立刻动员，博予、伯瑜同高佑抬着沉重的地毯，爱廷和兴涛俩掮了帆布，也有背药箱的提着摔角衣的，一队杂色队伍。好像鸭子进笼似的挤进了狭小的车厢，司机熟练地踏动引擎，把三四十个人，直向星加坡路孤军营目的地搬动。车子开上平坦的南京路，每家华商店铺，都挂着国旗，庆祝这中国在新生活中的廿八年元旦。

汽车很快地向着目的地跃进，不到廿分钟时间，已在孤军营的门口停下，全体迅速地下了车排列在人行道上，由陈先生向驻守该处的商团办事处接洽进门手续。没隔多久有一位吴萃其先生出来招待我们，听了吴先生的报告，才知道孤军领袖谢团附这几天有病住在医院休养。这位吴先生本来是在商界服务的，在八八师的孤军坚守四行仓库时候，因为激于爱国义愤，毅然帮同孤军参加作战，这种见义勇为，仁侠牺牲伟大的精神，真是值得我们敬佩并且应该效法的。由吴先生领着，全体整队鱼贯地进去，经过一段狭长的泥路，就望见许多曾在四行仓库孤军抗战宁死不屈的八十八师民族勇士们，这时候我内心的愉快，正像在那年与大哥久别重逢的情形一般，决不是文学家的笔所能描写形容的。

营里的面积是很宽敞，有一个足球场和篮球场；营房像篦节似的筑在西面的一部分。勇士们仍是一律穿着整齐的军服，有的在打篮球有的在散步谈天，那时另有一位官长领我们表演员到一间很整齐的营房里更衣，预备上场。表演员预备妥当以后，全体勇士们在官长指挥之下也迅速地排成门形行列，同时表演员也排队进场，田指导拿着队旗挺神气的领着队，表演员一律穿了白色运动衣蓝布运动裤衣，衣和裤上嵌着“精武摔协”四个毡字，一个个露着微笑挺着胸膛，在全体勇士们拍手欢迎声中进了场。先由雷营长致词介绍并双方敬礼，其次由唐先生代表致词；表示我们对勇士们至高无上的敬意。

表演是开始了，基本练习、例法说明等等节目，是有次序地一种一种演出，在旷野的球场上，西北风刮得特别大，但各位表演员却都精神抖擞格外地摔得有劲。摔角表演终了场，接着也来慰劳的某中学女生表演歌咏，同时有人提议全体合唱国歌和其他几支救亡歌曲。“……以建民国以进大同”“起来：不愿意做奴隶的人们……”雄壮嘹亮的歌声，冲破寒冷沉寂的空气，最后由雷营长领导全体高呼“拥护蒋委员长”“中华民国万岁”口号。我们为留个宝贵的纪念，要求勇士们合摄了几张照片。

照完相再由雷营长领了去参观各处营房，同时还讲演八十八师可歌可泣抗战的故事。营房虽是芦席盖的，可是内部整齐得很，灰色的军用毯每块都折得像方砖一般平正地放在铺上，各种东西都很有规律地摆着。参观完毕就在篮球场上站队集合，在互相亲热地道别握手中，离开了亲爱的勇士们，还蒙四位勇士自动地把我们带去的毯和帆布，抬送到营门口。同去的人们都怀着留恋的心，走出了孤军营。

在归途的车中，大家高兴地唱着毕业歌。

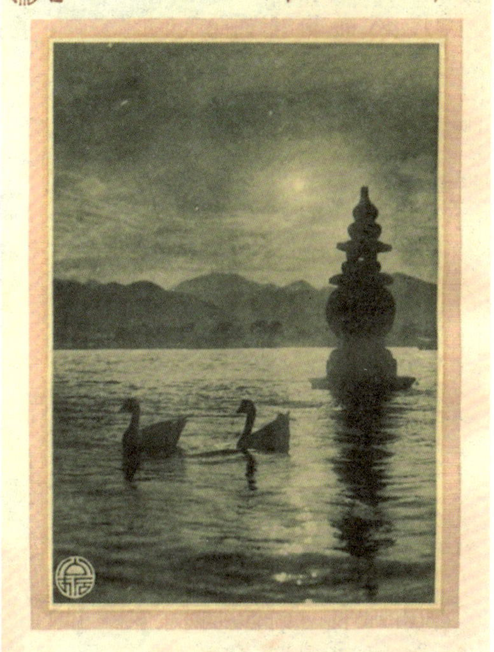


陈公哲所摄"三潭夕照"摄影作品，左下角有"公哲"印章

# 第十节 办救护训练班与医院 捐款义演为抗战

1937年"七七事变"之后，上海各界于7月14日筹备成立了由王晓籁任主席的"上海市各界抗敌后援会"，其下设有三个工作对象各不相同的团体：以慰劳前线作战将士为目的的"慰劳委员会"、以救护受伤兵民为目的的"救护委员会"，和以救济难民为目的的"救济委员会"。上海精武会也加入这种救护难民的工作中去，为普及救护知识，开办救护训练班，精武会会员及家属闻讯加入者达110余人。学员训练完毕后，服务于本会所办第十九救护医院者共达30余人，其余的在其他救护及难民医院服务，亦不在少数。同时与工部局华员总会、蚁社、志社三团体联合设立难民收容所。于1938年8月19日在爱文义路卿云小学设立一处，继又在卡德路美华女中开设第二处。在难民中组织卖报团、小贩组，供给资本，助其生产。凡有家属散失者为之招寻团聚。要返家乡者遣送原籍，总计进所及经遣送难民人数达500余人。

（一）開辦救護訓練班

會員及家屬聞訊加入者共達一百十餘人，聘請尤錫恩醫師爲指導，每日上午七時半起上課一小時，教授認眞，講解詳盡，計兩星期訓練完畢。舉行成績測驗，大多數及格。學員服務於本會所辦第十九救護醫院者，共達三十餘人。其餘在其他救護及難民醫院服務者，亦不在少數。

《精武丛报》1938年第3卷第1期关于精武会第十九医院开班训练的记录

根据《精武丛报》1938年第3卷第1期的记载，精武会开设救护训练班，作为一项常态化的工作，可参见本会上年份参加社会救济工作。[16]

鉴于难民疾病丛生，死亡相继，精武

会联合工部局华员总会改办济众难民医院于汉口路115号，利用原有救护医院设备，开设门诊部。为劝募难民医院经费，在会员中开展一角捐活动，以聚沙成塔。

抗日战争期间，位于横浜桥的精武体育总会陷为战区，会所被日军侵占，精武的一切会务集中于南京路慈淑大楼分会。当国家处于民族存亡的历史关头，以“爱国、修身、正义、助人”为宗旨的精武体育会挺身而出，积极投入救亡运动，开展多方面的救亡工作。

陈公哲擅长摄影，其作品多次在英国沙龙中展览。在一次赈灾筹款活动中，他所拍摄的《三潭夕照》曾以5500马币的价格售出。这幅照片拍摄于1917年秋的西湖，题为《三潭夕照》，后发表于《精武画报》上。值得注意的是，画面左下角钤一“公哲”印，开糅传统要素于照片中之先河。

上海

哈同花園游覽大會

每券壹圓 童僕減半

本園主人因京直奉水災待賑特尤於八月十四五六七開放四日任人遊覽所有游資一律助賑本園拓地一百餘畝亭臺花木步步引人特色一本園點綴新穎布置完善各種戲劇幻術無不應有盡有特色二本園特闢場所羅致滬上著名校書千有餘人於午後三時至五時晚間九時至十一時彈絲品竹藉供評賞特色三本園每日夜間舉行大會旂燈儀仗繽紛生新數里之遙蜿蜒可達特色四文人雅士怡情書畫本園特設書畫社廉價出售以答盛意特色五廣倉學窘向有學術藝術叢編及各種刊本發行本園就窘設肆便人購買並印會場日報及愛儷園圖王一亭先生銅版水災圖附售不特可助興趣抑亦可識途徑特色六本會場茶寮酒肆會館菜攤或全數助賑或接成助賑本會均掣予收條分登各報應幾實事求是涓滴歸公 貴遊客輸資無幾既覽勝景又惠災黎況際此佳節中秋可備月圓花好之觀並[illegible]遊之處盍興乎來幸毋觀望此告

《申报》1917年9月26日第2版《上海哈同花园游览大会广告》书影

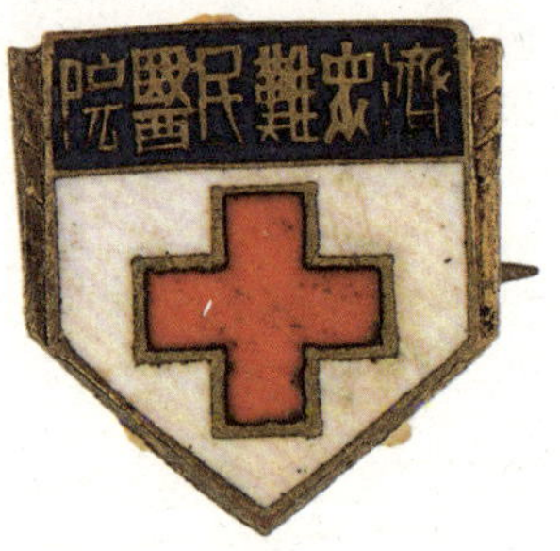


精武会开办的济众难民医院徽章（现陈列于党的一大会址）

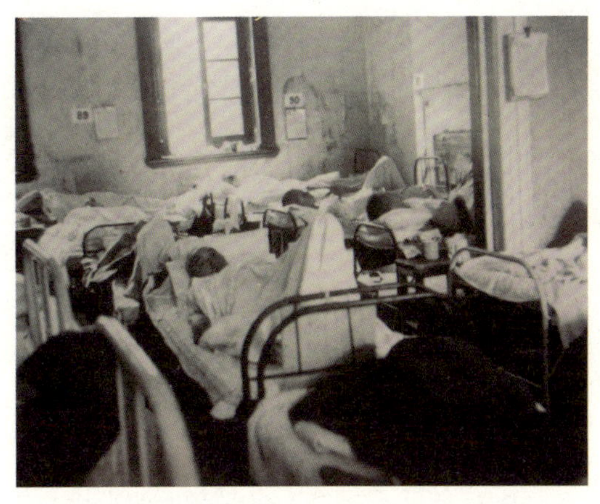

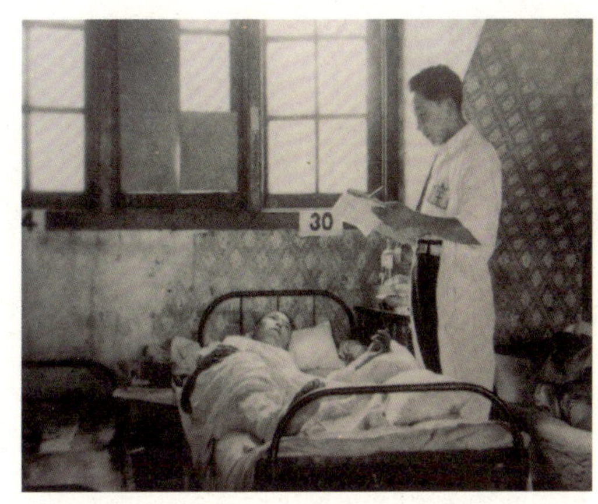


精武会开办的第十九救护医院

附錄

本會上年份參加社會救濟工作

(一)開辦救護訓練班

會員及家屬聞訊加入者共達一百十餘人，聘請尤錫恩醫師爲指導，每日上午七時半起上課一小時，教授認真，講解詳盡，計兩星期訓練完畢。舉行成績測驗，大多數及格。學員服務於本會所辦弟十九救護醫院者，共達三十餘人。其餘在其他救護及難民醫院服務者，亦不在少數。

(二)設立難民收容所

本會與工部局華員總會、蟻社、志社三團體聯合辦理。於八月十九日在愛文義路卿雲小學設立一處，繼又在卡德路美華女子中學增設第二處。經市救濟會編號爲第一〇二所及第一二五所，兩所共收容難民三百餘人。工作人員均係本會及三團體義務担任。難民在所，施以短期教育程序，並注意秩序衛生，同時組織賣報團，小販組，供給資本，助其生產，毋使坐食生障。家屬有散失者爲之招尋團聚，欲返家鄉者爲之遣送原籍，綜計進所及經遣送之難民共達五百餘人。迨至九月二十除大部份發給寒衣費遣送外，並選擇十餘人入第十九救護醫院爲服務員，其餘轉由慈善團體聯合救災會繼續辦理。

全體留影　兒童游戲　體操

(三)成立第十九救護醫院

本會於所辦一〇二及一二五號兩處難民收容所結束後，爲適應環境需要。聯合工部局華員總會並經中國紅十字會及上海市救護委員會協助合辦第十九救護醫院於愚園路一三四一號。成立於九月十一日，開辦之初，收容傷者一百餘人，工作人員除駐院醫師及護士外，均係義務担任。組織院務委員會，院長以下設事務醫務二處。並分人事，會計，庶務，文書，登記，糾察，供添，交際，衛生，

登記　檢查

服務等十股辦理院務，住院傷者除按時診視服藥外，並作種種有益身心之消遣，如書報，雜誌，無線電，歌劇等等。後徇紅會之請，擴充床位至二百餘張，以應需要，後遷至漢口路一一五號。綜計治愈傷病者共達五百餘人。按照本院原定計劃辦理五個月，截至二十七年一月底止正式辦理結束。一切詳細情形，另編院務報告，正刊印中，本院經費，承會員踴躍捐助，截至最近止，共達六千七百〇三元四角，除撥五千五百元充作該院經費外，餘款劃入濟衆難民醫院。謹將捐款人姓名及數目公布於後，以昭大信，而伸謝忱。

慰問　診斷　入院　歡送會　出院

(四)成立濟衆難民醫院

救護醫院結束後本會鑒於難民疾病叢生，死亡相繼，仍聯合工部局華員總會改辦濟衆難民醫院，繼續爲貧苦難民服務。設有病床一百餘張，將來可擴充至二百餘位。視環境需要及經濟力爲定。預算每月經常開支二千五百元，除兩團體認定數目外，向會員勸募。難民入院，須經難民收容所或慈善團體保送。所有醫藥，膳食，被褥，由院供給，不收任何費用。並設門診部，兼施醫藥。除組織院務委員會主持一切外，聘有醫師二人，護士六人，事務員三人，藥劑師一人，服務員十七人，常川駐院，辦理日常工作。於二月一日正式成立，現已收容患病難民六十餘人，現本會進行一角捐，希望社會熱心人士鼎力捐助。籌募經費。

上海精武體育會經募第十九救護醫院經費

陳仁德 五·〇〇　陶然人 一〇·〇〇
陸樵森 二〇·四〇　劉惠成 一·〇〇
呂光煥 二·八二　和平 一·〇〇　劉惠光 一·〇〇　許松揚 一·〇〇

1938年《精武丛报》报道精武参加社会救济

1937年，抗日战争全面爆发。当时租界人口集居至450万，每日死亡骤增，各医院人满为患。为适应救亡形势，精武会联合工部局华员总会并经中国红十字会及上海市救护委员会协助，在愚园路1314号合办第十九救护医院，收容伤员100余人。日后又扩充床位至200余张，先后共治愈伤员500余人。上海精武体育会作为发起者，积极参与筹募夏令卫生经费，精武粤乐部为上海难民救济协会劝募夏令卫生经费，于1937年7月12日下午3时至5时，在新新电台播音劝募。

# 第十一节 劳军与迎接上海解放

1949年5月27日，上海解放。同年6月，上海精武会积极响应上海市民主青年联合会发起的各界慰劳解放军活动，决定由上海精武体育总会和市体育馆、侨联等八个组织共同筹备“上海体育界劳军”活动，组织乒乓、健美、摔跤、体操、武术表演队慰问演出。劳军活动中，精武人倾情投入，夜以继日，不取报酬。精武体育会的各支表演队足迹遍布上海各大场馆，还多次深入军营和解放军联欢。其中最盛大的一次是在兆丰公园（今中山公园）举行的全市军民联欢，陈毅市长也在百忙中欣然出席，和精武人共同庆祝上海解放。

体育劳军历时一个多月后圆满落幕。9月，在大光明电影院召开的劳军总结表彰大会上，陈毅市长高度赞誉了上海精武体育总会在劳军活动中的卓越贡献，亲笔题写“劳军模范”赠予精武。

1950年新中国的首任上海市长陈毅在劳军总结大会上发表讲话

精武体育會惠存

勞軍模範

陳毅題

陈毅市长为精武会题赠“劳军模范”

注释：

1. 王云五主编《新编中国名人年谱集成第八辑民国陈英士先生其美年谱》。
2. 熊月之：《在上海，章太炎发出第一声反清呐喊》，《文汇报》“文汇记忆”2018 年 12 月 24 日。
3. 傅一啸：《精武体育会的实况》，《广州文史资料存稿选编》（第七辑），广东人民出版社 2005 年版。
4. 龚英柏：《近代铁矿巨头在芜湖的传奇经历》，《大江晚报》2017 年 6 月 20 日。
5. 《香山人在上海：陈炳谦与史上最大民间平调》，《中山日报》2010 年 3 月 24 日。
6. 《上海通志》，第四十六卷第三章第一节。
7. 《上海工商社团志》，第三篇第三章第三节。
8. 《教育与人生》，1924 年第 39 期，11-12 页。
9. 金子直：《民族卫生》，商务印书馆 1930 年版，第 1 页。
10. 履冰：《论东亚病夫国之病》，《绍兴医药月报》1925 年第 2 期。
11. 朱少伟：《上海首次纪念“五一”国际劳动节》，《上海老年报》2020 年 5 月 2 日。
12. 朱少伟：《百年前，我国首次大规模纪念“五一”》，《新民晚报》2020 年 4 月 18 日第 14 版。
13. 《上海成人教育志》，上海社会科学院出版社 2007 年版，第一章第一节。
14. 方道行《二十世纪卅年代上海的精武体育会》，载《精武月刊》。
15. 《精武》1939 年第 3 卷第 7 期，第 28-29 页。
16. 《精武丛报》1938 年第 3 卷第 1 期，第 8 页。

# 第三章 精武传播

# 第一节 “五特使”下南洋

上海精武体育会迁入倍开尔路新会舍后，会务得到了蓬勃发展，典型的表现是南洋分会的创建，精武体育走出国门向海外播散。

20世纪的第二个十年，国内各派军阀你争我夺，连年混战，上海精武会决定“先图海外之发展”[1]。1919年，上海精武体育干事罗啸璈正在广州筹划重建坤维女子学校的相关事宜，得知南洋华侨有建立精武体育会的渴望，便只身前往马来西亚。一个月之后，罗啸璈返回精武体育会，谈起在马来西亚的见闻：“吾初至吉隆坡，还思索与人如何宣扬体育强国。岂料当地侨胞甚爱国术，侨商代表曹尧辉当面表演自学的精武潭腿。吾观之，不胜感慨。”并建议，“若欲南洋各埠早日成立精武，我等必须亲自前往，以遂侨胞仰慕之殷。”

在罗啸璈的建议下，1920年8月-10月，上海精武体育会特派陈公哲、罗啸璈、陈士超、叶书田、黎惠生五人出访南洋，史称“五特使”下南洋。

南洋首先成立分会的是新加坡。1920年8月底，精武“五特使”到达新加坡，住在华侨黄兆珪、黄兆源家中，连日受到当地华侨领袖设宴欢迎。随即黄兆珪等人邀集新加坡的绅商伍礦、林文庆、林义顺等人发起组织精武会，并在9月7、8两日在华英戏院开欢迎会。欢迎会上，陈公哲作了题为“精武会之组织与强健国民之要义”的演讲，并放映了精武影片，使新加坡华侨大受激励。此后，伍礦、林文庆、林义顺等几位绅商具名发起成立精武体育会，并向当局申请注册。南洋第一个精武体育分会由此诞生。[2]在新加坡，陈公哲等五人还受到青年道德会、养正学校、华侨女学等团体的热烈欢迎，并由陈公哲、陈士超亲自教授这些团体选派出的人员潭腿十二路，新加坡华侨学校的武术训练课程由此开始。

新加坡各大报纸对“五特使”抵达新加坡的活动报道，引起了吉隆坡各界人士的注意。1920年9月10日，“五特使”到达吉隆坡，先后拜会了文苑公馆（即俱乐部）、青年益赛会、尊孔学校等，受到当地的社团、华侨领袖的欢迎。“五特使”大力宣传精武体育会的宗旨，播放所带的精武影片，使吉隆坡人士对精武体育会有了更进一步的了解。在当地侨绅梁顺玲、辛百卉、张郁才、叶隆兴等人的共同发起下，华侨借吉隆坡苏丹街同庆戏院召开了欢迎上海精武体育会“五特使”的大会，会后联名发起组织雪兰莪精武体育会，“定期开会，通过章程”，并“由朱嘉炳负责向政府申请注册”[3]。1921年，在张郁才、辛百卉、黄处达、何锦棠等人的组织下，终于成立了吉隆坡精武分会。

吉隆坡精武体育会的筹建曾遭遇了各种阻力。其原因，一是自义和团运动之后，“‘拳’之一字，已受忌讳，人多畏之，恐累身家也”；另一方面，“当马来亚开埠之初，华侨常受侵袭”，为了自保，“由洪门之分化，流为帮会之结社”，但是，“帮会与帮会时有龃龉，竟至打斗，自相残杀”。为了杜绝流血事件发生，吉隆坡治安当局，“凡涉及拳械之事，向多顾忌”[4]。上述原因使得吉隆坡各界人士对于精武事业大多抱有怀疑的态度，而对于在吉隆坡成立精武分会之事，安分的商人更是“不甚热心”；对于发起人朱嘉炳的精武注册申请，当地英政府也未予立即批准，因此“人方栗栗危惧，未敢接近精武人物”[5]。尽管有重重阻力，一些有志组织精武会的华侨，如发起人梁顺玲等，毅然将其寓所附近的空地，捐献出来作为教授国操的场所，为吉隆坡地方精武分会的建立做出不懈的努力。

在吉隆坡精武体育会建立的同时，吉隆坡女界也积极筹办精武女会，“五特使”之一的陈士超作出了重要贡献。在访问吉隆坡期间，每有聚会，陈士超一如男儿般登场表演武术。陈士超健美的体魄、敏捷的身手，“胜于未练武术之斯文男子”，使得该地“女界大受感动”，于是该埠“名闺淑媛”在吉隆坡华商总会发起召开女子欢迎会。[6]会上，陈士超论述了女子练习体育对于女子生理的影响，以及男女平等的意义等问题，使在座的女士对国内妇女体育运动的开展及男女平等思想有了进一步的了解，她们纷纷要求即日成立吉隆坡女子精武体育会筹备委员会。经过会议讨论，大会诸人即席推举谭振权、吴雪华、李巧眉、邓瑞琴、尹志伊等人为筹备员，进行吉隆坡女会的筹备工作。[7]

陈公哲、陈士超、罗啸璈等四人船到上海

继马来西亚吉隆坡之后，“五特使”还先后到达了马来西亚的槟榔屿、印度尼西亚的雅加达、爪哇的泗水等地。每到一处，“五特使”不仅做演讲，介绍精武会的宗旨及发展，进行武术表演、放映精武电影，还通过访问、联络等方式与当地华侨领袖、商学等有影响的代表人物座谈，并深入学校及社会各团体传授精武武术。1922年3月，由朱戟门等组织成立了南洋芙蓉精武分会，梁德权等组织成立了槟城精武分会，[8]随后，越南的西贡，印尼的爪哇、泗水、雅加达等地的男女精武分会亦相继成立。[9]“精武主义”通过华侨、华人的传播，上海精武会开辟了东方体育文化向海外有组织有计划的传播，成为东方体育文化向海外传播的领袖与旗帜。[10]

杨柏志在《精武精神在南洋的发展》中说：体育健身，培养全能高尚人格为最高宗旨。以武术、体操、球类运动等为体育运动内容，辅以临池、音乐、游艺、文化教育，为智能培养。以仁爱为怀、服务社会、严遵“精武十式”、正义守信、友道助人、博爱平等为道德操守。[11]作为南洋精武会最重要的基地，马来西亚精武会很好地秉承了精武精神，大多都办有书法班、绘画班、合唱团、舞蹈团、华乐团等。以雪隆精武会为例，就设立了并重的七部，即武术、体育、游泳、智育、游艺、调查、维修。各部的成就斐然，如创办于1949年的游艺部，其所举办的合唱团成为全马历史最悠久的合唱团，其成员或进入马来西亚艺术学院就读，或赴中国台湾及各外国深造。怡保等地精武会主办“中华文化艺术展览会”，展出华乐、文学史、戏剧、舞蹈、手工、雕刻、历代服饰等。这些成就使得马来西亚精武会成为其他任何一个武术团体甚或体育团体难以比肩。[12]

精武体育会“五特使下南洋”影响极其深远，马来西亚华人杨柏志后来在《五使南来与精武在南洋的发展》一文中写道：

> 1920年曹尧辉等函请总会派员南来协助筹划和教导拳术。总会于是重视其事，派遣罗啸璈、陈公哲、陈士超、黎惠生、叶书田等五使南来宣扬精武精神。七月三日，罗啸璈率先启航经西贡，至新嘉坡，旋到吉隆坡，北上槟榔屿，访梁德权、吴顺德等，吴顺德为槟榔屿体育会会长。对精武武术体操兴趣浓厚，激赏叶书田操演武术。罗啸璈乃赠精武本纪予吴顺德。罗啸璈继程往棉兰，访总领事张善以及张耀轩等。然后折返新嘉坡与陈公哲等会合。后罗啸璈、陈公哲分别演说，宣扬精神宗旨。罗啸璈将潭腿十二路传授给体育教员王槐三、曾海明二位，以转授学生体操课，以上所述为精武精神传至南洋各地先声。
>
> 九月间五使齐至新嘉坡。五使以陈公哲为主干，其余罗啸璈、黎惠生、陈士超、叶书田。所带精武丛书精武本纪、精武章程等，以及精武活动影片。新嘉坡《震南报》报道精武会员联袂南来，为文推崇精武会宗旨在讲求体育，强身健体，藉以培养道德，发达智慧，享人类幸福，除国技为中国式体操外，设立中西各种文学、医学、音乐、摄影、篮球、网球、足球、秋千、平台、木马、杠子、凌空、溜冰、新闻的报导，引起埠众莫大兴趣，并促请五使表演精武武术。[13]

南洋各地精武皆以上海总会为依归，不涉党派，不参政治，纯以民间自发自立团体姿态立会，会务活动以体、智、德；智、仁、勇；体育健身，培养全能高尚人格为最高宗旨。以武术体操、球类运动、木马、杠子为体育运动内容，辅以临池、音乐、游艺、文化教育，为智能培养，以仁爱为怀、服务社会、严遵“精武十式”、正义守信、友道助人、博爱平等为道德操守，会内规章严明，因而立下稳固基础。

20世纪30年代是南洋各地精武会的成长期，各地友会会务组织系统化。以会长为领导主体，会内成立各部组织，着重于武术、游艺、康乐、教育、福利、调查等部。各部皆能蓬勃发展，并向会外与广大社会、学校机构等联系，举凡社会救济、筹款运动、学府教授精武拳术都积极参与，深入民间。这时期继续南来的上海主要干将计有：陈公哲、卢炜昌、姚蟾伯、罗克己、罗啸璈、黄强亚、叶书田、叶书香、叶书绅、李志羲、魏元峰、赵连城、李佩弦、容忍、郑天轼、冯琼珊、李少林等。有的指导会务组织，有的留任南洋各地精武为会务主任或是武术教练，广为传授武术、音乐、文化教育。

20世纪40年代初，日军南侵，南洋精武会务陷入停顿期，产业毁损，因而一时沉寂。40年代后期，随着各地的光复，各地的精武会纷纷复会，南洋精武会进入复兴期。

20世纪50年代至70年代，南洋各地精武会重整旗鼓，进入恢复往日雄风的时期：星洲精武自置会所，雪州精武建成雄伟室内体育馆、泳池，雪女会、槟男会、槟女会、森州等地友会会所也先后投入建设。南洋各地精武会传授武术，提供音乐文化，兴办教

吧城精武体育总会实况组照

育事业，赈济社会，组织球队、游泳队出国比赛。而精武武术，如潭腿、螳螂、太极，金狮、瑞狮、醒狮、举重健身，球队如乒乓、篮球、足球也十分活跃，声名卓著。

20 世纪 70 年代，精武事业继续向前迈进，其中星洲精武、怡保、森州、槟城、金宝各地友会欣欣向荣，沟通联络十分紧密。其间，雪州精武因领导易人，导致 1972-1976 年活动停止。基于“精武一家人”的合作精神，各地掀起了声势浩大的救会运动，群体响应，民间自发救助，群策群力，偿还逾百万元之巨的债务，在社会热心家李延年博士及秦添达医生等人的领导下，雪州精武会终于复会。

进入 20 世纪 80 年代，南洋各地精武会步入科学管理阶段，组织与认识皆有所提高，各友会会务仍旧以潭腿基本拳套、太极、螳螂等拳术，舞狮、体育为健身，音乐、美术、书法为育智，精武精神智、仁、勇为传统，辅以球类运动，健身、游泳为普遍活动项目，俨然为综合性武术、体育文化机构。

在“精武一家”之精神号召下，在星洲精武倡议下成立了南洋精武总会，以各埠友会为一单位，以联络各地友会，互相砥砺，共同推进精武事业，提高武术程度。全国精武嘉年华会就是在“精武一家”的精神下诞生的，每年一届，至 2001 年为止共举办了 22 届，从 2003 年起改为每两年举办一次。

南洋各地精武分会的创建，使得带有

吧城精武体育总会实况组照

马六甲精武体育会（1958年.12.月25日）

新加坡精武女子体育会双十节大会操

浓郁中国色彩的体育文化在国外开始生根发芽，并得到所在国家或地区领导人的充分肯定。例如，新加坡总理李光耀前后两次为新加坡精武体育会发来贺词：第一次是精武会成立45周年之际，题写了《精武体育会的新任务》献文；第二次是精武会成立60周年之际发表的“献词”——五特使的“播种”终于结出了累累硕果。

南洋各地精武会名称及其成立时间如下：

雪兰莪精武体育会（现名雪隆精武体育会）1921

雪兰莪女子精武体育会 1921

金宝精武体育会 1921

新加坡精武体育会 1922

森美兰精武体育会 1922

槟城精武体育会 1924

槟城女子精武体育会 1924

怡保精武体育会 1924

太平精武体育会 1924

马六甲精武体育会 1932

砂劳越精武会 1964

关丹精武体育会 1987

沙巴精武体育会 1991

吉打精武体育会 1994

安顺精武体育会 1994

沙白安南精武体育会 1994

马登巴冷精武体育会 1997[14]

有关精武会五特使下南洋还可以参阅第二章“社会事件”有关条目，此处不再赘言。南洋各地精武会蓬勃开展可以从以上图片管中窥豹。

# 第二节 举办精武嘉年华

马来西亚是上海精武体育会较早传播推广的南洋国家，经过近百年的发展，已经成为海外成立精武会最多的国家。在1920年上海精武体育会“五特使”下南洋之后，马来西亚即创立了精武会。到了20世纪30年代，马来西亚精武会进入成长期，各地分会会务组织系统化。以会长为领导主体，会内成立各部组织，设立武术、游艺、康乐、教育、福利、调查等部。各部皆能蓬勃发展，与会外社会、学校等机构广泛联系，凡社会救济、筹款运动，各类学校传授精武拳术都积极参与。20世纪30年代的马来西亚精武会主要依赖上海相继南来的精英骨干提供指导，获得了巨大的成就，雪隆精武所保存了近百套的精武传统拳术，使得马来西亚精武会本门武术技术体系日趋精熟，水平高超。20世纪40年代初，日军南侵，马来西亚等南洋各地精武会务停顿，产业毁损；但到了20世纪40年代后期，

世界精武第五届武术大会在马来西亚举办，上海精武体育总会会长与马方交换证书

马来西亚精武会进入复兴时期。

20 世纪 50 年代至 70 年代，马来西亚精武体育会进入兴旺期。

从 20 世纪 80 年代至今，马来西亚精武会开始呈现跨越式发展，步入科学组织、管理、运营阶段。马来西亚精武会积极联系世界各地精武体育会，牵头筹建世界精武体育组织，参与组织一系列精武体育会的世界级赛事和文化活动，逐步成为具有世界影响力的综合性武术、体育文化团体机构。马来西亚各精武体育会在总会的领导下，发挥出强大的力量与影响力，鼓励及协助各地友会的会务发展，同时还主办各种大型活动，如精武武术大汇演、精武嘉年华会、精武集训营、精武武术统一考试、基本拳统一招式研讨会、收集精武高级拳种运动、出版录影带、参与政府主办宣扬旅游计划文化表演，以及聘请中国教练教导武术、游泳、歌唱等。此期的马来西亚精武会文武兼具，声名日盛。

马来西亚从 1921 年开始到 2003 年，先后成立了 20 个精武分会，具体是马来西亚精武体育会总会、雪隆精武体育会、金宝中国精武体育会、怡保中国精武体育会、吉打精武体育会、槟城女子精武体育会、槟城精武体育会、马六甲精武体育会、雪隆华人女子精武体育会、太平华人精武体育会、砂捞越精武体育会、关丹精武体育会、森美兰精武体育会、沙巴精武体育会、沙白安南精武体育会、安顺精武体育会、和丰精武体育会、马登巴冷精武体育会、民都鲁精武体育会，使得马来西亚是当今在海外成立精武体育分会最多的国家。[15]

由于分会众多，在秉承世界“精武一家”的精神指导下，20 世纪 50 年代新加坡精武会倡议成立新马精武体育总会，以新马各地精武会为一单位，以联络各地分会，互相切磋交流，共同推进精武事业。1978 年由金宝精武会倡始，至 2001 年为止共在各地精武会轮流举办了 22 届全国精武嘉年华会。从 2003 年起，精武嘉年华会改为每两年举办一次。[16] 如今，“嘉年华”逐渐从一个传统的节日，发展到了包括大型游乐设施在内，辅以各种文化艺术活动形式的公众娱乐盛会，成为精武文化的一个主要载体。1980 年，雪隆精武会在全马来西亚精武嘉

2014年8月，第13届世界精武武术文化大会在上海举办

年华会举行百人潭腿会操。1983年6月23日，成功地恢复了马来西亚精武体育会总会的注册后，将新马的精武同志结合为一家人，重新活动并修改章程，统一与确定了精武的会歌——《精武颂》。同年，在默迪卡球场举行大马华人文化汇演大会，表演了300多人潭腿大会操。1986年6月15日，为庆祝精武总会3周年纪念，在马来西亚首都吉隆坡独立球场，举办空前盛大的“精武武术大汇演”，参演人员达千人。

1989年8月4日至6日马来西亚承办了第11届全国精武嘉年华会，2003年又轮值承办第23届全国精武嘉年华会。持续3天，活动频繁，节目精彩万分，包括百人合唱团、在甲州公演的全国精武潭腿大汇操，以及精武文化大汇演。赛会除了基本的武术之外，也包括象棋比赛、书法比赛、乒乓球比赛以及水墨画比赛。[17]

马来西亚精武总会是一个合法的注册团体，每两年由各友会派出8名中央代表选出理事会；理事会定期召开会议研讨各项事务，包括研讨每两年由各友会轮值的全国精武嘉年华会，研究会务今后发展，以及对世界精武的各项事务。总会理事通过各项会议，主办活动，得以经常交换意见，互相交流，成为一个具有影响力的全国性组织，深受各界的尊重。[18]

综观马来西亚精武体育会发展的历史，可以看出，倡导精武精神，是马来西亚精武体育会的成功之本；坚持改革创新，跟上时代潮流，是马来西亚精武会的成功之路；以时代精神审视，不断改革创新，是马来西亚精武会历80余载长盛不衰的缘由。影响所及，万众风从，远及我国港澳及南洋一带。而今，在与海外的联络与交往中，马来西亚精武体育会开创了新的局面，不愧为海外华人民间体育社团的杰出典范。[19]

# 第三节 建立汉口、广州分会

汉口精武会、广州精武会的建立，推动了中国近代体育在广大南方地区的发展。

## 一、汉口精武会的建立

汉口精武体育会是由汉口地方绅商发起的，由上海精武体育会派员亲临指导而成立的规模较大、成立较早的国内地方分会之一。在上海精武体育会成立初期，正是各种社会思潮涌入，国人“体育救国”“强身强种”思想涌动之际，而国内政局不稳、军阀混战的局面，使各地有志之士，“既未参加革命，满身热血，无从发泄”，纷纷参加精武体育会。[20]随着精武会员的流动，精武体育会所宣传的精武精神也随之被带到各地，位于中国心脏的汉口首先响应，来函要求在汉建立分会。

1918年6月，上海精武体育会总干事陈公哲偕妻子卢雪英，以及姚蟾伯一起赴汉口。汉口绅商劳用宏、曾务初、唐鼎祥、唐定祥等人在汉口的金星保险公司宴请陈公哲一行。在宴会上，双方就精武会宗旨、青年习练体育的重要性等问题进行了深入交流。会后，曾务初、劳用宏发起成立汉口精武体育会，得到武汉各界要人名流的支持和赞助，汉口金星公司也借出其侧旁一块土地作为建造操场之用。

1918年7月7日，汉口精武体育会正式成立。成立当天，汉口精武体育会仿照上海精武体育会的办法选举职员，唐善磋被推举为正会长，曾务初为副会长，劳用宏为总干事。当天即有六七十人加入为会员。上海精武体育会委派教员李健民来汉担任教授。[21]

汉口精武体育会成立后，仿照总会每年召开征求会员大会，借以宣传精武主旨、扩大会员规模。为了促进会员之间的沟通和交流，一方面，在征求会召开前夕，汉口精武体育会召开“征求讨论会”，研讨新一届征求会员的方法和策略；另一方面，在征求会结束后，召集全体会员举行“恳亲会”，作为增进会员之间相互“联络”的渠道。[22]汉口精武会举办的征求会员大会，提高了武汉民众参与精武的兴趣，汉口精武体育会会员最多时达8000多人，遍及武汉三镇。随着会员的不断增加，为了弥补武汉地区体育师资不足的状况，汉口精武体育会还仿照上海总会创办精武体育专科学校，学校设置有一年制童子军教育训练班、从事体育研究工作特别班、二年制体育专科班和三年制高中体育科等，为当地乃至全国培养了一批优秀的体育人才。[23]

李宗仁将军视察汉口精武会的合影照片

汉口精武体育会在武汉地区多次举办武术比赛和表演，举办联欢会等，其中1923年举行的汉口精武会成立五周年纪念大会、纪念蔡锷云南起义纪念日活动，以及1935年举办的赈灾游泳活动等，在上海市产生了巨大的影响，尤其是1935年的赈灾游泳活动中邀请全国著名游泳女明星杨秀琼来汉表演，一度引起轰动。为武汉地区体育的发展起到了很大作用。

## 二、广东精武会的建立

广东精武体育会是由广东政界牵头，在商学各界的积极响应下，由上海精武体育会派员指导而成立的近代规模较大的精武分会组织。卢炜昌、陈铁生在《开办广东精武体育会实纪》一文中记载：1918年冬，广惠镇守使李福林对上海精武体育会的办会宗旨深有同感，派人前往上海商谈成立分会之事。受上海精武体育会委派，1919年3月，担任上海精武体育会书记一职的陈铁生，与会员杨深伦，教员李占风、李连春一起，乘船南下到达广东。李福林遂发柬邀请广东商界的简琴石、简照南、陈廉伯、谭礼庭、黄砺海，学界的教育会会长、高等师范学校校长金曾澄，军界的杨达三，警界的警察处长魏邦平、秘书陈恭受等人，一起商议广东精武分会设立事宜。时任上海精武体育会会董的简琴石首先表示赞同，在其带头下，精武会众多管理人员纷纷表示愿意为精武分会的创建“分任其劳”。[24]会后，广东各界暂借广州海幢寺设立广东精武体育会筹备处，陈铁生向上海精武体育会发电报，要求派人前来指导。

1919年3月24日下午，上海精武体育会在位于倍开尔路的本部会所内举行欢送会，欢送陈公哲、卢炜昌、姚蟾伯、沈季修、黄汉佳5人前往广州组织精武分会。[25]陈公哲等人到达广州后，与在此等候的上海精武体育会教员叶凤岐、李占风、李连村、陈铁生，以及广东精武会发起人李福林、杨达三、简琴石等人会面，商榷筹办广东精武分会的事务。经过多次友好而深入的协商，遂决定暂借广州西瓜园商团公所为广东精武体育会的办事处。随后，简琴石、李福林宴请广东各界要人，商讨召开成立大会的问题。最后议定，由简琴石出面租借长堤海珠戏院作为广东精武体育会成立大会会场，于4月9日开会，并印发了广东精武体育会临时简章。

上海精武体育会派员指导广州精武分会的成立，是对上海精武事业的一次推广和宣传。广东精武体育分会的成立使上海精武体育会“强种、救国”的宗旨在广州得到了积极响应，引起了当地报界的高度重视。4月5日，在真光公司举行的晚宴上，广东各报记者纷纷前往，并邀请杨达三代表李福林向到会的上海精武体育会诸人进行介绍。在会上，卢炜昌、陈公哲先后为到场记者解释上海精武会的宗旨，及其“提倡技击、增进道德、改良游戏”等方面的内容，记者们对精武会所提倡的思想大表赞成，遂决议团体加入精武会为会员。当场加入的记者就有《中华新报》记者荣伯挺等、《安雅报》记者黎佩诗，《天游报》记者邓叔裕，《共和报》记者宋季辑，《国华报》记者梁质庵、王泽民，《七十二行商报》记者罗啸璈、陈宝尊，《羊城报》记者梁怀丹、赵秀石、何杰三，《新报》记者李大醒、李抗希，《天声报》记者陆见如、甘六持、冯伯砺，《平民报》记者邓警亚、雷恨生，《新民国报》记者田达人，《商权报》记者刘少平、张镜薄等20余人。随后，广东各报对于4月9日举行的广东精武体育会成立大会纷纷登载消息，其中《七十二行商报》“广东精武体育会叙言”，将广东精武体育会的简章全文登载如下[26]：

定名：本会命名为广东精武体育会。

宗旨：本会专以维持国技精神、改良国民体魄为主旨，概不敢预闻政治，尤不争门户短长。

会员：凡品行端方，执业正当，得本会会董、会员之介绍者，皆得为会员，年龄无限。

职员：本会设会董若干人，以有维持实力者任之，设总干事一员，技击主任一员，由会员中素有经验者推任之，另由会中聘用庶务兼会计一员，技击教员若干员，办事细则另定之。

地址：本会择适中地点筹建会所，以资持久，现为速成起见，暂拟租借长堤嘉属会馆为临时开办地点。

经费：本会开办及建筑经费由发起人筹集，经常费用由会员公共维持，其细则另定之。

发起人：李福林、魏邦平、陈廉伯、简照南、简琴石、杨梅宾、陈恭受、金曾澄、熊长卿、李明杨、黄砺海、卓仁机、杨达三。

赞成人：李烈钧、谭学衡、莫荣新、翟汪、林虎。

对广东精武体育会成立大会的报道，除了有国内有影响的中文报纸登载外，广东英文《时报》亦逐日刊登，可见影响之大。广东精武体育会的成立甚至吸引了香港租界内的英国人的关注，他们派人前往，邀请精武体育会会员到租界表演武术，精武会以无暇分身为由辞却。

为了鼓励更多的民众加入，广东精武体育会仿照上海精武体育会举行毕业典礼的做法，举行广东精武体育会成立运动大会。根据《七十二行商报》记载，4 月 9 日当天，成立运动会的秩序表（即节目清单）如下：

> （甲）开幕、（乙）军乐、（丙）报告、（丁）演说、（戊）行授盾礼、（己）第一节教员会员运动、（庚）熊长卿家族运动、（辛）广惠镇守使署技击教员运动、福军技击团运动、（壬）来宾运动、（癸）小国民运动、（子）第二节教员会员运动、（丑）军乐、（寅）闭幕。[27]

从节目清单中可以看出，这次成立大会上，不仅广州各界名流云集，上海精武体育会领导亲自上台表演，就连发起人之一，在当时颇有声誉的熊长卿也在成立运动大会上带领家族子女分别表演拳术、棍棒等节目，包括他的家庭教师温伟琴（温生才之子）也登台表演拳术。广东精武体育会成立大会的到会军、政、学、商各界男女达数千人，对鼓励国人习武强身起到了积极的推动作用。

广东精武体育会成立后，仿照上海精武体育会在管理上采用分部法。广东精武体育会分为三部管理会务：一为董事部，对会务发展起着管理、监督和决策的作用；成员有发起人李福林、魏邦平、简琴石、简照南、金曾澄、杨梅宾，及各界赞助人如莫荣新、翟汪、林虎、李烈钧诸人。二为干事部，处理会中日常事务。成员有罗啸璈、郭仙舟、黄砺海、黄焕庭等，及干事诸人。三是技击部，由上海派驻粤会会员沈季修、杨深伦主任；教授由叶凤岐、李占风担任，仍受上海精武体育会节制，是广东精武体育会内专门负责“国技”发展的一个部门，也是广东精武体育会遵照“以技击为根本”的重要表现。

广东精武体育会的成立，进一步推动了近代体育事业在南方的发展。首先，广东精武分会成立后，各界人士尤其广州商学两界，如广州南武中学、广州商团、广州女子体育学校、广东全省教育会等，相继举行欢迎会，邀请上海与广东精武体育会领导人到会指导体育，加上新闻媒体的大力宣传，使精武体育会的宗旨和精神得到广泛的传播。广州南武中学的校长何剑吾，1905 年曾在上海旅沪粤人中创办人镜学社，进行反清活动；1906 年创办广州南武学堂，出任校长，开男女同校风气之先。陈公哲、

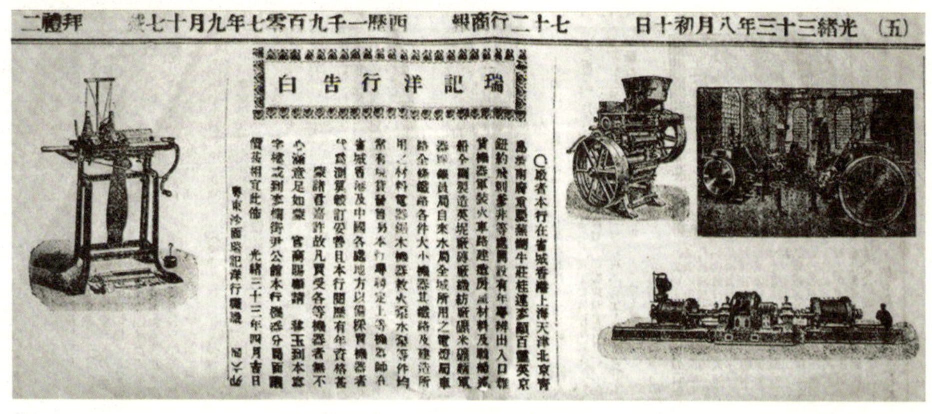

(五) 光緒三十三年八月初十日　七十二行商報　西曆一千九百零七年九月十七號　拜禮二

瑞記洋行告白

广州《广东七十二行商报》上的广告

卢炜昌早年都曾参加人镜学社，为人镜学社的会员，因此到达广州后，受南武中学之邀，向学校师生讲述上海精武体育会的宗旨及历史、对“体育”的理解等，对精武体育的宗旨和精神进行了广泛的宣传和推广。其次，在汉口和广东精武体育会的宣传下，南方精武分会纷纷建立，如汕头分会于1920年成立，继之1921年佛山、香港精武会成立。以后又成立了香山、肇庆、南昌、新会、厦门、南宁、梧州、桂平、澳门、武昌、九龙、四川涪陵及广州女子精武会等十余所，南方的精武事业呈现欣欣向荣的局面，对近代国民身体素质的提高及中国体育事业的推广和发展起到了积极的推动作用。

# 第四节 创建中央精武，开设乡村精武

## 一、中央精武的创建

中央精武是上海精武体育会为统一指导和管理各地精武会而成立的具有全国性质的管理机关。

上海精武体育会自1910年至1920年的十年间，全国各地相继建立起精武体育分会，南洋地区也有分会建立。由于海内外精武体育会都是在上海精武体育会的直接推动和指导下建立起来的，并都以上海精武体育会的模式开展会务。加之，各分会的技击部主任与武术教员最初都是由上海精武体育会委派，可以说上海精武体育会与各地分会有着密不可分的关系。但是，另一方面上海精武会又明确规定，“精武分会暨各省之精武会皆独立者”[28]，这就是说，各地精武分会在创建时虽然有上海精武体育会的指导，实际上并非是上海精武体育会的下属分支机构，其运作和发展具有很大的独立性。因此，为了推进精武事业的发展，上海精武体育会决定建立具有全国性质的管理机关——中央精武，作为指导国内外精武体育会的总机关，同时将注意力投向中国广大的乡村，发展乡村精武分会。

中央精武正式创建于1921年。早在20世纪10年代后期，精武体育会的领导人陈公哲、姚蟾伯等人就有了组建全国精武体育协会的意图。尤其是陈公哲以提议人的身份发表宣言，呼吁上海精武体育会另设专部，定名为“全国精武体育协会”，目的是“凡属于提倡及协助诸事宜，归全国精武协会任之，其隶于上海范围内者，归上海精武会任之”，认为这样做可以达到“名称既定，责任自专”，“将来各省精武会不名上海为总会，上海亦不以各省为分会，彼此平等，不相统属，其维持各省各县数十百精武会者乃全国精武协会之责任”[29]。经过精心筹划，中央精武正式于1921年在上海成立；在中央大会堂未建成之前，其办公地点主要在倍开尔路的东区分会内。

中央精武建立了专门的管理机构，最初设立有主任及参事，皆由上海及各地精武体育会负责人担任或兼任。其中，中央精武主任主要由上海精武体育会的负责人担任，分别为姚蟾伯、郑灼辰、陈公哲、陈铁生、卢炜昌5人；参事则从各地精武负责人中推选而出，经过民主选举，最后确定由宁竹亭、陈善、余笑常、罗啸璈、邓次乾、张文德等人担任。随着精武事业日益扩张，五位主任及参事不能胜任繁忙的工作任务，且他们各有自己的工作，参事又多散居各省，平时只有遇到重要事务时他们才到会处理，给精武工作带来很多困难。因此，后经参事会议多次讨论，决定另增添一部分职员。根据记载，1924年1月1日起，中央精武添设了国文秘书黄维庆、薛巩初，英文秘书翁耀衡，以及交际科周锡三、连炎川等人。[30]此后，中央精武职员根据精武体育会发展进程的不同时有增减。

中央精武成立后，明确地规定了其职权范围。根据分工，中央精武为海内外各处精武的总机关，凡各处精武的国操主任及教员，均由中央精武委任；来往的函件也直接更改为“中央精武收”，上海精武体育会“只为一省区之分机关”，即“上海精武体育总会”，其最初设在倍开尔路会所内的管理机关，1923年迁往北四川路横浜桥第一分会内。[31]

中央大会堂是中央精武的办公场所，同时也是上海及海内外精武体育会进行室内运动和会务交流的场所。随着精武体育会组织的扩张，其活动日益频繁，凡开大会，必须租借舞台方能举行，十分不便。为了精武事业的长久发展，精武体育会遂决定建造精武中央大会堂。经过努力，陈公哲在上海北区横浜桥福德里内，寻觅到本属于广肇公所产业的一块空地；经过协商，通过订立租约的形式，租给精武会建筑中央大会堂用。中央大会堂的建筑设计由陈公哲亲自绘图，1922年动工，1923年大会堂竣工。中央大会堂的设计采取宫殿式，会堂大厅两侧有8根半圆柱，皆髹红色，壁上悬挂有盾形反光灯。大会堂的中间为堂座，后为舞台，撤去堂座座椅，可作为运动场，阔2丈多，舞台后有化妆及演员休息室。堂座后为楼座，全堂上下可放800个座位。堂前入门处设有大走廊及办公室，上有映雪楼藏书室。1924年中央精武迁入中央大会堂办公。中央大会堂的建造和使用，成为上海精武体育会发展进程的一个重要标志。

## 二、乡村精武的开设

中央精武建立后，开始指导精武分会向乡村地区扩展。

首先建立的乡村精武体育会为广东中山县（今中山市）第六区的会同精武体育会。1923年3月卢炜昌陪同其父母到达广东，在参加广东精武体育会四周年纪念会及中级毕业典礼之后，卢炜昌陪同父母返回家乡香山上栅。卢炜昌每到一地即发放《精武本纪》等书籍，宣传精武主义，得到各乡村人士的欢迎，他们纷纷要求组织精武分会。在卢炜昌、罗啸璈等人的帮助下，会同精武体育会成立，并推举莫庆锵任会长。[32]

一年后，会长莫庆锵为了发展会务，委派教员张同运成立下栅精武体育会，兼任会务。随后，唐家镇的鸡山、东岸、官塘、上栅等地，因路途遥远不便求学的人，皆加入下栅精武体育会为会员。[33]在上海精武体育会的协助下，广东香山小榄镇也在1923年成立精武体育会。小榄镇精武成立时，会长为张家颐，副会长为卢肇萧，技击教员则由广东精武技击主任沈季修指派。[34]

乡村精武体育会的成立促进了中国农村地区的体育发展。在上海，上海精武会的老会员蔡奉璋（匹志）在其返回家乡枫径期间，组织了枫溪体育会，1923年10月，枫溪体育会曾函请上海精武体育会派人到枫泾参观，对于枫溪体育会的邀请，欣然接受，先后委派会员杨深伦、马信忠、张俊庭三人前往教授武术。1923年12月，上海精武体育会举行精武游艺会，蔡匹志等人趁回沪之机，与中央精武领导人接洽更名成立精武分会之事。12月24日由陈铁生复函枫溪体育会，正式承认其为枫泾精武体育会。1924年元旦，枫泾精武体育会举行成立大会，依据中央精武的会章，并斟酌当地情形商定章程，将内部组织分为几个部门，即技击部、音乐部、网球部、划船部。各部设主任一人。继又遵照章程，选举了第一届职员。[35]

受枫溪体育会更名枫泾精武体育会之启发，1924年8月10日新胜体育会也发函到上海中央精武，恳请中央精武“依例承认”其为新胜精武体育会，得到中央精武的首肯。[36]

此后，北海、厦门、新会等地也建立起多所乡村精武分会，对中国传统武术及近代体育项目在中国广大农村的推广起到了很大的推动作用。

蔡奉璋与枫泾精武会，图为蔡奉璋像

# 第五节 “北游”联络京津

上海精武体育会在南方地区推广近代体育的同时，特别是中央精武创立后，北游京津地区也被提上了议事日程。

精武体育会组织“北游”，是其完成精武体育普及计划的组成部分之一。在民国七、八年间，汉口、广东相继成立精武体育会，成绩显著，精武事业发展迅速。受其鼓舞，1919年，即上海精武体育会成立十周年之际，精武会众建议“于国中设立四总会，曰上海、曰汉口、曰广东、曰天津”。[37]于是，1922年，中央精武组织了精武北游旅行团，又称“北行游艺团”“精武旅行游艺团”，先后抵达天津、北京，目的是使精武体育会在北方得到进一步的发展。

根据精武体育会资料记载，精武体育会组织旅行团北游的原因可归结为以下三个方面：一是宣传精武宗旨，在北方建立精武分会。李我生在《泰晤士报》中刊发的“欢送精武团晋京”一文，认为精武分会的种子已布满长江、珠江流域，甚至南洋地区亦有分会七八处，精武体育会的声势“已伸张及于国外”。作为汉族文化发源地的黄河流域，唯独没有精武会组织的建立，因而上海精武体育会有必要把会务普及到全国范围内，在黄河流域设立分会即成为当务之急。在黄河流域各商埠中，以天津最为繁盛，若想在黄河流域谋发展，天津不啻为天然的根据地。因此，“表暴精武主义及其成绩”，在条件成熟时“设立分会”，成为精武体育会北游津京的“普通之事业”。二是完成北游的“特殊任务”，即向当时的北京政府请愿，要求以政府的名义确立精武体育会所创编的中国式“体操”为国操，此即“晋京请愿甄定国操”[38]。三是为中央精武大会堂筹措建筑经费。为了发展精武事业，中央精武决定建筑中央大会堂，宣传发出后在一个月内筹集的经费仅够建造大会堂之用，大会堂的装修及设备的配备尚有较大缺口。为了筹备经费，上海精武体育会一方面号召南洋各分会进行筹募，一方面决定前往北方筹款，并借为中央大会堂筹款之事，宣传精武事业，筹设北方分会。

为北游之行作充分准备，中央精武专门设立了筹备处。1922年9月下旬，中央精武体育会为北游京津特别举行会员大会，经过民主选举推选出北游的成员。之后，北游成员召开会议，选举北游的各负责人。经过民主选举，确定：北游队筹备长为罗啸璈和陈公哲，交际长为连炎川、翁耀衡，财政长为卢炜昌（因卢炜昌忙于会事，无暇分身，由陈善代替），姚蟾伯为国操部长，陈铁生为国乐部长，郑灼辰、陈善为游艺部长，程子培为摄影部长。除此之外，此次北游的37人中还包括国操、乐舞、游艺各项中的佼佼者。在北行游艺团成员确定之后，于中央精武设筹备处，并由筹备长罗啸璈兼任秘书。随后，陈公哲、罗啸璈与陈铁生、姚蟾伯、郑灼辰等一起商讨编列到达北方之后的表演秩序表，分撰宣言及各种跳舞术说明书，并附以影片、乐曲、新创影画、演讲稿等内容，前后花费了20天才将上述一系列内容编印成册，统统交由精武中央印刷厂印刷，装裱一万册。封面有美术国画内容，并插有电影画面多张，共58页，广告一万张（广告形式用五彩石印）。同时，精武北游旅行团还挑选精武体育会较为重要且比较实用的期刊著述十余种，包括《精武》、广东精武报告、《精武本纪》《精武外传》《测光捷径》《开会手续》、宣言演说之资料、《教员条例》《精武医说》《潭腿精义》《武铎》、精武各埠住址录、精武之回顾及今后之希望、西文精武概要，共计十四种，“悉付捆载”。[39]

精武北游旅行团将此次活动划分为津、京、汉三个地区，重点是津、京地区。1922年10月26日，陈公哲、罗啸璈、连炎川、翁耀衡四人作为此次行动的先导，先行到达天津车站，受到广东精武体育会会员李伯贤的好友包寿饮的接待。包寿饮为江西人，“向慕精武”，与上海精武体育会会长聂云台为世交，经常往来，对上海精武体育会有深入的了解。在此次精武旅行团北游活动中，包寿饮安排罗啸璈、陈公哲四人先暂居其府中。此后数天，陈公哲等人相继拜访了驻津会员黄汉佳、唐琼相、冯伯镰，以及同乡麦次尹、简韵初等人，旅津公学校吴幼舫，旅津音乐会麦鉴泉、郑振鹏，广东会馆陈泽霖等人，并为即将到来的大队人马“得借（广东）会馆为寓所”[40]。他们还拜访了南开大学校长张伯苓，并在南开大学教务长张辑五的带领下，参观了南开大学校园。另外，陈公哲、罗啸璈等人还会晤了天津汉文《泰晤士报》社长熊少豪，赠以《精武本纪》《精武外传》等书。在熊少豪的引荐下，罗啸璈等人又认识了天津报界的李我生、胡稼秋等人，并与天津报界全体人员会晤。1922年10月30日，精武团全队抵达天津招商局码头，天津招商局总办麦次尹率领在津的广东商界、报界及广东旅津公学学生数百人，亲至码头迎接，一时码头交通阻塞，极为轰动。

精武北游旅行团在北方宣传和推广技击术，南北方进行了一次难得的武术交流。精武旅行团到达天津后，即受到天津籍的精武会员、广东会馆、广东旅津公学、南开大学、天津青年会等天津各界的欢迎，他们纷纷召开欢迎会，双方各派员进行武术上、体育上的节目表演，交流经验。其中，在天津青年会举行的欢迎会上，精武会会员表演了潭腿、燕形拳、柔伶拳、四六拳、猴壁拳、六和拳、黑虎拳、少林拳等，而青年会中的武士会会员则表演了八卦拳、形意拳、五行拳等。会上，天津青年会体育科干事董守义还针对时人“文重武轻”的传统思想观念给予批评，要求多名到会者仿照精武体育会，锻炼强壮健康的身体，纠正人们把精武旅行团的演出当作一种“游艺”即娱乐杂耍的错误看法。

在北京，精武旅行团也同样受到北京报界、广东旅京音乐会、北京学界等各团体的盛情接待和邀请。陈公哲、翁耀衡等先后赴北京平民大学、怀幼学校、体育研究会等团体，进行技术交流和表演，展示了各自所创编的“跳舞术”。在北京怀幼学校，总董李庆芳因“有感于国家之现象”，对体育尤其中国传统武术十分重视。精武旅行团在该校表演国操时，该校男女教职员工及男女学生也相继进行表演，“有女教员表演八卦刀，其步武敏捷，手法娴熟，不亚男员”，而该校女子跳舞队表演的新式舞蹈，同精武“新武化”相似，也以中国传统音乐相拍和，二者有同工异曲之妙。[41]

精武北游旅行团通过访问的形式，加强了与北方体育社团之间的学习和交流。陈铁生在《北游纪略》中曾谈到，精武北行，“以北方为技击名家出产地”，此行“欲访寻名手，归任教员”[42]。为此，精武旅行团在天津时，曾三访天津武士会，在北京也访问北京体育研究会，通过与两团体相互表演国技，发现北方“太极、形意、八卦三门”较为出色。通过交流，还发现南北武术各门类虽然名称不尽相同，但都有共通之处。例如，北京体育研究会的学员以三年为毕业期限，学员的课程表中列有主要课程“六家式”，而精武体育会中则有“溜脚势”。根据中国人语言习惯，当时国语“以京音为正”，而精武体育会的教员多是河北北部及山东一带的人士，虽然同为北方，但语言与北京仍略有差异，在广东人听来，“六家式”与“溜脚势”，其发音是相同的。另一方面，精武有“节拳”，北京有“捷拳”；精武有“潭腿”，北方有“弹腿”；精武有“插拳”，北方有“茶拳”等。

不过，由于精武旅行团此次北行的时间仓促，未能完成聘请名家担任教练的目的，甚至无暇一一校对二者之间的异同；但是，仍然获得了佳绩，至少认识到了南北方拳术之间是有着密不可分的联系的。据王菊蓉的研究，“弹腿”亦称“潭腿”，“潭腿”有十路与十二路之分（一般十二路的称潭腿），盛行于山东、河北、河南等地。传习弹腿中有影响的著名拳师，20世纪前半叶有山东济南武术传习所的杨鸿修、张学生，以及杨鸿修的学生王子平等人；20世纪30年代，中央国术馆中的张英振、马裕甫、杨法武、张英健等都擅长弹腿。张学生的弟子于振声、马锦标等均南下传拳，其中于振声曾任教于上海精武体育会。王子平在上海创建国武社，精通弹腿被国内外公认为擅长弹腿的名家之一，其他如山东马永贞也擅长此道。马从山东蒋文英习查拳及教门弹腿。蒋文英得自山东杨学德。自此，十路弹腿及查拳不仅在北方，也流行于江南。精武体育会对十二路潭腿的传播和推广影响最大的、最有代表性的拳师为河北景县赵连和，他继霍元甲之后任教于上海精武体育会，教授弹腿，并整理成《潭腿》一书。当代武术界许多著名人士亦擅长这种拳艺，出自精武体育会的学员都传习十二路潭腿。[43]

如前所述，筹款是精武旅行团此次北行的目的之一，旅行团在天津通过举办游艺会的形式为中央大会堂和天津旅津公学筹集款项。精武旅行团到达天津后，受到旅津公学的热情款待，在与旅津公学的交往中，精武旅行团认为该校“办理极有精神”，而其“年中经费，全恃学董捐集支持，实属不易”，于是旅行团决定为其特别举行乐舞大会，以所收门券费捐助该校。而针对旅行团此次北游筹措经费之事，则另定日期召开游艺会进行筹募。[44]经过商议和协调，精武旅行团决定在11月6日、8日晚上在广东会馆举行游艺会。为了扩大宣传，11月6日，天津汉文《泰晤士报》刊发特刊，对精武北游旅行团举办乐舞大会的原因、目的、宣言及精武体育会的摄影等进行报道，同时印发了1000余张宣传单赴会场发送。此次筹款，“公学得券款约2000余元，中央大会堂得券款约400余元”。[45]

为了宣传精武宗旨、筹备中央大会堂建筑经费，精武旅行团在北京特别举行了国操乐舞大会。在北京，经陈公哲、罗啸璈等人商定，决定于11月17、18两日在北京召开“国操乐舞大会”，在燕京大学学生郑直臣、北京农商银行行长伍少垣等人的策划下，17、18两日上海精武旅行团借北京真光电影院为舞台，召开“国操乐舞大会”，当时各报所发广告如下[46]：

> 精武国操乐舞大会
>
> 准阴历二十九、三十阳历17、18两日
>
> 下午二时开会
>
> 假座东安门大街真光电影院剧场
>
> 入场券一元五毫（17日送券不收分文）
>
> 会场蒙真光院主捐助所得券资尽充上海中央大会堂建筑经费

根据北京有关报道，11月17日的精武国操乐舞大会，“各界参观者极众”，当时任北洋政府总统的黎元洪和国务总理王宠惠均派代表到会发表演讲，并认购次日的乐舞大会不少入场券。精武国操乐舞大会吸引了不少西方人士的参观，甚至还有一名善弹钢琴的洋人，登台表示愿与陈公哲小提琴进行合奏，引起观众掌声震天。在大会上，精武体育会将其所创编的女子舞蜜蜂、男子舞武化、滑稽跳舞、解放运动等集各种拳术手法编成的新武术一一进行表演，得到极好的反响。大会结束，为中央大会堂筹款600元。

为了实现建立国内四总会的愿望，1922年11月7日，旅行团联合天津商学各界人士，在广东会馆召开了天津精武发起人筹备会，推选罗啸璈为筹备主席。经过讨论，全体参会人员皆赞成组立天津精武分会。在筹备会上，选出麦次尹（广东）为筹备正主任，熊少豪（广东）、包寿饮（江西）、宋则久（天津）为筹备处副主任，

在场 50 余人皆列名为发起人，随后发起人又陆续增加到 130 余人。因 11 月 8 日，精武旅行团屡次接到汉口精武体育会电报，催促旅行团绕道汉口参加汉口 11 月 11 日举行的纪念游艺会。出于行期考虑，上海精武旅行团未能等待天津分会建立即行离开天津赴北京请愿。上海精武团离开天津后，因多种原因，天津精武分会筹备会未能完成，在北方成立精武分会的愿望未能实现。

要求立精武体操为国操是精武旅行团北游所肩负的一项特殊任务。精武体育会所创编的“中国式体操”，虽然在南方的沪、粤、港各处学校中代替西方兵式体操被广泛应用，但唯一缺憾的是精武“国操”一直未能得到北洋政府的正式承认。

1922 年 11 月，精武旅行团抵达北京后晋谒黎元洪总统，希望北京政府能够将精武体操立为“国操”。但是，由于北洋军阀政府根本无心提倡体育，对精武体育会国操立案之事一再搪塞，致使立案之事未能成功。尽管如此，精武体育会的国操立案之举却在北京引起社会各界的广泛关注，无疑是对精武体育的推广和宣传。

# 第六节 举办精武国际武术锦标赛

根据《精武本纪》的记载，精武体育会每年于秋季举行技击毕业礼。

民国元年（1912）十月二十七日举办了第一届毕业礼，地点在王家宅第二会址前。在操场中搭盖演武台，来宾数千人围绕而观。先由会长袁恒之先生作报告，后由各会员教员运动。

民国三年（1914）十一月八日举办了第二届毕业礼，地点仍在王家宅旧会址。

民国四年（1915）十一月二十一日午后一时半，举办了第三届毕业礼。由于参会人员众多，会场很是拥挤，于是精武会决定赁法租界之民兴新剧社举办。这一届是精武会在剧场举行毕业礼之始。

民国五年（1916）十一月五日举办第四届毕业礼，是技击高级会员毕业之首次，借十六铺新舞台旧址之凤鸣茶园为运动场。来宾中有孙中山先生，他发表了热情洋溢的演说，力言技击之有益于身体，且言科学昌明，长枪大炮已无优势，从而勉励国人必须致力于技击。

民国六年（1917）之十一月二十五日举行了第五届技击毕业礼。鉴于此前毕业礼会场的拥挤，精武会租赁了一个拥有四千座位的大舞台举行。毕业典礼开始时，由会董袁恒之先作报告，指出本会所训练的学校日益增多，为了节省会员的运动时间，使得各学校的学生能向社会贡献所学。这次毕业礼增加了一门技击术军用实施法，

1992年，第二届世界精武武术大会在上海举行

1996年在广州举行第四届世界精武武术大会

1998年第五届世界精武武术大会在马来西亚举行

2004年波兰举办第八届世界精武武术文化大会

2006年第九届世界精武武术文化大会在英国举行

采用技击手法，在火枪上安装刺刀以对敌，用刺刀和指挥刀交战。这是最新式的技击法，受到国内外来宾的欢迎。这次毕业礼上，国内报纸充满了褒奖之词；即使是英国人的《字林西报》、美国人的《大陆报》，也都大加赞赏。其中《字林西报》对于精武会一生林锦华的科学证明尤为赞美；《大陆报》则长篇大论，对这次毕业礼记载更为详尽。

第六届毕业礼仍在大舞台举行。这一届毕业礼增加了军乐合奏、喇叭独奏、弦乐合奏、四弦琴独奏，因此毕业礼被称为“第六届毕业游艺表演”。精武会预计今后各种学科会呈现出不断增加的趋势，断言以后的毕业礼上诸如技击表演等会不断涌现，因此将毕业礼更名为“游艺会”。在毕业礼上，精武会指出，体育的目的是展示人体的筋肉之美，并告知世人，人的健美躯体不是天然生成的，需要后天的锻炼才能达到。那些富家子弟，身子臃肿得像“五石匏”，看上去是一个庞然大物，实际上非常柔脆、弱不禁风。为了展示肌肉，创制了“豹皮衣”，用以遮蔽人体的一小部分。陈公哲等人在本届毕业礼上安排了“豹队”作对手拳表演：一是郑灼辰对宁竹亭，二是陈公哲对卢炜昌，三是姚蟾伯对赵连和。

进入20世纪20年代后，上海精武会倡导设立世界精武武术文化交流大会，目的在于加强上海精武体育总会与各友会间的联络、交流，提高武术运动水平，增进各友会间友谊。世界精武武术文化交流大会设武术赛和文化赛两类，分儿童、少年、青年、成年、老年五个组别，比赛项目包括精武传统武术、中国传统武术套路、国际竞赛武术以及表演项目四大类，分为个人项目和集体项目，比赛采用《精武国际武术竞赛规则》和《国际武术竞赛规则》。其中，精武传统武术作为精武文化的传承，规定每位参赛者必须参加一套精武传统套路的比赛。

1990 年 9 月 8 日，在上海黄浦体育馆举办第一届精武国际武术邀请赛。1992 年 8 月 22-27 日在上海虹口体育馆举办第二届精武国际武术邀请赛。1994 年 9 月 20-23 日，在上海虹口体育馆举办第三届精武国际武术邀请赛。具体情况详见本志相关章节，此处不再详赘。

1996 年 11 月 13 日 -16 日，广州举办了第四届世界精武武术比赛暨文化交流大会，在广州市海珠体育馆举行。此次参赛的运动员有 326 名，其中国内为 101 名。比赛项目分为三类：一是国家竞赛套路，包括长拳、太极、南拳、刀、枪、剑、棍；二是精武传统套路，包括潭腿、功力、大战、节拳、五虎枪、群羊棍、八卦刀；三是表演项目。经激烈角逐，上海队获 15 金牌 4 银牌 2 铜牌。大会期间举行了太极技击研讨会、搏击研讨会、咏春拳研讨会和舞狮竞赛。[47]

随着世界精武联谊机构和世界精武联谊会的建立，海内外精武会间的交流与活动日益频繁。例如，1997 年 7 月 21 日，上海精武会赴香港参加“世界精武庆祝香港回归武术汇演暨世界精武武术研讨会”。

第五届及其之后各届世界精武武术文化交流大会举办情况如下：1998 年第五届由马来西亚精武体育会总会承办，2000 年第六届由天津精武体育会承办，2002 年第七届由美国精武体育会承办，2004 年第八届由波兰精武体育会承办，2006 年第九届由英国精武体育会承办，2008 年第十届由马来西亚精武体育会总会承办，2010 年第十一届由上海精武体育总会承办，2012 年第十二届由天津体育会总会承办，2014 年第十三届由上海精武体育总会承办，2016 年第十四届由美国精武体育会承办，2018 年第十五届由余姚精武体育会承办。具体详情参见各精武会的官网所发布的信息。

## 第七节 舞狮团海外扬名

舞狮是中华民族的传统技艺之一，是融合了武术、体操与杂技的一种体育活动，是华人新春佳节和盛大庆典的助兴活动。舞狮象征着青年人的机智、老年人的稳重、儿童们的天真活泼。舞狮有南北之分，北狮以河北保定双狮闻名，通常是雌雄一对，雌狮有小狮随旁，雄狮则脚踩绣球。

1922 年，由上海中央精武总会将北方双狮介绍到南洋各地精武分会，北狮始在新马一带流传开来。如今盛行南洋一带的北狮，属河北沧州型。舞狮表演都是以成双作对的形式，除了成群大队的群狮演出外，一般都用两头或四头，也有加插两头单人舞弄的小狮。

北狮也叫文狮，其造型富真实感，舞狮员凭着扎实的武术根底，二人一心，配合无间，以轻灵手脚功夫，惟妙惟肖的表演，

新加坡精武体育会舞狮表演

呈现狮子的各种形象动作，如搔痒、戏球、纵跳等。中间加插一至二位身着武士装扮的勇士（俗称侠），以其翻筋斗技术，闪展腾挪，跳跃跌扑，以逗引生性好球的狮子，而狮子见球就追，这一追一逗的场面，有赖勇士和舞狮员的精诚合作，配上锣鼓喧天的助阵，才能演出精彩、牵动人心的狮子舞。

北狮的狮头，以黄泥塑扎成，狮身则用青麻编扎成，全身总重量约为四十斤，舞动起来显得呆板、僵滞，非身强力壮者，难以胜任。1945 年，新加坡精武体育会司理兼武术教练魏元峰先生向上海精武总会定制双狮，并于 1953 年运抵新加坡。这对北狮就极为笨重，不适应表演，后赠予南洋大学作为历史陈列品。正因北方双狮的狮身笨重，从 20 世纪 50 年代起，新加坡精武体育会司理兼武术教练魏元峰先生连同本会助教方又昌先生一同研究改良，将原本制作北狮方法，彻底改善，将重量减轻，狮头贴上金纸，彩色鲜艳，用吕宋白麻染金黄色作狮身，再配合京鼓吹打乐，方成今日所应用与表演之金狮。经过不断改良后的双狮，狮头制作美观，绘图鲜艳有致，令人耳目一新，并以生气蓬勃、轻松有趣、调皮可爱、娱乐性强的舞姿呈现在众人眼前，金狮的雅号也就由此而来。

1960 年，新加坡精武体育会成立京剧团，聘请刘福山先生担任指导，舞狮的技术又加进了京剧的舞台艺术，从此精武会的金狮就综合了三种方式，配以锣鼓、唢呐等华乐吹打器，融汇形成了今日精武的金狮舞。20 世纪 60 年代至 80 年代，新加坡精武体育会的双狮团，广受社会欢迎，各种社区、机构纷纷邀请演出，常在大世界、中央公园进行表演。此外，双狮团也在国内外为国家庆典、慈善公益、国际性会议等展示演出。足迹遍及欧美和亚洲各地，演出场次数以千计，荣获国内外好评：1967 年参加人民协会主办的第一届全国武术表演赛演出，夺获舞狮团体冠军。1970 年参加国术总会主办的第二届全国国术表演赛演出，夺得名列前茅优胜奖。1984 年，精武会首次派出四位女性参加表演“金狮庆升平”，与男性舞狮者较高低，亦获得前三名优等奖，成绩斐然。[48]

正因双狮舞的广泛声誉，使得新加坡精武体育会早期创作的北方狮子模型，被新加坡货币局列作十元币钞的北狮图案。

# 第八节 新时期的中外交流

1978年，中国共产党十一届三中全会之后，上海精武会的会务活动逐渐恢复。从1978年开始，相继开展了精武体育会的传统项目，与海内外友会陆续取得联系；整修了会所，挖掘整理了精武传统套路。在各方面支持下，举办了三次大型纪念活动，即建会73周年、75周年，及霍元甲逝世75周年。

1985年，美国拳王穆罕默德·阿里第二次来华，曾在上海游览五天。在这五天中，阿里与上海体育学院师生进行了深入交流，并到位于虹口区的上海精武体育总会参观。在精武会，拳王阿里在看完运动员的训练以后，脱下西装，逐个对运动员的姿势和步伐做了具体的指点。他说：“中国的拳击运动员有很好的基础，只要训练得当，取得世界冠军是没有问题的。我愿意尽我所能，帮助中国的运动员朋友们提高技巧，争取在1988年的奥运会上夺得拳击世界冠军。”

1991年8月9日-23日，上海精武会代表团（会长卢丽娟、干事长陈内华等5人）率领上海精武体育总会进行了一次富有成效的国内外交流活动。具体详情，参见本志相关章节。

从1991年开始，经过几年的酝酿，借第三届精武国际锦标赛在上海举行之际（1994年9月19日），20个精武友会集齐上海丝绸之路大酒店举行会长会议，经过友好协商与讨论，决议成立“世界精武体育会联谊机构”，明确了联谊机构的秘书处设在上海精武体育总会，负责联谊机构的日常工作。

世界精武联谊机构和世界精武联谊会建立之后，海内外精武会之间的交流与活动日益频繁。

1997年7月21日，上海精武体育总会赴香港参加“世界精武庆祝香港回归武术汇演暨世界精武武术研讨会”；1999年7月，赴美国出席“99太极拳瑰宝世界武术锦标赛”活动；2000年7月，赴天津精武会，瞻仰霍元甲墓地及纪念馆，交流会务；2001年5月和7月，分别访问了新西兰和新加坡精武体育会；2003年11月1日俄罗

1985年，世界拳王阿里访问上海精武体育会

1997年7月21日，上海精武会赴香港参加“世界精武庆祝香港回归武术汇演暨世界精武武术研讨会”

2008年10月，美国格林武术旅游团一行20多人到上海精武体育总会参观学习

2013年8月，上海精武体育总会赴马来西亚怡保参加第28届全国精武嘉年华活动及世界精武联谊会第四、五组精武十套传统套路研讨会

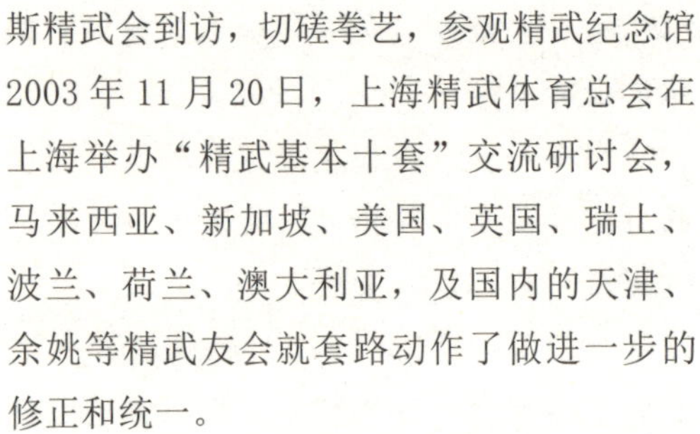

斯精武会到访，切磋拳艺，参观精武纪念馆。2003年11月20日，上海精武体育总会在上海举办“精武基本十套”交流研讨会，马来西亚、新加坡、美国、英国、瑞士、波兰、荷兰、澳大利亚，及国内的天津、余姚等精武友会就套路动作了做进一步的修正和统一。

2004年8月19日，上海精武体育总会赴马来西亚参加“怡保中国精武会建会80周年”活动；2006年4月16日，斯里兰卡精武会会员到访，与会员进行武术交流活动；2006年6月7日，参加“新加坡精武会建会85周年庆典”和马来西亚“武术之夜”活动；2006年11月，欧洲团队一行30人到会参访，接受太极拳培训；2006年12月，日本和歌山、新西兰、德国精武会90人来会进行太极拳、剑培训，交流切磋武艺；2007年4月12日-30日，瑞士精武会、法国友人、日本四地三区三市的太极拳访问团、中日韩三国老年养老保健团，到会参访，共同就武术健身等进行交流；2007年10月21日，上海精武体育总会在上海举办“世界精武武术比赛规则”的制定研讨会，拟定意见稿并提交2008年举行的世界精武联谊会会长联席会上通过；2007年11月18日，新加坡精武一行8人到访。2008年10月，美国格林武术旅游团一行20多人来总会参观学习；2009年5月14日，上海精武体育总会在上海举办第二、三组精武传统武术套路研讨会；2009年5月15日，上海精武体育总会在上海召开联谊会执委会第二次全体会议，会上讨论了“世界精武联谊会章程”草案，将提交2010年联谊会会长联席会议通过；2010年6月12日，日本前首相鸠山及夫人访问上海，在人民公园观赏精武辅导中心活动，并与会员一同学练太极拳。

2010年11月16日-20日，由国家体育总局、武术管理中心、上海市体育局、虹口区人民政府共同主办，上海市武术院、虹口区体育局、上海精武体育总会承办，上海精武体育赛事公司协办的“精武百年庆典”活动在上海虹口体育馆举行。海内外15个国家和地区，34个精武友会，361名精武同仁应参加庆典大会、第11届世界精武武术文化大会、世界精武论坛等系列活动，共襄盛举。

2013年5月30日-6月6日，应美国

国家精武体育总会、新加坡精武体育会的邀请，上海精武体育总会会长颜建平、副会长薛海荣一行6人赴美国、新加坡精武体育会进行访问交流，了解国外精武体育会运作模式及开展教育、比赛等活动情况，加强与国外友会之间的交流合作，扩大上海精武体育总会的影响力。2013年8月，上海精武体育总会副会长薛海荣、陈内华一行赴马来西亚怡保参加第28届全国精武嘉年华活动及世界精武联谊会第四、五组精武十套传统套路研讨会。2013年12月6日-23日，马来西亚怡保精武武术总教练陈智强先生率领20名队员来到上海精武体育总会进行武术培训交流。

2014年1月25日，台湾中华少林拳道协会会长陈清钦率台湾武术交流团一行三十六人来访本会。两岸武术爱好者进行了形意拳、长拳、南拳、少林等中华传统武术的交流表演，共有100多位会员及武术爱好者参加活动。通过以武会友，切磋武艺，加深了海峡两岸武术爱好者之间的了解并增进了友谊。

2014年8月15日晚，由世界精武联谊会主办、上海精武体育总会承办的“第十三届世界精武武术文化大会”在精武体育馆隆重开幕。时任上海市副市长赵雯，市政府副秘书长肖贵玉，市体育局局长李毓毅，虹口区委书记吴清，副书记、区长曹立强，区人大常委会主任、上海精武体育总会会长、世界精武联谊会会长颜建平，区政协主席管维镛，区委副书记杜炯，区人大常委会副主任赵强，副区长李国华及世界精武联谊会成员会会长、六国驻沪领事馆官员及精武先贤后人等领导和嘉宾参加。共有来自14个国家和地区的31个友会精武同仁齐聚一堂欢庆大会开幕。开幕式上表演富有精武内涵的武术文化节目。大会开幕式前，区委书记吴清等区领导，和霍元甲曾孙霍自正、精武会首任会长农劲荪孙子农晓昽、陈公哲之子陈哲明等精武先贤后人，以及世界各国精武体育会会长一行，前往精武公园为精武宗师霍元甲铜像、精武十八座名人铜像举行落成揭幕仪式。本届大会举行了6天，其间世界精武联谊会召开第二届执委会第三次会议、世界精武联谊会会长联席会议、精武先贤后人座谈会，以及武术、舞龙舞狮、书法比赛。

2014年4月21日上午，由美国国会众议员格林先生率领的美中经济文化教育访问团一行16人访问上海精武体育总会。上海精武体育总会会长、世界精武联谊会会长颜建平，时任虹口区委常委、副区长张锡平，副会长薛海荣等领导陪同。上海精武体育总会领导向美国国会众议员格林一行介绍了精武总会的概况及历史渊源，精武会员展示了特色武术节目。格林先生向颜建平会长颁发美国国会特别证书，颜建平会长向格林先生赠送纪念品。格林先生感谢上海精武体育总会的热情接待，希望自己成为中国人民的好朋友，努力为中美两国文化等交流牵线搭桥，期待上海代表团来美互访，延伸两国人民间的友谊。

2015年6月28日至7月5日，上海精武体育总会副会长薛海荣、陈内华应邀分别访问英伦精武会和瑞士精武会。2015年9月28日，“中华武魂”全国联播启动暨精武学堂开馆仪式，在精武学堂广场举行。时任国家体育总局武管中心副主任邵世伟，中国广播联盟秘书长伍劲松，上海市体育

2014年美中经济文化教育访问团访问上海精武体育总会

2014年4月21日，美国精武会员来访

局副局长孙为民，上海市侨联副主席杜宇平，虹口区委书记吴清，虹口区人大常委会主任、精武体育总会会长颜建平，虹口区委领导管维镛、杜炯、刘可、李国华，以及SMG上海广播电视台副总编王治平、ERC东方广播中心常务副主任孙向彤、上海精武体育总会副会长薛海荣、上海体育学院党委副书记王玉林、上海八卦掌协会会长王翰之、虹口区教育局、体育局等领导和嘉宾出席。上海精武体育总会会长颜建平致欢迎辞。活动仪式上，上海精武体育总会分别与东方广播中心、虹口区业余大学签署战略合作和共建协议。有关领导共同为“精武青少年习武中心”“精武中医堂”“虹口业余大学精武分校”“精武学堂”揭牌。精武会员表演了功夫少年、太极剑、童子功、绝技和旗袍秀等精武传统节目。

2016年1月4日，日本香川精武会会长金森庸二等一行13人来到上海精武体育总会参观访问。总会副会长薛海荣、陈内华，副秘书长方婷、刘黎平等热情接待了日本友会同仁。薛海荣副会长向客人简要介绍了日本香川精武会加入世界精武联谊会的手续，并详细回答了日本友会咨询有关参加第十四届世界精武武术文化大会活动的情况。日本和歌山精武会会长胡叶丹参加陪同，并向薛海荣副会长汇报了和歌山精武会开展活动的有关情况。香川精武会一行还参观了精武学堂、精武健身馆等。

2016年1月9日，罗马尼亚上海武术俱乐部主任朱荣富专程来总会，副会长陈内华、副秘书长方婷接待，与朱荣富主任互通各自开展会务活动情况，并就筹建罗马尼亚精武会和加入世界精武联谊会等有关事项进行了交流。20多年之前，上海武术前辈朱荣富远涉重洋，赴罗马尼亚首都开设中医诊所，创办上海武术俱乐部，免费为当地1000多名爱好者传授中华传统武术，多名学员在欧洲及国际武术比赛中均获得优异成绩。

2016年7月14日，海外华裔青少年“中国寻根之旅”夏令营学生一行共32人来本会学习中华传统武术霍氏迷踪拳、咏春拳。此项活动是国侨办组织的华文教育夏令营赴虹口开展文化学习活动中的一项内容，营员分别来自加拿大多伦多、蒙特利尔市的12至16岁的华裔青少年学生。学生们通过参观学习、体验，了解了精武的历史，以及“爱国、修身、正义、助人”的精武精神，使海外华裔青少年更进一步感受到中华武术的魅力和中国传统文化的博大精深，从而增强了海外华裔青少年对祖国家乡的认同感和自豪感。

2016年7月22日至25日，上海精武体育总会赴美国德州达拉斯参加第十四届世界精武武术文化大会。首次与SMG上海广播电视台合作，赴南非传授精武武术，以此提高精武武术的知名度和影响力。制作以精武为素材、“弘扬中华魂，共筑中国梦”为主题的《中华武魂》宣传片在纽约时代广场中国屏同步投播。国务院新闻办公室官方网站刊发了上海精武体育总会赴美国德州达拉斯参加第十四届世界精武武术文化大会的消息。

2016年10月20日，现役UFC重量级名将阿里斯泰·欧沃瑞访问上海精武体育总会，求学太极功夫，受到上海精武体育总会副会长薛海荣等接待。上海精武体育总会总教练、中国武术九段王培锟向其讲解了太极“精义”并予现场指导与交流。本着传承海纳百川的尚武精神，上海精武体育总会向阿里斯泰·欧沃瑞和上海精武体育赛事有限公司MMA技术总监塞尔吉奥·库尼阿（UFC冠军教练），赠送上海精武体育总会锦旗，以示对MMA运动的肯定。阿里斯泰·欧沃瑞向上海精武体育总会回赠UFC200场纪念牌。上海精武体育总会望通过MMA运动，连接中外，沟通世界，推动武术职业化和产业化进程，进一步弘扬中华武术和精武传统武术文化。

2017年4月，上海精武体育总会与东方广播中心合作，赴美国纽约参加第八届“联合国中文日”主题系列活动。在联合国总部、华美协进社、长岛中文学校等重要窗口机构进行《中华武魂——中华武术走进联合国》专场主题展演，以武术为载体，在国际舞台展示中国优秀传统文化的魅力。

2018年4月，应马来西亚雪隆精武体育会邀请，上海精武体育总会派遣何君岗老师赴马来西亚吉隆坡，进行健身气功八段锦、各式太极拳及精武传统武术套路的教学。2018年6月9日，上海精武体育总会与中华武魂全球推广项目组一行赴南非访问。在南非比勒陀利亚中国文化和国际教育交流中心孔子课堂举办的茨瓦内市校长会上，双方进行了友好交流，中国驻约翰内斯堡副总领事、南非大使馆文化参赞出席活动。同月，由南非茨瓦尼教育局局长率领的南非中小学校长团一行 17 人回访上海精武体育总会，双方就精武武术学校推广等事宜进行了探讨，建议将精武武术操碟片制作成中英版，适时在南非茨瓦内教育局下辖的两百多所学校推广精武武术操。虹口区副区长张雷、虹口区体育局局长周静等领导参加活动。

2019 年 6 月 20 日 -27 日，上海精武体育总会领导赴德国柏林实地考察德国精武体育会，主要听取有关申办 2022 年第十七届世界精武武术文化大会前期筹备介绍。2019 年 7 月 18 日 -23 日，上海精武体育总会领导参加槟城精武体育会、槟城女子精武体育会，以及怡保中国精武体育会，庆祝95周年纪念活动。2019年8月24日 -27日，上海精武体育总会应邀赴广州参加螳螂拳会 35 周年暨螳螂拳南传一百年活动。2019 年 10 月 4 日 -6 日，上海精武体育总会副会长薛海荣参加山东滨州精武体育会主办的首届武术比赛活动。

2020 年 6 月 13 日，是全国“文化和自然遗产日”，恰逢上海精武体育总会成立 110 周年，举办了一系列活动，其中之一是举行了“百年传承 • 精武之路”的高峰论坛。这次精武高峰论坛在总会二楼文武厅隆重举行。国家教育部全职委副主任刘延申教授，中共上海市委宣传部原副部长、新闻学史专家贾树枚等一批专家学者汇聚一堂，为“百年传承 • 精武之路”献计献策，谋划百年精武会的未来走向。

2020 年 8 月 16 日，恰逢精武五使下南洋 100 周年之际，上海精武体育总会举办了精武外交专题学术论坛：精武大讲堂——“百年精武 • 传播之路”精武五特使下南洋 100 周年。相关领导、专家、学者共同纪念精武五特使下南洋开展民间文化国际传播交往 100 周年，探讨百年精武如何在新时代做好民间外交的友好使者，如何讲好中国故事、传播中国文化。2020 年 8 月 25 日，北京大学中外人文交流（教育部）研究基地执行主任、北京大学国际关系学院王栋教授一行六人来到上海精武体育总会调研。双方就如何加强合作，构建中外人文交流与传播研究基地，共同推动精武文化传承发扬，进一步提升中国文化走出去和软实力建设，推动中外民心相通、文明互鉴，服务中国特色大国外交和构建人类命运共同体进行交流洽谈。在上海精武体育总会常务副会长薛海荣的陪同下，王栋一行参观了上海精武体育总会会址、精武学堂、精武桥等精武地标建筑，并通过观看精武会史纪录片对精武的历史、文化有了更深入的了解。“上海精武体育总

2019年9月13日，墨西哥杨氏太极代表团上海之行纪实

会既是体育社团又是一个教育与文化的平台，当前我们正朝着世界级非物质文化遗产的发展方向努力。”在座谈会环节，薛会长希望能够携手北京大学国际关系学院，共同推动精武文化走向世界。“在‘一带一路’的背景下，‘民心相通’成为团结和协作的桥梁与纽带，促进中外民间文化的交流，践行新时代中国文化‘联接中外、沟通世界’的责任与使命，让精武承载中国故事，也让精武承载世界故事，增进中国和世界之间的相互了解，同心构建人类命运共同体，同德共建美好家园。”通过座谈会，双方认为，精武“乃文乃武”，涉及中国传统的武术、体育、医疗、文化等多学科领域，是具有中国传统文化特色的文化品牌，具有国际推广的价值和意义。双方就学术研讨会、年度汇编、“精武学”课题论证研究、博士后工作站、实习基地等方面的合作进行了磋商，将通过进一步协商确定战略合作的相关内容。[49]

## 第九节 牵头成立世界精武联谊会

目前，世界多地相继建立的精武体育会达到77个，其中40个友会自愿参加世界精武联谊活动。为使精武的传统武术得到传承，促进各友会之间的交流与切磋，2008年11月21日，在马来西亚怡保经世界各地精武友会的充分协商，成立世界精武联谊会，设立联谊会执委会，选举上海精武体育总会、马来西亚精武体育总会、马来西亚怡保中国精武体育会、天津精武体育会、美国精武体育总会、瑞士精武体育会、英伦精武体育会为联谊会执委。

世界精武联谊会的常设机构为秘书处，设在上海精武体育总会。

联谊会每年召开一次执委成员会议，每两年由各成员会轮流举办世界精武武术文化大会。其间，召开世界精武联谊会会长会议，审议通过联谊会相关事项。目前世界精武联谊会成员单位由21个国家和地区共53个精武会组成。

世界精武联谊会具有深厚的组织基础，早在2008年成立组织机构之前，就已经举办了多次世界精武武术文化大会，为日后成立世界精武联谊会奠定了基础。例如1998年6月2日，世界精武体育会联谊会主办，马来西亚怡保承办第五届世界精武武术文化大会；2000年9月3日中国天津承办第六届世界精武武术文化大会；2002年7月11日美国达拉斯承办第七届世界精武武术文化大会；2004年7月3日波兰华沙承办第八届世界精武武术文化大会；2006年8月18日英国伦敦承办第九届世界精武武术文化大会；2008年11月21日马来西亚怡保承办第十届世界精武武术文化

世界精武联谊会会徽

大会。

上海精武体育总会被世界各精武友会认作母会，是具有其历史渊源的。如前所述，上海精武体育总会自成立以来，就展开了独具特色的人文交流，为沟通世界起到了积极的推动作用，受到了世界各地精武同仁的尊敬和爱戴。

世界精武联谊会的主要任务为：

1. 每两年由各成员会轮流举办一次“世界精武武术文化大会”；

2. 定期召开联谊会各友会会长联席会议，商定和修改联谊会章程等事宜；

3. 经友会推荐，审核批准联谊会新成员；

4. 举办有关活动等。

2009年5月15日，在上海举行了世界精武联谊会执委会第二次会议，讨论制定了世界精武联谊会召开世界精武联谊会会长联席会议章程（草案），提交联谊会会长会议通过。世界精武联谊机构和世界精武联谊会的建立，使海内外精武会间的交流与活动日益频繁。

### 世界精武联谊会成员名单

| | |
|---|---|
| 1 | 上海精武体育总会 |
| 2 | 广州市海珠广东精武体育会 |
| 3 | 天津精武体育会 |
| 4 | 余姚精武体育会 |
| 5 | 广东佛山精武体育会 |
| 6 | 香港精武体育会 |
| 7 | 澳门精武体育会 |
| 8 | 加拿大精武体育会 |
| 9 | 马来西亚精武体育会总会 |
| 10 | 马来西亚雪隆精武体育会 |
| 11 | 马来西亚怡保中国精武体育会 |
| 12 | 马来西亚吉打精武体育会 |
| 13 | 马来西亚槟城女子精武体育会 |
| 14 | 马来西亚槟城精武体育会 |
| 15 | 马来西亚马六甲精武体育会 |
| 16 | 马来西亚雪兰莪华人女子精武体育会 |
| 17 | 马来西亚太平华人精武体育会 |
| 18 | 马来西亚砂磱越精武体育会 |
| 19 | 马来西亚关丹精武体育会 |
| 20 | 马来西亚森美兰精武体育会 |
| 21 | 马来西亚沙巴精武体育会 |
| 22 | 马来西亚沙白安南精武体育会 |
| 23 | 新加坡精武体育会 |
| 24 | 新西兰精武体育会 |
| 25 | 荷兰精武体育会 |
| 26 | 美国精武体育总会 |
| 27 | 英伦精武体育会 |
| 28 | 西澳精武体育会 |
| 29 | 澳大利亚新州精武体育会 |
| 30 | 瑞士精武体育会 |
| 31 | 波兰精武体育会 |
| 32 | 泰国精武体育总会 |

| 33 | 日本精武体育会（和歌山） |
|---|---|
| 34 | 俄罗斯精武体育会（圣彼得堡） |
| 35 | 加拿大精武体育会（卑斯省） |
| 36 | 巴基斯坦精武体育会 |
| 37 | 印度精武体育会 |
| 38 | 巴西精武体育会 |
| 39 | 德国精武体育会 |
| 40 | 中国香港精武会（九龙） |
| 41 | 南京建邺精武体育会 |
| 42 | 泰州海陵精武体育会 |
| 43 | 仪征市枣林湾精武体育会 |
| 44 | 深圳市精武体育会 |
| 45 | 保定市精武体育会 |
| 46 | 日本香川精武体育会 |
| 47 | 澳大利亚墨尔本精武体育会 |
| 48 | 秘鲁精武体育会 |
| 49 | 南非精武体育会 |
| 50 | 海盐县精武体育会 |
| 51 | 滨州精武体育会 |
| 52 | 宝鸡市精武体育会 |
| 53 | 希腊精武体育会 |

世界各地精武体育会分布图

注释：

1.《精武杂志》，上海档案馆，卷宗号 Q401-10-29，第 101 页。
2. 陈公哲：《精武会 50 年》，春风文艺出版社 2001 年版，第 50 页。
3. 陈公哲：《精武会 50 年》，春风文艺出版社 2001 年版，第 53 页。
4. 陈公哲：《精武会 50 年》，春风文艺出版社 2001 年版，第 52 页。
5.《精武月刊》，上海档案馆，卷宗号 Q401-10-37，SC0043。
6. 陈公哲：《精武会 50 年》，春风文艺出版社 2001 年版，第 55 页。
7. 陈公哲：《精武会 50 年》，春风文艺出版社 2001 年版，第 55 页。
8.《中央杂志》，上海档案馆，卷宗号 Q401-10-33，SC0004。
9.《精武杂志》，上海档案馆，卷宗号 Q401-10-29，102。
10. 易剑东：《精武主义和奥林匹克主义的比较研究——19 世纪末至二战前的东、西方体育文化》，《成都体育学院学报》1997 年第 4 期，第 5 页。
11. 龚鹏程《武艺丛谈·马来西亚精武门的故事》，山东画报出版社 2009 年版，第 124 页。
12. 龚鹏程《武艺丛谈·马来西亚精武门的故事》，山东画报出版社 2009 年版，第 124 页。
13. 杨柏志：《五使南来与精武在南洋的发展》，沙巴精武体育会网站“精武历史”。
14. 以上统计数据根据杨柏志：《五使南来与精武在南洋的发展》，沙巴精武体育会网站“精武历史”。
15. 李秀：《百年精武体育在马来西亚的发展及影响研究》，《黄山学院学报》2011 年 10 月，第 13 卷第 5 期。
16. 杨柏志：《五使南来与精武在南洋的发展》，沙巴精武体育会网站“精武历史”。
17.《马六甲精武体育会简史》。
18. 新加坡文献馆载：《世界精武联谊会》2012 年 11 月 10 日。
19. 李秀：《百年精武体育在马来西亚的发展及影响研究》，《黄山学院学报》2011 年 10 月，第 13 卷第 5 期。
20. 陈公哲：《精武会 50 年》，春风文艺出版社 2001 年版，第 42 页。
21.《精武本纪》，上海档案馆，卷宗号 Q401-10-48，SC0230。
22.《中央杂志》，上海档案馆，卷宗号 Q401-10-36，SC0158。
23. 武汉方志网 2009.12.11。
24.《精武本纪》，上海档案馆，卷宗号 Q401-10-48，SC0242。
25.《精武本纪》，上海档案馆，卷宗号 Q401-10-48，SC0243。
26.《精武本纪》，上海档案馆，卷宗号 Q401-10-48，SC0244。
27.《精武本纪》，上海档案馆，卷宗号 Q401-10-48，SC0245，SC0246。

28.《精武本纪》，上海档案馆，卷宗号 Q401-10-48，SC0034。
29.《精武本纪》，上海档案馆，卷宗号 Q401-10-48，SC0280。
30.《精武杂志》，上海档案馆，卷宗号 Q401-10-31，SC0103。
31.《精武月刊》第 52 期，1926 年 8 月 15 日“中央精武布告”。
32.《上海精武体育会内传与章程》，上海档案馆，卷宗号 Q401-10-2，SC0139。
33.《精武杂志》，上海档案馆，卷宗号 Q401-10-31，SC0299。
34.《上海精武体育会内传与章程》，上海档案馆，卷宗号 Q401-10-2，SC0139。
35.《精武杂志》，上海档案馆，卷宗号 Q401-10-29，033。
36.《精武杂志》，上海档案馆，卷宗号 Q401-10-29，072。
37.《精武杂志》，上海档案馆，卷宗号 Q401-10-29，102。
38.《上海精武体育会内传与章程》，上海档案馆，卷宗号 Q401-10-2，SC0088。
39.《上海精武体育会内传与章程》，上海档案馆，卷宗号 Q401-10-2，SC0024。
40.《上海精武体育会内传与章程》，上海档案馆，卷宗号 Q401-10-2，SC0056。
41.《上海精武体育会内传与章程》，上海档案馆，卷宗号 Q401-10-2，SC0114。
42.《上海精武体育会内传与章程》，上海档案馆，卷宗号 Q401-10-2，SC0107。
43. 参见王菊蓉“一路一法的弹腿”，《武术拳种和拳家》，上海教育出版社 1985 年版，第 69-70 页。
44.《上海精武体育会内传与章程》，上海档案馆，卷宗号 Q401-10-2，SC0081。
45.《上海精武体育会内传与章程》，上海档案馆，卷宗号 Q401-10-2，SC0086。
46.《上海精武体育会内传与章程》，上海档案馆，卷宗号 Q401-10-2，SC0098，SC0099。
47. 具体参见上海精武体育总会官网有关赛会介绍。
48. 参见新加坡精武会官网介绍。
49.《东方体育日报》2020 年 8 月 31 日。

# 第四章 精武人物

# 第一节 精武创始人

## 1. 创始人和首任武术总教练霍元甲

霍元甲（1868-1910），字俊卿，汉族，清末著名爱国武术家，天津静海小南河（今属天津市西青区精武镇）人，出身迷踪世家。父亲霍恩第以保镖为业，武艺高强，生有三子，霍元甲排行老二。霍元甲幼年体弱，在27岁以前基本上生活在故乡，28岁后到天津当上码头装卸工，后来在曾留学日本的同盟会会员农劲荪开设的怀庆药栈当帮工。农劲荪时常会给霍元甲讲述古今中外历史上仁人志士的故事，耳濡目染之下，霍元甲也逐渐由一介“莽夫”转变为有节有义的爱国青年。1909年末，农劲荪把霍元甲介绍到上海，与西洋大力士奥皮音较量，双方相约到次年春比赛。1910年4月，霍元甲如期来到上海，在张园设擂比武，轰动上海。同年，在上海有识之士的牵头和资助下，霍元甲成为中国精武体操会（上海精武体育总会前身）首任武术总教练。

霍元甲像

## 2. 精武首任会长农劲荪

农劲荪（1862-1953），名竹，字劲荪，原籍河北，满族，中国同盟会会员。1910年参与筹建中国精武体操会（上海精武体育总会前身），任首届会长。农劲荪自幼熟读诗书，曾拜太平天国的一位志士习文练武。后赴日本留学，与革命志士接触，激发了爱国爱民思想，并奉孙中山先生之命，回国在京津一带活动，广结武林英豪，积蓄革命力量。农劲荪在天津时期，开设药栈，与具有爱国思想而精于武术的霍元甲相识，并聘请其在药栈工作，以采购药材为掩护，结识武林名家，常在一起切磋技艺。

农劲荪像

## 3. 精武会的倡导者陈其美

陈其美（1878-1916），浙江吴兴（今湖州）人，字英士。1906年（光绪三十二年）留学日本东京警监学校，是年冬加入中国同盟会。1908年奉命回国，往来于浙江及京津等地，联络党人。1909年（宣统元年）创办《中国公报》《民声丛报》，并协助于

陈其美像

右任等创办《民主报》。1911 年同盟会总部成立后，被推为庶务部长。后被举为沪军都督。1914 年中华革命党成立，任总务部长。1915 年 10 月被孙中山委为淞沪司令长官。上海精武体育总会的主要倡导者和组织者。

# 第二节 精武名人

## 1.“精武四杰”

陈公哲（1890-1961），广东香山（今中山）人，中国同盟会会员，精武会早期的核心领导成员之一，与卢炜昌、姚蟾伯合称“精武三公司”。著有《精武五十年发展史》。

卢炜昌（1883-1943），广东香山（今中山）人。精武会早期的核心领导者之一，著有《少林宗法》《少林拳术图论》等。

陈公哲、卢炜昌、姚蟾伯三人，是精武体育会前十五年得以发展的核心人物，故又被称为“精武三公司”。三人结为莫逆之交时，正是精武从创业到壮大繁荣时期。当时三人正是血气方刚的青年，又都毕业于高等学校，受到新文化的影响，具有强烈的爱国热情。三人都是中国精武体操会创建的筹备人，是霍元甲的第一批学生：陈公哲的会员证是 344 号，卢炜昌的会员证是 341 号，姚蟾伯的会员证是 345 号。他们入会学拳，成绩出众，1912 年初级毕业，1914 年中级毕业，1916 年高级毕业。三人对精武事业有着共同的理想，有着执着的追求，当各种困难来临时，他们能同舟共济，渡过难关。在霍元甲不幸遇害遽然逝世后，初创未久的精武会处于风雨飘摇之际，他们出钱出力，团结众会员，和衷共济，力

精武四杰：陈公哲、卢炜昌、陈铁生、姚蟾伯（从左至右）

挽狂澜，使精武会逐步健全组织，充实内容并随着时代潮流而不断发展，尤其是陈公哲把自己私宅和宅基地捐赠出来作为精武新会所，贡献巨大。

陈铁生（1873-1940），也作铁笙，字卓枚，广东新会人，“精武四杰”之一，精武体育会书刊主编人员，《中央精武杂志》的主要编纂者。编著有《潭腿》《达摩剑》《五虎枪》等10余种精武书籍。

## 2. 精武会女子武术家陈士超

陈士超（生卒年不详），广东香山（今中山）人，陈公哲胞妹。组建上海精武女子体育会。1920年8月与陈公哲、罗啸璈、叶书田、黎惠生五人史称“精武五特使”下南洋，广泛宣传推广精武。

精武会女子武术家陈士超

## 3.“精武圣女”李志羲

精武女会员李志羲，曾在上海崇德女中学习武术，后来经过努力获得精武体育会高级毕业证书和师资班毕业证书，留精武会担任武术教练，成为精武女会的中坚力量。

1921年，李志羲作为上海精武体育总会选派赴南洋的教师，服务于吉隆坡、新加坡、槟城三地，曾任槟城精武女会司理，服务精武六十多年，被尊称为“精武圣女”，并与吴秀媛、蔡秀安合称为“精武女中三杰”。

## 4. 海外拓展传人霍东阁

霍东阁（1895-1956），天津静海小南河（今属天津市西青区精武镇）人，霍元甲的次子。在霍元甲逝世后，霍东阁即被邀请担任精武会教练。

为了扩大精武事业，传播精武精神，上海精武会指派其武术教员到国内各地进行指导，颇有建树的就有霍东阁。1919年，霍东阁受上海精武体育会选派到广东精武会任教。1922年，霍东阁受广州海军总司令温树德邀请，担任广州海军国技教练。但在讨伐陈炯明叛乱中，温树德背叛了孙中山，并归附北洋军阀。于是，霍东阁拒绝了温树德的挽留离开广州。

霍元甲之子霍东阁

20世纪年代初年，南洋各地精武会建会之初，由于教员奇缺，上海精武体育会的许多教员都纷纷南下相助，霍东阁是其典型代表。1923年6月24日，霍东阁由香港赴爪哇岛的泗水（今苏腊巴亚），在南洋烟草公司总经理陈英三、副经理李洛畴，

泗水精武会义务教员霍东阁（后排中间穿黑衣者）

既是抗日英雄又是奥运杰出田径运动员的精武会员符保卢

泗水前领事贾文燕，安达银行经理叶壬水等人帮助下，于1924年8月创办泗水精武会。1925年，霍东阁又协助开办吧城精武总会。之后，芝利群、巨港、西朗、三宝垄等地精武体育会相继成立。史称“一年之间，得会员千，成立会六”[1]。

霍东阁在创建南洋精武会时充满了艰辛，历经波折，甚至还遭到了外国人暗算。据霍家后人回忆，霍东阁曾经在表演汽车碾身时，一外国司机有意加害，驾驶十轮大卡车反复从霍东阁身上轧过（原本规定只能轧一次），导致他身体多处内伤。此时，又“恰巧”冒出个外国拳师前来“请教”。霍东阁忍痛交手，最终凭借其高强的武艺，打败了这个挑衅的外国拳师。

## 5. 抗日英雄符保卢

符保卢（1914-1938），原名符保陆，字宝卢，吉林省滨江县（今属黑龙江哈尔滨）人，中国早期著名的撑杆跳高运动员，精武会员。参加第十一届奥运会，成为中国选手晋级奥运会复赛的第一人。后加入中美联合飞虎队，投身抗日战场，为国捐躯。

## 6.“运动中医”首倡者李佩弦

李佩弦（1892-1985），祖籍广东新会，世居南海佛山镇，自幼习南拳、客家拳。

李佩弦是“运动中医”的首倡者，认为武术的作用，可以强身治病，可以守正卫气，对体内外除了舒利关节、疏通经络、调和营卫、流畅气血、壮筋骨、肥肌肉，对治疗神经衰弱、高血压、肺结核、胃溃疡、关节炎和风湿等都收到显著效果。同时太极拳又是柔和的运动，因此对有病的和健康的男女老幼均适宜。

李佩弦善于治疗严重性类风湿病、因中风引起半身不遂等后遗症、腰椎间盘滑脱、坐骨神经痛、帕金森氏综合征、脑血管意外后遗症、髋关节肌炎等。出版著作：《八式保健操》《易筋经》《八段锦》《鹰爪十路行拳》。《易筋经》以介绍两套熊式易筋经为主，并附有三种古本易筋经。熊式易筋经是李佩弦随师习艺和在校长时间的实践中，根据不同年龄和体质差异而整理的。目前的版本有人民体育出版社1962年8月版、1977年版等。

1916年（亦说1919年）李佩弦参加上海精武体育会，先后从赵连和、罗光玉、陈子正、吴鉴泉、诺那和图克图、熊长卿等分习潭腿、少林拳、螳螂拳、鹰爪拳、太极拳、行拳10路、连拳5路、罗汉拳108手、易筋经以及刀、枪、剑、棍和大杆子等。经六年系统训练，获高级毕业证书，曾在1919年被派往上海同济大学教授国操。

从1923年至抗战前，李佩弦历任上海精武会干事、摄影部主任、舞蹈部主任，上海派驻佛山精武会国操部、游艺部主任。曾参加精武马戏团赴东南亚诸国表演。1926年，为南中精武主任联合会（下辖广州、佛山、梧州、香港、澳门）委员。1932年冬，李佩弦与上海精武会干事罗啸璈、郑灼辰等通过密宗信徒吴润江介绍，师从佛教密宗诺那呼图克图（1865-1936）修学气功。

1937年，抗日战争全面爆发后，李佩弦在广州武术协会曾主办抗日杀敌大刀队。1957年，率广东武术队参加在北京举行的全国武术评奖观摩会，推广各门类的武术、体操、气功等活动以增气力，强筋骨，御疾病。擅用点穴理伤治疗各类软组织损伤，其手法开合有度，刚柔相济，强调骨折患肢早期从事合理的功能锻炼重要性，专门为骨折患者自创肢体功能锻炼操。治疗劳损诸症用药主张益气健脾，养血荣筋。1958年，任广州市武术协会副主席。1959年，任广州中医学院体育教研室主任，创建广州中医学院武术队，讲究武医结合，传授气功疗法。在同年举办的广东省第二届运动会中担任武术项目副裁判长。1961年，担任广东省高教局、卫生局联合举办的大中学生气功训练班教练，参加学习的有3000多人次。1982年，任广东省武术协会副主席。

2018年1月在广东佛山科学技术学院60年校庆之际，为弘扬先辈精神、传承先辈遗志，将佛山武术和武医发扬光大，1月20日，“武医典范 后世师表——李佩弦125周年诞辰纪念大会”在该校体育馆举行。

## 7 辛酉剧社创始人朱穰丞

朱穰丞（1901-1943），江苏吴县（今苏州）人，出生于上海。圣芳济中学毕业后，曾在生大银行、克发洋行任高级职员。1921年，朱穰丞与精武体育会的朋友组织辛酉学社，后邀集袁牧之等组织辛酉学社“爱美的剧团”（爱美的即Amateur的音译），简称辛酉剧社。作为中国现代较早的一个话剧剧团，辛酉剧社团结了一批热爱戏剧的青年，有袁牧之、马彦祥、应云卫、王莹等。辛酉剧社致力于新文化、新思想的宣传研究，也进行戏剧创作。

朱穰丞像

1928年，辛酉剧社提出了演“难剧”的主张，即上演艺术难度较高的话剧剧目，演出了契诃夫的《万尼亚舅舅》和安得列夫的《狗的跳舞》等，并都由朱穰丞翻译并导演。在此期间，为提高中国话剧的导演艺术和理论，朱穰丞翻译介绍了大量外国戏剧与剧本，被戏剧界誉为第一个把斯坦尼斯拉夫斯基介绍到中国并运用到导演艺术中的人。朱穰丞领导的剧社，在演出的艺术质量上，在开拓中国话剧事业上，都受到戏剧界的赞赏。

1928 年 10 月，田汉创办的南国社、洪深创办的戏剧协社，以及朱穰丞创办的辛酉社，联名发起成立了上海戏剧运动协会。在中国共产党地下党的影响下，朱穰丞邀请潘汉年担任剧社的顾问；同时，在艺术上，也从单纯为戏剧艺术而艺术的观念中跳了出来，参加了中国共产党领导的“左翼戏剧家联盟”。

1930 年冬，朱穰丞赴法国勤工俭学，求学于索尔邦大学。在巴黎，他参加了中国共产党，并担任了法国反帝大同盟中国组组长，与冼星海一起编导了许多音乐节目和短剧。1933 年，被法国政府驱逐出境，于是转辗到苏联，先后在国际革命戏剧同盟和莫斯科瓦赫坦科大剧院从事戏剧工作。

1938 年，朱穰丞与莫斯科列宁学校的一批中国师生准备回国时，突然被苏联内务部逮捕，指控他与日本侦查机关有联系，并被错误地判为间谍罪。1939 年 5 月，被送往克拉斯诺雅尔斯克边区的劳改营，1940 年 9 月，又被转到克麦罗沃州的西伯利亚劳改营，1943 年 1 月 17 日死于劳改营，葬于克麦罗沃州马里因斯克区诺沃伊万诺夫斯科耶村的墓地里。1990 年，苏联政府为他平反并恢复名誉。[2]

## 8. 音乐家司徒梦岩

司徒梦岩（1888- ？），又名司徒傅权，祖籍广东赤水区沙洲乡回龙里，是精武会早期成员。1888 年出生于上海，早在少年时代就喜爱音乐、粤曲。20 世纪初开始跟从徐家汇教堂的外国小提琴教师学习小提琴演奏。1903 年，司徒梦岩赴美国麻省理工学院主攻造船专业，业余苦练小提琴，并跟美籍波兰小提琴制造家戈斯学习制造小提琴。据说司徒氏所制造的小提琴曾为戈斯夺得巴拿马博览会提琴制作比赛首奖。

司徒梦岩像

司徒梦岩兼任上海精武体育会欧弦部小提琴教授，并加入了中华音乐会。在传授西洋乐、小提琴演奏的同时，司徒梦岩致力于粤乐的研究与革新。广东音乐的“四大天王”中的吕文成、尹自重（其他二人是何浪萍、何大傻）都曾跟司徒梦岩学过西洋乐理和小提琴演奏。特别是，司徒梦岩还启发、帮助了吕文成研制出了高胡，使广东音乐乃至其他民乐中有了一种特色鲜明的新的民族弓弦乐器。

司徒梦岩的另一功绩是在 1920 年前后，将小提琴引进中国，这是中西文化结合中的一个很生动的例子。其他如木琴、夏威夷吉他、萨克管、班祖、小号和架子鼓等，也陆续引进。这些西洋乐器，后来都形成了很典型的广东音乐风味的演奏技法。

此外，司徒梦岩还经常与友人一起演奏广东音乐，《燕子楼》《到春来》《昭君怨》《小桃红》《潇湘琴怨》等都是保留曲目。司徒梦岩曾用五线谱整理过吕文成作曲的《燕子楼》全曲。还把许多外国名曲翻记成工尺谱，为中外音乐交流作出贡献。

## 9. 实业家简氏兄弟

简照南（1870-1923），广东广州府南海县（今佛山澜石黎涌乡）人，著名实业家和爱国华侨，是精武体育会的会员，精武骨干陈公哲的好友。简照南幼年家贫，17 岁投奔香港的叔父简铭石所开的“巨隆号”瓷器店学做生意，不久便派为长驻日本收理账款。1893 年，简玉阶随兄到日本经商，不久在曼谷开办“怡生兄弟公司”经营百货，获利颇丰；随后开办了“顺泰轮船公司”，由租船航运到自购船承办海运，航线遍及东南亚各地。1906 年，简照南、简玉阶（1875- 1957）兄弟创办了南洋兄弟烟草公司，其所生产的“双喜”牌香烟曾经在国内及东南亚一带经久不衰。英美烟草公司曾于 1914 年和 1917 年两次派说客上门，威逼利诱，企图高价收买和控制股票来吞并南洋兄弟烟草公司。简氏兄弟不向英美烟草公司屈服，全力反抗，兼并计划最终没有得逞。[3]

复旦大学教学楼简公堂

简照南

简照南曾先后兼任广东实业团副团长、上海总商会会董和上海华商联合会董事等职。1922 年 7 月，简照南发起成立上海东亚银行，并任该行董事。此外，兄弟俩还积极举办社会公益事业和教育事业，赢得社会各界的广泛支持。1923 年 10 月 28 日，简照南因操劳过度，在上海病逝。

## 10 医药大咖施德之

20 世纪 20 年代后半期任会长的施德之，1861 年生于香港，曾毕业于皇仁书院，年轻时只身来沪发展，“经营商业，多至十余种”。其中最著名的是医药事业，其所经营耀华药厂出品的神功济众水，曾一度风行国内外，救人无数。1923 年，施德之由人介绍到精武体育会参观。参观结束后，施德之认为“精武事业，以提倡体育为主旨，救人于未病之先”，与其医药事业可谓“殊途同归”，于是“尽力赞助”“慨然加入会籍”。仅加入精武会一年，即被推举为会长，并一直为精武会效力“凡十二年”。[4]

精武体育会会长施德之

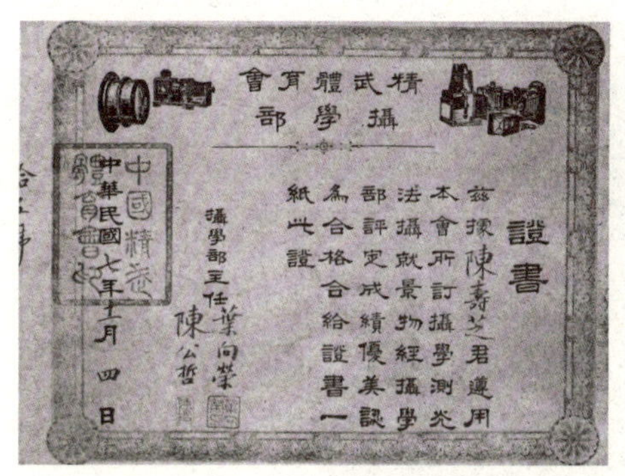

精武體育會
攝學部

證書

茲據陳壽芝君適用本會所訂攝學測光法攝就景物經攝學部評定成績優美認為合格合給證書一紙此證

攝學部主任 葉向榮 陳公哲

中華民國七年十一月四日

陈寿芝在精武会摄学部修业证书（原载《精武本纪》）

在施德之任精武体育会会长及会董的十多年里，基本每年都“捐助巨资”，而且“凡有大举，莫不慨然以为之倡”。例如，在精武体育会筹建中央大会堂、装修横洪桥新会所、建筑篮球房、举行国内外精武代表大会、举办精武义学、设立特区分会等重大活动中，“皆赖公之输助，得以早日完成”。[5]

## 11. 中国第一部长故事片制片人陈寿芝

1920年，精武体育会会员陈寿芝与邵鹏、施彬元等集资在上海创办中国影戏研究社，并拍摄了中国第一部长故事片《阎瑞生》，陈寿芝既是制片人，又是演员（饰演主角）。陈寿芝1917年8月加入上海精武体育会，在精武会摄学部专修摄影学，会员编号585。

影片《阎瑞生》片长10本，放映2小时左右，情节紧凑，表演精彩，扣人心弦。拍摄技巧自然，是一部相当成功的商业影片。影片《阎瑞生》的放映，引起了连锁反响，大舞台、新舞台、笑舞台等剧场都跟着演出了各自的《阎瑞生》，有些是连台本戏，其中影响最大的是著名京剧老生演员麒麟童（周信芳）主演的《枪毙阎瑞生》。此外，还有十几种以阎瑞生谋财害命为题材的书籍出版，出现了文坛“阎热”。

影片《阎瑞生》首映于夏令配克影戏院，连映一周，引起社会轰动。有的影评家撰文写道：“在真实性追求上作出了前所未有的创造，演员的表演因较熟悉剧中人，也有突破。”“编剧紧凑，男女演员均能适如其分，其中主要而最精彩者，为饰演阎瑞生的陈君，神情状态活画一堕落青年，观之殊足发人深省，国人自摄影片竟能臻此境界，殊出意料之外。”也有人批评《阎瑞生》宣扬“色情恐怖”，上海总商会曾要求取缔，江苏教育会也视《阎瑞生》“有碍风化”，提起取缔之呈请。尽管《阎瑞生》褒贬不一，但它突破了无声电影的框框，开创了中国电影新时代，其作用不可磨灭。

此后，陈寿芝曾任大中国影片公司演员，参演过《貂蝉救国》等影片。

## 12. 中国最早男女功夫明星查瑞龙、邬丽珠

查瑞龙和邬丽珠都是浙江舟山人，两人曾在精武体育会受过训练，因共同出演《关东大侠》等而成了老搭档。

邬丽珠（1907-1978），浙江定海人，中国影坛第一位武侠女明星，外号“女泰山”。

邬丽珠剧照

查瑞龙

邬丽珠武功根基深厚，动作异常矫健出色，活跃于20世纪30年代至50年代的上海及香港电影界。

查瑞龙（1904-1972），原籍浙江定海，生于上海。1920年，入上海精武体育会，师从刘百川、任志傲、佟忠义等国术名家，操练拳术和武功。1922年，发起组织国育武术研究会。苦练石担石锁，创造“五花飞石”等40多种花式动作。练就双臂千钧神力，堪称一绝。1926年至1928年间，查瑞龙常在上海万国体育会与洋人比武，屡屡获胜。当时有洋人邀请他当保镖，黄金荣花园和哈同花园都邀请过他，但查瑞龙都明确予以拒绝。查瑞龙因和邬丽珠共同出演《关东大侠》，被人们誉为“关东大侠”。

1932年，田汉等创建艺华影业公司，主演《民族生存》《肉搏》《中国海的怒潮》等进步影片。《民族生存》是田汉自编、自导的第一部影片，查瑞龙系主演之一，此片在当时抗日救亡运动中反响极大。在拍摄《民族生存》时，有一个场景需要到吴淞海边拍日出，但由于接送他们的司机疲劳驾驶，在旧法租界郑家木桥附近出了车祸，田汉被甩出一丈多远，还有很多人都受伤了。同车的“大力士”查瑞龙将田汉抱起，送到附近医院治疗。

1932年冬，春秋剧社在“左联”的安排下，为支援东北义勇军募寒衣在“新世界”游艺场举行义演，由全市各团体轮流演出。春秋剧社是组织者，由田汉编导。然而，春秋剧社在这次演出过程中并不是一帆风顺的，经常有“包打听”（即特务）前来捣乱，并威胁讲“叫田汉当心点”，他们要采取行动了。正在“新世界”义演的武术大力士查瑞龙、魏鹏飞两人听到后，就赶来对特务说：“谁敢动田汉一根汗毛，我们就对他不客气。”一时场子里大乱，这两位武术家武艺高强，“包打听”哪里是他们的对手，只得认输退出剧场。从此以后，查瑞龙、魏鹏飞每天保护田汉先生送回家。

1933年，查瑞龙任中国电影文化协会理事和执行委员。1934-1935年，5次到泰国、新加坡、菲律宾演出。足蹬千斤、钉板铁桥和汽车过身等惊险节目，艺惊四座。1935年，查瑞龙出任莫义武术会会长。1938年，创办上海业余体育研究会。1940年，主编《新技击》。“文化大革命”中，因田汉案牵连受迫害。

《东方大力士查瑞龙》一文，收录了

不少查瑞龙为国人扬眉吐气的事：有一次，一个自称“东方第一大力士”、名叫白克门的人在中央大戏院摆下举重擂台，放言“中国人都是东亚病夫，如有不服者，尽可前来较量”，表现了对中国人的绝对蔑视。查瑞龙听后非常气愤，跃上台将五百磅重的杠铃高高举起，这是白克门无法做到的……一时全场轰动，有些影迷认出了查瑞龙，不由得大声欢呼：“关东大侠！关东大侠！”白克门次日便狼狈离去。

美国米高梅影片公司要拍摄影片，想用二十万元片酬请查瑞龙主演。“查君因虑该片或含有侮华性质，为慎重起见，因以此事商诸其至友田汉，要求须交阅剧本。厂方坚持以为不可。查君因益质疑于该片内容，当有侮我华人之处，遂毅然牺牲此二十万元之报酬，而谢绝主演……”[6]

著名戏剧家田汉在《影事追怀录》中也有着详细的回忆：“……查瑞龙，他是一位全能的运动员，也是左翼电影工作者。后来因为抗日而入狱，受到敌人的摧残。在解放之后仍然不断培养业余体育人员。”田汉还专门借用了一首鲁迅的诗，表达对查瑞龙的赞美之情：

> 一九三一年末的影界，
> 有一个大力士随着时代而转变，
> 他离弃了神怪武侠的玩意儿，
> 走上为民族求生存的大道，
> 他说：只有走这一条路，
> 才不辜负他的铜筋铁骨……
> 他向帝国主义者肉搏，
> 高呼：“大家起来，收复失地！”

# 第三节 武术名家

一百一十年以来，精武会名家辈出，群星璀璨，涌现了一大批武术名家。

## 1.“查拳名师”李汇亭

精武会查拳名师李汇亭

李汇亭（1858-1932），又名李恩聚，山东任城（今济宁）人，继承家学查拳，1910 年受聘精武任教师，1928 年代表精武体育会参加在南京举行的中国“第一届国术国考”获得优等，并获“老当益壮”银质奖，授予“中华勇士”勋章（时年 70 岁）。

## 2.“鹰爪王”陈子正

陈子正（1878-1933），又名陈纪平，河北雄县李林庄人，是鹰爪翻子拳的创始人。1918 年起任上海精武体育总会鹰爪拳教练。

1900 年，八国联军入侵，义和团奋力抗战。然而，当时河北保定一带的清军，不但不积极抗击外敌，反而把屠刀对准了义军将士，沿途烧杀抢劫到了李林庄村。义和团在村口奋力阻击清军，但因寡不敌

“鹰爪王”陈子正

众而失败，十多位义士遇难。在危急时刻，20岁出头的陈子正挺身而出，率领全村壮年，一面疏散老少、转移妇弱，一面掩护义军撤入李林庄村的张家大院。随后，陈子正紧闭院门，带领义军登上房顶，居高临下化解清军多次进攻。三名清兵从西房外偷袭，在两位义军不幸倒下后，进攻陈子正。陈子正施展鹰爪功，侧身略微一闪，手如鹰爪般擒住对方的右拳，轻轻一扭就将一名清兵疼得跪地求饶。另外两名清兵见状后，吓得仓皇而逃。由此，“鹰爪王”的美名在当地流传开来。

1915年，当时的晋绥军副总司令闻其名声即邀请陈子正担任北平模范军团武术教官。在当年夏天军中的一次空手夺手枪表演中，一少将军官持手枪于十丈外向他射击，陈子正疾驰近前，在少将一枪不中，未及二枪时，已将其手中短枪夺走。此举轰动北平武林，人皆谓之“神”。陈子正虽为武人，却有清醒的头脑。由于模范军团的首脑支持袁世凯卖国，陈子正愤而辞职，誓不与之同流合污。因为陈子正在晋绥军任武术教官的精湛武术，以及其爱国情怀，使得社会名流对其刮目相看，纷纷邀他教授武术。

1916年，黑龙江省立一中校长刘凤池、第一师范校长王寅卿等，先后邀请陈子正赴哈尔滨在省立各校任教。这刚好和陈子正转向武术教学的愿望不谋而合，欣然赴任。这一时期他收的弟子郭成尧、孙成之、杨炳文、由述孔等，认真倾听其教学，后来都成为拳术名家。此间，陈子正著书立说，于1917年出版了《鹰爪拳术摘要》，这是他结合教学实践的一部专著，创编了“鹰爪翻子拳”。

在陈子正的名声传到上海时，上海名流黄任之、沈信卿、伍壮飞等联名电邀他赴上海表演并执教。表演交流大获成功，旋即被上海精武会延聘为教练并兼任副会长。以后，陈子正受上海精武会的委派，先后赴武汉、南京、广州、香港等地表演、较艺、执教，足迹遍及大半个中国。在任职上海圣约翰大学时发生过一个有趣的插曲：一位名为刘典章的湘南名士，也是一位精通拳术的高手，不服陈子正。一日，自称为武术的初学者去精武会向陈子正请教，暗中以拿手拳技进攻。通过初步的交手，陈子正知其为武术高手，但仍礼让数招，在刘典章步步紧逼之下，只好轻轻发力，便将刘典章推出丈余。刘典章仍不服，连连出手三次，但都败于陈子正。刘典章既服陈子正的武技，更叹陈子正的武德，遂拜其为师，一时传为佳话。

1928年，南京举办了第一次国术大赛，陈子正应南京国术馆之邀，率弟子郭成尧、孙成之奔赴南京，弟子郭、孙二人登台打擂，并名列前茅。因陈子正名声在外，南京国术馆馆长张之江力邀他登台一显身手。就在陈子正登台之前，形意名家朱国福暗中在陈子正的衣服背后书写上了“河北陈子正”五字，对手见其字样皆不战而退，张之江十分惊叹，亲笔为陈子正题字“鹰爪王”。

陈子正虽身怀绝技，但从不自负，每与人交谈，皆温文尔雅，很少谈及武术。凡与他交往之人，都感其正直淳厚，心生敬仰之情。陈子正轻易不与人交手，他常说：“人练一身功夫不容易，失手致伤实在可惜。”即便是不得已与人交手，他也总是先礼后兵。

吴鉴泉像

## 3.“太极名师”吴鉴泉

吴鉴泉（右）与杨澄甫宗师合影

吴鉴泉（1870-1942），又名爱绅，满族，河北大兴人。1928 年起任上海精武体育总会太极拳教练。

吴鉴泉虽身出八旗，但绝非纨绔子弟，他自幼喜练武功，善于骑射。在深得杨式太极真传的父亲吴全佑的指导下，对太极拳苦心钻磨，造诣日益精深。

据记载，某日北京体育研究社来了一个名叫威廉的美国大力士。此人十分嚣张，扬言要挑战中国武术。威廉身高体壮，绝非泛泛之辈，万一迎战之人败绩，则中国武术将颜面尽失。考虑到此种利害关系，派何人迎战？身为社长的许禹生十分为难。后经再三斟酌，才选定了吴鉴泉。结果，吴鉴泉用太极拳的以柔克刚，连摔美国大力士数跤，输得心服口服的威廉当场表示愿意跟随吴鉴泉学习太极拳。据当时观战之人回忆，吴鉴泉的吴式太极推手别具一格，细腻绵柔，宁静而不妄动。虽然架式小巧，但具有大架功底，开展而紧凑，紧凑中又不乏舒展自如。

曾有一段时间，吴鉴泉会前往湖南长沙，看望在那里担任太极拳教练的次子吴公藻。一次，父子俩在一菜馆的雅座里用餐。席间，一位身着灰色长袍的壮汉闯了进来。一见吴鉴泉，便打个揖，说道：“老师！久仰您的威名，今天我想向您学几手，不知您肯不肯赏脸？”由于吴鉴泉听不懂湖南话没有回答。幸好吴公藻懂一些湖南话，于是在父亲耳边道：“此人是湖南省第一届国术考试冠军唐徽典，他想跟您试试手！”唐徽典自恃全省夺冠，而且武艺过人，听到吴公藻的话，更是点头道：“正是。”吴公藻也笑着对父亲说：“您就和他推推手吧！”吴鉴泉推辞不过，只好起身与唐徽典过招。大约三分钟之后，唐徽典突然栽倒在地，想爬起来，却又觉得浑身无力。吴鉴泉见状，立即上前把唐徽典扶了起来。唐徽典一脸困惑，不知自己是如何失败的，吴鉴泉笑着解释道："所谓熟能生巧，勤学苦练出真功，你记住就是了。"事后，唐徽典逢人便说："吴鉴泉推手时，全身松软如绵，转动如旋，吐气如泉，触人如电。"

正式定居上海后，吴鉴泉受聘于上海精武体育总会担任太极拳教练。为了更好地推广吴式太极拳，在1933年创办了鉴泉太极拳社，如今其门徒已遍布海内外。

## 4."摔角大王"佟忠义

佟忠义（1879-1963），字良臣，满族，河北沧州人。1937年起任上海精武体育总会摔角教练。主要著作有《中国摔角法》。

20世纪20年代，沦为日本人势力范围的上海虹口区聚居着许多日侨。一日，一个包含多名日本柔术国手和武士在内的"献艺团"在四川北路的昆山花园摆擂，并且夸口"天下无敌"，令在场的所有中国人都义愤填膺。当日，佟忠义和他的几名弟子也正好在场。出于强烈的爱国热情，佟忠义飞身跃上擂台向日本"献艺团"叫阵。日本人知道来者非等闲之辈，遂派出团内最顶尖的选手和佟忠义较量。日本高手本想以势压人，一上来便向佟忠义扑去。而胸有成竹的佟忠义神情自若，一个转身避开之后，瞅准机会，连摔日本高手两跤。一时，台下的观众鼓掌为佟忠义叫好，而日本"献艺团"顿时威风扫地，只得草草收场，悄然离沪。自此，"摔角大王"的称号不胫而走。

在上海滩一炮打响的佟忠义，引起了一些武林人士的嫉妒。当时，"关东大侠"查瑞龙名誉海内外。其人力大无比，双手能把百余斤重的石担子耍舞自如。一日，查瑞龙会同十余名兄弟，约佟忠义比试摔角。起初，查瑞龙让众兄弟轮番上阵，均被佟忠义连战连胜。面子上有些挂不住的查瑞龙只能亲自上阵，而佟忠义摔得兴起，用毛巾蒙住眼睛与对手较量。查瑞龙自恃力大，如猛虎般扑抱住佟忠义的腰，佟忠义冷静地向左一转，低头撩起右腿，一个挑钩子将查瑞龙摔倒。查瑞龙心存不服，自认冒失轻敌，因此在第二回合比试时谨慎地左脚上步，出右手抓住佟忠义的袖口。早有防备的佟忠义趁对手左足未稳，连施右扑脚和锁喉的绝招，将查瑞龙摔个仰面朝天。当着弟兄们的面，查瑞龙连输两次，早已羞得面红耳赤。佟忠义则颇有绅士风度地上前扶起查瑞龙，再请摔第三回合。但是，查瑞龙已经心悦诚服，当场拜佟忠义为师。

"摔角大王"佟忠义

佟忠义编著《中国摔角法》一书封面

这就是传为佳话的“佟忠义蒙眼摔金刚”。

1935年，上海精武体育总会为了普及佟忠义的摔角技艺，特别邀请著名摄影家洪志芳将佟忠义的摔角技术拍摄下来，由助理编辑朱文伟和常伟川配以文字说明，编著成《中国摔角法》一书。这本书也是我国最早、最完整的一本摔角典籍。

赵连和（右）与弟弟赵连城展示手足交搏（原载1919年出版的《精武本纪》）

## 5."少林门师"赵连和

赵连和（1883-1945），字芝莲，河北景县人。霍元甲去世后，赵连和于1910年起任上海精武体育会总教练，主持教务工作，并两任上海市国术考试评判员。香港精武体育会成立时，身为精武“四大名师”之首，赵连和也应邀前往主理。主要著作有《潭腿》《达摩剑》等。

幼年时，赵连和曾经追随过多位拳师习技。成年后，由于仰慕少林功夫，便前往嵩山少林寺，拜了一位老僧为师。老僧见他天资聪颖、勤奋好学，将独门绝技“斩马刀”传授给他。在赵连和学成后准备离开少林寺之时，老僧谆谆告诫他“齿刚易折，舌柔长存”，暗示柔可胜刚，赵连和一直把这两句话谨记在心。后因缘际会，赵连和与人称“大刀”的王五结识，得其指点。赵连和将王五刀法的快、准、狠融入“斩马刀”，使得刀法炉火纯青，自成一家。斩马刀本是短兵器，却利于步战时和马上英雄周旋，专斩马足，故名。

精武总教练赵连和习武

在上海精武体育会成立之初，但凡有活动庆典，都会由一班教练和学员登台表演武技助兴。赵连和的“斩马刀”是必备的保留节目。在表演中，赵连和在一同登台的学员的鼻子上涂上一些白粉，然后神定自若地挥舞大刀削去学员鼻子上的白粉，但丝毫不伤及学员的鼻子。其难度之大，技艺之高，令在场观众目瞪口呆，无不叹服。

## 6."七星螳螂"罗光玉

罗光玉（1889-1944），山东蓬莱人。1919年起任上海精武体育总会螳螂拳教练。后又担任香港、佛山等地精武会教练。罗光玉的武术教学高效而得法，仅仅在港传教的短短两个月时间内，其所带领的弟子们连获全港国术比赛团体赛冠军，以及广东全省国术公开比赛冠军。

1919年，几名沙俄大兵在西伯利亚霍地市摆下擂台，讥讽中国人孱弱。这一猖狂的举动立刻引起了北方武术界的强烈愤慨，他们一致推举“螳螂拳王”范旭东前

"七星螳螂"罗光玉

去迎战。范旭东是七星螳螂拳第三代传人，其门下有五名弟子。此次应战，范旭东带上了四弟子罗光玉。师徒二人连挫沙俄拳击手，勇夺锦标，令七星螳螂拳声名大噪。消息传至国内，举国轰动，罗光玉也声名鹊起。当时，正逢上海精武体育会四处招揽国术名家，罗光玉即被聘为教练。此后的10年间，罗光玉亲自培养出了多位武术人才。在1928年举行的全国运动会第一届国术比赛中，罗光玉的弟子马建超和陈振仪皆获优等奖，其中马建超更是荣膺榜首，威震武林。

罗光玉武艺精湛，造诣深厚。在18岁拜入师门那年，范旭东就告诫他，若要练好七星螳螂拳，蹲马步、双臂轮打沙袋、单脚独立等基本动作是必不可少的，更重要的是讲究指力。通过自己的琢磨和钻研，罗光玉总结出了一套行之有效的训练方法，例如在洗脸盆中放上大半盆的绿豆，双手交替奋力抽插，每一回至少练习上百次。正是通过长年累月的苦练，罗光玉才将七星螳螂拳演练得出神入化。

香港精武会的参事长谭久耳一直敬仰罗光玉，认为他是不可多得的国术名家，曾多次盛情邀请罗光玉任教香港精武会。终于在1930年，罗光玉南下正式受聘香港精武会；后来又先后在佛山和澳门等地的精武会任教，为七星螳螂拳的传承和发展做出了巨大的贡献。

自古以来的习武之人大多恪守一条不成文的规定，即自家拳法秘不外传。然而，罗光玉胸襟开阔，没有门户之争的成见，在各地精武会任教期间，毫无保留地将自己的拳法传授于学员。罗光玉为人谦逊，除了教授拳法之外，几乎不以武示人。罗光玉的教学也很有特色，据弟子们回忆，每当他们练功完毕回房休息时，罗光玉都会站在门前，偶尔会突然出招攻打，令弟子们猝不及防。罗光玉之所以这样做，其目的是迫使弟子们时时刻刻都要保持高度的警觉性，做到随机应变，发劲刚而不僵，柔而不软，短中寓长——这是符合七星螳螂拳精义的，因为螳螂的动作明快而迅速。

## 7. 太极名师徐致一

徐致一像

徐致一（1892-1968），浙江余姚人，著名太极拳名家。1933年第二届国术国考考评员。中国武协第一、第二届委员，曾任新中国成立后的上海精武体育会第一任会长。著有《太极拳解说》《太极拳（吴鉴泉）式》等著作。

## 8."技击名家"王怀琪

精武会武术名家王怀琪

王怀琪（1892-1963），江苏吴县（今苏州市）人，精武技击班的早期学员。最先把精武的技击等体育项目带进了澄衷中学的体育教学，建立了"澄衷学校技击团"。著作有《八段锦》《十二路潭腿新教授法》《对打潭腿全图》《单练潭腿图解》等。

## 9."亚洲毒蛇"郑吉常

郑吉常（1913-2001），广东中山县（今中山市）人。1940 年起任上海精武体育总会拳击总教练、上海精武体育总会名誉理事。1986 年担任上海市拳击协会副主席。郑吉常既是一名优秀的拳击运动员，更是一位出色的拳击教练，培养出了周士彬和纪桓惠等一批拳坛精英。

拳击作为一个世界性的体育竞技项目，是由上海精武体育会引进中国的，从而使得上海成为中国拳击运动的发源地。这其中郑吉常作出了突出的贡献。

1928 年底，荣获澳洲次中量级拳击冠军的陈汉强回国，并在上海精武体育总会创办了中国第一个西洋拳击班。身材适中、动作敏捷的郑吉常被陈汉强一眼相中。为

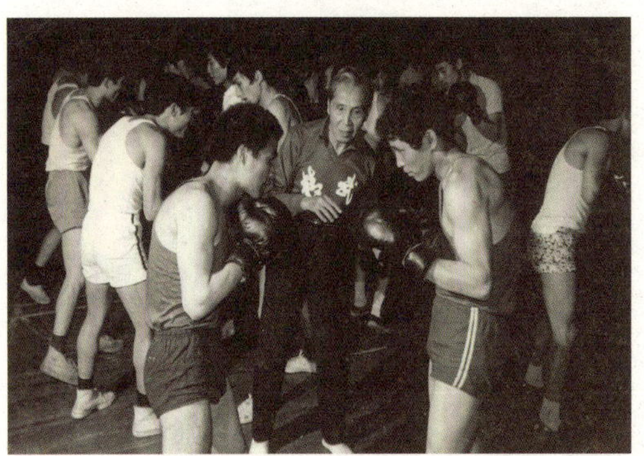

郑吉常（中）指导学生拳击

了更快地提高自己的拳击水准，郑吉常总是在训练中有意去为比自己强壮许多的外国拳击高手做陪练。由于双方的体魄和力量对比极不相称，起初，郑吉常每次都被外国拳手打得鼻青脸肿。但是，功夫不负有心人，日复一日的苦练让郑吉常逐渐揣摩出了一套独家拳法：防守时全身保持松弛，并且利用敏捷的速度避开对方的重拳攻击；进攻时出其不意，找准对方弱点进行猛攻。

1930 年春，日本著名的拳击教练山本带队来华与上海精武体育总会进行交流比赛，当时年仅 17 岁的郑吉常被安排在最后一轮出场。比赛开始后，气势凌人的日本拳手频频发起猛攻，沉稳的郑吉常左右躲闪、伺机而动。突然，觅得良机的郑吉常以一记迅雷不及掩耳的左刺拳正中对手脸部，先前一直占据主动的日本拳手防范不及，被击倒在地。此时，坐在场下的山本教练立即起身，大惊失色道："真厉害！简直像一条毒蛇！"赛后，山本主动找到郑吉常，

“亚洲毒蛇”、拳击大师郑吉常

称赞他的左直拳像“毒蛇吐信”一般。自此，郑吉常在拳坛获得了“亚洲毒蛇”的美名。

1932 年，郑吉常在一场中西拳击对抗赛中遭遇了一名实力强劲的对手，此人是在欧洲保持不败战绩的英国轻量级冠军琼斯。赛前，琼斯曾夸口说：“在欧洲，我通常三个回合以内就能解决战斗。至于中国拳手，一个回合足矣！”赛中，琼斯在第一回合开始后就向郑吉常发动了狂风暴雨般的进攻；郑吉常则避其锋芒，不停闪躲，消耗对手的体力。两回合战罢，双方不分胜负。郑吉常心里清楚，要想取胜，必须求变。第三回合，郑吉常主动进攻，快速的左刺拳连中琼斯面部两下，这下彻底激怒了琼斯，后者发狂似的和郑吉常展开对攻。正当比赛进入白热化之际，郑吉常突然两腿一软，琼斯以为他已抵挡不住，挥出左摆拳准备结束战斗。然而，郑吉常只是卖个破绽，还没等琼斯的重拳落到自己头上，他的右直拳已经击中琼斯的下巴。只见琼斯的身体稍稍晃动一下之后，便在现场的英国海军官兵、记者以及外国观众的惊叫声中应声倒地。

武术大师蔡龙云

1943年11月13日，蔡龙云（中）击倒马索洛夫

## 10. 武术泰斗蔡龙云

蔡龙云（1928-2015），山东济宁人。上海精武体育总会荣誉会员、全国武术协会副主席、国家体委武术研究院副院长。蔡龙云文武双全，是技理全面又有综合修养的一位武术大家。新中国成立之后，他出任上海体育学院教授，展现出了优秀的教学能力。他著书立说，寓教于武、继承创新，是新中国武术教育的奠基人。他能革除中国传统拳种流派林立、门户之见的弊病，参与标准制订，重视教材建设。主要著作有《华拳》《武术运动基本训练》《剑术》《少林寺拳棒阐宗》《琴剑楼武术文集》等。

20 世纪 40 年代，西方人根本看不起中国人，耻笑中国人是“东亚病夫”，对于中国武术更是不屑一顾。当时，西洋拳击界提出要与中国武术界进行对抗赛，以著名武术家王子平、蔡桂勤为首的武林前辈，挑选出八名选手代表中国武术对抗西洋拳击。在这八名选手中，年龄最小的就是年仅 15 岁的蔡龙云。

1943 年 11 月 13 日，中国武术和西洋拳击对抗赛在上海回力球场（现卢湾体育

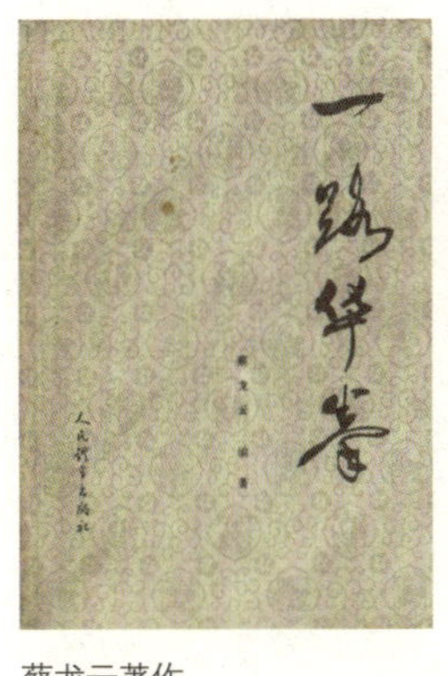

蔡龙云著作

馆）举行，门票一抢而空。抽签结果，与蔡龙云交手的是西洋拳击界赫赫有名的俄籍拳师马索洛夫。比赛时出了一个小插曲：由于蔡龙云不懂西洋拳的比赛规矩，也不知道双方赛前还要互相致意，因此刚一靠近对手，就使出浑身力气给了对手一拳。马索洛夫毫无准备，一下子就被打蒙，半天没缓过神来，惹得全场一片哄笑。

锣声一响，比赛正式开始，马索洛夫就像一头下山猛虎向蔡龙云扑去，并且施以一系列猛烈的直拳。蔡龙云则机智地左右躲闪，冷静地寻觅对手破绽。凭着精湛的华拳功底，蔡龙云拳脚并用，在短短两个半回合内，13 次将马索洛夫击倒。当裁判宣布蔡龙云获胜时，回力球场爆发出雷鸣般的欢呼声。

败下阵来的马索洛夫并不服气，在他的挑唆下，1946 年 9 月 2 日，美国重量级黑人拳手鲁塞尔与蔡龙云在上海八仙桥青年会打擂。尽管鲁塞尔人高马大，但他还是在第四个回合被蔡龙云击倒。

蔡龙云是蔡桂勤的独子，4 岁时便跟随父亲习武。9 岁时，蔡龙云的拳术已经相当精熟。迎面三脚、八步连环、罗汉十八手等难度较大的功夫，练得有模有样。蔡龙云的祖传华拳、十二套拳路更是打得醇厚刚猛、飘逸俊美。老一辈武术家曾这样称赞蔡龙云的华拳：“动如奔獭，静如潜鱼，进如风雨，退若山岳。”

功夫巨星李小龙电影代表作《龙争虎斗》中所使用的得意技“击步三步落地旋风脚”，便出自蔡龙云的《一路华拳》。李小龙生前著作《基本中国拳法》中有许多章节便是译自这本《武术运动基本训练》。

2008 年 12 月 27 日，“蔡龙云大师工作室”在上海体育学院正式挂牌，这也是继周小燕和余秋雨之后在上海成立的第三个大师工作室。

为少年英武的威名所震撼，著名的书法家沈尹默赠诗一首给蔡龙云：“少林拳击世莫当，动迅静定力蕴藏，蔡君得之制强梁；柔非终柔刚需刚，刚者先折柔转强，妙门洞辟唯东方；技与道合乃有此，一洗东亚病夫耻。”

## 11.“太极拳师”傅钟文

傅钟文（1903-1994），河北永年县（今永年区）人。1936 年起任上海精武体育总会太极拳（杨式）教练，曾任上海武术协会副主席。主要著作有《杨式太极拳》《太极刀》等。

河北永年县是杨式太极拳的发祥地。傅钟文便是出生在这个弥漫着浓郁太极文化的“太极拳之乡”。他 9 岁开始学拳，后拜一代太极拳宗师杨澄甫为师。杨澄甫不仅教他做人的道理，还教他拳路架式。推手是杨澄甫的一绝，出手时，时而轻灵活变，时而稳如泰山。傅钟文有一次与师父推手时，杨澄甫稍稍发力，傅钟文便招

“太极拳师”傅钟文像

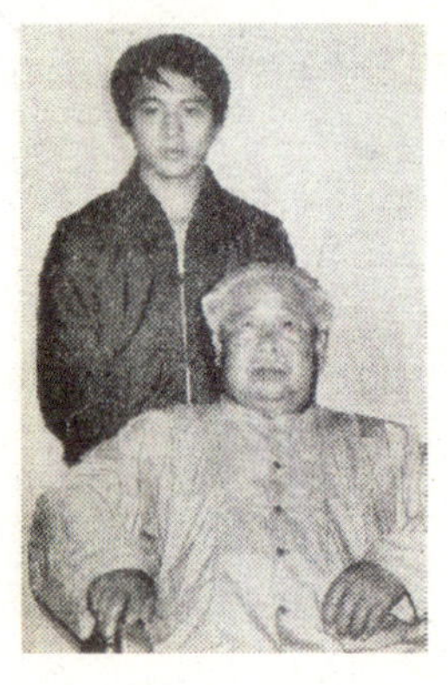
傅钟文与李连杰（后）合影

杨澄甫教授傅钟文太极拳，傅钟文（右）与杨澄甫合影（1932年）

架不住，被推得一次次撞到身后的墙壁上，连墙上的泥土都被撞得散落一地。

1929 年，杨澄甫正式定居上海，已在上海谋生的傅钟文立即搬到杨澄甫住处。他一边悉心照料师父的起居，一边如饥似渴地学习和揣摩师父的绝技。由于日夜潜心钻研拳术，傅钟文不久便将推手演练到了“轻则如拂翎，重则如山倾”的境界。

杨澄甫常去南京、芜湖等地教拳，傅钟文始终不离左右，助师传艺。1932 年，杨澄甫应邀赴广州，当时常有慕名而来的人士要求交手，傅钟文都替杨澄甫出场，往往只需几个回合，对手便败下阵来。一日，河南一位八卦拳高手想在杨澄甫面前显露一手，傅钟文与对手交手时，借力发劲，瞬间就抛对手于数步之外，跌倒在地。当对手从地上艰难地爬起来时，早已羞愧得面红耳赤，耷拉着脑袋，连称“惭愧”。但是，每次比武，傅钟文始终牢记师父的教诲：“点到为止，决不允许使对方难堪或受伤。”

为了将杨式太极拳发扬光大，杨澄甫逝世以后，傅钟文主动请缨到上海精武体育总会教授太极拳，并于 1944 年在上海创立了永年太极拳社。经过多年的磨砺，傅钟文对于杨式太极拳的精义奥旨有了更加全面的领悟，因此被太极名家陈微明誉为“太极拳之正宗”。

傅钟文一生与世无争，专心教拳。即便退休以后，他每天凌晨四点半就起床，

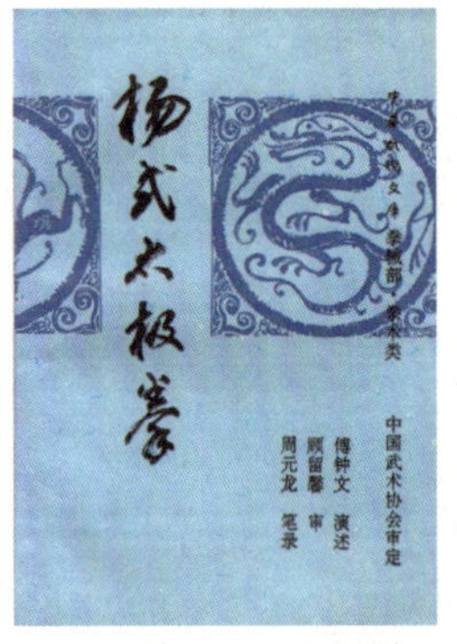

（左）《杨式太极拳》，傅钟文演述、周元龙笔录，1980年10月出版
（右）《太极刀》，傅钟文示范、蔡龙云编写，1959年6月出版

五点准时前往公园教拳，七点半才吃早饭，上午会客，下午研究太极拳教学或休息，黄昏时分继续教拳，晚饭后还要与友人分析拳经。

由于长年习武练拳，进入耄耋之年的傅钟文仍然是童颜鹤发、精神矍铄、步履敏捷。此外，当时年事已高的他曾先后赴新加坡、日本、澳大利亚、德国、意大利、瑞士和美国等地进行教学访问，将杨式太极拳推向全世界。诚如傅钟文自己所说："我的拳术取之于祖国，还之于世界。"

## 12."南拳王"周士彬

周士彬（1923-2007），江苏宜兴人。曾担任上海精武体育总会常务理事，上海市拳击、摔跤协会副主席，中国柔道协会副主席。主要著作有《现代拳击》《现代柔道》和《现代柔道技法》。在精武会，周士彬学过拳击、体操、武术和举重，并拜佟忠义学摔角，成为一个不折不扣的"多面手"。

周士彬自幼家境贫寒，从宜兴来到上海以后，就一直在永安公司打工谋生。少年时的周士彬经常去回力球场观看中西拳击比赛，每次看到中国人被打得狼狈不堪时，都每每激发起他的自强之心。1939 年，一个偶然的机会让他进入了上海精武体育总会练习拳击，后经朋友介绍，认识了英国拳击教练丁格尔。丁格尔曾经是中国拳击队参加第 13 届柏林奥运会的教练，他嫌弃周士彬四肢太短，不愿意教他。这让年轻气盛的周士彬立下壮志，要用自己的双拳把丁格尔那副"有色眼镜"击得粉碎。被丁格尔拒之门外以后，跟随"亚洲毒蛇"郑吉常练习拳击。

1946 年秋，中、苏、意、葡、菲等七国选手参加的拳击赛在上海八仙桥青年会举行，代表上海精武体育总会参赛的周士彬一路打进决赛。决赛当天，上海八仙桥青年会被围得水泄不通，周士彬在决赛中的对手是白俄著名拳击手巴利克夫。尽管周士彬当时已经是上海精武体育总会和八仙桥基督教青年会的"台柱子"，但是在介绍双方选手出场时，周士彬还是受到了来自现场外国观众的阵阵嘘声。相反，当巴利克夫登场时，全场一片沸腾，趾高气扬、不可一世的白俄大力士，不断地向楼上以及楼下的外国观众挥手致意，甚至还频频做出飞吻的姿势。对于坐在对角的周士彬，巴利克夫连正眼都不瞧一下。

周士彬（右）在次中量级比赛中猛击对手（1957年）

1985年，周士彬（左）、阿里（中）

（左）周士彬编著《现代柔道》，1994年7月出版
（中）周士彬编著《现代拳击》，1996年12月出版
（右）周士彬编著《现代柔道技法》，2003年12月出版

比赛开始，巴利克夫犹如一头猛狮，发起一连串进攻。沉着冷静的周士彬则避其锋芒，选择迂回躲闪的战术，消耗对手的体力。这一招让巴利克夫变得更加自大，以为周士彬怕了他，因此逐渐放松了警惕。然而，前两个回合猛打猛冲的巴利克夫明显体力不支，只有招架之力。周士彬果断采取主动进攻，步步紧逼对手，巴利克夫只能双手护头，被迫退到台角。随着一记漂亮而有力的右下勾拳，高傲一时的巴利克夫重重地摔倒在地。23 岁的周士彬由此登上了冠军宝座，“南拳王”的称号就此风靡海内外拳坛。

## 13.“举重之父”胡维予

胡维予（1920-2010），浙江镇海人。上海精武体育总会名誉理事，曾任中国举重协会委员、上海市举重协会主席。20 世纪 50 年代，胡维予曾两次打破举重全国纪录，并受到中华人民共和国第一届全运会邀请，担任举重竞赛委员会裁判长。新中国建立后，胡维予先后培养了 150 余名举重运动健将，如今他们都分布在全国各省市和地区从事举重教学和研究工作。为此，中国举重协会在 1996 年 9 月为胡维予颁发了最高荣誉奖，以表彰他四十余年来为中国举重事业所作出的杰出贡献。

2009 年，在胡维予九十大寿的生日宴会上，上海体育学院 78 届举重班的学生特意准备了一盒巧克力，把一小块巧克力送进胡老师嘴里。对此感人一幕，沙峰解释道：“过去在我们训练和比赛前，胡老师经常从不高的工资中省出一份钱，买来蜂皇浆

“举重之父”胡维予

1942年，上海精武体育会第二届器械组成员合影（后排左二为胡维予）

1961年，胡维予（左三）和他的学生

1982年全国举重冠军赛，胡维予（右一）担任裁判

和巧克力给我们吃，而他自己的小女儿却吃不到一块巧克力。如今蜂皇浆已经买不到了，所以我们一定要让胡老师吃一块巧克力。”在胡维予的众多弟子中，值得大书特书的是上海体育学院 78 届举重班的学生，其中诞生了两位金牌教练——胡贤豪和沙峰。

胡贤豪自 1988 年起担任中国女子举重队主教练，连年带队征战世界女子举重锦标赛，并屡获金牌。在任期内，他也为中国培养出了8位世界冠军和15位亚洲冠军。1996年，沙峰接任国家队主教练职务，担纲2000年悉尼奥运会中国女子举重队的备战任务。在沙峰带队参加悉尼奥运会时，胡维予正因病住院，当中国女子举重队参赛的四名队员全部获得金牌的消息传来之时，躺在病床上的胡维予难掩内心的激动。

借恩师九十大寿之际，沙峰等六名弟子跪地向胡维予三叩首，以示感恩和祝福，并撰祝寿词："维予教授，举重元老；赛场竞技，屡获荣耀；举重小技，强民大事；以此育人，终此不疲。"

## 14."体操杠王"吴玉崑

吴玉崑（1912-1995），江苏武进人，中国体操事业开拓者之一。历任国家体操队教练，1946年起任上海精武体育总会体操教练。主要著作有《单杠运动》《单杠》和《双杠》。

20世纪二三十年代，竞技体操在中国尚处于萌芽阶段。当时的训练条件极其艰苦，单杠下方没有柔软的保护垫，代之的是稻草和沙坑，甚至干脆就是一块水泥地。因此，吴玉崑每次训练结束后都是伤痕累累，不是擦破皮，就是摔出一块块瘀青。在担任四川国立中央大学体操教练以后，吴玉崑遇到一个更加棘手的问题：那些木制单杠构造简单，无非就是在两根粗大的固定木桩上放上一根铁杆子，而且不能被随意搬动，这给需要时常带队外出进行单杠表演的吴玉崑造成了很大的不便。为了解决这一难题，吴玉崑在每天的教学之余开始自己设计单杠，各式各样的设计图纸堆满了他的写字桌。不久，便于携带的吴氏"活动单杠"出现了。

1943年，重庆夫子池体育馆举办了一场大型的体育表演会，压轴节目是"多次换把的单杠正反大回环接高飘空翻下"。"大回环"动作在当时看来是十分具有挑战性的。吴玉崑在全场观众的翘首以待中，轻快地跃上单杠，自如地上下翻腾、回环，还不时地脱手换把，犹如蛟龙出水。正当大家看得目不暇接时，他突然脱杠飞出，并且如飞燕归巢般稳稳落地。"体操杠王"的美名自此流传开来。

1953年，中国第一支国家体操队成立，同时，一批来自苏联的体操专家也被聘请

"体操杠王"吴玉崑像

吴玉崑表演双杠

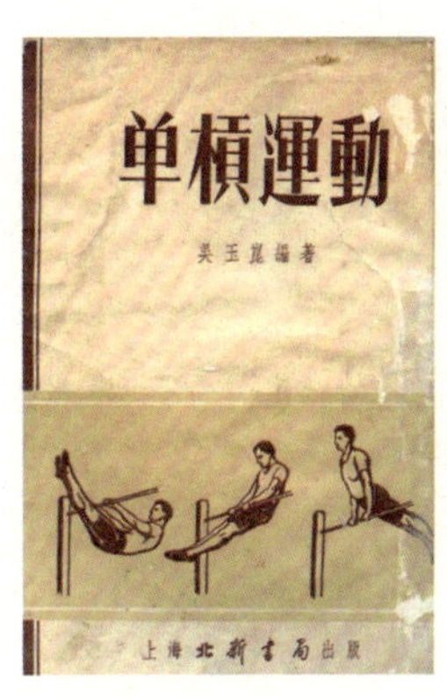

（左）吴玉崑编著的《单杠运动》，1953年7月版（右）吴玉崑编著的《双杠》，1956年9月版

过来进行指导工作。两年后，苏联专家团突然回国，吴玉崑临危受命，担任国家体操队的教练，并兼任第一期全国体操教练员训练班的讲师。陆恩淳、陈孝彰、蓝亚兰、郑馥荪等中国体操的中流砥柱均得到过吴玉崑的亲自指导。

对待学生，吴玉崑一向严格，在国家队执教期间也不例外。每一个技术动作，他都会亲自示范。有一次指导柔韧性训练，当时年过四十的吴玉崑站在一张桌子前，一条腿不动，另一条腿搁到桌上，然后用嘴去触碰搁在桌上那只脚的脚尖。这不禁让在场的一群20岁出头的年轻人汗颜，看着一张张惊讶的面孔，吴玉崑笑着归纳起训练口诀：酸加、痛减、麻停。换言之，肌肉酸的时候加量，痛的时候减量，麻的时候要及时停止。即便到了运动科学高度发达的今天，当时吴玉崑总结出的这套训练方法仍然具有借鉴意义。

## 15."武术名宿"蔡鸿祥

蔡鸿祥（1931-2015），上海川沙人。1959年起任上海精武体育总会武术教练，曾任上海武术院副院长。主要著作有《十二连环拳》。

蔡鸿祥自幼酷爱武术，6岁起便拜武坛名家蔡桂勤为师，终年苦练武功，不畏艰难，经过12个寒暑，终悟其真谛，基本功、拳械技艺、擒拿格斗诸艺尽得师传。在习武中，他十分注重“求德、求功、求法、求艺”，博采众长，精益求精，不仅擅长华拳，并且对太极、螳螂、八卦等拳械造诣亦深。他与师兄蔡龙云（蔡桂勤之子）如亲兄弟，形影不离，两人经常切磋拳艺而废寝忘食。有一次，由于练功过度疲劳，蔡鸿祥竟然晕倒在地。正是他具有锲而不舍的韧劲，受到了师父蔡桂勤的格外赏识。

1958年，全国武术运动大会在北京什刹海体育场举行。会上，时年27岁的上海市武术队队员蔡鸿祥以一招“大鹏展翅”

"大鹏展翅"图

蔡鸿祥著《十二连环拳》（1987年版）

蔡鸿祥表演华拳

荣获拳术冠军。这一经典的瞬间被刊登在了同年的《新体育》杂志的封面上。照片中，一名风华正茂的青年展开双臂，腾空跃起，眉宇间英气毕露，犹如雄鹰般俯瞰大地。两年后，当中国发行第一套武术明信片时，“大鹏展翅”这一动作再次被选中。从此，蔡鸿祥的飒爽英姿红遍了大江南北。在整个 20 世纪 50 年代，蔡鸿祥以其精湛的武艺、锐不可当之势，连续三次获得全国武术比赛冠军，五次获金质奖章，成绩辉煌，令武林同行赞不绝口。

50 岁时，蔡鸿祥受聘担任上海市散手运动队总教练，传授擒拿格斗术。同时，他还从实战出发，精心培训上海市委警卫队以及武警战士，教出了一大批实用型保卫人才。有一次，蔡鸿祥的一名弟子在执行外事任务时，敏捷地抢在外宾的随行特工人员之前解除了突发险情，令外宾及其特工人员刮目相看，钦佩不已。事后，这名弟子还因此受到上海市人民政府的嘉奖。

注释：

1.《南溟精武大事记》，上海档案馆，卷宗号 Q401-10-53。
2.《上海文化艺术志》第十篇“人物”第一章“传略”“朱穰丞”条。
3. 危兆盖：《简氏兄弟创办南洋兄弟烟草公司》，载《传承》杂志 2010 年第 4 期。
4.《精武丛报》（1936），上海档案馆，卷宗号 Q401-10-41，002。
5.《精武丛报》（1936），上海档案馆，卷宗号 Q401-10-41，002。
6. 民国时期上海《奋报》第 454 期。

# 第五章 精武武术

# 第一节 霍氏迷踪艺

20世纪八九十年代，《霍元甲》的电视连续剧比比皆是，歌颂了霍元甲的爱国主义精神，观众对霍元甲的高超武艺，特别是他那自成一家的“霍家拳”——迷踪艺赞叹不已；不过，根据历史资料记载，迷踪艺并非霍元甲和其祖辈人所首创。

迷踪拳原属少林派拳种之一，相传起源于唐朝末年，有一习武僧人见猕腙（狮子）相斗于山里林间，其伸臂舒腿任其自然，彼来此往，灵活轻捷，于是有所悟，即创出此拳。其后北宋年间的梁山好汉头领卢俊义，在少林寺学得此拳，后传于梁山好汉燕青。到清朝康熙年间，山东人孙通也在少林寺学得此艺，达到了炉火纯青的境地。

孙通游走江湖到了天津市小南河，将迷踪艺等各种拳械传至霍元甲的曾祖父霍大治，后者将该拳代代继承相传，传至霍元甲是第七代霍家承传人。霍元甲继承了家传秘技，参考各派拳种加以改进，始得其家传武艺“迷踪艺”。此时的“迷踪艺”成了一种拳种流派的总称，内容有拳术、器械、对练各种套路，武技更趋精粹。大约1909年前后，霍元甲因打擂击败日本武士后，“迷踪艺”以“迷踪拳”名驰国内。1910年，霍元甲在上海创办了我国第一个民间团体“中国精武体操会”，将在精武会传授迷踪艺——“练手拳”，后因被日人所害，拳术只传授了一半。以后，霍家到国外创建精武分会时，将“迷踪拳”传到五大洲四大洋的精武会，“迷踪拳”得以扬名世界。在江湖上，武林界赞美迷踪艺霍家拳。有诗曰：

霍家迷踪真可夸，变化无穷独一家。

妙处全凭快如风，当场着意莫轻拿。

“迷踪艺”又称“霍氏练手拳”，霍元甲打破“秘不外传、传媳不传女”的旧例，将其传授给其子霍东阁、高徒刘振声，以及精武会教员，并惠赠其秘谱。后来，武术教练苏锦标和会员袁继袖两人，根据多年教学迷踪艺的体会，合作将迷踪艺谱于1984年下半年整理成册。

## 霍氏迷踪艺——练手拳拳谱

1. 上式盘古分天地
2. 左面挎袖打两拳
3. 回顾搂手右拳打
4. 捋手上步打左拳
5. 提膝落定担山式
6. 分星抱月定身形
7. 挎耳上步左拳打
8. 贯耳拗身变魁星
9. 单鞭伏地突捶起
10. 跃身掴掛显威灵
11. 前蹬后撑双捶撞
12. 晃手独立效魁星
13. 三环套月上右步
14. 二郎担山赶太阳
15. 海底捞月进左步
16. 左拳急发人难防
17. 跃身掴掛鸿门踏
18. 回手撩阴再突裆
19. 缠手上步急进肘
20. 伏地塌掌步先回
21. 乘式急用搂挎手
22. 飞腿顿脚连两捶
23. 晃手立定摞缰式

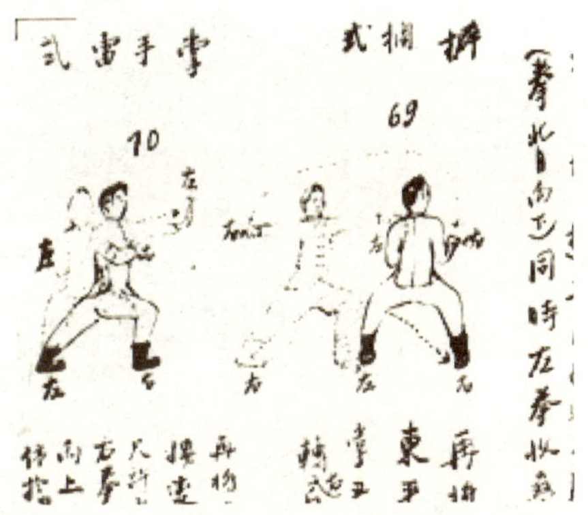

霍氏迷踪拳拳谱（部分）

24. 进步两拳紧相随
25. 贯耳回身三环月
26. 跨虎式定显神威
27. 魁星抱斗单足立
28. 走马活挟似迅雷
29. 前双捶
30. 后双捶
31. 护耳丁式忙飞腿
32. 蹴脚进步连两捶
33. 晃手闭裆乘机变
34. 闪步擗拦掌手雷
35. 腾身蹚连贯急快
36. 凤凰展翅呈英魁
37. 左手开
38. 左手擗
39. 连蹚两步再撑腿
40. 斜身拗步打横雷
41. 搂手出撑金鸡立
42. 展翅腾身丹凤飞
43. 提铃式
44. 玉兔尾
45. 摔掌护裆忙提腿
46. 进步翻身打右捶
47. 十字飞腿金鸡立
48. 跃身蹚掌顺步捶
49. 晃手魁星右腿立
50. 走马活挟双撞捶
51. 魁星左腿立
52. 活挟再撞捶
53. 魁星复右立
54. 套月担山显雄威
55. 摇手蒙头打右捶
56. 十字拍脚掌护肋
57. 打花退步跨虎式
58. 随机应变任我为
59. 左纺手
60. 左步提起向右走
61. 右纺手
62. 右足落地左步偷
63. 仍归原地闭裆式
64. 向左走
65. 忙上右步纺右手
66. 再上左步纺左手
67. 随时右步偷
68. 仍回原地闭裆式
69. 摔掌上步打右拳
70. 左步提回右扫蹚
71. 上步撩阴再突裆
2. 缠手上步打左拳
73. 搂手虚式穿心掌

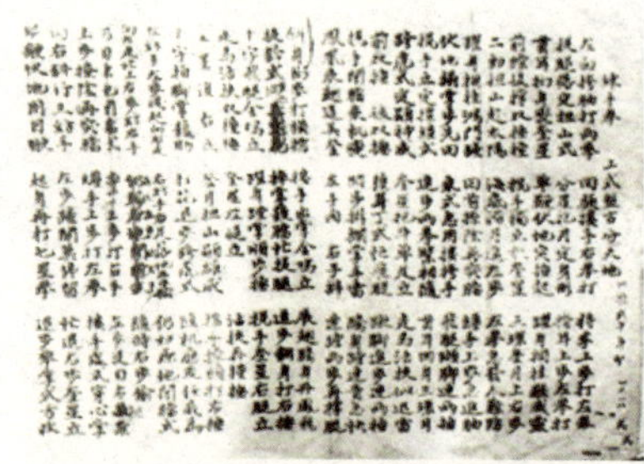

霍东阁手书迷踪拳谱

74. 向右斜行三纺手

75. 左步踏开英停留

76. 忙退右步魁星立

77. 单鞭伏地用目瞅

78. 起身再打七星拳

79. 退步举掌式方收

## 练手拳包含：

1. 手型：拳、掌、鹰爪勾、螳螂勾、鹰爪

2. 手法：冲拳、贯拳、后摆、穿掌、翻掌、撩拳、弹拳、抡臂、压拳、缠腕、抱拳、螳螂勾、推掌、劈拳、劈掌、亮掌、反勾、叼爪、勒爪、滚掌、撩掌、叉掌、分掌、午花、挑拳、反撩拳、横搬、七星手、按掌

3. 腿法：勾踢、低蹬、后撑、蹬腿

4. 步型：弓、马、虚、仆、插、盖

5. 步法：震脚、上步、进步、并步、擦步、前跃、击步

6. 肘法：撞肘、压肘、顶肘

7. 平衡：提膝

8. 跳跃：箭弹、连环蹬腿

燕青拳，也称秘宗拳、迷踪拳、迷踪艺或猊猔拳。由山东泰安人孙通传入沧州，据传孙通所练之秘宗拳属少林拳法。沧州姜容樵老师之秘宗拳为家传，其曾祖姜廷举为孙通大师之嫡传弟子。为揭秘秘宗拳，孙通专门编写了《写真秘宗拳》一书，书中称其为“柔术”，载曰：“斯术姿式动作完全太极，见效之速，又似形意，偶有步法手法，转辗进退，则又类似八卦。”按此说法，燕青拳大致属于内家拳之体系。进而其又论述腿法曰：“柔多刚少，无踩脚、无坡腿，旋风脚、二起脚。”在他看来，当时所传之燕青拳不免有以讹传讹之嫌。武术家王子平在为该书作序时亦提到，此术与普通秘宗拳不同，表现为“斯术之不用力而有内动，不养气而气自贯丹田，上下连络，动作自然，决无窜蹦跳越之弊，亦无聚气努力之害”。而王子平所说提及的“普通秘宗拳”主要针对的是霍氏秘宗拳而言的。姜容樵言：“闻霍元甲君之曾祖，系孙之弟子。”可见霍氏与姜氏所习秘宗拳同源，然与姜容樵所练风格不同的是——霍氏所练秘宗拳“柔少刚多”。姜容樵与霍元甲为同时代略晚之人，提出古之秘宗拳为“柔术上乘，内家正宗”并非挑战霍氏武学，应该是有事实依据的。

王洪海《正说霍元甲》（2006）一书，收录有民国之际精武会会员与云南蒙自个碧铁路公司柔术部的合影照片。可见，精武会武艺亦有“柔术”一面。《上海精武会汇刊·前言》亦说：此拳没有花门，重于攻防技术。套路结构上既吸取各家之长，又突出其本身特点……熔八卦、潭腿、形意等各门于一炉。在劲力上颇有讲究，“刚劲”刚而不僵，“柔劲”则柔而不软……属北派拳术。[1]

“唯精武霍氏遗传仍存少许之古派”，史载，“以内功旁参各派，尽得技击之神髓”[2]，可见，霍元甲从自身体悟出发，融各家之艺，改变了秘宗拳的风格。另据姜容樵弟子裴锡荣讲述：山东德州、青州一带秘宗拳，与少林无二，架式趋于刚劲，以马裆为多，其歌诀亦云：“金刚亮背力无边，前蹿后纵捉猛虎，乌龙入洞把身翻。”以上进一步印证了此拳风格上趋于少林之刚猛。日本学者松田隆智调查后认为，清末民国初年沧县人张耀庭练的燕青拳古朴刚健（松田隆智，1984）。可见，清末以来，该拳基本上完成了由重“柔”到重“刚”的转型。

总之，霍元甲继承、创新的迷踪艺，是总括少林、鹰爪、螳螂、八卦、形意、太极等各派精华而成。此拳套路精练，一招一式常有出乎意料之外的变化，不愧有迷踪艺之称。霍元甲在编练此拳时，尤其注重攻防效果，步法使用利于攻防的四、六步，招式以攻击为核心，整个 72 式过程中多次使用抹（mā）腮扪心掌——这是霍元甲的独创，并成为迷踪艺的核心。所谓抹腮，是由左手去抹对方的脸腮，在造成对方紧张防守时，右手铁砂掌闪电出击，重创对手心脏。一招不成紧跟着换手再进攻，连连紧逼对方。此外，童子拜佛的招式也相当厉害，双手合十成拜佛式，岂知那是在蓄势待发，瞬间双撩掌，向对手裆部上方打去。

1920 年，霍元甲之子霍东阁在《练手拳拳谱》序中这样写道：

这套练手拳是鄙人的家父在拳术之中算是他最重要的，因为它的性质比别样的拳不同。别样的拳或有偏于呆板的，偏于虚花的，偏于浅陋的，偏于骤烈的，故皆不能得其平允。唯有这套拳经鄙人家里七代的研究，将它的生理上、美术上、实用上发挥的算是详细了。就是初学的人，也合宜；已经练到多年的人，也合宜。因为它是由浅入深，一步步地渐入佳境。确很有些研究的价值。现在的世界比较前数百年愈觉得文明了，无论名流绅士、科学大家莫不以体育为重要。体育之种类甚多，如跳高、赛跑、足球、网球、篮球、铁饼、铁球、哑铃、棍棒等等，同那游戏、手中诸操皆是由外国来的，故我国人醉心西风之胜，不问其何利何害，一味盲从。你想这许多运动费去了我们青年多少宝贵的光阴。

上海圣约翰大学的社会学博士朱友渔君曾说，游美国的时候，在运动场上见有日本人数人大演拳术，有美博士某曾语朱君云：无怪日本人能以弹丸之地称雄天下，看他这种运动我诸大国实不能与比也。朱君答曰：若论拳术当以敝国为最有根基，最有奥秘。如日本者不过拾得敝国之些少皮毛耳。美博士喜曰：若是则请当场一演，俾开眼界，可乎？

朱君不禁面红耳热，无言可对。盖以是中国人不识中国拳术为可耻也。空言何益，后朱君归国之日即约翰大学添设技击之时也，当时鄙人曾任是科的教授。后鄙人因事来广州，乃与朱君远别。吾愿吾中国之提倡体育者，当以朱君之志为志，当视步趋他人为可耻。鄙人不胜为吾国前途度也！

鄙人一向家传素守秘密，至先父始鉴于吾国之丧权失利，皆文弱所致。若能普及武术，不啻以振刷民气也，遂有上海之精武体操会之创立焉。先父曾说，人日有暇，当以练手拳纂利行世以启后学。谁知旻天不吊，此志未达竟赍恨以终。鄙人斯时哀痛自誓，没有机会当承先父未达之志，至今十有余年未敢忘也，这就是鄙人于俗务纷纭之中，赶做是书的原由。但鄙人是一介武夫，不能成文的，所幸这技击为科学之一种，不是专为文人用的，所以但求词意浅明，不贵文法深奥，然我见者为斯正，不知海内大家以为何如，尚希不吝教诲以匡不逮。那么这技击的光明岂不是一天比一天的放大了么？

民国九年（1920）九月九日

霍东阁序于广东精武会[3]

# 第二节 精武基本十套

上海精武体育总会在弘扬中华武术过程中始终贯彻“南宗北派并蓄兼收”“熔各派于一炉”的原则，摒弃门户之见，早在20世纪20年代开始，就荟萃了黄河、长江、珠江流域等全国各派武术名家于一堂，传授的套路内容极其丰富，各种拳术、器械、对练项目多达248套。其中“精武基本十套”名闻于武坛，成为精武武术的基本教材。精武会员学习武术“必须熟悉此十套，方及他技”，并把“精武基本十套”编配成口令在早年的精武会技击大会上表演汇操。成为推动精武武术发展的有效形式。

精武基本十套，也是传统武术套路，计有拳术：潭腿、功力拳、大战拳、节拳。器械：八卦刀、群羊棍、五虎枪。对练：接潭腿、套拳对、单刀串枪。

1991年5月23日-27日在上海复旦大学召开了“世界精武传统武术套路研讨会”，有新加坡、马来西亚、英国以及国内的广州、佛山和上海9个友会20人参加。研讨会统一了“精武基本十套”套路动作，并将统一的动作摄成录像带，从1992年4月起内部发行。

2003年11月20日-22日在上海市嘉定区召开了“世界精武基本十套学习交流会”，有荷兰、英国、瑞士、波兰、美国、马来西亚、澳大利亚、新加坡以及国内的余姚、上海10个友会29人参加。交流会以1992年上海精武总会摄制的录像带作为蓝本，参阅马来西亚新制作的套路动作光盘及各地友会所交流的套路动作，本着“求大同，存小异”的精神，对非原则性问题的动作尽量统一，缩小了差异，再次统一了基本十套动作；并制作了“精武基本十套”教学视频片光盘，供世界精武各友会传播推广。

“精武基本十套”已确定为世界精武武术文化大会武术比赛的规定套路；目前仍是精武武术教学推广的基本套路，在弘扬中华武术中发挥着积极的作用。

## 1. 潭腿

闻名于世的潭腿，是精武会流传最早的武术套路之一，也是老一辈武术家所公认的一套很有价值的拳术。“潭腿”全套有十二路，分为上六路和下六路，每路4-9个动作。《潭腿》一书由陈铁生先生编写，由赵连和先生于20世纪一二十年代在精武

功力拳

潭腿

会传授。

在精武会习武者，均从潭腿开始，它由武术基本动作组成，尤多腿法动作，具有动作简朴、清晰严谨、左右对称、易学易记等特点。潭腿注重功力，经常练习，不仅可以全面锻炼身体，还能打下扎实的基础，凡在精武学有成就者，无不得力于潭腿，并终身习之。

## 2. 功力拳

功力拳——顾名思义，是一套增长功力的拳术。早先流传于黄河流域，由赵连和先生于20世纪一二十年代在精武会传授。它具有动作简朴、刚劲有力、招式清晰等特点，练习时讲究动作规范，劲力充沛，干净利落，步法稳固，整套套路共32个动作，分为六段。现已成为武术界所公认的一套很有价值的拳术。特别适合初学武术的人进行练习。初学者可以从中学到一些基本的拳法、掌法、腿法以及基本的步型和步法。同时，通过锻炼，对增强上下肢的力量、肩肘腰胯膝等关节的灵活、内脏器官的健康，都是很有效益的。

## 3. 节拳

节拳又名捷拳。是精武基本十套中难度较高的拳术，精武会早期由赵连和传授，全套48个动作，分为六段。在武术界有“南拳北腿”之说，节拳尤有北派特色，精于腿法，动作简朴无华，快速勇猛，连贯协调，整个套路内容丰富，特别是腿法和跳跃较多。其中腿法有弹腿、蹬腿、飞脚、扫腿，还有

节拳

腾空蹬腿、腾空飞脚、腾空挂面腿、旋风脚等跳跃动作，所以适合青少年爱好者练习。

## 4. 大战拳

大战拳是精武十套中的拳术套路之一，它分为上大战、下大战两套套路。大战拳动作质朴、劲力充实、手法连贯、势势相连，其手法有：上架、外格、搂手、绞花手、抡臂等。拳法有：冲、栽、撩、挑、劈、哂、贯、崩等。掌法有：撩、挑、劈、砍、推、按、切、扇。步型步法有：弓步、虚步、仆步、马步、插步、并步、上步、插步、震脚等。还有弹、蹬腿法以及平衡跳跃等动作。

大战拳随个人身体条件可分为上、下路进行练习，也可以上下路连起来练，是提高人体耐力和发展力量的优秀套路。

大战拳

## 5. 八卦刀

八卦刀是精武基本十套中唯一的短器械，共43个动作。它不同于八卦门的八卦刀，因其运动方向达四面八方而得此名。其特点是：内容丰富、 结构严谨、刀法多变，有缠头裹脑、撩、托、扫、藏、刺、抡劈、剪腕等，尤缠头裹脑和剪腕为多；动作连贯协调、快速勇猛、刚劲有力，溶技击、功架于一体。练习时要求刀法清晰、身械协调、刚中有柔、眼快手捷。

八卦刀

## 6. 五虎枪

五虎枪是精武基本十套中长兵器之一，由早期精武拳师李健民先生传授。全套共80个动作，分为12段。它以拦、拿、扎、架、崩、背、拨、点、劈、舞花等枪法为基础，结合武术中弓步、马步、虚步、偷步、丁

五虎枪

步和平衡构成一套枪法，动作大开大合，以柔制刚，结构简练，动作朴实，充分体现枪扎一线、活似游龙的传统套路。

## 7. 群羊棍

群羊棍也称虎扑群羊棍，属短拳类双头棍，由58个动作组成，共六段。主要棍法有：背、劈、抡、撩、架、绞、摔、推、舞花和戳把。其具有结构严谨，劲力充沛，快速刚劲，舒展大方，活泼而不犯实，溶技击、功架于一体的特点。练习时注重把法，棍使两头，力贯两端，强调棍法和腰部发力，要求准确、合理、协调用力，才能体现群羊棍的特点。

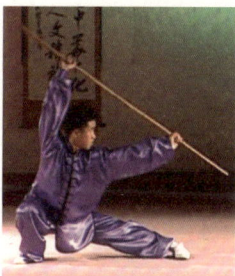

群羊棍

## 8. 接潭腿

接潭腿是精武十套中徒手对练套路之一。是在潭腿的基础上发展的两人攻防练习套路。整个套路为十二路，左、右势重复练习，套路结构攻防合理，配合默契，可以连起来整套练习，也可以拆开来分路打，具有练习灵活的特点。通过接潭腿的练习，能提高人的速度、反应、灵敏、力量和耐力素质，培养顽强、勇敢、奋进、拼搏的信念和意志。

接潭腿

## 9. 套拳对练

套拳对练是精武十套中徒手对练套路之一。全套共分八段，二人各有67个动作，此套路多擒拿格斗，手法多变，套路结构攻防合理，配合默契。套路中“行步三穿掌”“格挡打四门”“进退弓步三劈架”等动作，看似简单，但要练好须花功夫。整套套路中可

套拳对练

谓“踢、打、摔、拿”齐全，经常练习，可掌握格斗技能，获抗暴自卫能力。

## 10. 单刀串枪

单刀串枪是精武十套中长器械与短器械的对练套路，又是通过长短两种不同器械对练形式，全套动作共分为七段，二人各 38 个动作。该套路攻防技术全面，结构简练合理，动作古朴实用，重功架、求神韵。全套动作对演练要求较高，动作要熟练，配合要默契，形象要逼真，是体现精武风貌的代表作。

单刀串枪

# 第三节 武术教育创新

中国精武体操学校基于各派同源的宗旨，云集了黄河、长江、珠江三大流域的武术名家，总结出了拳术 54 种、对手拳术 19 种、独习兵器 6 种、对手兵器 38 种。为了继承和发扬中华武术，1984 年精武会组织了 25 位新老会员对精武以前传授过而流传下来的传统武术进行挖掘整理。具体内容如下：

拳类：潭腿，功力，脱战，十字战，大战，合战，短战，迷踪艺，八极，金枪手，少林，子孙丹，二郎，四六，卧地炮，黑虎，五虎， 鹰爪行拳十路，鹰爪连拳五十路，鹰爪罗汉，杀手掌一、二、三路，杀蛟，绵掌，太祖，大雄，小雄，崩步，剁刚，一、二、三路摘要，五路梅花，十四路螳螂手，八步锤，八面锤，插锤，五郎锤，偷桃，出洞，柔铃，接潭腿，一百零八手，雁行，青龙，节和散拳等；

械类：八卦刀，五虎枪，虎扑群羊棍，达摩剑，金刚双刀，夜战枪，抱月刀，梅花刀，八仙剑，连环剑，杀手锏，奇门棍，六合刀和双刀进枪，单刀串枪等。

这些挖掘整理出来的材料共有 60 多套，构成精武传统武术，全部上交给了上海和国家武术管理部门，并由上海武术馆出版了专辑，其中《精武拳械录》被授予二等奖，25 位整理者获得了表彰奖励。

概括而言，精武的武术教育创新呈现出以下主要特征：

## 1. 海纳百川，兼容并包

自中国精武体操学校建立之日起，就将进步的教育思想、科学的教育方法，移植于武术教育之中，逐步荟萃了三大流域的主要武术套路 223 套，其中包括北方黄河流域拳术 66 套、兵器 89 套、空手白刃类 6 套；南方长江流域拳术 29 套、兵器 18

1923年，全国武术大会于上海召开

套；珠江流域拳术7套、兵器8套。此种“不争门户短长”，熔各派于一炉的典型代表，就是汲取了各派之长而编制的“精武十套”。

秉持兼容并包的宗旨，上海精武会大力吸收黄河、长江和珠江三大流域的武术界顶尖名家高手，如赵连和、张富猷、霍元卿、陈维贤、孙赞轩、孙玉峰、罗光玉、霍东阁、陈子正、吴鉴泉等，并能用其所长。例如，赵连和善功力拳、节拳、单刀、夜战枪，能跳跃、身段灵活，后升为总教练；张富猷体重二百余磅，臂肌特大，步行如虎，善大战；江阴人陈维贤善醉拳，传其拳者有宁竹亭；李健民善五虎枪；孙玉峰善双枪；罗光玉善螳螂拳；陈子正原练关外有名番子门，又名鹰爪门拳，拳法稳健、功夫老到。

中华武术有着几千年的深厚渊源，是中华民族在社会实践过程中创造的物质和精神财富，已经成为中华民族文化不可或缺的组成部分，如今已经成为公认的中国文化全息载体，成为世界公认的中华民族符号。百年前的精武会的上述做法，体现出了中华文化的先进性，值得继续发扬光大。

## 2. 创新理念，勇于实践

在我国武术发展史上，精武武术第一次实现了兼容并包各种武术门派，采取群体传承的方式进行传承。每期广招学员开门群体授课，而不是采用传统师徒制的传承方式，各家拳术广而传授，授课内容不拘一派。

在武术教学的教材上，贯彻“南宗、北派并蓄兼收”“熔各派于一炉”，其编制的“精武基本十套”成为精武武术的基本教材，凡精武会员“必须熟悉此十种，方及他技”。“南派、北派、短拳、长拳罔不具备，即使教师不能沟通南北，而学员是南北混成，久而久之，自成一种融合南北、取精用弘之技术。”据可证资料之记载，从1910年到1936年精武体育共举办22届学员班，毕业人数达5000多人。

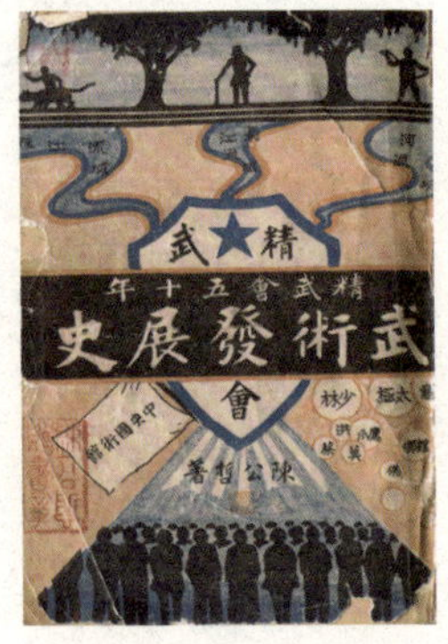


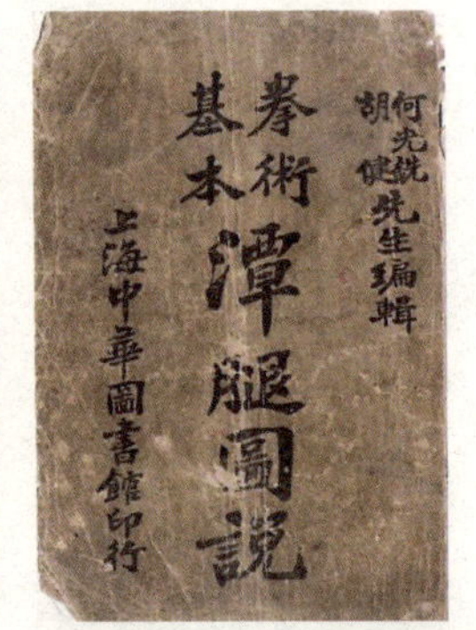


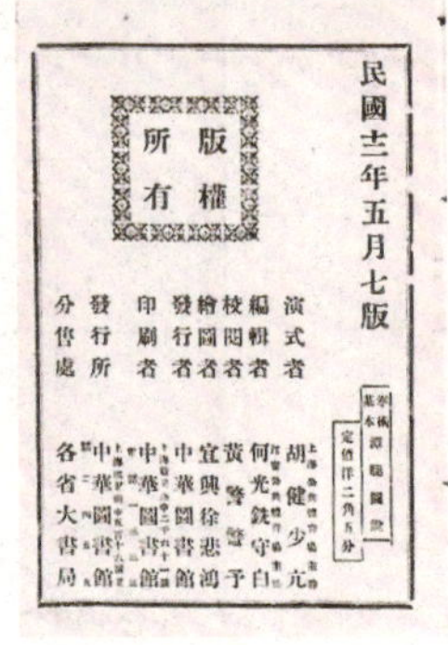
民國十二年五月七版

版權所有

演式者 胡健少亢
編輯者 何光鉄守白
校閲者 黃警予
繪圖者 宜興徐悲鴻
發行者 中華圖書館
印刷者 中華圖書館
發行所 中華圖書館
分售處 各省大書局

拳術基本潭腿圖說 定價洋二角五分

（上左）陈公哲《精武会五十年武术发展史》封面
（上右）徐悲鸿画《潭腿图说》封面
（下左）徐悲鸿画《潭腿图说》版权页
（下右）《精武拳械录》封面

学员一律以毕业期称呼，类似黄埔军校。

精武体育会仿照西方体操的模式，为中国武术动作编配了口令，形成中国式武术体操，并命名曰“国操”。“每有一技，其各个动作必编配口令，统一教授。又复绘图著说，演绎成书，间以活动影画，摄取真像，使学者易于领会。”借鉴兵操的形式，精武会以口令指挥，集体统一教练，以面代线。其内容为创编后的传统武术套路，每个套路的起承转合、含义与要点、运行路线都有明确的规定，并且借助直观感性、图文并茂的挂图和教材予以教学。此外，精武体育会每逢节日、周年纪、运动会等大型活动都要表演精武式团体操，成为现代团体操教练与编排的缘起。

精武会在武术训练的教学方法上作了创新，开办初级班、中级班、高级班。对每种班级都规定了一定的学习内容，两年为一期，经考核合格者可获得毕业证书，其中高级班的毕业生可委任为技击或国操教练。参加运动会的统一服装上，凡襟缀三星者为六年毕业学员，双星者为四年毕业，单星者为两年毕业，无星者为初级修业学员。在促进提高方面，学校有运动会制度，每隔一年或两年都要举行规模盛大的运动会，把“精武十套”编制成口令，在运动会上进行会操或表演，在促进普及的同时也在激励提高。

## 3. 注重研究，服务社会

精武会根据会员的不同爱好，组织了各种武术研究团体，进行武术理论及技艺方面的探讨。上海精武体育会成立不久，在精武会技击部内，就由会员根据不同的目标自由结合在一起，组成以习练武术为主的小团体，诸如“励志团”“惜阴团”“健儿团”“模范团”“安步团”“毅勇团”等。[4]这些小团体一方面相约习练武术，另一方面通过相互观摩，增进对武术的研究。随着练习武术的会员人数日益增多，精武体育会国术科也开始组织小团体，对武术进行分门别类的研究，并发布信息，“有志加入者，无论男女已习未习者，均可报名”[5]，20世纪20年代中期成立的“义勇团”就是精武会内专门研究武术的团体；之后，精武体育会又相继成立了鹰爪拳星期研究社、西洋拳术研究班等武术研究团体。前者以练习和研究鹰爪拳为主；[6]后者则是以研究西方“武术”为主，对中西方武术的异同进行深入探讨的一个内部小团体。精武体育会通过组织武术研究社团，大大激励了学员练习和研究中国传统技击术的兴趣。

近代民族危机的不断加深，使武术健身强国的意识一直为社会所关注和接受。当时，无论是大学、中学、小学、工厂还是团体，皆以聘请武术教师、训练强毅国民为己任。精武体育会以其新式的教学模式、先进的教育理念，深入到众多团体和学校义务任教，成为其服务社会的一个重要组成部分。“以上海一隅言之，各学堂、各学会、各团体由本会担任教授者，已不下二十余处。此外各外埠函请派员，复纷至沓来”，以至于出现了“求过于供，势难应命”的现象。[7]据不完全统计，聘请精武会员任教的学校及团体多达40余家，著名的有南洋公学、南市商团、水产学校、甲种商业学校、中国体操学校、惜阴公会中学校、复旦公学、中华工业专门学校、东亚体育专科学校、松江江苏省立第三中学、圣约翰大学、澄衷学校、岭南中学、爱国女校、粤东小学、培德学校、培本小学、崇德女校、吴淞水产学校、青年俱乐部、工界青年励志会、上海青年会及恒丰纱厂、德大纱厂等。[8]

例如，任职于岭南中学的黄维庆，自民国元年（1912）始，就相继与陈公哲、赵连城、姚蟾伯等人共同担任技击教练。上海商务印书馆工人于1913年4月发起成立了工界青年励志会，鼎盛时期的会员有430余人，其体育部就聘请了上海精武体育会的黎惠生担任技击义务教授；精武会武术教员郁鼎铭则任其长江派拳术教授。精武会主要负责人陈铁生曾任教于松江江苏省立第三中学，接续了曾在该校任教多年的张富猷，将该中学发展为当时有技击这一学科之“得风气先者”。1919年，应圣约翰大学邀请，霍元甲之子霍东阁任该校武术教员，并成立技击团，成绩显著。

## 第四节 女子武术

1840年鸦片战争之后，西方男女平等的思想在中国得到传播。中国近代女性解放思想以戒缠足和兴女学为主要内容。戒缠足解放了妇女的身体，为实现男女平等提供了可能，而兴女学则解放了妇女的思想，推动了男女平等的真正实现。

上海精武体育会积极倡导妇女解放，打破传统思想的禁锢，鼓励女子参加体育运动。为此，精武体育会结合西方科学知识对武术进行深入研究，论证女子习练武术的可行性和必要性；同时，积极派出教练深入上海各女子学校和社会团体，教授武术体操，推广体育运动。上海精武体育会还接收女子加入精武会为会员，并帮助女会员成立精武女子体育会，为上海妇女体育运动的开展提供了一个较好的组织支撑。

精武女会员不仅在中国传统武术的继承和发展上巾帼不让须眉，而且还积极参加到现代体育赛事中，为中国竞技体育的发展做出了应有的贡献。此后凡有精武分会建立，该地热爱体育运动的妇女们就会仿照上海精武女会的模式，基本上都会要求创建女子精武体育会。至抗战爆发国内外建立的精武女子体育会达十几所，大大推动了近代女子体育运动的开展。

具体而言，精武体育会在女子体育发展方面作出了以下贡献。

## 1. 通过武术研究倡导女子参加体育锻炼

自精武体育会成立后，会务日渐发达，随着社会上提倡“国术”的呼声日益高涨，加之政府对体育尤其是中国传统武术大力提倡，上海各社会团体纷纷邀请精武会派员教授武术和体操，社会各界邀请精武会员表演武术的情况也日益增加。1925 年《精武月刊》公布的精武体育会“会务报告”表明，近代精武会“国操科”的武术活动十分频繁，“（国操科）本会自征求结束后会员骤增，计每日男女会员练拳者二百余人。3 月 8 日全体国操教员到友声旅行团表演国技；27 日应浦东同人会之请，到宁波同乡会表演国技；28 日国操科长卢炜昌君在政治大学演讲，并有会员表演国技；30 日上宝两县闸北保卫团函请本会派员教授国技……”[9] 精武武术以“国粹”的身份受到社会青睐。

1927 年 7 月 7 日，上海特别市政府成立后，上海成为国民政府进行现代化建设的实验区、全国的模范城市。[10] 上海精武体育会以提倡中国传统体育，推广西方现代体育得到社会的关注，社会各团体的邀约持续不断。1936 年《精武丛刊》“会务纪略”中记载，“本会国操班及粤乐班应泰和兴银公司举行一周纪念之约，于 1 月 11 日下午在新亚大礼堂表演，来宾五六百人”[11]“22 日，国术班赴正谊社表演，系应中华国货销产合作会欢联会之约，是日坐无空地，观者眉飞色舞，咸认国货国术有同等重要，非积极提倡不可云。”[12] 武术作为中国本土体育内容被越来越多的人所接受。

适应社会对武术的需求，精武体育会结合当时世界上先进的科学知识对中国传统武术进行研究，并在此基础上论证女子练习武术的可行性和必要性。卢炜昌作为精武体育会主要负责人之一，在《精武本纪》中发表《我的武术见解》一文，驳斥了拳术“只配粗人学”等陋见，指出拳术适于男女老幼各阶层习练，纠正了时人对于武术的诸多误解。[13] 此外，卢炜昌还在各类期刊上公开发表探讨武术的文章，如《我之拳术意见百则》连续登载在《精武杂志》上，受到包括女性武术爱好者的欢迎。[14] 精武会教员黄维庆，则立足生理学原理，对国技与外国体操的异同进行了比较，认为中国传统武术不分男女老少，皆可习练，是一种“良好的运动”，是实现“体育救国”“体育强国”的重要工具。[15] 此外，精武体育会国术科所组织的小团体，也欢迎女子参加，

“有志加入者，无论男女已习未习者，均可报名”[16]。

## 2. 宣传男女平等思想，推动上海女子体育的开展

上海精武体育会宣传男女平等思想，积极倡导妇女参加体育锻炼。“五四”新文化运动，主张“妇女解放”“男女平等”，有力地冲击了束缚妇女参加体育运动的旧思想、旧势力，女子开始突破原有的禁锢，参加到体育运动中来。上海、北京、广州等大城市建立了女子学校，体育活动是必备科目；之后，随着“女禁”的开放和体育课程的改革，女子体育得到了较为广泛的传播。由于精武体育会领导者大都受过高等教育，有着强烈的时代责任感，他们对妇女解放，争取男女平等尤其重视，认为“生当乱世，弱女子尤应锻炼国术”[17]。

陈铁生在不同场合都表达过男女平等、女子应自立的思想，在其《解放运动说明》一文中，鼓励女性要自我解放，主张男子不该束缚女子，女子也不该依赖男子，通过提高女性知识水平和提高女性身体素质，来教会女性“成功地做一位自立之人”，最终实现女子自我解放、自立、自强的目的。[18] 精武女会员黄畹香，在其《女子与技击之关系》一文中，呼吁女子通过主动练习技击术，“精研技击”，改善体质，实现“强种”“强国”的目标。[19]

为了推动女子体育运动的开展，精武会就把接受了妇女解放思潮的女子学校列为重要辅导目标，在各团体要求精武体育会派教员担任体育教师时，精武体育会就把女子学校列为辅导对象，并从女学生入手，逐步扩大女子习武范围。例如，陶志超曾是崇德女校教师，后成为精武会会员。根据她的“崇德女校体育科记”，崇德女校在创办了10余年后，直到1919年春才增设体育课程，陶志超担任了体育科主任，并建议学校另请当时担任精武女子模范团主任的陈士超出任技击教授，由毕业于爱国女校体育专科的简玉鹏担任其他各类体育运动项目的教授。在陶志超等人的努力下，仅仅一学期，崇德女校的体育成绩大为改观，得到校方和社会的好评。[20] 又如，广肇公所设有的女子学校，由精武女会员陈士超担任校长，女会员蔡志楠任教务主任，教员则为精武女会员陈美秀、李志羲、冯琼珊等。她们在校内设立女子武术班，训练女生。[21] 再如，上海爱国女学设有体操专科，聘请精武体育会的卢炜昌与宁竹亭担任技击教练，1916、1917年在江苏全省中校（学）联合运动会上，女子学校的比赛中皆以爱

精武女子模范团

1924年3月26日，精武会女子部成立纪念合影

国列为榜首，以致在1918年的联合运动会上，以爱国女校列为模范学校为由，规定其不得参与诸女校之间的较量。[22]上海精武体育会的上述这些努力，推动了近代上海女子体育的发展。

实际上，上海精武体育会自成立以来，就在精武会内部掀起男女平等、女子习练体育的运动。典型代表是陈士超，她是陈公哲的胞妹，受兄长影响，陈士超思想开放，成为最先加入精武会学习精武武术的女士之一。陈士超认为，男女天生就是平等的，所谓“天之生人也，头同是圆，趾同是方，无稍判别”；女子在后天的行动中处处受制的原因，则是因为女子自甘承认自己的体质柔弱，又不进行体育锻炼、不求自立的后果。[23]为了提高女子地位，改善女子体质，推动妇女界体育运动的开展，陈士超联合当时沪上较为开放的女性张湘纹、黄畹香、周素君、张香素、卢雪英（陈士超的六嫂）、陈公哲的妻子诸女士，仿照上海精武体育会创办了上海精武女子模范团。在《精武女子模范团纪略》中，陈士超明确指出，“精武女子模范团之设，欲提倡女界体育也”[24]。精武女子模范团的建立提高了精武女会员们参加体育锻炼的积极性。

在上海精武女子体育会成立之前，精武女子模范团是精武会内女性参加体育锻炼的组织保障。在上海精武女子模范团成立后，聘请陈公哲出任模范团武术教练。在陈公哲的精心指导下，女团员们习武仅半年时间，体力明显得到改善。如陈士超自幼瘦弱多病，“常患心悸”，虽“遍延泰西名手”，“亦复徒然”。但在习武仅一个多月后，原有的病症逐渐消失。又如女团员黄畹香，“瘁于求学，体质最弱，不敢以风”，后经过习武锻炼，虽“严寒且御夹衣”，前后判若两人。[25]在看到女子习武之后体质明显改善，加入精武女子模范团的女性“踵趾相接”，人数大增。[26]为了提高体育锻炼的效率，1918年6月，精武女子模范团召开了全体会议，“议定约章及选举职员，严定赏罚”。在严格的纪律约束下，团员踊跃练习，风雨不间，身体素质果然大大提高，甚至“不让彼自命昂藏七尺之男儿”[27]，以至于上海一时间“幼女亦谈技击”[28]。

为了体现男女平等，陈士超等人决定将精武女子模范团改造成具有一定独立性的精武分会组织。经过筹划和准备，1920年5月1日，上海精武女子体育会正式成立；

精武女子体育会丙寅级会友

但因上海精武女子体育会并未脱离上海总会另外设立分会机构，因此常被称为上海精武体育会女子部。女子部第一任主持是陈士超，之后历任主持为蔡志楠、陈丽璇、吴秀婉等人。精武女会以“体育为纲，智育为用，道德为根”，规定只有女子才能加入本会，使得众多女子被团结在组织的周围，并在会务活动中得以大显身手。担任女子部主任的陈士超，不仅具有卓越的组织能力，而且武艺出众，她所主持下的精武女子模范团及精武女会，促进了上海女界体育的发展。精武女会员李志羲，曾在上海崇德女中学习武术，后来经过努力获得精武体育会高级毕业证书和师资班毕业证书，留精武会担任武术教练，成为精武女会的中坚力量。1921 年李志羲被选派到马来西亚吉隆坡，在雪兰莪女子精武会服务，之后又前往槟城精武会服务，任槟城精武女会司理，服务精武六十多年。一生奉献给精武体育事业，被时人尊称为“精武圣女”。[29]

上海精武女子体育会成立后，为了体现女会的独立性，精武女子部仿照男会每年召开征求会员大会，发表征求宣言，倡导妇女参加体育锻炼，鼓吹女子解放，吸引了不少开明女士的向往。[30]还仿照总会成立了“精勤”“模范”“励志”等小团体，相约学习、习武，这些小团体还联合在一起，组成一个大团体，与精武男会员组成的团体开展竞争。从《中央精武》所记载的“上海精武女会消息”中可知，1922 年上海精武女会举行毕业典礼时，初级毕业者多为精武女会中的“精勤团”团员，而当年中级毕业者均属“模范团”团员。[31]此外，上海精武女子部还配合精武体育会创编“跳舞术”的情况，专门编制了适合女子练习的“舞蹈”，如女子凤舞，作为学校教育中使用的舞蹈；编制男女合演的对手剑舞，如蛇龙舞，作为社会交际舞。另外，女子部还习练武化舞、蝶舞、蜜蜂舞等，为精武会所举办的各种宣讲会服务。[32]

为了推动女子体育运动的发展，精武女子体育会鼓励会员积极参加现代运动会。1921 年，在上海举行的第 5 届远东运动会上，开始有了中国女子团体游艺表演；1923 年，在第 10 届华北运动会上，开始有了女子田径和篮球竞赛项目等。1924 年，第 3 届全国运动会在武汉召开，为“谋女界体育起见”，全运会筹备委员会发函邀请全国女界积极参与运动会，上海精武体育会女子部麦木越鑫、邓越澜、高素廉、刘英、卢

精武体育会女子部发起人宋金润女士，精于拳术（原载20世纪20年代《时报》第438期）

恺廉等女士在精武女会的推动下踊跃参与，为近代女子体育运动的发展贡献了自己的力量。[33]

除了发展上海精武女会外，上海精武体育会还积极推动各地女会的发展，几乎是精武体育会组织发展至哪里，哪里就有女子分会要求建立，著名的有上海精武女会、汉口精武女会、广东精武女会、广东精武女会分会、香港精武女会、九龙精武女会、澳门精武女会、新加坡精武女会、吉隆坡精武女会、雪兰莪精武女会、庇能精武女会、佛山精武女会、江西精武女会、汉口精武女会等。各地精武女子体育会的创建，对于改善当地妇女体质、推动女子解放起到了积极的作用。

各地精武女会的成立，一定程度上促成了近代女子人才的流动。根据上海精武总会的要求，各地精武体育会的技击部主任及教员皆由总会派员兼任，精武女会也不例外。例如，应汉口精武会之请，1923年朱重三女士由中央精武委为汉口女会技击主任。临行时，中华女子公学、绍兴旅沪公学等校，召开欢送会，到会者三百余人。会上朱重三在致答谢辞时强调，其赴汉服务精武女会，主要任务在于提倡武术，考察教育，并说明练习武术的目的在于涵养德性、启发智识。由于将精武体育会的“三育”思想用于实践中，欢送会演变成了一场学术交流会议。[34] 同年，江西精武女子体育会因会务发展，也致函中央精武，要求选派江西精武女子部的熊恬女士为女子部的助教员。熊恬曾留学日本，当时正担任江西女中的体育教师，利用暑假期间不远千里来到上海精武体育会练习“跳舞术”。中央精武领导人鉴于其成绩优秀，于是委任她为江西精武女子部助教员。[35] 此外，中央精武还委派李佩弦担任佛山精武女子体育会的会务，1924年11月李佩弦因事来到上海，受到上海精武体育会的欢迎，并召开专门会议，就两地精武状况进行交流。[36]

除上述内容外，精武会所创办的精武体育师范学校、干事养成班、国技速成科等，都招收女学员参加培训，为社会培养了大批女性体育人才。1923年春，中央精武在中國無論碰着甚麼事體對於時間的觀念總是萬分忽略打算他們的心理大約有幾種(一)不失時間不足顯出他的身分(二)約定的時間隨便過去不算甚麼希奇(三)因爲自己意志不强固擠着天氣的變化和人事的纏繞就情願失掉時間所以中國人每開一個會有兩句老話『風吹一半雨落全無』這種習慣是最不行的你們要想以後適應新空氣和世界上的平民握手快快要打破這中國式的時間才好

## 不許百姓點燈（薑素）

各省關卡對於小百姓就是一擔米十斤鹽都非完稅不可何以十萬斤私土居然從奉天運到湖北黃衫客之魔力不其偉歟

## 體育

## 女子與技擊之關係（黃畹香）

界男女性之國民而爲二吾女界二萬萬焉兩其手足兩其耳目非與男子有殊也閉關時代腐儒自便私圖而不平等之曲說變本加厲吾女子於人間世遂如棲塵之弱草焉不知彼自命昂藏七尺之丈夫子孰非根本於母體而來根本既弱枝葉不榮吾謂中國之不振皆由於壓制女子使之束手纏足奄奄無生氣乃產生此二萬萬甘戴老大病夫崇銜之沒臉兒郎耳光復以還此理漸顯邦人君子頗有意於女子體育者若柔軟體操若器械體操日見完備然此皆枝節耳大本所在必以技擊爲先技擊能使氣血同長四肢百體同時運動不犯偏枯之病本會諸先達早已文明透切今第就其關于女界者比較而詳論之上海某女校平日注重技擊得體育界之盛名者也前年某外國女教員授諸生以一種新式之外國運動不數月而諸生咸感受生理上之痛苦校長知之因詢諸生昔者日習拳術曾患此否諸生咸言得未曾有不逾月而女教員亦罹此病矣校長亟命停之而諸生之病霍然若失夫各種運動之有益於體育者則亦何限豈以一節之不善遂令因噎廢食耶吾特此等量齊觀而證明技擊術之有百利而無一害耳願吾女界分其餘暇精研技擊使吾二萬萬善女人反弱爲強無再種禍於家國也

## 文苑

## 樂天吟草（鹿城朱晉補遺稿）



上海《广肇周报》关于《女子与技击之关系》的文章

上海创办了精武体育师范学校，任命卢炜昌为校长。根据规定，精武师范学校学制2年，以中等学校毕业或具有同等学力，年龄18-25周岁的男女学生，且身体健壮、品行优良者为招生对象。根据《中央杂志》记载，精武体育师范学校于1923年7月8日在北四川路精武第一分会举行了休业典礼。精武体育师范学校虽然仅开办一个学期，但在这半年内，入学的男女学生们初步学习了人体解剖学及绘制人体解剖图，采集大量人体骨骼模型，为学员了解人体结构与运动之间的关系打下了良好的基础。[37]

精武会女子部与当时陆礼华创办的两江女子体育师范学校合作，办学宗旨开宗明义提出："在于中国妇女解放，通过学校的体育教育，达到强健妇女体格，培养女子体育师资，为中国开展女子体育运动训练骨干。"这是中国近代第一所培养体操专门人才的学校。女子体校第一期招收18名女生，开设田径、球类、体操、音乐、舞蹈、生理解剖、体育心理等课程。为了节省学校开支，同时又不影响教学质量，精武体育会与同行学校、彼此交换派人授课，互不取薪金，对学生的收费也是伸缩有度，家庭贫困的就免去学费。同时，也开源节流，租借学校场地收取费用。为了拓宽学生眼界，提高整体素质，还邀请了当时的戏剧大师、音乐家、舞蹈专家以及外国体育专家来两江体校任教，如聘请了上海音乐学院院长黄自，著名戏剧家洪深、欧阳予倩，北京音乐学院院长余宜渲，全国舞蹈学院院长吴孝邦等来校授课。

1924年，两江女子体育专科学校组建了中国第一支女子足球队，1925年两江女子体育学校还组建了女子篮球队。1927年，这支篮球队第一次出访苏州、无锡、常州、南京等地，就获得全胜。精武女子部不仅为众多女性提供了接受教育的机会，也提供了得以谋生的技艺，女性由此获得与男子平等的工作机会。有了工作机会，女性就会有经济独立的基础，进而就会有一定的社会地位。学生被全国各地竞相招揽为体育教师，一些南洋华侨也邀请她们的毕业生去南洋群岛担任教师，正如学校招生广告上写的："本校创办以来，五载于兹，历届毕业生服务国内者，迹遍南北诸省，而服务国以外者，则散在南洋诸岛，各个成绩颇能蜚声海外。"

精武女子武术部负责人陈士超后来在文章中写道："精武女子模范团之设，欲提倡女界体育也。天之生人也，头同是圆，趾同是方。无稍判别。然任事每让于男子者，则以女子自甘于承认为体质柔弱。又未讲求体育故也。士超初于民国六年，与张湘纹、黄畹香、周素君、张香素、陈卢雪英诸女士同创此团，并强六兄公喆任教授。不半载，学者体力非常进步。由是加入本团者踵趾相接。遂于七年六月，全体会议，定约章，及选举职员，严定赏罚。团员踊跃练习，风雨不间而体力之进步，固不让彼自命昂藏七尺之男儿。孰谓吾女界为天生弱质也。鄙人略涉医学门径。前四年常患心悸，自施药饵，固无寸效。即便延泰西名手，亦复徒然。六兄既以技击授我，越六月而痼疾若失。黄君畹香，瘁于求学，体质最弱，不敢以风。今则严寒且御夹衣，前后如两人焉。其大效奇验若此。有不甘为天生弱质者，盍兴乎来。"[38]

# 第五节 武术进奥运

1936年的第11届柏林奥运会，除了正式比赛之外，还安排了各国传统体育项目的表演赛。为振国威，中央国术馆馆长张之江指出："从竞技实力看，要扬国威，只有派出'国粹'，非国术队莫属。"中华体育协会委托上海精武体育会在全国范围内选拔一支国术表演队赴会表演。消息传出，全国各地数百名武林人士纷纷来到上海精武体育会，欲为国争光。精武慧眼独具，公正无私地选拔出9名武者，其中有张文广，后来成为新中国成立后最早的武术九段之一。

1936年4月份，百余人云集上海申园健身房，举行预选赛。张伯苓、张之江、叶良、沈嗣良、郝铭等各界要人都出席了比赛大会。经过十几天的激烈角逐，男子组录取了张文广（北京）、温敬铭（北京）、金石生（河南）、郑怀贤（上海）4人，另有张尔鼎（留日生）、寇运兴（河南）2人为候补队员；女子组录取了傅淑云（南京）、刘玉华（湖北）、翟连源（江苏）3人。这些人都是中央国术馆高级班的学员。

1936年柏林奥运会

第11届奥运会中国国术队全体男队员合影

在上海集训备战的第11届奥运会拳击选手

柏林奥运田径代表团（第一排右一为田径明星符保卢）

第11届奥运会中国代表团领队等合影

第11届奥运会中国女子武术代表队合影

第11届奥运会中国武术代表队受到当地欢迎的场面

第11届奥运会中国队拳击及举重代表

靳桂
1938 年台儿庄战役（殉国）

靳贵第
1937 年安阳保卫战（殉国）

李梦华
牺牲地不详（殉国）

王润兰
1937 年河北元氏滹河阳[illegible]战（殉国）

曾经在第11届柏林奥运会上搏击的拳手，不久在抗日战争中壮烈殉国

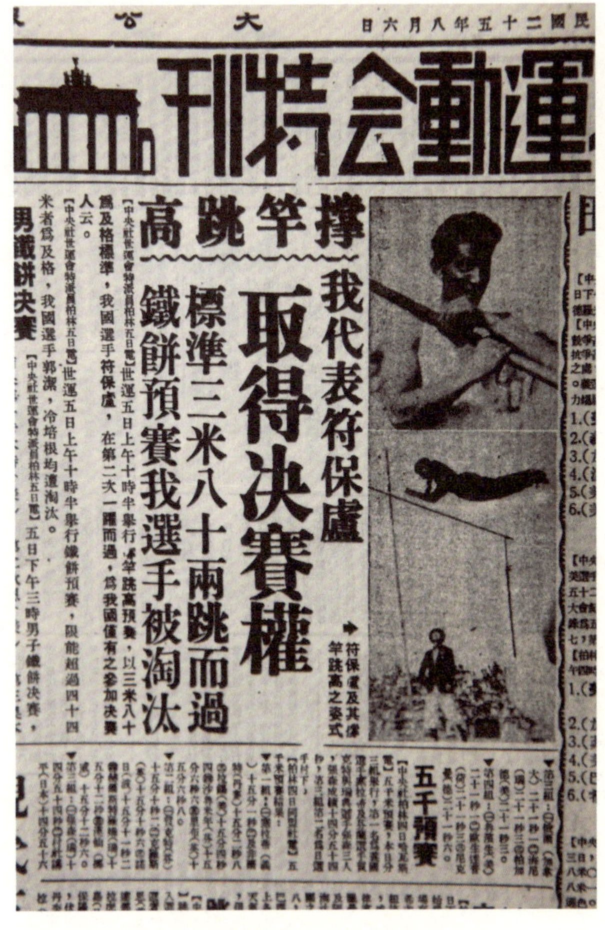

大公報　民國二十五年八月六日

運動会特刊

撐竿跳高

我代表符保盧取得決賽權

標準三米八十兩跳而過

鐵餅預賽我選手被淘汰

【中央社世運會特派員柏林五日電】世運五日上午十時半舉行撐竿跳高預賽，以三米八十爲及格標準，我國選手符保盧，在第二次一躍而過，爲我國僅有之參加決賽人云。

【中央社世運會特派員柏林五日電】世運五日上午十時半舉行鐵餅預賽，限能超過四十米者爲及格，我國選手郭潔，冷培根均遭淘汰。

男子鐵餅決賽

【中央社世運會特派員柏林五日電】五日下午三時男子鐵餅決賽，

符保盧及其撐竿跳高之姿式

五千預賽

1936年8月6日《大公报》报道符保卢晋级决赛的消息

1936 年柏林奥运会中国代表团女子武术组：傅淑云、刘玉华、翟连源

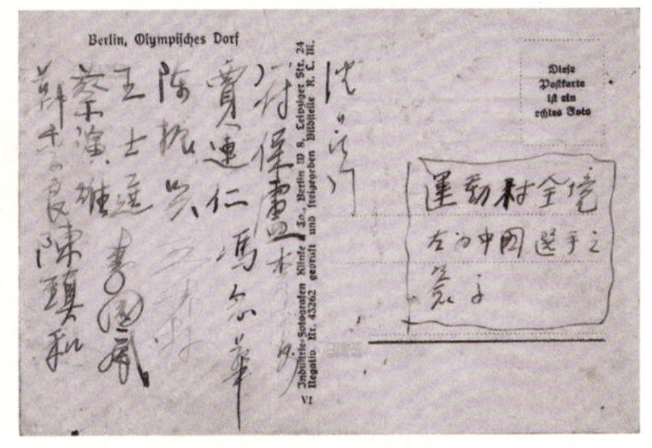


1936年柏林奥运会明信片上有关符保卢的消息

1936 年 6 月 14 日，上海精武体育会宴请中国代表团，在八仙桥青年会举行欢送仪式为中国健儿壮行。1936 年 6 月 26 日 12 时 30 分，赴柏林参赛的中国奥运代表团，乘坐意大利邮船“康梯浮地”号起锚，离开上海黄浦港。途经孟买，横越印度洋，穿苏伊士运河进入地中海，在威尼斯泊岸。次日，代表团乘火车借道奥地利，于 7 月 23 日抵达柏林。

在 1936 年初，中国为迎战当年在柏林举办的第 11 届奥运会选定了 80 名运动员，精武会会员符保卢位列其中。在国内的集训中，符保卢创造了 4.15 米的撑杆跳高全国纪录，这一全国纪录直到 20 年后的 1956 年才被打破。由于中国代表团乘船取道意大利赴德国参赛，在海上不少运动员晕船，呕吐 20 多天，体力消耗极大。代表团到达柏林后，仅休息一周就仓促上场。符保卢身为撑杆跳运动员，在 8 月 5 日上午初赛中，符保卢顺利晋级。在当日下午的决赛中，横杆升到了4米高，虽然三次试跳都没成功，但成了中国代表团中唯一闯入决赛的运动员。总体上，在奥运会的正式比赛中，69位中国参赛选手的比赛成绩不如人意，这是当时中国积贫积弱的表现。

但是，中国武术队的9位选手在汉堡、法兰克福、慕尼黑的巡演中却“打出威风”，刘玉华的“双刀”、金石生的“九节鞭”、郑怀贤的“飞叉”等表演，让柏林观众惊叹激动，掌声如潮，“chinese kongfu”（中国功夫）风暴席卷德国。其后，中华国术队选手们还参加了汉堡全市的游行大会。一路上，武术运动员们边走边用刀枪、剑棍等器械进行表演，甚受欢迎。在柏林，中华国术队又先后作了10多次表演，观众达数万人次。中华国术队在归国前还应法兰克福等几个城市的邀请作武术表演，归国途中又在印度孟买和新加坡、我国香港等地作了表演。

# 第六节 青少年精武文化节

2018年8月19日上午，“2018深圳青少年精武文化大会”在深圳罗湖体育馆盛大开幕。本次大会由世界精武联谊会倡导，邀请了国外精武友会以及国内（包括港澳）各地精武友会齐聚深圳，共襄盛会，再度感受百年精武的文化魅力。

在历时一周的大会活动（8月19日-24日）期间，举办了开幕式、醒狮大赛、精武武术大汇演、《梧桐论剑》国家级非遗名师名家展演、名师名家书画高峰笔会，以及精武文化大讲堂等活动。

在开幕式上，大家齐唱国歌，醒狮送福。随着全场的热烈气氛，龙相文化醒狮队带来了《金狮送福》的精彩表演。深圳市罗湖区委宣传部副部长、区文体局局长薛江，中国国家武术九段李成银先生，上海精武体育总会副会长徐文庆先生为醒狮美化了点睛之笔。深圳精武国际进行了集体武术《百年精武》展演，深圳尚武堂则表演了《武韵雄风》。

深圳市精武体育会会长方向东在致辞中表示：“此次大会的如期召开，旨在珍惜文化遗产，弘扬精武精神；增强民族气节，不忘爱国初心；开拓世界文化联谊，发展壮大精武事业，并向世界人民传递中华民族文化信息，为实现文化自信、‘一带一路’的宏伟目标做出进一步的努力，将这个积淀百年的文化品牌，竭诚打造成为深圳的文化名片，让中华民族的文化精神代代相传。”

开幕式后，深圳市粤港澳精武青少年醒狮大赛，正式擂响战鼓。醒狮大赛分为青年组和少年组，共分传统地青、传统台凳青、障碍南狮和全能4个竞赛项目。当日下午，深圳青少年精武武术文化大汇演精彩上演。汇演精选了深圳市体育项目武术传统学校组成12支队伍，将深圳市武术进校园项目的推进成果进行重点展示，深圳市青少年冠军运动员也进行了个人武术表演。通过这次大会，进一步推动了精武体育文化活动在深圳市的积极开展，同时加强深圳与粤港澳大湾区各个城市之间的交流与合作。

这次大会秉承的是“体育承载着国家强盛、民族振兴的梦想。体育强则中国强，

2018深圳青少年精武文化大会盛大开幕 毛浩亮 摄

《百年精武》展演 毛浩亮 摄

国运兴则体育兴，让体育为社会提供强大正能量”之核心精神，以孙中山先生倡导的“爱国、修身、正义、助人”的尚武精神为指导思想，努力架起通往世界的文化桥梁，把民族文化融汇世界，让尚武精神领航中国，积极推进深圳市实施“一带一路，文化出国”的方针。

注释：

1. 据《上海精武会汇刊·前言》，1984年11月5日。
2. 民国《静海县志·武术》
3. 此序言来自霍家练手拳拳谱的原本，由后人复印后整理。据《今日头条》2020年6月16日《探寻宗师霍元甲》。
4. 《精武本纪》，上海档案馆，卷宗号Q401-10-48，SC0031，SC0032。
5. 《精武丛报》，上海档案馆，卷宗号Q401-10-40，002。
6. 《精武丛报》，上海档案馆，卷宗号Q401-10-40，003。
7. 《精武本纪》，上海档案馆，卷宗号Q401-10-48，SC0248，SC0093，SC0091，SC0281，SC0280。
8. 《精武本纪》，上海档案馆，卷宗号Q401-10-48，SC0032。
9. 《精武月刊》（1925），上海档案馆，卷宗号Q401-10-37，SC0160，SC0161。
10. 熊月之、周武主编：《上海：一座现代化都市的编年史》，上海世纪出版股份有限公司、上海书店出版社2007年版，第243-244页。
11. 《精武丛报》，上海档案馆，卷宗号Q401-10-41，008。
12. 《精武丛报》，上海档案馆，卷宗号Q401-10-41，009。
13. 《精武本纪》，上海档案馆，卷宗号Q401-10-48，SC0166。
14. 《精武杂志》，上海档案馆，卷宗号Q401-10-29，025。
15. 《精武杂志》，上海档案馆，卷宗号Q401-10-29，091。
16. 《精武丛报》，上海档案馆，卷宗号Q401-10-40，002。
17. 《精武本纪》，上海档案馆，卷宗号Q401-10-48，SC0171。
18. 《上海精武体育会内传与章程》，上海档案馆，卷宗号Q401-10-2，SC0041。
19. 《精武本纪》，上海档案馆，卷宗号Q401-10-48，SC0276。
20. 《精武本纪》，上海档案馆，卷宗号Q401-10-48，SC0097。
21. 陈公哲：《精武会50年》，春风文艺出版社2001年版，第42页。
22. 《精武本纪》，上海档案馆，卷宗号Q401-10-48，SC0094。
23. 《精武本纪》，上海档案馆，卷宗号Q401-10-48，SC0075。
24. 《精武本纪》，上海档案馆，卷宗号Q401-10-48，SC0075。
25. 《上海精武体育会内传与章程》，上海档案馆，卷宗号Q401-10-2，SC0036。
26. 《上海精武体育会内传与章程》，上海档案馆，卷宗号Q401-10-2，SC0036。
27. 《精武本纪》，上海档案馆，卷宗号Q401-10-48，SC0075。
28. 《上海精武体育会内传与章程》，上海档案馆，卷宗号Q401-10-2，SC0036。

29. 龚鹏程《马来西亚精武门》，载搜狐网 2018-02-07。
30.《上海精武体育会征求特刊》，上海档案馆，卷宗号 Q401-10-27，002。
31.《中央杂志》，上海档案馆，卷宗号 Q401-10-33，SC0003。
32.《上海精武体育会内传与章程》，上海档案馆，卷宗号 Q401-10-2，SC0029。
33. 廖建林：《社会变迁与近代体育的发展——对旧中国第三届全国运动会的历史考察》，《求索》2004 年第 4 期，第 235 页。
34.《精武杂志》（1924），上海档案馆，卷宗号 Q401-10-29，102。
35.《精武杂志》（1924），上海档案馆，卷宗号 Q401-10-29，071。
36.《精武杂志》（1924），上海档案馆，卷宗号 Q401-10-29，102。
37.《中央杂志》，上海档案馆，卷宗号 Q401-10-34，SC0051，SC0052。
38.《精武女子模范团纪略》，陈士超，《精武本纪》。

# 第六章 精武体育

# 第一节 拳击

拳击是西方文明的产物，在古希腊时期就已经流行了，但在中世纪被骑士体育摈弃。伴随着近代资本主义的兴起发展，现代拳击运动逐渐成型。拳击运动表现出来的推崇胜利的竞争心态、敢于拼搏的冒险精神、崇力尚争的强者哲学，以及超越自我的身体崇拜，是与西方主流价值理念的逻辑相符合的，也是在西方拥有庞大群众基础的重要原因。中国引进拳击，是希望以此强国人之体魄，激发国人尚武之精神，摆脱中国贫弱的现状。

陈汉强（左上）拳击照，原载1947年第4卷第1期《健力美》

澳籍华侨陈汉强（1891-1957）是中国拳击的开拓者，可以称为是中国拳击的鼻祖。1919 年，他在澳洲国际职业拳击争霸赛中，打败澳洲职业拳王 K.B. 杰克，一举夺得世界级（57 公斤羽量级）拳王宝座，中国人也第一次扬名世界拳击界。陈汉强生于广东，幼随家人到澳大利亚定居。为学习拳击，改名陈汉强，后来担任澳大利亚悉尼体育俱乐部拳击训练中心教练。1927 年，应上海精武体育会之邀，陈汉强创办了精武第一个拳击训练班。他以攻防兼备，重技术的战术意识，以及不易让对手击中头部的独特教学训练方法，为中国培养出了第一批优秀的业余拳击运动员。他们当中有在上海击败英国皇家海军拳击冠军——阿尔·费艾，被誉为“远东毒蛇”的郑吉常，被称为“郭氏二杰”的郭琴舫、郭惠棠兄弟，以及杨绳祖、白焱荣、潘国华、游泳河等一批拳击高手。[2]

上海精武体育会教练陈汉强（前排左二）与学生合影

精武会拳击名家周士彬教授在其所著《现代拳击》一书中写道：“1930 年，国民党政府的中央国术馆和后来建立的国立国术体育专科学校都把拳击作为必修科目之一。中央国术馆的拳击由形意门传人朱国福教授……其间，他培育出不少人才，如功夫界长辈张文广、温敬铭、李浩、卜恩富、吴玉池、蒋浩泉等人，都是拳击高手。”

新中国成立初期国内拳击运动也在继续发展，1953 年 11 月，在天津举行的全国民俗体育表演及竞赛大会中设有拳击比赛项目。

中西拳擊訂定
比賽規則

（上左）20世纪30年代的上海西侨青年会，今体育大厦

（上右）1934年上海精武会西洋拳术班合影，最后一排左一郑吉常、左五白桑荣、左六郭琴舫

（左）1932年《申报》报道中西拳击比赛规则

2019年“一带一路”中国拳击精英赛于6月4日至9日在上海精武体育馆举办

1986年全国拳击裁判员培训班在上海体院举行

1958年，在北京举办了中国拳击史上规模最大的一次盛会，即20城市拳击锦标赛（实际参赛为21个城市）。共有142名拳手参加了比赛，获得团体总分前三名的是上海队、北京队和天津队。由于拳击比赛中出现了伤亡事故等原因，组委会感到大规模全国性拳击比赛条件还不成熟，就暂时撤销了这个比赛项目。1959年3月，国家体委暂停了拳击运动。第一届全运会取消拳击赛后，上海停止了拳击训练。

1976年，精武体育会恢复拳击训练班，每年组织1-2次比赛，并在1979年举办了华东地区拳击邀请赛。

1979年12月，世界著名前重量级拳王穆罕默德·阿里，首次应邀以美国“体育大使”的身份来华访问。在这次访问中，阿里获得了邓小平的接见。阿里在拜会邓小平时提出了解除拳击禁令的建议，建议取消对拳击项目长达20多年的禁止规定。对此，邓小平说：“拳击运动也可以成为增进中美两国人民的了解和友谊的渠道。”美国媒体对邓小平与阿里的此次见面作了高度评价：“一双扭转乾坤的巨手，与一双所向无敌的大手紧紧地握在了一起！”在此之后，拳击运动开始在国内逐渐恢复昔日的地位，拳击表演和比赛也陆续开展了起来。1985年，拳王阿里再次到访中国，更加细致耐心地介绍推广拳击运动，中国媒体也大量跟踪报道。在访华期间，到上海体育学院、卢湾体育馆作表演赛。[3]还与时年58岁有“中国拳击大师”“南拳王”之称的周士彬（郑吉常弟子），以及时年60岁的“北拳王”张立德过招表演。

上海体院教授、有“北拳王”之称的张立德先生，与武术界名家高手交往甚密，对拳击的精神有着深入的理解，认为可以把太极拳、八极拳、心意拳、大成拳、螳螂拳等传统武术的内劲训练吸收到拳击训练中。张立德先生口述过一本《内劲与拳击》的著作，这是他一生心血的总结。他认为，内劲具有中国武术的特征，以内劲训练为核心的武学体系具有自然、简约、圆融、致用、中庸等高度实践性的特征。拳击属于西方文化的产物，自从诞生以来，因其高度精巧的对抗性训练，在拳法上自成一体，颇有独到之处。传统武术是东方文化的产物，积累了中华民族几千年的技击经验，同时也是修身养性、祛病延年的最佳途径之一。传统武术的内劲要求综合运用意念、呼吸、筋络等要素，达到内外三合，整个训练过程重“劲”而非重“力”，要求气沉丹田、通经活血、气遍周身，即“内外兼修”，不仅注重“练”，更注重“养”，养练结合。

1986年，拳击运动在全国各大体院进行试点，在中国大陆禁止了长达28年的拳击运动从此正式解禁。1987年6月，中国正式加入国际拳联（AIBA），回归世界拳击大家庭。

2019年6月7日，在上海精武体育馆举办了2019“一带一路”中国拳击精英赛，有哈萨克斯坦、蒙古国、菲律宾、印度尼西亚等20多个国家和地区的国际技术官员、裁判员、运动员、教练员参加。中国拳击协会主席张传良对首次举办的“一带一路”中国拳击精英赛给予了高度期望，希望通过这项活动，齐心合力打造共商、共建、共享的品牌赛事，“一带一路”中国拳击精英赛应成为由中国拳击协会主办的一年一度的拳击运动盛会。

精武体育会总教练张传良培养的弟子

邹市明堪称中国拳击在新时期的一位开拓者。邹市明14岁习武，16岁改练拳击，19岁成为国家队成员，在2008年北京奥运会上夺得了拳击48公斤级别比赛的金牌，为中国队夺得了历史上首枚拳击奥运金牌，在2012年又夺取了49公斤级别的金牌。在其多年的拳击生涯，邹市明拿下了全国冠军、亚运会冠军、世锦赛冠军等多项桂冠，成为邹市明在追逐梦想道路上的精彩注释。2013年，邹市明开始转战职业拳坛，正式成为一名职业拳击手。2015年，邹市明在澳门冲击IBF轻量级世界金腰带，经12回合的苦战，最终输给了泰国的阿泰·伦龙；但邹市明并不气馁，2016年，在拉斯维加斯的比赛中，邹市明击败了泰国的帕波姆，拿下了WBO世界拳王金腰带荣耀。

# 第二节 田径

上海精武体育会除了积极引导会员参加各类体育比赛，还积极主办和承办各种现代运动会，力争中国体育赛事的领导权。在精武体育会的努力下，精武会乒乓、篮球、排球、田径等成为近代叱咤沪上并引领体坛风尚的运动队伍。

近代上海各类体育竞赛名目繁多，仅在租界西侨举办的，就有万国运动会（田径）、万国越野跑、万国竞走赛、上海草地网球男子单打和男子双打锦标赛等。“万国竞走赛”始于1904年，此后每年举行一次，起点自静安寺路（今南京西路）王家厍，终点至跑马厅，全程51华里，需在3小时20分钟内走完全程。从1922年起，华人取得参赛资格。在这次比赛中，陈和清以个人资格参加了比赛，穿布鞋走完全程。自1928年至1933年，上海选手包揽了“万国竞走赛”所有团体和个人冠军，其中个人冠军分别由周余愚、石金生、蔡正义获得。

中国的田径运动的杰出代表是精武白虹队，以及精武会竞走运动员周余愚。周余愚（1908-1994），原名周钦良，生于上海富裕之家，在贵族学校圣约翰中学毕业，入教会办的沪江大学，后进英商太古洋行。周余愚在小学时代就迷上了竞走，并得到晚清邮传部尚书盛宣怀的四儿子盛恩颐的着力培养。在19岁时就获得上海举办的万

周余愚在上海万国竞走锦标赛中夺得个人冠军

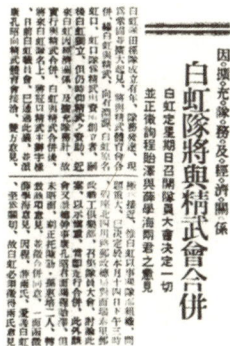

因環境及經濟關係
白虹隊將與精武會合併
白虹定星期日召開隊員大會決定一切
並正徵詢程貽澤與薛學海兩君之意見

1935年《时报》刊登精武会与白虹田径队合并为“精武白虹田径队”告示[12]

国竞走锦标赛冠军，并改名周余愚：余——我，愚——愚公，即为要以愚公之志苦练十年走进奥运，得到全国最高体育认证机构中华体育协会关注。

因为不满洋人独霸赛场，操纵支配各项比赛，周余愚与好友张造寸、陈虚舟三人，于1927年创建虹口田径队，1930年改名为白虹田径队。“白虹”之名取自“白虹贯日”，以对抗日本军国主义的嚣张。1930年，田径名将刘长春也加入白虹田径队。由于白虹田径队原名虹口田径队，精武会主要力量也在虹口，加之白虹田径队扩充队友以及经济上的考量，白虹田径队与精武体育会合并，各种赛事均由精武体育会主办。

1935年白虹田径队并入精武体育会，成为精武体育会内较为独立的一支田径队伍。由于田径队经济拮据，因此从白虹田径队成立开始，上海精武体育会即“免费拨给宿舍一间”，供队员使用，这也是精武体育会一直认为其“系精武所主办”的原因。[4]白虹田径队并入精武体育会后，积极筹备参加在上海举行的第6届全国运动会。1935年10月10日，第6届全运会在上海召开，“各省市单位出席之多，各项锦标竞争之烈，为我国历届所未有”，白虹田径队员在比赛中形成了活跃的中心，计有十项冠军为白虹田径队员所获得，总得分超过上海参赛队及全国任何一支参赛单位。[5]大会中破全国纪录的有四项，戴淑国400米以52″的成绩打破纪录，贾连仁800米以2′3″1的成绩破纪录，符保卢撑竿跳高以3.90米打破全国纪录，彭永馨标枪以50.275米打破全国纪录，其中除彭永馨为北平白虹分队选派的代表外，其他三人皆是上海精武白虹田径队队员。[6]运动会结束后，白虹田径队名誉队长程贻泽在当时上海有名的致美楼宴请参加全运会的各省市全体白虹队队员，参加全运会的白虹队员除广东马华选手因往杭州未能出席之外，其余全部到场。这次宴请几成全国田径界名将的一次大聚会。因慕刘长春、符保卢、孙惠培等人大名，致使致美楼出现了宾客“辍席来观，门外环立者若堵”的状况。[7]

此后，精武白虹田径队又相继参加上海举办的一系列田径赛，都取得了不凡成绩。1936年1月，在上海举办的飞马杯越野赛跑中，精武体育会的会员凭借实力，灵活运用比赛策略，最终在友声队队员领先的情况下，利用最后五分钟扭转局面，精武体育会会员何宝山、钮鸿铨、吕金明分别获得第一、第三、第六名，而第二、四、五名则为参赛队友声队获得，精武体育会田径队最终荣膺“飞马杯”越野跑冠军。[8]1936年4月18日，上海海军青年会主办了“国际五团体田径赛”，当天沪上参赛的有精武、英军兰开夏、西联、中华、麦令猫鱼五个团体。该日上海阴雨绵绵，但观众并未因天空落雨而止步，大家集聚美童公学学校观看比赛。但就总成绩来看，参赛五团体的总分，精武体育会共得67分，为冠军，其余兰开夏35分获亚军，西联34分位居第三，中华19分、麦令10分，分居第四及第五名。[9]

到了1931年，精武白虹田径队已拥有田径名将多位，包括百米全国纪录保持者程金冠、铅球全国纪录保持者陈宝球、撑杆跳全国纪录保持者符保卢……从此，精武白虹队声名大振。1936年第11届柏林奥

精武白虹田径队比赛活动 原载1929-1934年刊发的《精武年报》

运会上的大部分田径选手，都是出自精武白虹田径队，周余愚获得个人竞走最佳姿势奖，轰动一时。[10]在德国柏林第十一届奥运会参赛期间，周余愚与世界名将美国黑人运动员欧文斯结下了深厚的友谊。欧文斯在此次奥运会上一举获得四枚金牌：百米跑、200 米跑、跳远和四人百米接力赛，故而十一届奥运会同时也被称为“欧文斯奥运会”。在 1936 年的奥运会上，希特勒鼓吹种族歧视，公然拒绝给黑人运动员颁奖，欧文斯鼓励周余愚：你我都是有色人种，我跑最短百米赛，你是最长的 50 公里竞走，我们都要为自己民族争光。[11]

陈宝球（1910-1937）是周余愚的好友，是民国著名田径运动员，原籍广东南海，出生于上海。自幼爱好田径运动。曾求学于大夏大学，为校体育健将。因身高力大，人称“铁牛”，他是著名的铅球运动员，也是白虹田径队的主力，他曾经保持了 20 世纪 30 年代铅球全国纪录。

精武体育会在田径赛场上也一直声名显赫。在白虹田径队并入精武体育会之前，精武体育会田径项目中就已拥有了多名田径健将，如朱瑞洪、陈虚舟等，他们在 20 世纪20年代中期崭露头角。根据《精武月刊》记载，1926 年华东运动会召开，精武体育会选派梁腾芳、朱瑞洪、陈虚舟、潘白云、英君勋人参赛。比赛第一天，精武会员朱瑞洪即获得400米第二名的好成绩。第二日，精武会员陈虚舟参加1万米长跑，获得比赛第三名。[13] 这次比赛使精武体育会田径项目开始为沪人所关注。

> 上海精武白虹队与俄侨日侨之国际三角运动会，于十七日下午在同文书院举行，情况极为热烈，兼加以我国短跑健将傅金城参加，情况更为生色。

# 第三节 摔跤

摔跤运动历史悠久，源远流长，是中华民族武术中的重要部分之一。中国式摔跤有攻有防，有表演观赏价值，强健身体快，长功夫也快。摔跤的名称很多，如：摔角、角力、角抵、拿力、擒拿、脱解、短打、白打、搏击，等等。

清代的摔跤分为官跤和私跤两种。清政府设有善扑营，专门训练清朝贵族青年摔跤，他们常为王公贵族表演，或与蒙古族、回族摔跤手比赛，叫做官跤，摔跤手和教练员都是终身职业。华北等地民间摔跤叫私跤。摔跤者穿特制的短上衣（叫褡裢），系腰带，穿长裤，衣、带可以抓，全身可以握抱，但不许抓裤子，不许击打，不许使用反关节动作，三点着地（两脚加一手一膝着地）为失败，三跤两胜，没有时间限制。练习或比赛由有技术权威的年长者主持，充当教练和裁判。民国时期在北京、天津等地有不少人以表演摔跤为职业。当时的武术组织中央国术馆和精武体育会也

"精武摔协"摔角表演队合影，原载《精武》第三卷第七期封面

上海精武体育总会器械班第一期全体会员合影照

有摔跤科目，曾举行过几次全国性比赛。1936年，还进行过女子摔跤比赛。

1946年，精武体育会将总部礼堂收回改装为大会场及练武厅，又在二楼开辟10×20平方米的柔道室，开设柔道训练班。每期训练两个月，由周士彬任教练，参加者以中学生为主，共办3期。由于参加者过少，精武总会将柔道班并入南京东路的精武分会，与摔角班隔日使用一个训练房。柔道班分上、下午两班，每班约20人，每期均能满额。当时参加训练的林永杰、周泰炜、管福祥、王炳林等人，以后均有较高造诣。[14]

1946年11月20日在市体育馆举行的摔角比赛，是精武会举办的最有影响的一次赛事。此次摔跤比赛，特聘宿将佟忠义、北平少壮派摔角专家宋振甫担任顾问。大会主席团为邵汝干、吴瀚秩、徐熙等，裁判由陈伯民担任。精武参赛队员有周士彬、马松霖、陈惠利、华寿江等。

为适应精武摔角运动发展，由会长张文魁，常务理事和理事徐致一、梁锦堂、翁耀衡、孙沣一、朱廉湘、陈绪良、章伟川、陈占元等九人组成团务委员会，并为发展摔角运动着重抓了以下几件事：首先，拓宽摔角房，将8×8平方米的更衣室改成专用摔角房；其次，抓摔角人才培养，开办训练班，每期2个月，从初级至中级直至高级，毕业后即成为精武摔角团正式团员；第三，为争取把摔角运动列为第七届全国运动会正式项目，由精武体育会向第七届全国运动会正式建议，将摔角运动从表演项目改为正式项目，后经中央国术馆呈请教育部，建议将国术中的摔角列为锦标赛，最后经第七届全国运动会筹委会通过。摔角分为轻量级，丁丙乙甲，中量级分为乙甲，重量级分重乙重甲。第四，定期举行摔角观摩大会。第一次于1947年7月初在精武大会堂举行，邀请摔角名家宋振甫偕子宋保生莅会。王宏训对张世正，杨杰民对王立康，华寿江对曹彧进行表演。第二次观摩赛共有30人参加角逐。第三次观摩赛参加人数众多，持续一个多月才结束。在此基础上于1947年春正式成立上海精武摔角团。

摔角团首次亮相就一鸣惊人。1947年12月23日，在市体育馆举行京沪摔角比赛，结果九对选手对阵，精武获得五胜、二平、二负的战绩，其中精武选手周士彬竟在与名震大江南北的摔角老将常东升对阵中，第一回合就摔倒对手。从而周士彬一跤成名，成为美谈。[15]

## 第四节 健美

由精武体育会创制的“体育真相”最初也是出现在精武体育会举办的毕业运动会上。“体育真相”是精武体育会引进西方健美运动与中国传统的技击技术结合在一起创造出的一项特有体育运动项目。该项目最早出现在精武体育会举办的第6届毕业典礼及运动会上，在该届毕业运动会发布的启事中有这样一段文字说明，“体育真相之角抵术，乃根据近代体育家露肌运动法以鼓舞运动员之兴致，并以资筋肉发展之观感”，并认为“此举关系体育甚巨，西人曾编专书论及之，观者幸勿误为欧美卖技者流，藉筋肉之膨胀以炫人也”。[16] 从文中可以看出，精武体育会将“体育真相”视为中国古已有之的“角抵术”，根据“近代体育家露肌运动法”即近代健美运动加以改造而成，它的特质在于两两相交之“角抵”和“露肌”。

健美运动19世纪末兴起于欧洲，是一项通过徒手或各种器械，结合专门的动作方式、方法进行锻炼，以发达肌肉，增长体力，改善形体和陶冶情操为目的的运动项目。自1901年9月4日在英国举行第一次世界健美比赛开始，这项运动项目迅速在世界传播开来。20世纪初就有西方人士多次在中国的上海、北京等大城市进行各种健美表演活动。霍元甲进沪与之比武的英国大力士奥皮音在上海进行的“露肌”表演，其实就是健美运动在上海出现的一种形式，说明当时西方的各种健美表演已经在上海比较流行。上海大规模健美运动开始于20世纪30年代。1930年，受英国举办“英国先生”健美比赛的影响，沪江大学学生赵竹光首先发起成立了沪江大学健身会，随后以健美运动为主的健美班、健身学院、体育机构相继在上海出现。[17]

在引进健美运动方面，精武体育会走在了时代前列。上海精武体育会自创办以来就十分关注西方的健美运动，借鉴这种运动的某些特质，结合中国传统武术动作和套路模式，精武体育会逐渐形成自身特有的中国式健美运动“体育真相”，并在众人瞩目的毕业典礼及运动会上进行表演。从陈公哲等人在运动会上所表演的内容来看，精武体育会的健美训练方式与西方的不同，西方的健美训练一般是采用各种徒手练习，如徒手健美操、韵律操、形体操以及各种自抗力动作等，或者采用运动器械如杠铃、哑铃、壶铃等举重器械，单杠、双杠等体操器械，进行练习。精武体育会的“体育真相”，则是依据中国传统武术和套路练习，借鉴西方健美运动中的一些特性，将“露肌”作为健美运动中的重要环节。[18]

精武体育会认为“体育真相”中的露肌表演，目的是借此告诉人们身体的强健不能仅仅凭借天然发育就能完成，必须进行后天的锻炼才能实现。为了在技击运动会上向世人展示强健的肌肉，表演“体育真相”，精武体育会“乃创制豹皮衣，以蔽体之一小部分”。[19] 另外，与西方健美运动的表现方式不同，精武体育会的健美表演“全演对手拳”。在第6届毕业运动会上，就先后有郑灼辰、宁竹亭、陈铁生、黄汉佳与陈公哲、卢炜昌、姚蟾伯、赵连和四对进行对手表演。[20] 在中国儒家文化占据统治地位的文化氛围内，裸露身体被认为大不敬，但精武体育会几个重要领导人陈公哲、姚蟾伯等人亲自穿戴自制的“豹皮衣”登台表演，对于传统文化、对于国人对“体育”的传统认识，给予了有力的冲击。直到20世纪二三十年代上海精武体育会才开设了真正西方意义上的健美训练班。

精武体育会还开设了女子健美训练班，[21] 使得女子健美渐成风尚。

精武举重教练胡维予曾在《精武丛报》第5卷第1期上发表了《怎样使你健美》一文。

（一）人体各部肌肉名称和机能

要使我们的体格健美，我们先要明了各部肌肉的组织及效用，再以各种方法来锻炼使其发达强健。现在将身体上主要的肌肉名称及其效用，自上至下来一个简单的说明。

位于两间的称斜方肌与三角肌，它的功用是使手臂向上提起，胸部的左右称大肉肌，它能帮助手臂发出很大的推动。上臂的两后两条称双头肌与三头肌，手臂的弯力、推力、拉力，都是由这两部的肌肉发出来的，前背的正反面称曲肌与伸指肌，它能使手指拳曲与伸张向手腕的转动，背部的两边称阔背肌，是帮助手臂发出拉力的肌肉，位在腹部中间称腹直肌，两旁称腹侧肌，背称背直肌，身体的弯、直、转侧，都要用到这三部肌肉。生在大腿背面的一条称腿三头肌，后面一条称腿双头肌，主使腿部伸、曲，是人体上最大的两条肌肉，并有极大的弹力，小腿前面的一条，称胫骨前肌，后面的称排肠肌，主使足尖、足跟的起弯与足腕的活动。

（二）简易健美操方法

锻炼肌肉的方法颇多，不胜枚举，现在只得将最简易最有效的几种动作，在本刊里介绍给观众，这几种操练所需用的器械，亦仅需铁杠一副即可（石担亦可应用），兹将各种动作的名称与方法，列表于后。

（三）应注意的各点

读者诸君对于这张表内所列的十二种健身操，大概都能明了，现在把操练时须注意各点列志于后。

1. 操练时的环境，需空气清新的地方。

2. 勿在食后就操，饱食后至少须在一小时以后，太饿时亦不相宜。

3. 操时呼吸需要均匀合节，每一次动作一回呼吸，肌肉紧张或用力时吸，放松或还原时呼。

4.（杠铃或石担）重量，以能每回运动六次至十次为适宜，（不可过分沉重），若每回能超过十次动作时，则可酌量加重，每回不能运动六次动作则减轻（硬举可酌量加重）。

5. 每隔日运动一次，每次可照前表所列之动作，选做三或四种，时间则下午五时或八至九时均可。

6. 操时必须专心有恒，应求渐进，若多人同练时，根据各人之体力，作适当之练习，勿作意气无谓之竞争。

7. 最后亦为最要者，生活应有规律并注意营养，苟能先经正式医师检查心肺，尤为安善。

| 動作名稱 | 器械 | 預備姿勢 | 動作步驟 | 每同次數 | 主練部份 |
|---|---|---|---|---|---|
| 前平舉 | 橫鈴 | 兩手將橫鈴拉至膝前、握橫距離1½尺至2尺(手背向前)身直立兩臂伸直。 | 一、將橫鈴徐向上拉至頭頂。二、將橫鈴重回膝前。 | 十次右左 | 斜方肌三角肌 |
| 推舉 | 仝 | 兩手將橫鈴拉至胸前、握橫距離仝前(手背向前)身直立 | 一、將橫鈴向上推至兩臂完全伸直。二、將橫鈴放回胸前。 | 六次至十次 | 三角肌三頭肌 |
| 頸後舉 | 仝 | 仝前 | 一、仝前。二、將橫鈴放回頸後。 | 仝 | 仝 |
| 臥舉 | 仝 | 人體仰臥一凳上或平地、兩手將橫鈴拉至胸上、握橫距離仝前。 | 一、仝前 二、將橫鈴放回胸上。 | 六次至十次 | 大胸肌三頭肌 |
| 掌上壓 | 徒手 | 兩手撑地、兩手相距1½尺至2尺、身直伏。 | 一、兩手將身撑起至臂完全伸直(膝不能彎) 二、身體復向地面。 | 十次左右 | 大胸肌三頭肌 |

《怎样使你健美》一文附的表格

20世纪40年代，我国健美的女性王妙诗小姐柔健的体格

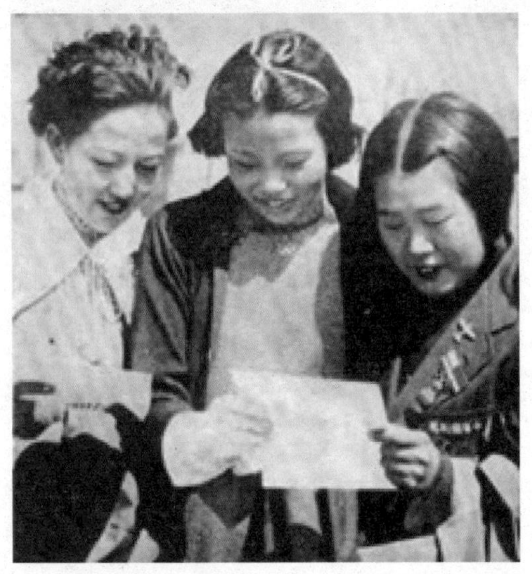

民国时期全国运动会会场上的三位中国女子健美选手翟涟源、刘玉华、李森

1950年上海解放周年庆彩车游行中的健美方阵

应浙江省国术研究会之邀，1946 年 11 月至 12 月，为杭州幼育所筹募经费，精武会特派摔角班、双单杠班、健美班赴杭表演。表演三天门票收入悉数捐助幼育所。浙江省主席沈鸿烈在其公馆设筵招待精武全体人员，在座的还有抗日名将蔡廷锴将军。沈鸿烈主席还特赠精武体育会大银鼎一座。《杭州正报》刊登鸣谢精武体育会的报道。

赵竹光（1909-1991），广东新会人。1933 年毕业于沪江大学。赵竹光在大学求学时，困惑于国衰民弱，“深感光有健全的头脑而无健全的身体，也不是根本办法，乃积极寻求健身之道。”在沪江大学求学时，就抱着强身才能强国的梦想，参加了美国健身专家列戴民的健身函授班。赵竹光和同学们除了练习杠铃、哑铃、单双杠等发达肌肉力量的运动外，还习练拳击、摔跤、柔道等自卫技术。经过日复一日的健身运动，赵竹光从一个常常闹病的文弱书生变成了一个魁梧健壮的青年。榜样的力量召唤着周围的同学纷纷效仿，一时健身运动在校园内形成热潮。

随着对健美知识体系的越加完善，参加训练小组的人越来越多，赵竹光向学校申请正式成立“沪江大学健美会”。这是中国第一个健身组织，也是全亚洲最早的具有现代意义的健身组织。赵竹光所创造的“健美”一词也为一个专有名词。在沪江大学健美会开创词中，赵竹光写道：“这是我们的第一声，不是鹿鸣，而是巨狮的吼，这种充满生命力的洪声，可以令醉生梦死的人惊醒。这是四万万五千万同胞的福音。”由于健美会引起了上海的热烈反响，一度获得了当局政府的支持，添置了很多必要的器材，主持聘请外籍老师来授课。1933 年，赵竹光就职于知名的商务印书馆，在馆中编审体育类书籍，创刊了《健与力》杂志。

# 第五节 足球

上海自 1843 年开埠以后，近代竞技体育开始传入，教会学校得风气之先，跑步、跳远、投掷铅球等运动在校园里落地生根，球类运动尤受学生们的欢迎。19 世纪 70 年代，西侨已在上海跑马场举行各种比赛活动。1872 年 11 月 22 日，西人曾在跑马场上举行过跑、跳、掷、球类等共 25 项比赛。

至清末，西侨社会的体育项目除已开展的保龄球、板球、足球、跑马、马球、划船和赛跑外，还有草地滚球、高尔夫球、网球、曲棍球、棒球、体操和游泳等，加上基督教青年会传入的篮球、排球等运动，当时欧美社会流行的大多数体育活动都已在上海西侨社会中露面。[22]

1895 年，圣约翰书院成立了上海第一支足球队，球员都是书院的学生。

西方体育在上海华界的推广和普及，是上海精武体育会吸纳西方体育运动项目的社会基础。上海精武体育会在霍元甲去

1913年精武足球队合影（原载1919年出版的《精武本纪》）

1919年精武足球队合影（原载1919年出版的《精武本纪》）

1930年精武体育会足球队合影（原载1931年《精武年报》）

上海精武足球队乙组合影

世后，面对精武会风雨飘摇的状况，曾经接受过西方新式教育的主事者们，迅速打破传统的藩篱，顺应社会潮流和人们的认识趋向，采纳了基督教青年会这一当时在上海颇受青年人和社会上层追捧的新鲜运作模式，扩充体育内容，开设篮球、足球、台球、自行车、溜冰等西方体育项目。一方面推崇中国传统的武术，一方面提倡西洋体育，精武体育会既满足了组织自身立足传统的需要，也顺应了青年人追赶时尚的潮流，促进了精武体育会的发展。[23]

据统计，1926年在上海足球联合会（华人称西人足球联合会，简称西联会）登记的俱乐部已经有12家，球员约400人。西联会曾举办过15种足球赛事，而先后在比赛中夺冠的外侨球队有30余家。在东华足球队成立之前的上海华人球队中，以球王李惠堂领衔的乐华队实力最强，在与外侨球队的竞争中夺冠最多。1931年戴麟经等原乐华队主力发起成立东华足球会，得到了盛氏家族的大力支持，并邀请各路名将加盟。

精武会足球队由来已久，早在1913年就建有足球队，但扬名于上海足坛是从1946年开始的。当时以学生为主体的兰白队集体加入精武之后，于1948年由丙组晋级参加第四届甲组比赛，他们以充沛体力，娴熟技术，以2比2逼和当时盟主青白队，力挫劲旅志超队和中航队，成为上海足坛崛起的一支充满生机、颇具实力的新军。当时舆论评价：“精武足球队是一支新军，技术颇佳，作战努力，而最好一点是他们以‘体育精神’来作第一训练，赢来不骄，败亦不馁，曾经博得国内外一致赞赏。”当时精武足球队阵容为：守门员高致文、陈慧民，后卫郑德耀、黄立甫，中卫赵宝礼、郁琪、应书昌、陈良琏、陈成达、陈福赍，前锋范本钧、庄心佳、陈一飞、吴敬仁、马群贤、李荣邦、吴祚昌、方纫秋、汪国光、夏贻德。[24]

精武会骨干卢炜昌在《精武本纪》中撰文写道：“吾精武会，自丙辰年新迁以降。特辟球场廿余亩，以资斯术之回旋。嗜此者非但大获身心之益，且足以神技击之妙用。盖习技击者步武先求稳健，而跳跃每欠矫捷之精神，有足球运动之。更番驰骤，则筋络不致过于紧张，而动作乃无刚柔偏重之弊。严冬暇日，无怪会员之乐此不疲也。第有不能已于言者。”[25]

# 第六节 网球

上海自1843年开埠后，西方的官员、商人、传教士和驻军等络绎而至，把许多西洋式的体育活动带至上海，并组织各种总会（俱乐部）和联合会（主管比赛的组织），推动他们的社交和文娱体育活动。1885年网球由国外传教士和商人传入中国，在上海和香港城市率先普及。不过，早期的网球只在一些教会学校中开展，参加的人很少，水平也不高。1898年，上海圣约翰书院举行斯坦豪斯杯赛，这是中国网球史上最早的校内比赛。1906年，北京汇文学校、协和书院、清华学校之间，上海圣约翰大学、南洋公学、沪江大学以及南京、广州、香港的一些学校开始举行校际网球赛，促进了网球运动在中国的传播。

西方体育在上海华界的推广和普及，

为上海精武体育会吸纳西方体育运动项目提供了社会基础。顺应社会发展潮流，精武体育会开始开设西方体育运动项目，并将其归入“游艺部”进行管理。“游艺部”是精武体育会中有别于中国传统武术的一个大的内容，根据《精武本纪》记载，精武体育会在成立之初，“专事技击一科”，后为了“扩充体育范围”，“附增兵操、文学、游艺三部”。[26]

根据上海精武体育会总会目前保留下来的图片摄影来看，最早在 1912 年中国精武体操会期间，就已将篮球运动引入会中；至迟在 1913 年，精武体育会就已经组织了自己的足球队。1915 年第 2 届远东运动会在虹口公园举行，这是首次在上海也是我国举办的国际性运动会，因而受到社会各界的关注。运动会上进行了田径、篮球、排球、棒球、网球、足球、游泳项比赛。而在此之前，因西方体育在租界、学校及青年会举办的各类比赛活动中的频频开展，就已引起了精武体育会一些有识之士的注意。在第 2 届远东运动会筹备、举行的前后，上海精武体育会更是率先扩充体育范围，引进一系列西方体育项目，篮球、足球、田径、排球、棒球、网球、游泳等成为技击术之外的重要体育运动科目。

20 世纪二三十年代，随着精武体育会对西方体育运动项目研究和认识的加深，精武会内各种运动队伍，如排球队、网球会、篮球队、乒乓队、田径队等相继产生。《中国精武会章程》第五章“职员、教员”一栏中规定，“游艺部：部长 1 人，京乐教授 1 人，欧弦教授 1 人，铜乐教授 1 人，京乐主任 1 人，粤乐主任 2 人，田猎主任 2 人，足球主任 4 人，网球主任 4 人”。为了保证各体育项目的顺利发展，精武体育会在各科运动时间的安排上进行详细规定：“足球运动在星期六及星期两日，网球运动每日下午四时至七时，星期六及星期两日则由下午二时至七时……”[27]

特别值得一提的是，20 世纪 20 年代的精武体育会会长欧阳鸿钧特别喜欢网球，为此特别筹措经费自建网球场二所，供精武会员使用，精武体育会内加入网球会的人非常踊跃。根据《精武月刊》第 52 期记载，当时精武体育会的网球俱乐部“计男子部有 16 人，女子部 7 人”，其中如卢炜昌、胡宗邦、杨明新、夏雄尘、劳伯视、姚蟾伯、谭瑞和等人，均是上海网球界健将，他们的加入“不但后进者获益良多，即本部前

精武会员在精武网球场训练

精武会网球部同仁合影，源自“精武出版物”

途为之生色不少”[28]。

新中国成立后，网球运动是在起点低、基础差、交往少的情况下逐渐发展的，1953年在天津首次举办了包括网球在内的四项球类运动会（篮、排、网、羽），1956年举办全国网球锦标赛，后来全国网球等级联赛定期举行，并实行升降级制度，还定期举办全国网球单项比赛、全国硬地网球冠军赛、全国青少年网球比赛。近年来又搞起了巡回赛。另外，老年网球赛、高校网球赛、少年网球赛也相继举办。这些竞赛对促进网球技术水平的提高起到了积极的推动作用。

# 第七节 篮球

1891年，美国人奈史密斯在马萨诸塞州斯普林菲尔德基督教青年会国际训练学校时，从当地儿童喜欢用球投向桃子筐的游戏中得到启发，创编了篮球游戏。到1893年，形成近似现代的篮板球、篮圈和篮网。根据记载，1895年，美国人来会理（D.W.Lyon）受北美协会和学生志愿海外运动派遣来到中国，成为中国青年会第一名外籍专职干事，将当时人们称为“筐球”的篮球引入中国，介绍给天津青年会的成员。

虽然中国篮球运动最早是从天津起步的，但是真正让中国篮球引起世界关注的却是在上海。1896年11月，青年会第一次全国代表大会在上海召开，随后1899年上海基督教青年会成立，上海遂成为青年会的重要活动基地之一。1908年，北美青年会派遣晏士纳（一译埃克斯纳）任上海基督教青年会体育干事，开始进行现代体育的训练与推动工作。上海不仅在20世纪初诞生了中国第一个室内篮球场馆，而且也产生了中国篮球第一个国际大赛的冠军。

1921年5月30日至6月4日，在上海虹口公园举行的第5届远东运动会男子篮球比赛中，中国篮球队第一场比赛以30:27战胜了当时亚洲篮坛巨无霸的菲律宾，爆出一大冷门。接着，中国队又以32:29击败了日本队。这样，两战全胜的中国队第一次摘取了远东运动会男篮桂冠。这是中国篮球史上获得的第一个国际赛事的冠军，当时中国队成员是：王鉴武、王耀东、魏树桓、孙立人、翟荫梧、王瑞生、郭宝林，教练员是王石清，是一名来自北师大的教授。

据《精武本纪》记载：精武会篮球队“创于民国六年。同人酷嗜之，研练再深。或得其中三昧也”。[29]可知1917年精武会就创建了篮球队。根据1925年《精武月刊》所刊布的会务报告记录，“敦请久负盛名之王文华先生为指导，业于3月11日在映雪楼开成立会”。成立会上，经过大家商讨，“举定梁腾芳君为正队长，李逢生君为副队长，赵兰坡、林伯炎两君为干事，周培德、简世墉两君为班长，定每星期六下午4时至5时半，每星期日下午4时半至6时练习，该队主任朱廉湘君异常出力”。[30]经过近十年的传播，篮球运动才逐渐成为20世纪初大、中学校的主要体育活动并从学校传入社会。

上海精武体育会篮球队在近代上海一举成名是1933年的事情。据资料记载，1933、1934年，精武篮球队曾连续两年获得上海篮球锦标赛的冠军。1933 年冬，经过篮球指导谭天沛的多方努力，精武体育会篮球队终于加入上海篮球会，成为当时上海篮球联合会的正式会员。[31] 精武篮球队加入篮球会后，当年“每场比赛都是所向无敌，一帆风顺”，“以十战十胜的战绩荣膺冠军”，至此精武篮球队一举成名。[32] 1934 年，精武体育会篮球队再获上海篮球联赛冠军。精武篮球队因“平日常常和美海军麦令斯各组作友谊上的观摩”，所以“技术大进”，在参加当年的上海篮球会的联赛时，精武篮球队“又以九战九胜的成绩蝉联上海篮球会的锦标宝座”。[33] 精武篮球队为了提高球艺，展示实力，还加入了上海西青的联赛，并在联赛中屡获胜绩。[34]

精武会篮球队，原载《精武本纪》

精武会篮球队员在训练，原载《精武本纪》

除了在上海，精武篮球队在全国也占有一席之地，其中远征昆山之役就是开创之举。1933 年冬天，上海精武篮球队应邀到达昆山县进行篮球比赛。当天巧遇精武体育会组织的旅行团到达昆山，“因此你看到整个昆山县的篮球健将之外，还可以遇见许多上海小姐、摩登人物”。比赛还未开始，赛场上早已站满了一队队的红男绿女。比赛中，精武篮球队以其纯熟的传递和准确的投射，以 73:32 的大比分征服了对手及到场的观众。[35] 此外，1936 年秋精武篮球队与菲律宾篮球队举行友谊比赛，在双方势均力敌的情况下，精武篮球队员奋力抢夺，以 60:50 获胜。[36]

20 世纪二三十年代，为了推动上海篮球运动，同时提高自身篮球水平，精武会开始举办会内的篮球锦标赛。精武体育会“以提倡体育为职志”，在近代多次获得上海篮球联赛冠军。为了进一步强化精武会的篮球技术水平，20 世纪 30 年代初期上海精武体育会筹划举办了上海精武体育会篮球锦标赛。锦标赛参考西方篮球运动规则，制定出较为详细的精武篮球比赛要则：在参赛队资格的审查方面，规定同一个球员只能代表一个参赛队参加比赛；比赛方法采用单循环制，具体比赛程序则由精武体育会订定；每次比赛时间以 32 分钟为度，其间休息 5 分钟；逾规定时间 5 分钟不到者作弃权论；为保证比赛的公平性，每队推派代表一人组织委员会处理比赛中出现的突发事宜；比赛分男子组、女子组二种；在着装上，各队自备服装并须设有号码，装备不齐者不得加入比赛；比赛设锦标，全场冠军队由精武会赠“精武杯”一座等。另外，精武会篮球锦标赛规则还对裁判资格、抗议事件的判定与处理等都作出较为详细的规定。[37] 自上海精武体育会篮球锦标赛举行以来，大大促进了精武体育会的篮球水平。

# 第八节 台球

14世纪时，在英国的维多利亚女王时代，台球活动就非常受人们的重视，在一些富豪家庭里，不仅有豪华讲究的台球间，而且在进行打球活动时，还形成许多严格的活动礼节。1510年台球出现在法国，法国国王路易十四在凡尔赛宫玩的台球是“单个球”（Single Pool），在桌上放一个用象牙做的拱门（Port）和一根象牙立柱叫“王”(king)，用勺形棒来打球，把球打进门或碰到柱上便可得分。由于法王路易十四的御医建议国王餐后做台球活动，有利于健身，因此得到法王喜爱和关心。所以，在17世纪，台球在法国逐渐风行起来。几百年来，台球运动经长期流传，而不断改进丰富，现已达到了比较完善的程度。从前开始在室内桌子上玩球时，在桌子中心开一个圆洞，后来又在桌子四角开了四个洞，洞的增加同时也激发了人们的玩球兴趣，直到在桌子开了六个圆洞，才演变成了今天落袋式台球球台的雏形。在球台的发展过程中还有过八角形球桌，在桌每边开洞。

原载《精武本纪》

台球最早传到亚洲的国家是印度和泰国，后来是日本，传入中国是在清朝末年，一般是大使馆、租界地等，首先传入最早开埠的几个通商口岸。19世纪末在传教士和基督教会的传播下，这项运动被引进到上海，早先也只是私人开办的小规模的台球厅室，只有几张球台。

精武会的主事者，大抵受过西方新式教育，他们并不排斥西方的运动项目，在将中国传统技击术纳入体育范围的同时，大力引进西方体育运动项目，开设篮球、足球、网球、铁饼、台球、木马、标枪、溜冰等，并设置“游艺部”对其进行专门管理。上海精武会较早将这项运动引入“体育会”的运动项目，在《中国精武会章程》第五章“职员、教员”一栏中规定，“游艺部：部长1人，京乐教授1人，欧弦教授1人，铜乐教授1人，京乐主任1人，粤乐主任2人，田猎主任2人，足球主任4人，网球主任4人，铁球、铁饼主任1人，台球主任1人……”西方体育运动项目的引进，包括台球的引进在内，不仅满足了精武会扩充体育范围、强民强种的需要，也顺应了当时青年人追赶时尚的热潮，对精武体育会的发展起到了很大的促进作用。

# 第九节 乒乓球

上海精武体育会根据会员的爱好，组织有各种专业运动队伍，其中精武乒乓队曾闻名于20世纪二三十年代的上海。

根据资料记载，精武体育会乒乓项目人才济济，常有会外乒乓队邀请与其进行比赛。1924年12月12日，精武乒乓队就曾应苏州东吴大学之约，由简世铿带队赴苏州比赛。这次比赛在苏州青年会乒乓室举行，苏州东吴大学派出沈敏政予以接待，并由沈敏政、黎应华二人为记分员，裁判长则请东吴大学的孙圣章担任，“孙君于乒乓极有经验，且评判公正和蔼，故深得两方之满意”。[38]比赛分两局，第一局“两雄相遇，双方一鼓作气，胜负未分”，经过第二局的紧张苦战，精武体育会乒乓队最后以8:4获胜。同日下午，精武乒乓队又与苏州青年会进行友谊比赛，结果以7:1胜青年会乒乓队。

精武体育会为“增进艺术，奖励队员”，还定期举行乒乓个人锦标比赛。根据比赛规定，凡前列第一、二、三名者均设奖品。精武乒乓个人锦标赛开办之后，会员纷纷加入。根据精武体育会乒乓锦标赛的一份详细记录，精武乒乓个人锦标赛，在比赛人员的身份上，凡属精武体育会会员，不分性别、不限年龄，均可加入竞赛，采用远东乒乓规则五赛三胜的单循环制，每获胜一场比赛即得一分，以获分最多者为冠军；每晚7点30分在北四川路横浜桥精武总会乒乓室开始比赛，裁判员、记录员、检查员均由精武体育会聘请上海乒乓界有经验的人士担任。[39]第2届乒乓锦标赛参赛队员共计22人，从3月13日开始比赛至4月12日结束，比赛中因会员实力相当，比赛结束竟然多次复赛，才决出了冠、亚、季军的名次。[40]

精武乒乓队参加上海的各类乒乓比赛的频率很高。据《精武月刊》刊载精武体育会的一份会务报告显示，仅1926年6月，精武体育会乒乓队就参加大小比赛多次，如6月2日，精武体育会乒乓队与日本邮船会社进行友谊比赛，比赛结果，体育会乒乓队以9:3的优异成绩胜过日本邮船会；6日，乒乓队乙组与广肇公学乒乓队比赛，精武乒乓队胜出；12日，乒乓队与华乙乒乓队进行友谊比赛，华乙乒乓队胜出。[41]通过参加各类比赛，精武乒乓球队队员的乒乓球艺得到很大提高。

精武体育会通过引进人才、科学训练提高乒乓队运动水平。1927年后，国民政府大力提倡体育，上海在体育全民化方略的指导下，积极推动西方体育项目在上海的发展。精武体育会紧随事态变化，大力吸收具有实力的人才加盟精武体育会，并根据科学化原理加强体育训练，参加体育赛事。1935年精武体育会曾引进当时乒乓界干将张连生、马延亮、方克平、郑国富、陆汉俊等人先后加入精武乒乓队，使精武体育会的乒乓项目实力大增。当年，在上海各乒乓劲旅与日本东京大学冠军立教大学乒乓队的比赛中，精武乒乓队技压群雄，以4:3的成绩战胜日本队，使中国乒乓队“声势为之一振”。[42]随后精武体育会组织三支乒乓球队伍精甲、精乙、精丙，加入上海爱乐乒乓球锦标赛，经过数月苦战，精甲荣获锦标，精丙获得月份亚军。

精武乒乓球队在训练中时刻关注世界比赛进程，采用世界比赛规则进行训练。1936年1月23日，屡获战绩的精甲、精丙两队特约俄侨乒乓队在精武体育会中央大会堂举行乒乓比赛。以往比赛均采用的是远东运动会的乒乓球比赛规则，考虑到“将来参加世界体坛”，使中国乒乓比赛走向世界，于是精武体育会决定将这次比赛“通场改用世界规则”，如记分法“以21点做一盘”、球拍“改用橡皮制”、乒乓球“体量亦加重”等。使用“世界规则”进行比赛，这在中国并不多见。比赛开始，不仅精武体育会参赛会员跃跃欲试，摩拳擦掌，就是普通的观众也热情高涨，因之前精武乒乓队屡胜日本立教乒乓队，对于该次比赛，“观众对于精武之声威，又以事关国际，且欲争先赏观世界规则之击发，故并不以天寒而裹足焉”，比赛结果精武体育会大获全胜。[43]

1936年举办了精武会第一届乒乓个人锦标赛，为以后精武形成全市乒乓球中心，并拥有全市一批优秀乒乓球选手奠定了基础。

1938年精武体育会主办了精武杯全沪个人乒乓锦标赛，后因太平洋战事发生，因而停顿。

为救济难胞，1939年4月8日举行第二届精武杯全沪公开乒乓个人锦标赛，门票收入全部拨充善举。

抗战胜利后，又继续举办第五届杯赛，参加选手有34人，于1946年12月14日揭幕，1947年1月12日闭幕，历时近一月。比赛采用分组单循环制，取各组冠亚军各一名，参加总决赛，决出名次。经各组单循环赛产生各组冠亚军为一组王友信、陈兴权，二组张孚伟、范良骥，三组张善达、水涵高；四组李震、胡一萍，五组杨开运、陈曾亮。总决赛的优胜者为冠军王友信、亚军张孚伟、季军杨开运。这次赛后王友信、杨开运都相继加入精武乒乓球队。[44]

原载《精武本纪》

新中国成立后，虹口的室内体育场所只有精武会一家，分会所在的南京东路和后来搬迁至延安东路的场所，也是黄浦区内少数室内训练场所。精武体育会响应国家号召，将精武会体育活动场地向市民开放，尤其在延安东路，精武会设立有大型乒乓室，安放12张乒乓桌，对社会开放，乒坛名将徐寅生、李富荣、张燮林、孙梅英等就经常到该地练球。为新中国输送现代体育人才，是上海精武体育会的一大贡献。

# 第十节 游泳

据现有的资料以及人类社会发展历史看，中国很早以前就有了游泳活动家。五千多年前的古代陶器中，可以看到雕刻着人们潜入水中猎取水鸟及类似现代爬泳

原载《精武本纪》

的图案，到了奴隶制时代，就已经有了游泳活动。周秦以后，封建统治阶级把游泳当作军事训练的手段，为维护他们的统治服务。劳动人民则把游泳作为同大自然作斗争的一种手段，并在生产劳动中不断地发展了游泳的各种技能，创造了不少泅水的方法，如狗爬式、寒鸭浮水、扎猛子等。这些游泳方法具有悠久的历史，至今流传民间。

到了 19 世纪末，出现了近代游泳。1896 年在希腊举行第一届奥林匹克运动会时，开始把游泳列为竞赛的项目之一。当时只有男子 100 米、150 米和 1000 米自由泳三个项目。以后又陆续增加了仰泳、潜泳、蛙泳和 5×40 米接力。1908 年在英国举行第四届奥林匹克运动会时，成立了国际业余游泳联合会，审定了各项游泳的世界纪录，并确定了国际游泳比赛规则。1912 年在瑞典斯德哥尔摩举行第五届奥林匹克运动会时，把女子游泳列为比赛的项目。

1905 年 8 月，工部局代理总办赖维逊在上海运动事业基金董事会的会议上，要求该会致函工部局，提出："上海十分需要一个公共游泳池，本会拟赠银三千两作为筹建游泳池之用。建成后由工部局负责管理。"但是，这个建设公共游泳池的设想一直没有实现。及至 1921 年，才在虹口娱乐场西面动工修建"工部局游泳池"（即今虹口游泳池）。

受西侨运动场所建设的影响，上海兴起了建设公共体育场馆的潮流。1915 年第 2 届远东运动会在上海举行，我国获得了足球、排球、游泳、田径四项锦标，国人从中体会到国际体育竞赛的意义，不仅社会人士，政府和教育界也开始对运动事业注意起来，于是上海展开了开办体育传习所和普设公共体育场的举动。沪南体育场（现为上海沪南体育活动中心），是上海最早的公共体育场，也是中国人自办的第一所体育场，建成于 1917 年。

1922 年，工部局游泳池落成。池长 53.34 米，宽 22.86 米，深 1-2.3 米，面积为 1219 平方米，设有男女更衣室、淋浴室，

0076 十六年九月十五號出版
廣東精武水上游藝場全圖
（精武畫報第三期）
游泳捷徑

原载《精武画报》

周围铺设草坪，植上花木，并圈以竹篱。当时，该池名为“公用”，实际上仍只对外侨开放。1924年，租界当局又建造了迄今尚存的大门、机房、酒吧和两个亭子。1931年，又增建跳水台、跳板和滑梯，后逐渐对华人开放。

租界建造公共性游泳池后，在一定程度上促进了游泳事业的发展。为了与外人争利，国人也纷纷仿效建造游泳池，如建立优游体育会的程氏建造的丽都游泳池，由陆连奎集资建造的大陆游泳池，由胡筠籁、胡筠秋兄弟三人所建的极司斐尔路梅庐游泳池，《申报》主人史量才建造的量才游泳池等。[45]国民政府也参与到游泳场馆的建设中，1932年，上海市政府在浦东高桥开辟海滨浴场，1935年又在江湾“新上海”建造“大游泳池”（今江湾体育场游泳馆）。[46]近代上海各类体育场地的建设与管理，不仅给国人提供了一种全新的活动空间，也为上海市民增添了一种新式的时尚娱乐场所。

抗日战争爆发后，游泳池为日本当局占领。抗战胜利后，由市政府接管。1949年上海解放，是年6月，游泳池恢复开放。市长陈毅前来视察，强调要确保安全。1950年，该池承办了上海市学生游泳比赛。翌年，又承办了解放初期规模最大的上海市学生、工人游泳比赛。该游泳池现仍在继续使用，是上海最早开放的公用泳池。

精武会“游艺部”下属有专门主管“游泳”的部门，并且还组织了游泳队，进行竞技比赛。20世纪20年代末，时任精武会会长吴耀庭是广东人，在他的倡导下，精武会邀请其同乡翁耀庭先生于1929年7月举办游泳班，叶胥原报名参加。同年9月白露日，吴在其位于南翔的农场“吴园”举办毕业仪式，该场有河流，还建有游泳池，在那里可钓鱼、划船和游水，是吴全家休息之处。虽巨富如此，但他中午招待客人的午饭却是农场自产的“鱼肉蔬菜五六盆，广东口味”。而且服务人员就是吴耀庭先生的子女，亦即所谓公子小姐，正如《游记》所述“吴之子女，奉盆盛饭，备极恭敬”。

# 第十一节 举重

举重运动的雏形在中国至少可以追溯到西楚霸王力能扛鼎的史实，从晋代至清代，举重均列为武考项目。由于力量从来都是衡量男性征服力的最直观标志，所以无论在古希腊、古罗马或是古代中国，举重运动都是相当普及的力量运动之一。

但作为近代竞技的举重运动则兴起于18世纪末，最初盛行于欧洲。19世纪初，英国成立举重俱乐部。最初杠铃两端是金属球，重量不能调整，比赛以次数决胜负。后来，意大利的阿蒂拉（Luis Atila）将金属球掏空，通过往球内添加铁或铅块调整质量。1910年伯格（Casper Berg）将金属球改成重量不同、大小不一的金属片。1896年，雅典举行的第一届奥运会上，举重被列为正式比赛项目。当时不按运动员的体重分级别，只有单手挺举和双手挺举。不管运动员身材体重如何，谁举起的重量最大便获得胜利，这种状况一直延续到了1920年奥运会。

20世纪20年代，精武体育会等组织开

原载《精武本纪》

始使用杠铃、哑铃等器材练习举重。到 20 世纪 40 年代，上海健美学院、现代体育馆、青年会体育部、精武体育会、强华体育社等组织，均设有举重项目。1935 年，第六届全运会举重列为表演项目，在草坪进行比赛，上海 2 名选手参赛，获 1 项亚军。1936 年，3 名中国举重选手出席第十一届奥运会，其中 2 名是上海选手。1948 年第七届全运会，举重列为比赛项目，上海 6 名选手参赛，均未进入前三名。

新中国成立后，精武体育会、上海健身学院、现代体育馆、上海健身馆等民间体育机构的举重活动仍很活跃。1950 年 11 月，市体育会筹备会组织了解放后第一届全市举重比赛，竞赛场设在国强中学的操场上。分最轻、次轻、轻量、次重、重量五个级别。陈刚在次重级比赛中推举 90 公斤创造了全国纪录。以后，1954、1955 年，都曾组织过不同规模的全市举重比赛。[47]

# 第十二节 棋类运动

下棋不像跑、跳、打球、游泳等激烈的体育运动，但是神经系统的紧张程度、大脑对各种营养物质的消耗，往往超过其他运动项目。脑力运动和体力运动一样，对身体的新陈代谢有很大影响，能锻炼大脑，使它的工作能力增强，衰老减慢。

棋类运动是指围棋、国际象棋、中国象棋和桥牌等智力性体育项目而言。棋牌运动的历史渊源很久远，可以追溯到人类的史前文明。围棋、国际象棋、桥牌现已经成为世界性公认的智力性竞技运动，从事或爱好棋牌运动的人数有几亿之多，完全可以媲美篮球、足球、田径。

棋类运动不同于其他体育项目的地方，在于棋类运动表现的是人与人之间和平竞争，而体育项目多数表现在人与自然的抗争。棋类运动之所以是体育运动，根本原因在于它符合体育公平竞争的基本原则；二是有较广泛的群众基础和十分强烈的趣味性；三在于它对智力发育的影响而产生的教育意义。一般认为，棋类运动对于青少年的脑发育过程、思维方式、数字及图形观念、注意力、自我控制能力等多方面都有良好的影响。

上海精武体育会紧跟时代步伐，从建会初期便开始引进西方的体育运动项目，并将其专门列为一科，即“游艺”。上海精武体育会认为“无文不能行远”，奉行“乃武兼办乃文”的办会原则。精武体育会认为其既具有学校性质，同时又具有俱乐部性质；作为学校，它以“技击为根本，以

精武会会员在学习围棋

精武会会员在学习象棋

武德为皈依”，并“辅以有益之学科，正当之游艺”；作为俱乐部，“课余自当有行乐游戏之场所”，但同时规定“本会虽具有俱乐部之性质，而严禁不规则之行为”[48]。针对自身性质的定位，精武体育会大力发展技击术和涵盖现代体育运动项目的游艺科，同时开发体育科学之外的文事内容。根据《中国精武会章程》，上海精武体育会设置“文事部”，具体负责各种体育书报、中西文夜学、摄影学、打字、簿记学、雄辩学、临池、国语、医学、图画等科目，集中西文化于一体。

## 第十三节 军事体育

上海精武体育会成立于军国民体育思想称盛一时的年代，其成立与中国武术名家霍元甲息息相关，又与陈其美等爱国人士的革命活动密不可分，二者的结合共同缔造了这个带有军国民性质的民间体育社团。后来接受了五四新思想、新文化的洗礼，上海精武体育会逐渐改良军国民体育思想，使体育向健身、娱乐、大众化方向转变，它凭借对中、西方体育文化的解读和吸纳，成为引领近代上海体育发展方向的民间体育教育组织。

中国近代东西方的各种体育思想随西方文化的涌入纷至沓来，人们根据自己的实际需要，进行选择和利用，不同的体育思想、体育理论成为人们实现自己理想的理论工具。上海精武体育会成立前后，陈其美、霍元甲等爱国人士借用军国民思想，为上海精武体育会奠定了“尚武”的精神主旨，用它作为其训练革命志士的指导思想。实用主义、自然主义体育思想甫经兴起，便成为具有商人身份的新式知识分子改造上海精武体育会的新的舆论工具，借此他们大胆改革会务，引进西方体育运动项目，开设摄影、音乐、识字等科目，将德、智、体全面发展的教育理念作为会员教育的指导思想，同时更易体操会的名称，将中国传统武术吸纳进“体育”这个现代学科的行列之中。而受中国传统文化的影响，并接受西方基督文化的洗礼，精武体育会的体育思想中又包含着浓厚的中国文化的特质和西方文化的某些元素，在其“合群”“牺牲”精神下，既有西方“民主”“博爱”式的“大同”观念，又有以个人牺牲主义为核心的“群体”认同。最终，精武体育思想延伸为其发展会务、激励会员向学的大精武主义。精武体育思想折射了那个时代国人在寻求“体育救国”路途的艰难和曲折。

兵操部

在中国体育发展的特有进程中，精武体育会一方面适应社会上对“体操”的需求，另一方面也为了发展中国传统武术，抵制西方兵操，积极寻求改革武术之路，将中国传统技击术与西方兵操及军事技术相糅合，创编出具有自身特色的中国式体操，希望借此实现“强身、强种、强国”的体育救国之途。具体来说，精武体育会创编的体操包括以下几种：

技击术军用实施法

首先，将中国传统的技击术纳入西方兵操内容之中，中西结合，创编成武术兵式体操。

武术与体操相结合最早出现在20世纪初。随着西方体操的冲击和影响日益深入，国人开始转而从传统武术中寻求强国强民之道，将中国武术与西方体操相结合，力图把武术“体操化”，把体操“武术化”，使武术代替西方兵操作为训练士兵、强身健体的工具，并最终纳入西方体育运动之列。最早将武术与西方体育相联结的是安福系军阀马良。1901年马良在山西陆军学堂任教习时，将传统武术与当时国内流行的西方兵式体操操练方法融合，创编“中华新武术”。

军队组织

这种中学为体、西学为用的体操形式一经出现即受到当局和教育界的重视。新武术出现不久，当时任陕西巡抚的赵次珊就将马良的“中华新武术”命名为“马式

军乐队

兵操

兵操畢業證書（十）

中國精武體育會兵操團
二年滿約證書
本團
團員金光曜
二年滿約給挨
此書為證
中華民國六年十一月廿五日
團長鄭灼辰
會長王[illegible]

技擊術軍用實施法　陳鐵生

軍隊術鋒利用刺刀與軍刀苟能使用吾技擊術中之槍法大刀法單刀法可稱無敵此兩圖即以技擊術實施於軍隊者也惟關國內暫時秘密諸焉弗詳國人有注意及此者願商権焉

技擊術軍用實施法（一）
金光曜　鄭灼辰

一百

体操”予以推广。由于其比较适合对初学者进行集体教学，所以也非常受教育界的欢迎。经过一段时间的实践和推广，1917年“中华新武术”经过北洋政府教育部审定后，被陆军部咨行训练总督和警察总监定为军警必学之术，1918年教育部通令将“中华新武术”列为各大、中学堂正式体操的内容，并经1919年国会辩论通过，成为学校的正式体操课程，风行全国。[49]

上海精武体育会从马良的新武术中吸取灵感，并结合美国学校体操的做法，创新出一系列武术操法，命名为“体操化的武术”，即“拿武术来吸入柔软体操之中，或是应用体操的制度，来改变武术的组织”。[50]

据《精武月刊》上“武术之研究”一文的分析，美国哈佛大学体育教授沙井特氏采取游戏运动和游泳、起跑、掷标枪、递铅球、掷链锤等，劳工活动锯木、劈柴、割草、打桩、荡桨、扯帆等，凡物动态鸡鹅展翅、淡水鱼跳、汽船动荡、风摇树、鹰翔空、火车头起行等编为模范体操，用以“增进学者的兴趣，丰富健康的效率”，因其体操与人们的生活十分贴近，因此经其“登高一呼”，四海响应。它主要以生理学、解剖学为基础，根据身体部位和年龄特点编制，以上、下肢运动和躯干运动为主的“人造的柔软体操”。因为柔软体操在“改正姿势一端”，“具有特效”，当时“尚没有他种运动可以及得到他”，于是美国的学校体操中，便将二者结合，在“每个柔软体操的程序里加入两三节慕仿体操动作，以避免学习时之单调和枯闷”。[51]受到美国学校柔软体操加入美国“模范体操”动作的启发，精武体育会认为“我国的武术，价值高大，又合于国民的习性”，如果“编成慕仿动作，间杂在柔软体操里头演习”，定当“风行更速，效果更大”，于是受美国的这种学校体操形式启发，编练出武术体操。[52]

根据《精武月刊》有关武术研究中的分析和说明，精武会武术与体操融合，成为“体操化的武术”有两种方式：摘取武术中的动作，编成各种运动，应用于瑞典式体操之中，即“拿武术来吸入柔软体操之中”。这是仿照美国“模范体操”的做法，有选择地摘取武术套路中的个别或连贯武术动作，加入瑞典式柔软体操中，形成精武“兵式体操”的一种形式。[53]例如一套体操由头部运动、四肢运动、背部运动、肩部运动、平均运动、腰部运动、腹部运动、全身运动八组运动组成。[54]这套体操由多组运动组成，每组由多种武术动作编练在一起代替原有的肢体动作，然后每组与每组按照生理原理连接成一整套操法。

其次，仿照西方体操，为中国武术套路编配口令，形成中国式武术体操。精武体育会将其所创编的“精武十套”等武术动作和套路，仿照西方兵操的模式，按动作特征编配口令，进行集体操练，形成特有的中国式武术体操。在武术教学中，精武会除进行单人教练外，还“注重合群之教练”，“每有一技，其各个动作必编配口令统一教授”。[55]精武会认为这种配合口令进行操演的武术动作或套路用于集体操练时与流行的西方兵操相同，因此也称其为“体操”。“精武十套”因其对于习练者的基础性和适于团体操练性，成为精武会中国式体操的主要内容。

“精武十套”经过编配口令作为“体操”进行教授后，逐渐成为各种会操表演的重要内容之一。在武术教学过程中，精武教员们非常注意团体操的教授，“盖欲养成一种共同生活之精神”。[56]根据精武体育会的规定，在每月的第4周精武会召集所授学员、各社会团体进行集体会操表演，每次会操表演，“技击虽千百人以口令指挥之裕如也”[57]，场面壮观，使人观后精神十分振奋。不仅如此，在精武体育会举行的毕业典礼及运动会上，为了显示精武体育会的运动成绩，一般都会有由当时精武教员教授的学校、社会团体进行会操表演，第4届毕业运动会上就有“广东小学之髫龄学生，服制一如本会，操潭腿”[58]。在上海精武体育会自制的技击术影戏片中，也记录下了广东小学团体操“节拳”“套拳”的影片资料等。[59]

除此之外，精武会所创编的“体操”中还有“技击术军用实施法一门”。“军用实施法”是将“技击手法施于火枪上刺

凌空术

刀之对敌，及刺刀与指挥刀交战”，形成特有的精武技击术军用实施法这一门类。[60]军用实施法在当时可谓一种“最新式”的“兵式操法”，不仅具有观赏性，而且具有实战意义，因此深受“国内外来宾之欢迎”，[61]每次精武运动会上都会有军用实施法的表演，受到广大与会者的青睐。上海精武会第六届毕业典礼上就有霍东阁与郑灼辰、宁竹亭与卢炜昌的表演，引来场下雷鸣般的掌声。[62]

凌空术是军事体育的一个典型项目，其目的是锻炼胆量。《精武本纪》对其作了详尽描述：“法以铁索亘于空中。两端固定于木柱或壁间。一端须略高，使其势斜倾而下。有凌空环，环上有双轮，悬于铁索之上。两手持其下方，全体悬空，顺势而下。惟须备长竿，因双轮微侧，或铁索略软，即停滞于半途。须以其他之一人，持竿竖于持环者之足下，使其双足抱竿。而执竿人则牵引持环者使之借势而下至目的处也。凡习此者，临深履薄，悬崖削壁，无所于畏。”

又如田猎，《精武本纪》说道：“野操百回，不如与熊搏一次，畋猎盖足以增益胆气也。实习技术，久为军事家所共认。”

注释：

1. 杜俊娟：《“体操”与“体育”的词源学略考》，《北京体育师范学院学报》1998年第3期，第76-77页。
2. 周士彬、王连方编著《现代拳击》，学林出版社1996年12月出版。
3. 《上海通志》第三十七卷第三章第五节。
4. 当时沪上名人程贻泽、刘建侯、钱佚名等人也对白虹田径队给予资金资助，后来程贻泽一度任白虹田径队名誉队长职。《精武丛报》（1935），上海档案馆，卷宗号Q401-10-40，019。
5. 《精武丛报》（1935），上海档案馆，卷宗号Q401-10-40，019。
6. 《精武丛报》（1935），上海档案馆，卷宗号Q401-10-40，019。
7. 《精武丛报》（1935），上海档案馆，卷宗号Q401-10-40，019。
8. 《精武丛报》（1936），上海档案馆，卷宗号Q401-10-41，003。
9. 《精武丛报》（1936），上海档案馆，卷宗号Q401-10-41，026。
10. 宋路霞：《世纪》2007年第1期，第76-77页。
11. 程乃珊：《奥运中国奖牌第一人 上海选手、中国体坛宿将周余愚》，写于2008年7月，载《华夏全景》。
12. 《白虹队将与精武会合并》，《时报》1935年4月12日，第二张第7版。
13. 《精武月刊》，上海档案馆，卷宗号Q401-10-37，SC0266。
14. 《上海体育志》第二编第七章第三节。
15. 载上海精武体育总会官网。
16. 《精武本纪》，上海档案馆，卷宗号Q401-10-48，SC0062。
17. 《上海体育志》，上海社会科学院出版社1996年6月第1版，第398页。
18. 胡玉姣《上海精武体育会体育现代化研究（1910-1937）》，华东师范大学历史系博士论文。
19. 《精武本纪》，上海档案馆，卷宗号Q401-10-48，SC0061、SC0062。
20. 《精武本纪》，上海档案馆，卷宗号Q401-10-48，SC0059。
21. 《上海体育志》第二编第十一章第四节。
22. 郎净：《近代体育在上海（1840-1937）》，上海社会科学院出版社2006年版，第27页。
23. 马廉祯：《略论中国近代本土体育社团对外来社团在华发展的借鉴——以精武体育会对基督教青年会的模仿为例》，《搏击·武术科学》2010年第3期，第69页。
24. 参见上海精武体育总会官网“球类”。
25. 《足球》，卢炜昌，《精武本纪》。
26. 《精武本纪》，上海档案馆，卷宗号Q401-10-48，SC0295。
27. 《精武本纪》，上海档案馆，卷宗号Q401-10-48，SC0299。

28.《精武月刊》，上海档案馆，卷宗号 Q401-10-37，SC0269。
29.《记篮球》，周锡三、陆象贤，《精武本纪》。
30.《精武月刊》，上海档案馆，卷宗号 Q401-10-37，SC0269。
31. 1924 年 7 月 4 日中华全国体育协进会成立，是当时全国性体育运动的领导机构，对外即代表“中国奥林匹克委员会”。该会先后借申报馆、圣约翰大学宿舍为办公地址，曾组织上海中华足球联合会、上海篮球联合会、上海网球联合会、上海棒球联合会、上海中华运动裁判会等，负责发布体育规则及全国体育比赛成绩最高纪录，每年还组织全市足、篮、棒、网球联赛。抗战爆发后迁重庆。中华人民共和国成立后，在北京改组为中华全国体育总会。
32.《精武年报》，上海档案馆，卷宗号 Q401-10-38，010。
33.《精武丛报》，上海档案馆，卷宗号 Q401-10-40，018。
34.《精武丛报》，上海档案馆，卷宗号 Q401-10-40，056。
35.《精武丛报》，上海档案馆，卷宗号 Q401-10-40，018。
36.《精武丛报》，上海档案馆，卷宗号 Q401-10-41，050。
37.《精武年报》（1929-1934），上海档案馆，卷宗号 Q401-10-41，068，069。
38.《精武月刊》，上海档案馆，卷宗号 Q401-10-37，SC0366。
39.《精武丛报》（1936），上海档案馆，卷宗号 Q401-10-41，020。
40.《精武丛报》，上海档案馆，卷宗号 Q401-10-41，029。
41.《精武月刊》，上海档案馆，卷宗号 Q401-10-37，SC0266。
42.《精武丛报》，上海档案馆，卷宗号 Q401-10-41，003。
43.《精武丛报》，上海档案馆，卷宗号 Q401-10-41，004。
44. 参见上海精武体育总会官网“球类”。
45. 马崇淦等编：《上海体育年鉴》民国念九年第一集，上海体育世界社出版。
46. 上海通社编：《上海研究资料》，上海书店出版，1984 年版，第 457 页。薛理勇：《旧上海租界史话》，上海社会科学院出版社 2002 年版，第 271 页。
47.《上海体育志》第二编第七章第一节。
48.《精武本纪》，上海档案馆，卷宗号 Q401-10-48，SC-0031。
49. 马良：《中华北方武术体育五十余年纪略》，《体育与卫生》1924 年第 3 卷，第 3 期。
50.《精武月刊》，上海档案馆，卷宗号 Q401-10-37，SC0336。
51.《精武月刊》，上海档案馆，卷宗号 Q401-10-37，SC0337、SC0339。
52.《精武月刊》，上海档案馆，卷宗号 Q401-10-37，SC0337、SC0339。
53.《精武月刊》，上海档案馆，卷宗号 Q401-10-37，SC0337、SC0339。
54.《精武月刊》，上海档案馆，卷宗号 Q401-10-37，SC0338。
55.《上海精武体育会内传与章程》，上海档案馆，卷宗号 Q401-10-2，SC0028。
56.《精武本纪》，上海档案馆，卷宗号 Q401-10-48，SC0070。
57.《精武本纪》，上海档案馆，卷宗号 Q401-10-48，SC0070。

58.《精武本纪》，上海档案馆，卷宗号Q401-10-48，SC0056。

59.《精武本纪》，上海档案馆，卷宗号Q401-10-48，SC0294。

60.《精武月刊》，上海档案馆，卷宗号Q401-10-37，SC0337、SC0339。

61.《精武本纪》，上海档案馆，卷宗号Q401-10-48，SC0057。

62.《精武本纪》，上海档案馆，卷宗号Q401-10-48，SC0061、SC0062。

# 第七章 精武教育

# 第一节 武术教育的革故鼎新

上海精武体育会的主事者从成立之初，就站在时代高度，不断开拓精武事业，对中国传统技击术进行了大胆的改革。作为“以技击为根本”的体育社团，精武体育会打破了中国传统武术“谱系传承”的传播模式，在师承流派、传播方式、教学训练方法、订定教学内容等方面进行改革，破除了传统武术中的“门户”之见，熔各派于一炉，在精武教育方面，初步确立了单个传授与集体授课相结合的课堂教学制度。

“技击术”，现在统称为“武术”，起源于中国古代的狩猎和战争，是一种集传统文化与搏斗、技击技术、民俗于一身的体育运动项目。“技击”是武术的本质功能。所谓“技”，指本领和方法，“击”指攻防和搏斗，“武术”即以其所具有的攻防格斗功能立足于社会。诸如春秋战国时以技击为生的游侠剑客、近代以保镖护院维持生计的镖师教头、以教拳为生的拳师，乃至流浪江湖卖艺的艺人等，都是以技击本领来体现其社会价值的。而且，作为武术主要内容的技击技法，经过历代习武者的实践和发展，逐步形成了一个丰富多彩、气象万千的庞大的技术体系，如踢法、打法、摔法、拿法、击法、刺法等，每一法中又有诸多技法。[1]

就武术的内容来看，宋代以前，武术与军事紧密相连，主要以技击、实战、对抗、格斗为主。宋代以后，在原来用以军事训练为主的武术技巧方法基础上，逐渐形成了武术流派或门派，也出现了武术内功、武术套路及武术内家拳系统等。近代以前，中国武术流派较为常见的有以下三种分类方式：一是以拳种划分，如少林拳、太极拳、形意拳、南拳等，一个拳种就是一个流派；二是按山川地域区分，如武当派、少林派、峨眉派，长江流域派、黄河流域派、珠江流域派等；三是按照技术特点来划分，如内家、外家之说，或长拳、短打，南拳北腿等。[2] 直到晚清，中国武术习练群体多数散落在民间，在当时，“源流有序、拳理明晰、风格独特、自成体系”的拳种逾百个。[3]

传统武术分门别派，守派意识和保守意识浓郁。民间习武是以民间拳师为核心，模拟血缘关系形成的类似家庭“父子关系”的“师徒关系”为机制的谱系传承。[4] 在“谱系传承”机制下，师徒之间单线传授，“教会徒弟，饿死师傅”的观念，很容易形成狭隘的思想意识和保守的处事观念；随着学徒的增多，又出现门派之见；况且同门、同派弟子之间又有内外之别，如“直系传人”“关门弟子”“得意门生”等。各门各派之间虽然能相互尊重，但彼此之间却

传统武术在中国古代原本是一项民间技击、以武入仕的民俗活动

难以进行技术交流。与此同时，中国传统武术思想观念中，讲究含蓄务实，反对张扬炫耀，遇事中庸，不予争先，又导致武术传承过程中的慎之又慎，对徒弟的筛选和传授十分严格和谨慎。[5]因此，传统武术的传播具有浓厚地域性和封闭性，其接纳的范围属于家族式，教授的方式也颇有些人身依附的封建性质，带有民间武术社团的草根性和守旧性。

武术因与战争、军事紧密相连，在中国历史上曾占据着重要位置，但到晚清时武术已处于低潮。究其原因，一是军队逐步使用洋枪洋炮，代替了传统作战中使用的大刀长矛，武术技击在军事训练中逐步退居次要地位。清政府在1898年曾命令“武场考试枪炮”，武举考试不再考技击功夫。随之，1903年中国延续一千余年的武举制度被废除，使武师通过武举考试跻身仕途的路径被断绝。二是义和团运动失败后，清政府禁止民间习武，武术在政治上完全失势。社会上凡欲以武取功名的人，遂多改事他业。一些具有高超技艺的武术大师被迫转入军队中做武术教官，或流落民间以授徒传艺谋生。五四前后孙氏太极拳创始人孙禄堂，1918年就曾被徐世昌聘入总统府任武宣官，具有“虎头少保，天下第一手”的美誉。[6]孙禄堂的孙子孙务滋，在太仓中学任武术教员，应前清江苏巡抚陈夔龙的聘请，业余时间作陈家的私人内家拳教师，一年间，孙禄堂的二孙子孙存周应25军2师8团团长施承志之请去杭州教内家拳等。[7]

近代以来，随着西方入侵，国外各种体育运动项目纷纷进入中国，国人开始思考中国的一些固有民俗活动方式，对于民间及军队中开展的传统“技击”“武艺”等活动，人们把它看作是中国固有的“体育”，加以运用，并统称之为“武术”，或“国术”。民国时期，官方对以武术为主体的传统技击项目称为“国术”，尤其是1928年3月中国国术馆成立后，“国术”一词逐步流行。但武术的称谓并未因此而统一，武术、国术、技击术、武艺等称呼并用，精武体育会对中国传统武术多用“技击术”“国术”等称谓。新中国成立后至今，“武术”这一称谓基本上被固定下来。[8]

随着清末民初军国民思潮的兴起，武术再次复兴。清末民初军国民甚嚣尘上，政府和民间要求保存“国粹”的呼声日益高涨，保存“国粹”与军国民思潮相结合，使我国传统武术受到社会各界的欢迎，无论是学校、社团、工厂还是基层群众，练武之风蜂起，社会上掀起一股习武强身热潮。在此形势下，精武体育会及其他体育社团的出现，为仕途已经断绝的武师们提供了一个新的较好的发展机会和平台。20世纪20年代北京、天津、上海、济南、成都等许多城市中武术组织蜂起，其为首者大多是一些武术世家传人。例如，民国时期的武术大师李存义（1847-1921），年轻时曾师从刘奇兰、郭云深学形意拳，向董海川学八卦掌。八国联军侵华时，李存义参加义和团，痛杀入侵者。1912年，李存义在天津创办了当时北方最大的民间武术团体——中华武士会[9]。又如，形意拳和八势拳名家姜容樵（1891-？）幼年即随叔父、前清武进士姜德泰生活，学习祖传武功。20世纪20年代，在上海组织“尚武进德会”。再如，满族武术家佟忠义（1879-1963）祖居沧州，世代习武，20世纪初在奉天以保镖为业，后任军中武术、摔角教官。1922年，佟忠义在上海创办“忠义国术社”，兼理伤科，旋任保定陆军学校武术摔角总教官，20世纪30年代辗转来上海凭武艺谋生。[10]

上海精武体育会针对中国传统武术中的门派之争问题，采取了“破除门户之见，熔各派于一炉”的策略。为了发展中国传统武术，打破门户之见，熔各派武术名师于一炉。这种观念在20世纪初年中国技击界中，无疑是一种振聋发聩的新观念、新举措。

上海精武体育会认为“武术向无派系”，如欲发展精武，必须打破门户之见，汇集各地名师。因此在武术教育的方式上，打破了传统的师傅口传身授的师徒传承式，“不争门户之短长”，将各流派、各门户的武术都“落户”于精武。1910年中国精武体操会成立之初，霍元甲、刘振声成为会中最初的武术教师。霍元甲遇害后，“霍君之弟元卿莅沪”，霍元甲的另一位高徒赵汉杰也来到上海，补充体操会教员不足的状况。[11]

迁至第二会所期间，精武事业从霍元甲遇害后的低谷中走出，在会长袁恒之的支持下，精武体育会从各地聘请一批武术界高手来到会中做教员。此后短短十数年间，当时黄河流域的拳师赵连和、张富猷、霍元卿，长江流域拳师陈维贤、孙赞轩，罗刚玉、霍东阁、陈子正、吴鉴泉等，相继来沪，一时名师云集精武。这批来自全国各地的拳师各有其专长。赵连和“善功力拳、节拳、单刀、夜战枪，能跳跃，身段灵活”；张富猷“臂肌特大，步行如虎，善大战”；陈维贤属江阴派，擅长醉拳，宁竹亭得其真传；罗刚玉“善螳螂拳”；陈子正“原练关外有名番子门，又名鹰爪门拳，拳法稳健”；吴鉴泉是杨家太极快拳的嫡传，就聘于上海精武体育会第一分会，自设鉴泉太极拳社，培养出一大批太极拳高手；其他受聘于精武会作武术教员的还有擅长五虎枪的李健民、擅双枪的孙玉峰等。上海精武体育会迅速成为全国武术名家荟萃之地。[12]

为了打破“因袭宗法，师徒秘传”的武术传承模式，精武体育会采取自由择师、公开传授的武术传播方式，成为当时武术界传播模式上的一个突破。在体操会成立初期，体操会“专事技击一科”，虽然采用的仍是“以师带徒”的传统教授方式，但已非师徒之间的单线“秘传”，学员可以依据自己的爱好选择不同的教师进行学习。如霍元甲遇害后，其弟霍元卿、另一位高徒赵汉杰相继来到上海，霍元卿对学员“严加训练”“学者技击始有大进，社会信仰日深”，[13]赵汉杰尤擅长双刀，于是，精武体育会的主要发起人之一陈公哲根据自己意愿，“学节拳于刘振声，学双刀于赵汉杰”。[14]

1916年4月之后，上海精武体育会“扩充学科，改良形式”[15]，以进步的教育思想、科学的教育方法，移植于武术教育之中，在武术传播上进一步大胆改革。针对来自全国各地的名拳师们，精武体育会摈弃传统一门一派师徒秘传造成的宗派门户争论，采取公开办班，公开传授，使各派技击术“公之于世”的传播模式，“萃群众于一堂，互相观摩、互相砥砺，优者以免，劣者以奋”[16]，除此之外，精武体育会每隔一周或两周定期延请武术名流，到会表演，以“使学员收观摩之益”，认为这样可以有效消除武术门派秘传的神秘性和狭隘性。[17]

除此之外，上海精武体育会还借助运动会及武术观摩会，将各派武术公之于众。精武体育会认为如欲打破门户之争，消除人们对武术的误解，最好的方法是让更多的人参与和学习各派武术。为此，精武会利用每年举行运动会之机，鼓励会员习武及观摩各家各派武术精华。早在 1916 年 4 月精武易名之前，中国精武体操会就曾召开过三届毕业典礼及运动会，借助毕业运动会，将各派武术精华公之于众，为会员及观众提供了了解和学习各派武术的机会。如 1915 年中国精武体操会举行的第三届毕业典礼上，颁发毕业文凭之后，不仅精武体育会内的各派武术名师、优秀会员上台表演各种武术，而且还邀请各省及各学校的来宾登台表演，精武会认为此为“介绍各派技击于阅者之成例”“藉一洗从前囿于一家之积习，而有以发挥各派造诣之精华”。[18]

## 第二节 构建技击术考教制度

在教学组织方法上，精武体育会采取新式课堂教学制度，打破传统民间练武组织所具有的宗法或神秘色彩。

上海精武体育会改革传统武术传播模式，采用单人教授与班级教学相结合的教学形式。单人教授是武术教师与所教授的学生之间进行一对一的教和学，教授时不配口令。这是带有一定的师徒“秘传”性质的教学形式，根据精武会一些老先生的介绍，这种形式一直延续到解放后仍被大多武术名师沿用，直到今天也依然流行。此外，精武体育会仿效 20 世纪初年流行的学校新式课堂教学形式，还采取开办初级班、中级班、高级班等“班级教学”的训练方法。[19] 进行班级教学时，一般是教学的老师根据套路中的动作先后顺序，一天教授其中的四五个动作，每个动作配合口令进行练习，整个套路的动作学完后，由学员自己进行练习、组合。在民国时期，武术教学中常常出现以口令形式编排的教学内容，这种以口令标示动作的教学模式，不仅在当时出版的武术书籍中常常看到，也得到许多精武会会员的证实。民国时期民族危机，武术界的口号是“强国强种”，希望武术能成为保家卫国、上阵杀敌的工具，用武术在最短的时间内训练出最强大的军队。为了实现这种目的，当时许多拳种在教授时进行简化，减去对于各种拳法、拳理的烦琐解释，通过教官对武术动作的亲身示范，配合适当口令，一教数十人、数百人。这种希望从另外的途径达到练武“速成”功效的做法，可以说是近代拳师们忧国忧民、寻求“体育救国”的一种途径。[20]

在教学过程中，教练要求十分严格，有些老师甚至拿着木刀片进行督练。当然，这种教学训练方法也适合于精武体育会的“体操”教学；既有单操团体教练，也有对操团体教练。这种集体教学从简单易学的基本动作入门，采取先单式教练，后连贯成套练习，教法先易后难，循序渐进的教学方法，成为今天武术教学的一种基本教学法。

精武体育会还根据不同学员的时间安排，制定不同的教学时间表，严格学习纪律。精武体育会不仅具有学校性质，同时又是一个兼具俱乐部性质的民间社团，参加体育会的会员不仅有工商业巨子，还有洋行、公司的职员，及上海各类学校的在读学生。这些人群并不能完全像全日制学校一样进行授课，教学时间往往需要安排在工余或课余。根据会员实际情况，1915年制定的《中国精武会章程》第十条就有规定，精武体育会根据会员情况不同，需进行酌情处理，“每晨6时起至晚上9时止，由教员分班教授”，凡属特别会员“无论何时均可来学”，[21] 充分考虑到会员工、商、学不同成员的构成。在学习纪律上，精武会按照各学习班的学员名册，精武体育会要求每个学习班，必须“印备学员上课表一纸，分发各教员，逐日填写，每月呈报一次”，根据每月上报的学员上课情况，经过统计，对不同缺课时数的学员则有一定的奖惩办法。[22] 精武体育会认为这是督促学员坚持学习的手段。

精武体育会还在会内开创了武术考试制度。20世纪30年代之前，精武体育会的武术考试制度并不十分完善。学员级别的认定，是根据各班级所修习的时间长短以及所学内容情况而定的。精武会规定，各班级学员，只要经拳师传授，修满两年，并修完所在班级的学习内容，就可视为初级毕业，发给初等毕业证书，在所着精武服饰上襟缀黄星一颗；修满四年的学员为中级毕业，发给中等毕业文凭，襟饰黄与蓝两星（蓝星在1918年以前用绿色，后改为蓝色）；学员按规定学习内容修满六年者则为高级毕业，发给高等毕业证书，襟饰红蓝黄三星以上。但三个等级证书的发放都必须是经过技击主任认可，考核合格者方能领到证书。[23]

自20世纪20年代中后期起，精武体育会的考试制度逐步走向完善。为了检验学员学习成绩，公平评定其毕业程度，精武会组织有考试委员会，并制定出较为规范的考试规则。根据精武会考试委员会的讨论，决定考试采取给分制，“给分以100分为足分，70分为及格”；给分标准由各委员按“精神、气力与姿势动作”三个方面的内容分别打分，最后“将各委员所给绩分合计再平均之”；为了保证毕业会员的武术水平，考试纪律采取“严格主义”，只有“满足分，方许毕业”[24]。在考试内容上，根据不同的级别、不同的门类也有不同的规定，上海精武体育会在1922年举行的第22届国术毕业考试中，就规定会员参加考试的科目如下：潭腿门：初级，潭腿、功力拳；中级，大战、八卦刀；高级，节拳、五虎枪。螳螂门：初级，碰步、摘腰；中级，出洞、梅花拳；高级，梅花枪、燕青刀，等等。

民国时期的武术“国考”

再次，精武体育会还根据武术运动的特点制订了一整套新的武术教授内容。配合教学形式的改革，在教学内容的选取上，精武体育会贯彻“南宗北派并蓄兼收”、熔各派于一炉的策略，一方面吸收当时“新武术”的武术编练方法，将武术套路中的一些动作抽取出来，或作为独立动作内容，或重新编排，形成新的套路；另一方面则采用传统的武术套路作为教授内容。经过认真研究和讨论，精武体育会将“精武十套”定为精武技击教学的基本教材。“精武十套”即“潭腿、工力拳、节拳、接潭腿、八卦刀、五虎枪、大战拳、套拳、群羊棍、单刀串枪之十套”，内含武术套路共260余套。[25]精武体育会认为，武术教材的选择，要做到一技有一技之精华，一技有一技之实用，这样才能使人们通过习练技击术这一中国传统体育运动项目，得到强身健体的最大效能。经过组织武术专家进行讨论，一致认为“潭腿”是练习武术者“毕生之不可或辍者”，究其原因，武术名师们认为潭腿“手法既多，步武稳固”，操练时“既能各个运动，即合百十人为团体，亦可以口令指挥，繁简咸宜，长幼可习”，如果能坚持一段时日，“日以半小时为度，则其精神体魄已获无穷利益矣”，“熟而习之，不特后来练习各技迎刃而解，且使精神气力日见增加”，可谓“初学之阶梯，入艺之基础”，故而“潭腿”被确定为“精武十套”的基础练习套路。[26]

在“精武十套”中，除潭腿外，精武体育会认为工力拳、大战拳“能增力”；节拳“能长气”；接潭腿“使手足增抵抗力”；套拳“则竞争之实施法斗矣”；五虎枪“为枪中之最多手法而最完善者，熟习之，则臂力腰力足力不觉自增”；八卦刀“为刀中之最难学而最敏妙者，熟习之将来再学对手八卦刀则单刀之妙用思过半矣”；群羊棍“变化无穷，且活泼地而不犯实双头棍中之不可多得者”；单刀串枪“最难走步，然敏捷之至，殊妙技也，单刀与枪棍易得而最利用，故当先习矣”。[27]这些拳种和套路对于强健身心极为有利，又是习武者入门和练习的基础，因此“精武十套”可谓精武会武术教学中的“初级科目”，凡精武会员学习武术的“必须熟悉此十种，方及他技”。[28]直到今天，经过挖掘和整理，“精武十套”仍然是上海精武体育会武术教学的基本内容；每年一届的世界精武武术比赛又称精武世界体育文化大会，“精武十套”都是必不可少的比赛规定套路。

除“精武十套”之外，精武会还根据各武师的专业特长进行教授，如陈子正就曾教授鹰爪派拳技，吴鉴泉教授杨氏太极拳等。精武体育会认为，在这种“南派、北派、短拳、长拳罔不具备”的技击术教学中，即使各武术教师不能沟通南北，但学员经过跨拳种学习，却能“南北混成”，久而久之，“自成一种融合南北，取精用弘之技术”，客观上也就打破了各派之间的门户阻隔。[29]

## 第三节 精武嘉年华的雏形

上海精武会每年都举办精武技击大会。初期的技击大会，是由学员毕业典礼与运动会合并而成的。根据陈铁生的《运动会纪》一文记述，“本会每年于秋季举行技击毕业礼，并于是日运动”[30]，因此精武技击运动会有时又被称作“毕业运动会”。

一般来说，早期的毕业运动会的内容和顺序如下：一（宣布）开会、二（会长）报告、三重要（嘉宾）演说、四运动、五给凭（颁发毕业文凭及各项证书）、六来宾运动、七教员会员运动、八（宣布）闭幕。精武体育会将毕业典礼与运动会合并，借助毕业典礼，让会员、教员得以表演、观摩各派技击术，增加会员习武及相互借鉴的兴趣；借助运动会，精武会邀请会长、社会名流到会演讲，并为当年毕业会员颁发毕业文凭，进一步激励会员勤奋锻炼，提高自身的技击水平，二者结合相得益彰。

在早期部门的设置上，除设有技击、兵操、游艺部，还设有文事部，并由游艺部主持文体活动，所设项目中的文艺类有书法比赛、雄辩演讲、体育纪录片展映，精武书刊、精武实业产品展销，以及武舞、音乐等文旅配套项目。

精武会规定，凡根据学习内容，经拳师传授，修满二年、四年、六年的，分别发放初级、中级、高级毕业文凭。在毕业典礼上，精武会为每位取得毕业资格的会员颁发毕业证书。为了勉励学员努力学习，加强锻炼，精武会实行佩星制度。凡取得毕业证书的精武会员，即视为具有佩戴与其毕业等级相当的精武襟章的权利。

精武体育会借助技击大会为特殊贡献者及成绩出色的会员授奖。精武体育会对会员奖励的方式有授盾、金牌、银牌等。《精武本纪》的“授盾纪”记载：“吾会有授盾例，盾铸以紫铜。”[31]精武体育会所授“盾”，与精武体育会会所大门前所置大铜盾、襟章之小盾及精武体育会的印信图章，式样相同，上书有“精武体育会”五字，是精武体育会颇有名气的书法家左孝同所写。为了达到字体的一致，精武会将五个字铸为范本，采用当时最先进的摄影技术将其扩大或缩小而成。因精武体育会的“盾”只授予对精武体育会有特殊贡献者，即“凡会众有服劳日久，纯任义务，或有非常之赞助，创始之勋劳者”，并“经会众公决”，才可以全体会员的名义，授予精武盾，因此能够得到授盾的人，“咸以为荣宠”，将其“视为无上宝贵”。[32]

在技击大会上获得金牌、银牌奖项，被获奖者视为一种难得的荣誉。在精武体育会中，宁竹亭因习武的恒心毅力超乎常人首先获得金牌奖，精武体育会通过毕业运动会上颁奖的形式，将宁竹亭树为精武体育会会员们学习的楷模。在第六届毕业典礼上，精武体育会还为技击部会员中“三载、二载或逾年而未辍课及未告假者”“分别赠以金牌、银牌以勉来者”，黄汉佳、陈国衡二人3年内从未请过假，精武体育会为他们颁发了“毅”字银牌；黄鸣岐2年内从未请假，被授予“奋”字银牌；杨深伦1年内从未有缺课现象，精武会授予他“勤”字金牌。[33]在众人云集的毕业典礼上颁发各种荣誉奖项，这种形式使精武体育会有效地促进了全体会员的向学意志和毅力。

从严格意义上说，精武体育会的这种“技击大会”并非现代意义上的竞技运动会，而是一场中国传统武术的展演盛会。上海精武体育会第一届、第二届毕业运动会分别于1912年10月27日和1914年11月8日举行，两次运动会都在第二会所前的操场内搭盖了演舞台，“来宾数千人，围绕而观”。[34]第一届运动会由会长袁恒之做会

20世纪20年代吉隆坡精武女子体育会国操科冬季大考颁奖摄影

务报告后，根据运动会的编排次序，由会员依次登台进行表演："刘日暄，刘冠山，宁竹亭，浦阔亭演潭腿上六路；徐人龙演穿拳、节拳上半路；李国基、李良友双演工力拳；陈抱一演溜脚势；袁孙演工力拳；姚蟾伯演八卦刀、穿拳；周浩如演节拳下半路；王维潘、黎惠生演接潭腿；何庆滔演大战；刘扇臣演金刚拳、双刀；徐柏堂演群羊棍、青龙拳；邱亮演十字战、春秋刀；高尧夫、胡允昌演合战；陈公哲演节拳；李迪初演八卦刀、脱战；卢炜昌演短战、五虎枪；平雪士演软鞭；黎惠生演六合刀；李佩然演溜脚势；邱亮、陈公哲演扎拳；王维潘演练手拳；徐振汉演穿拳；王焕文演大战；李迪初、陈公哲演扎拳。"[35]会员表演结束后，又由各位教员登台依次表演武术项目，到场的广东、山东、浙江、湖南等省市的武术家也分别进行了武技表演。

在技击大会的举办场所及内容上，精武会根据实际情况进行不断的调整。精武体育会举办最初两届毕业运动会都是在第二会所的操场内举行，因地方狭窄，"来宾与会员皆感挤拥之苦"，因此 1915 年 11 月 21 日第三届毕业运动会召开时，精武会决定"赁法租界之民兴新剧社即歌舞台为运动场"[36]，成为精武体育会在剧场举行技击运动会之始。鉴于前三届会员的运动项目有很多雷同之处，从第四届开始在运动内容的安排上，精武体育会尽量避免重复，《精武本纪》所载"从前会员运动每多雷同，是届（即第四届）以后力去此弊"[37]。

## 第四节 游艺部教学活动

近代中国，体育人才稀缺，有能力组织及举办运动会的团体和单位很少，而精武体育会内汇集的各类体育人才，对西方体育竞赛较为熟悉；加上精武体育会每年一届举行毕业运动会，尽管毕业运动会以武术表演为主，较少有竞技比赛的性质，但其筹备运作模式仍然使精武会积累了大量的筹办体育赛事的经验。尤其是 20 世纪 20 年代，精武体育会一直参与筹备中华体育协会和中华全国体育协进会，了解并掌握了一些经办和主持现代体育比赛的知识。以上种种原因，使上海精武体育会在近代体育赛事的筹划和组织方面较其他民间体育组织更胜一筹。

上海精武体育会认为"无文不能行远"，奉行"乃武兼办乃文"的办会原则。精武体育会认为其既具有学校性质，同时又具有俱乐部性质；作为学校担负着教育的功能，它以"技击为根本，以武德为皈依"，并"辅以有益之学科，正当之游艺"；作为俱乐部又具有游艺的功能，"课余自当有行乐游戏之场所"，但同时规定"本会虽具有俱乐部之性质，而严禁不规则之行为"[38]。

针对自身性质的定位，精武体育会大力发展技击术和涵盖现代体育运动项目的游艺科，同时开发体育科学之外的文事内容。根据《中国精武会章程》记载，上海精武体育会不仅设有“技击部”“兵操部”“游艺科”等部门，还设有“文事部”等机构。

游艺科对体育运动项目的开展有着严格的管理制度。根据《中国精武会章程》第五章“职员、教员”的规定，“游艺部：部长1人，京乐教授1人，欧弦教授1人，铜乐教授1人，京乐主任1人，粤乐主任2人，田猎主任2人，足球主任4人，网球主任4人，铁球、铁饼主任1人，台球主任1人，篮球主任1人，平台木马主任1人，溜冰主任1人，凌空主任1人，标枪主任1人，杠子秋千主任无定额”；同时规定“本会各职员除正副会长外均由会员中推举其富有责任心者当之”。[39] 为了加强对游艺科的管理，为了推动现代体育运动项目的发展，精武体育会还对游艺部各个科目展开研究。正如对中国传统武术的研究一样，对于当时新引进中国的体育项目，精武体育会通常在《精武月刊》《精武杂志》等刊物中发表文章，详细介绍和阐发各类运动的用法、技术技巧、比赛方法和规则等。例如，《精武杂志》刊载过有关于排球的研究性文章：“排球又名队球，乃夏日球类最有兴味之团体运动也，惟本会初习者未谙其法，手指时被球触伤，咸视为畏途，遂致中途而止……排球毫无危险，练习颇易，其手术不过六种耳，即发球、传球、举球、击球、垫球、救球，倘每排依法各司一职，历三四星期之久，即可成一排球队，出而与人竞赛……”[40] 文中还具体介绍了由参加过远东运动会的中国排球名将钱广仁、洪锦生所研究和教授的诸如发球术、传球术、救球术的各种练习、比赛方法，为会员学习排球运动技能提供了学习和参考的依据。

精武武舞

20世纪二三十年代，随着精武体育会对西方体育运动项目研究和认识的加深，精武会内各种运动队伍，如排球队、网球会、篮球队、乒乓队、田径队等相继产生，当时国际、国内各项目的运动健将纷纷被邀请到精武会，由他们对会员进行指导和教练。

上海精武体育会站在时代前列，不仅在传统武术的传播中融各派于一炉，在西方新式体育运动项目的引进上，同样破除“门户”之见，对租界体育的耳濡目染，对教会学校体育教学模式的了解和掌握，对基督教青年会的借鉴和学习，都使精武体育会打上了近代上海“有容乃大”“海纳百川”的气质特点；而华人世界对西方体育的逐步接受，也为上海精武体育会现代体育项目的开展打下了一定的社会基础。从最初对现代体育单个项目的引进，到有组织的管理和研究，再到专业运动队伍的组建，精武体育会在现代体育运动项目的开发和应用上日趋走向成熟。

精武体育会认为音乐、舞蹈和武术是

不可分割的，陈铁生就曾以“技击家多与音乐结不解缘”，解释粤乐与技击的关系。[41]天津《泰晤士报》中文记者李我生，分析精武体育会开设音乐科的原因，认为礼、乐、射、御、书、术称作六艺，是自古文人必学的科目，其中音乐的作用是用以“陶冶性灵”，因此“精神修养之学科自以音乐为第一重要”，“射”“御”可谓“躯体修养”之术，精武体育会所推崇的“拳术”便是“躯体修养”的承担者。[42]既然音乐与武术是人们精神与躯体修养所必不可少的重要内容之一，精武体育会将音乐与武术结合也就理所必然。

1925年1月19日，上海精武参事会召开当年第一次常务会议，黄维庆提议每位在参事会议席上发言的人都讲“国语”，而不是用各自的家乡方言，劳伯视当即表示赞同，与会众参事也一致认可。黄维庆还提出，精武会各科需将其办事细则、各科主任及其科员名单，限期于下期常会召开时提交。之后黄维庆、陈善、崔聘西等人又分别针对各地精武体育会会员证的统一问题、参事会设置布告牌问题、设置议事厅问题等提出各自的建议，并当场进行讨论表决，有的当即通过，有的则视情况再做考虑。

1925年2月7日，上海精武体育会召开了1925年度第二届参事常会，会上陈善提议将精武总会会所后楼的化装室改为音乐室，并提出由总会支付15元的公款作为装修费，通过各参事员讨论，会议通过了该议题。

## 第五节 创建精武文事部

上海精武体育会十分注重会员全面素质的培养。精武会认为，一个具有现代性的国民应该是身体、智力、道德皆健全的国民，如果从事体育教育的工作者仅仅只能教授学员习武，而使会员缺乏其他科学文化的熏陶，这样的教育最终只能是培养出肢体发达、身体强健、在“体育”上有所为的国民而已，这是不健全、不完整的教育。要培养“体”“智”“德”全面发展的“健全”国民，就应该以“文事”补“体育”之不足。为此，上海精武会设音乐、摄影、兵操、文事等部门，皆有专业人士指导和管理，其中文事部融合了临池会（即书法）、图画、摄影等，将体育知识与先进文化相融合。

为了保证“文事”的顺利开展，精武体育会对文事部加强管理，制订文事部“办理法”，根据规定，“会员于课余之暇多习文事者，国文有教授，英文有教授，簿记学有教授，打字科有主任，临池会有主任，图画有教授，摄影有教授及主任，华医有主任，西医有主任，普通话语有教授。此部分主任多兼教员，为义务职，以会员之深于此道者任之，以部长总其成。”[43]

精武体育会开办有中西文夜校，普及中西文字。近代中国的教育水平相对较低，市民中的文化水平差距也很大。为了满足不同教育水平会员的不同需求，精武会开办有中西文夜校，为不识字或者热爱中西文学的会员提供学习和进修的机会。

陈铁生的《临池会纪》记载，精武体育会设置的“临池”科目，是民国五年(1916)由会员王汉礼发起的，目的是为了洗去人们对精武会员赳赳武夫不识文学的讥诮。“临池科”于1917年首开书法展览，由于报名人数逐年增加，1919年开始采取分班制，“分甲、乙、丙班”进行展出。[44] 在学习书法的过程中，精武会员们发现，书法与武术有着相互促进的关系，“凡武术深造之会员，其书法必佳”，“一若刀之与笔有连带关系”，因此激励了很多会员投身其中进行书法学习。[45] 由于精武会的书法学习和展览深受上海民众欢迎，这一科目一直延续到1949年。

雄辩会是精武文事部一个独特的创造，是精武体育会注重“国语”培养的一个典型范例。近代上海是一个典型的移民社会，自开埠以来，数以百万计不同肤色、语言、宗教背景的移民汇集于此，到1930年，已经约有300万人口在仅有153平方公里的弹丸之地内生活居住。上海的居民们各自操着上海话、国语（今称之为普通话）、英语、法语，以及中国南北数十种方言，沟通起来十分不便。为了加强居民间的语言交流和沟通能力，精武会开办了“国语班”“国语培训班”等，推广和普及中国较为通用的语言“国语”。

语言是文化的结晶，而辩者的语言往往是凝练、精确、机智、充满了智慧和思想的。辩论从来就是为思想者和行动者而设立的，通过辩论明事理，通过辩论整理思想，通人情、达世事。《精武本纪》记载：“本会既有国语一门，祛方言之障碍，合吴越于一堂。今若利用练习之机会，设为雄辩之一科，固亦时势与事机之所必要者矣，且吾会中毕业欧美得博士学位者尤不乏人，固不患师资之难获，异日者练习有得于传布技击，解释武术，犹有莫大之效果，愿同人感自勉焉。”精武雄辩社面向广大精武会员，旨在为他们创造一个演讲国语的舞台。与雄辩同步进行文化学习、阅读与演讲，提升雄辩社成员语言表达力、反应力，拓展综合能力，以表达提升精武会员基本的人文素养。

## 第六节 设立精武摄学部

精武体育会最迟在1911年就已开设摄影这一科目。1911年3月3日，中国精武体操会迁到第二会所，在万国商团中国义勇队旧址的两片草场右方，搭建棚屋，辟为摄影室，最初只限于照相技术，后来又增加活动影像的制作。1913年，精武摄学部成立，成为中国第一个民间摄影团体。主任为叶向荣，教授为陈公哲和程子培，还有女摄影家陈士超。

摄学部成立后除了开展摄影教学、旅游摄影等活动，还为精武拍摄了很多历史照片。最重要的是开创了武术教科书的真人照片图解，使得学习者能够更准确地理解动作要领。

摄学部设有冲洗暗房和照相布景等全套设施，供会员实习使用，并按期授课指导。会员经过考试合格后，发给“精武摄学部毕业证书”。摄学部活动非常活跃，经常

摄影部旅行之一

摄影部旅行之二

摄影部旅行之三

精武體育會

攝學部

證書

茲據陳壽芝君運用本會所訂攝學測光法攝就景物經攝學部評定成績優美認為合格合給證書一紙此證

攝學部主任葉向榮

陳公哲

中華民國七年十一月四日

中國精武體育會

陈寿芝获得精武摄学部证书

组织会员到苏杭等地旅行拍摄，团结了一批摄影爱好者。旅行中，男女会员各携带照相机等器材，使用学部自行设计的“旅行暗箱”随时冲洗印片，会员兴趣非常浓厚。旅行完毕后，进行作品评选。由于会员不断实践和认真创作，每次旅行拍摄，均出现许多优秀的摄影艺术作品。如女摄影家陈士超所摄《苏台烟景》，曾获一致好评，被刊登在精武体育会的纪念册上。陈公哲摄《三潭夕照》，在创作上下了很大功夫，也得到了摄影界同行的赞赏。汉口精武体育会成立时，曾将该作品展出义卖，被“某君以数百金买去”。

精武体育会的摄影在社会上颇有影响。摄影最初归属于精武体育会文事部，是文事部下的一个主要科目，鉴于摄影的重要，后来精武会在文事部内单独设置摄学部，一方面作为一门新兴学科教授给学员，另一方面则为精武体育会自身的发展提供帮助。精武体育会的摄影部设有“摄影学主任一人，摄影学教授二人兼教影戏片”。[46] 精武主事者之一的陈公哲对摄影艺术颇有造诣，1917 年前后他曾出版《哲氏计光表》《测光捷径》等著述，20 世纪 20 年代初期他的摄影作品《三潭夕照》受到行家的很高评价，他在相机设计方面也取得过专利[47]。在陈公哲的带领下，精武会摄学部发明了“反光镜装置近镜”，成为“旅行及军用之利器”，

《精武画报》刊载精武摄学会同仁简世铿拍摄的上海"龙华桃花"

并"经英美摄学会试验，准予注册专利"[48]。除陈公哲之外，精武体育会中还有一位闻名于时的摄影大家程子培。程子培15岁即已开始研究摄影，曾为当时上海著名的天一公司拍摄长篇无声电影《疑云》，名闻沪上。[49]

精武体育会会员对参加摄影班相当踊跃。精武体育会的摄学部除了精通摄影的陈公哲、程子培教授学员摄影外，精武体育会还聘请了留学美国的摄影学专家叶向荣担任摄影学教授。[50]上海有名的摄影家如郭锡棋、简世铿、左广生等也都曾担任精武体育会的义务摄影指导。[51]经过授课、实习后，精武体育会根据学员摄影作品的好坏进行评选，择其优秀者举办精武摄影展，并向公众开放。对于学习期满成绩合格的学员，由精武体育会统一发给毕业文凭。《中国精武体育会章程》规定"摄学毕业不拘年限，但须将所摄景物成绩交该部主任评定，认为合格，始给以毕业证书"。[52]

1916年，摄学部拍摄的成组武术照片，开始在商务印书馆编辑的《学生杂志》上专栏连载。随后又拍摄了《潭腿》《达摩剑》等三个单行本及《潭腿十二路》挂图，均由商务印书馆出版印行。据记载，在1918年秋举行的第六届毕业典礼上，"是届学生更多，且有音乐表演与摄学给凭"，[53]这是精武体育会历史上最早的摄学文凭发放记载。在这次毕业典礼上得到摄学毕业证书的有多人，他们分别是金光耀、陈寿之、陈延年、梁少田、周锡三、唐文琦、聂云台、杨仲卓、陈国衡等。[54]摄学部毕业学员基本都是精武体育会各个部门的骨干，对精武体育会日后的影像资料的制作和保留起到了很大的作用。

上海精武体育会应用摄影技术，为体育教学和精武发展做贡献。为了扩大精武体育会的影响，宣传体育，精武体育会将他们编练的武术套路以及操法，不仅"绘图著说，演绎成书"，而且通过摄制由真人表演的活动影像资料的形式展示给世人，以"使学者易于领会"。[55]精武体育会所拍摄的活动影画，都是由精武会摄学部亲自编制而成的，从武术及体操的习练者，到影片的拍摄者，包括摄学部的师资力量皆来自精武会自身。针对一些动作要领的拍摄方法、拍摄角度、图片的剪裁取舍等，也都是摄学部中的学员集体研究所得。

精武体育会将历年所开展的大小活动，通过图像及摄影保留下来，真实地记录下当时精武事业的发展历程，对时人了解精武、认识精武、支持精武起到了积极的推动作用。据《精武本纪》所记载的“精武自制之技击术影戏片目录”，就记录有5卷共65类内容，从精武体育会的标志性盾牌，到创始人霍元甲及历届会长，从精武职员和领导者，到各派技击教员，从各类技击术到各种活动记录，从服务社会的急救伤科到摄学部自身情形，无不有详细而且分门别类的影像资料。[56]

精武会影片制作完成后，曾专门租借了位于虬江路的上海大戏院进行放映，借以招待各国领事，获得了国际人士的赞许和肯定。精武体育会拍摄的这些影片还曾随“五特使”访问南洋，成为宣传精武体育会的生动材料，为精武分会的顺利成立“获得种种便利”[57]。遗憾的是这些图像资料大都于抗战期间毁于日本人之手。

为了提高摄影水平，精武体育会不断更新摄影设备、研究摄影技术，并举办摄影展。上海精武体育会每于周末休假日，便组织摄影班的学员到郊外旅行，摄取风景，回来后自行冲晒，供学员公开观摩和评阅。精武体育会摄影设备在当时居于沪上前列，“会内备有大规模冲晒室，同时可容十余人工作，并有放大机，以备学员作深一层之研究”，这些设备“均仰给于外国”，设备条件和水平在国内都属一流。[58]20世纪30年代经济危机，使国外摄影器材价格大涨，“外货腾贵，较前几增一倍”，限于经济问题，加入的学员越来越少，尤其是1932年上海“一·二八”事变后，精武体育会摄影研究班遂致无形星散。不过时局和战局都不能影响摄影爱好者的兴趣所向，“为提倡摄学艺术”，精武体育会旅行部曾“举行摄影展览，以引起摄影旅行诸君之兴趣”。征求信息一发出，爱好者纷纷报名将其所拍摄的佳作贡献出来，经过层层选拔，最后有多幅作品被选中参加了在当时南京路大陆商场精武体育会会所内举办的摄影展，展期长达一周，观者络绎不绝。[59]

## 第七节 映雪楼图书馆

主要以技击武术为主的上海精武体育会，对文化建设也十分重视，表现之一即建有自己的藏书楼，名曰“映雪楼”。

据精武会骨干陈公哲的回忆：“精武组织日渐庞大，有总会一，分会三，会员众多，活动频繁，凡开大会，必须租借舞台举行，遑论费资过巨，时间不能作主。仰人鼻息，终非长策。遂余向上海北区横浜桥福德里内，觅得空地一块，查为广肇公所产业，余既为该公所，租给精武，订立租约，建筑精武大会堂，由余绘图，招标，不久动工……会堂建筑，中为常座，撤去桌椅，可作运动场……堂前入门处的大走廊及办公室，上有映雪楼藏书室，所以纪念陈夫人卢雪英者。”“陈夫人卢雪英为公哲之德配，亦精武会员热心分子之一。1919年逝世，亲友赙仪贰仟柒佰圆移捐精武，以助大会堂建筑经费。”[60]《广州文史》2008年8月刊载傅一啸的回忆录《精武体育会的实况》，也提到精武大会堂“建筑经费1.7万元，座椅装修5000元，合计2.2万元，则由陈公哲自捐5000元，向当时南洋兄弟烟草公司简照南募捐5000元，代募2000元，其余1万元，由各会员分担捐募。[61]”

“映雪楼”设在1924年建成的精武中央大会堂的二楼。中央大会堂建筑，中为堂座，撤去座椅，可作运动场。后为舞台，阔2丈余。台后为化装及会员休息室。上有小室三间，一为办公室，一为藏真阁，一为卧室。堂座后为楼座，会堂上下可放800座位，壁悬盾形反光灯，布置采宫殿式。堂前入门处有大走廊及办公室，上有映雪楼藏书室。[62]

精武体育会的藏书室，为会员们提供了一个舒适的阅读空间。精武体育会认为讲求体育，就应该“以普及为主旨，以躯体健康为目的”[63]。为了普及体育，精武会还设置了书报室。书报室内除了提供精武会自有的书籍、刊物外，还订购和收集大量中、西方出版的各类报纸和期刊，供修读夜校的会员及工作人员休息时阅读。在精武体育会所提供阅读的不少书籍中，都有当时的社会名流及党政领袖所写的序文，如孙中山曾为《精武本纪》作序；而且，书籍内载有对当时人物事件的时评，如对爱国人士的革命活动、革命事迹的评论，对时人比较关注的刺杀事件、迷信组织的记载和分析等，为阅读者无疑提供了一种既带有休闲、娱乐性质，又能了解时事和政局的有益场所。因此，精武书报室的设置，提高了精武书刊的普及率，为市民提供了一个学习、休闲的好去处，在社会上产生了一定的影响。

映雪楼常常成为重要会议的举办地。1926年8月霍东阁回上海精武总会述职，地点即在映雪楼。“南洋荷属精武总主任霍东阁君、庇能女会主任李志羲君先后回国，同仁以两君服务多年，勤劳卓著，特于6日开会于中央映雪楼示欢迎也……”[64]1926年9月7日的《申报》一篇题为《精武体育会主任记》中的记述：昨日上午八时，该会在映雪楼开会，欢迎南洋回国荷属精武总主任霍东阁君、庇能精武主任李志羲女士。由中央精武卢炜昌致欢迎词毕，霍、李两君先后报告情形及最近之发展，均希望彼此相互联络，以固团体。又以该处附近各埠纷请教员，沪会需造就人才，以资应付之。

## 第八节 武术进校园

精武体育会从成立开始，就委派教员到社会各团体及学校任武术及其他体育项目义务教授，成为它服务社会的一个重要组成部分，几乎遍历整个民国时期。当时上海很多学校及团体，如南洋公学、南市商团、水产学校、甲种商业学校、中国体操学校、惜阴公会中学校、工界青年励志会等，“均聘精武会员授艺”，精武会的各派拳师也纷纷走出精武大门，深入到社会各界教授武术。[65]

任职于岭南中学的黄维庆记载了他自民国元年（1912）始相继与陈公哲、赵连城、姚蟾伯等人共同担任技击教练的经历。工界青年励志会是上海商务印书馆工人于1913年4月发起成立的职工组织，会员最初仅60余人，后发展到430余人。该组织虽然设有体育部，但因缺乏武术人才，成立当年便聘上海精武体育会的黎惠生担任技击义务教授，而精武会武术教员郁鼎铭则任其长江派拳术教授。

精武会主要负责人陈铁生曾任教于松江江苏省立第三中学，在他之前一直由张富猷在该校任教习多年，致使该中学成为当时有技击这一学科之“得风气先者”。1919年，应圣约翰大学邀请，霍元甲之子霍东阁任该校武术教员，并成立技击团，成绩显著。

随着近代民族危机的不断加深，武术健身强国的意识逐步为社会所关注和接受。当时无论是大学、中学、小学、工厂还是团体，皆以聘请武术教师、训练强毅国民为己任，而精武体育会以其新式的教学模式、先进的教育理念赢得了众多团体和学校的青睐，“以上海一隅言之，各学堂、各学会、各团体由本会担任教授者，已不下20余处。此外各外埠函请派员，复纷至沓来”，以致其负责人陈公哲发出“求过于供，势难应命”的感慨。[66]

### 1919年上海精武体育会派往各团体担任技击教练名单[67]

| 团体名称 | 教练 |
| --- | --- |
| 汉口精武体育会 | 李建民 |
| 广东精武体育会 | 杨琛伦、叶凤歧、李占风 |
| 广东省商团 | 赵连城 |
| 香港弼志书室 | 李振江 |
| 上海广东小学 | 郑灼辰、霍东阁 |
| 上海中华工业专门学校（原名中华铁路学校） | 赵连和 |
| 松江第三中学 | 张富猷 |
| 上海培德两等学校 | 卢炜昌 |
| 上海澄衷中学 | 赵连和 |
| 上海复旦大学 | 赵连和 |
| 上海岭南中学 | 姚蟾伯、陈善、黄维庆 |
| 上海震亚中学 | 邱亮 |
| 上海培本小学 | 黎惠生、王松龄 |
| 上海青年会 | 卢炜昌、翁耀衡、黄汉佳 |
| 上海商务印书馆工界青年励志会 | 黎惠生 |
| 上海郇光学校 | 承金培 |
| 上海裕德学校 | 冯兰皋 |
| 上海爱国女学 | 宁竹亭、卢炜昌 |
| 上海中国女子体操学校 | 卢炜昌 |
| 上海崇德女校 | 陈士超 |
| 上海青年俱乐部 | 刘日暄、金光耀 |
| 上海东亚体育学校 | 姚蟾伯、叶书田 |
| 上海广肇女学 | 简伟卿 |
| 上海晏摩氏女学 | 陈士超、简玉鹏 |
| 女子模范团 | 陈公哲、卢炜昌 |
| 靖港技击团 | 赵观永 |
| 上海圣约翰大学 | 霍东阁 |
| 上海中国公学 | 刘致祥、罗克己 |
| 上海启贤学校 | 郑福良 |
| 上海第十三队童子军 | 程子英 |
| 上海民生学校 | 程子英 |
| 上海中华义务小学 | 健儿团分任 |

1924年上海精武体育会派往各团体教授表[68]

| 团体名称 | 授课时间 | 教授者 |
| --- | --- | --- |
| 复旦大学 | 每星期一三五下午三时至五时 | 赵连和 |
| 中国女体师 | 每星期二四上午十时至十一时 | 赵连和 |
| 两江女体师 | 每星期五上午九时至十一时 | 赵连和 |
| 东南女体师 | 每星期四下午二时至四时 | 赵连和 |
| 大夏大学 | 每星期二四六下午七时至九时 | 赵连和 |
| 上宝两县保卫团 | 每星期二上午六时至七时<br>每星期四下午五时至六时 | 赵连和<br>王凤岗<br>李世森 |
| 政治大学 | 每星二三四五下午五时至六时 | 陈子正 |
| 广肇女学 | 每星二三四五下午三时三十分至四时五十分 | 沈默毅 |
| 广肇夜学 | 每星期下午六时至八时 | 黎湛泉<br>何杰卿 |
| 中山学院 | 每星期二六下午四时至五时半 | 陈子正 |
| 广东公学 | 每星期二四六上午九时半至十时半 | 林伯炎<br>郑灼辰 |
| 青年会 | 每星期二四六下午五时半至七时 | 余树仁<br>翁耀衡 |
| 新塍精武 | 每月十天由初一起至初十 | 林伯炎 |
| 关福和堂 | 每日下午五时半至六时半 | 薛巩初 |
| 王云衢公馆 | 每星期一三五下午四时至五时 | 黄维庆 |
| 胡云秋公馆 | 每日下午四时半至五时半 | 蒋忠 |
| 吴瑞元公馆 | 每星期二四六上午七时半至九时 | 葛荣先 |
| 董璇生、董栽生公馆 | 每星期一三五上午七时至八时 | 葛荣先 |

中央精武派往香港及海外各精武会的武术总教练[69]

| 精武会所在地 | 派出武术教员姓名 |
| --- | --- |
| 马来西亚 | 叶凤岐 叶书田 叶书绅 蔡景麟 黄亚强 魏元峰 唐文伍 罗克己 姚电侠 |
| 吉隆坡 | 叶书香 王成章 唐文伍 姚电侠 夏启芳 吴秀媛 李志羲 |
| 新加坡 | 赵连城 李瑞标 刘清桂 夏启芳 卢苏丽 李志羲 |
| 槟城 | 刘法孟 刘清桂 刘致祥 张德纯 王玉琴 李志羲 李少林 |
| 怡宝 | 欧阳少烈 |
| 芙蓉 | 刘清桂 |
| 香港 | 陈子正 罗光玉 刘致和 刘占祥 |
| 印尼 | 霍东阁 霍寿嵩 |

## 第九节 建设体育师范学校

1902年清政府颁布了《钦定学堂章程》，1904年又颁布了《奏定学堂章程》（癸卯学制），规定各级学堂均开设“体操科”，并且要求公立“各学堂一律练习兵式体操，以肄兵武”[70]。根据要求，初等小学堂每周30小时的课程中，体操为3小时，占全部课程的十分之一；高等小学堂每周亦设有体操3小时。1905年，徐傅霖在上海西门创设体操传习所，培养当时急需的体育教师。[71]1908年，徐一冰、徐傅霖在上海创设中国体操学堂，这是我国近代第一所独立设置、专门培养体育师资的学校。

1909年修订章程后，设在城镇的小学，

体操列为必修科。[72] 中华民国成立后，1912年9月3日，民国政府教育部颁布新的《壬子学制》明确规定，高等小学校以上的体操课程尤其应注重“兵式体操”[73]。随着新学制的贯彻与实施，“体操”体育正式进入国立学校教育之列，这种情况一直维持到1923年。随着体操体育的普及，师范学堂中开始设置体操专修科，同时各地还开始发起建立专门的体操学校及体操传习所，培养专门的体操人才和体育教师。从初级、优级师范学堂毕业的学生，成为教师队伍的主要力量，这些学校毕业的教师，日后许多兼任体操课程。

上海基督教青年会在体育传播方面做出了很大贡献。晏士纳出任上海基督教青年会体育干事后，1908年11月招聘20名青年举办“体育干事培训班”，为青年会也为上海的体育发展，培养了20名体育专职人员。在青年会组织的体育培训班和其他体育活动的基础上，1917年成立了当时全国影响最大的“中华全国基督教青年会体育专门学校”，学校开设运动生理学、实用肌学、运动技术、卫生、解剖、急救及宗教等课程。[74] 学员来源于全国各地青年会和教会学校的体育教师，经培训后，仍回到青年会和学校任职。此外，1915年，上海基督教女青年会开办了“女子体育师范学校”，学校设备齐全，教学质量相对比较高，曾先后为我国培养了约200名学生，对我国近代女子体育发展产生了很大影响。[75]

上海精武体育会借鉴基督教青年会，开展西方体育运动项目。清末民初，一方面因传统的武举制度废除，另一方面受义和团运动的影响，人们对“拳术”产生了不良的印象，有识之士，莫不退避三舍。精武体育会虽然大力提倡武术，表示其“以技击为根本”，但现实状况距离他们“强身、强种、强国”的目的相距甚远。在霍元甲去世后，面对精武会风雨飘摇的状况，接受过西方新式教育的主事者，迅速打破传统的藩篱，顺应社会潮流和人们的认识趋向，采纳了基督教青年会这一当时在上海颇受青年人和社会上层追捧的新鲜运作模式，扩充体育内容，开设篮球、足球、台球、自行车、溜冰等西方体育项目。这样，一方面推崇中国传统的武术，一方面提倡西洋体育，精武体育会既满足了组织自身立足传统的需要，也顺应了青年人追赶时尚的潮流，促进了精武体育会的发展。[76]

1923年春，中央精武在上海创办了精武体育师范学校，任命卢炜昌为校长。根据规定，精武师范学校学制2年，以中等学校毕业或具有同等学力，年龄18-25周岁的男女学生，且身体健壮、品行优良者为招生对象。学校开办不久，因经费不足而停办。根据《中央杂志》记载，简章对精武体育师范学校缘起做了说明：“精武开创至今已十四年，分设各省埠暨海外者共二十余所，直接间接以国操及各种技术传授国人者二十余万众，而师资所自出皆直接由上海老同仁派出主任，此为同仁之天职，亦同仁之素志，岂足云劳。然精武事业既日益发达则此项师资安能用之不竭，且同仁多业商，亦未能尽离职业。民国十一年冬中央精武开会决定今春创办一师范学校以承其乏，以竟吾同仁未尽之职责，当亦邦人君子所乐予提携者也。”精武体育师范学校于1923年7月8日在北四川路精武第一分会举行了休业典礼。精武体育师范学校虽然仅开办一个学期，但在这半年内，入学的男女学生们初步学习了人体解剖学及绘制人体解剖图，采集大量人体骨骼模型，为学员了解人体结构与运动之间的关系打下了良好的基础。[77]精武会通过创办精武体育师范学校，以及干事养成班、国技速成科等，并且招收女学员参加培训，为社会培养了大批体育人才。

## 第十节 女子精武社团与学校

为了推动女子精武体育运动的开展，精武会把接受妇女解放思潮之先的女子学校列为重要辅导目标，当各团体纷纷要求精武体育会派教员担任体育教师时，精武体育会就把女子学校列为辅导对象，从女学生入手，逐步扩大女子习武范围。

陶志超曾是崇德女校教师，后加入精武会。根据陶志超的《崇德女校体育科记》记载，在崇德女校创办的10余年中，各科具备，唯独缺乏体育这一科目。1919年春，该校打算增设体育课程，同学们都推举陶志超担任体育科主任，但陶志超建议学校另请当时担任精武女子模范团主任的陈士超出任技击教授，由毕业于爱国女校体育专科的简玉鹏担任其他各类体育运动项目的教授。

崇德女校采纳了陶志超的意见，仅仅一学期，崇德女校的体育成绩得到大大改观，得到校方和社会的好评。[78]广肇公所设有女子学校，由精武女会员陈士超担任校长，女会员蔡志楠任教务主任，教员则为精武女会员陈美秀、李志羲、冯琼珊等。她们在校内设立女子武术班，训练女生。[79]上海爱国女学设有体操专科，爱国女学聘请精武体育会的卢炜昌与宁竹亭担任技击教练。1916、1917年在江苏全省中校（学）联合运动会上，女子学校的比赛中皆以爱国列为榜首，以至于在1918年的联合运动会上，以爱国女校列为模范学校为由，规定其不得参与诸女校之间的较量。[80]上海精武体育会的这些努力，推动了近代上海女子体育的发展。

精武会自身也成立了精武女子体育会，推动女子体育发展。上海精武体育会成立后，倚重女会员，在精武会内部掀起男女平等、女子习练体育的运动。陈士超受其兄长的影响，陈士超思想开放，成为最先加入精武会学习精武武术的女士之一。在陈士超看来，男女天生就是平等的，所谓“天之生人也，头同是圆，趾同是方，无稍判别”，女子在后天的行动中处处受制的原因，则是因为女子自甘承认自己的体质柔弱，又不进行体育锻炼、不求自立的缘故。[81]

为了提高女子地位，改善女子体质，推动妇女界体育运动的开展，陈士超联合当时沪上较为思想先进的女性张湘纹、黄畹香、周素君、张香素、卢雪英（即陈士超的六嫂）、陈公哲的妻子诸女士，仿照上海精武体育会创办了上海精武女子模范团。在《精武女子模范团纪略》中，陈士超明确指出“精武女子模范团之设，欲提倡女界体育也”。[82]精武女子模范团的建立提高了精武女会员们参加体育锻炼的积极性。

上海精武女子体育会是在精武女子模范团基础上成立的以女性为主导的精武分会组织。为了体现男女平等，陈士超等人决定将精武女子模范团改造成具有一定独立性的精武分会组织。经过筹划和准备，1920年5月1日，上海精武女子体育会正式成立，由于上海精武女子体育会并未脱离上海总会另外设立分会机构，因此常被称为上海精武体育会女子部。女子部第一任主持是陈士超，之后历任主持为蔡志楠、陈丽璇、吴秀婉等人。精武女会以“体育为纲，智育为用，道德为根”，规定只有女子才能加入本会，使得众多女子被团结在组织的周围，并在会务活动中得以大显身手。担任女子部主任的陈士超，不仅具有卓越的组织能力，而且武艺出众，她所主持下的精武女子模范团及精武女会，促进了上海女界体育的发展。

1920年4月1日，上海《时报》“妇女周刊”刊载“精武体育女子模范团合影”

上海精武女会推动了会内女子体育运动的开展。上海精武女子体育会成立后处处以独立的分会组织自居，寻求与男会的平等权利。为了与男部竞争，体现女会的独立性，精武女子部仿照男会每年召开征求会员大会，发表征求宣言，倡导妇女参加体育锻炼，鼓吹女子解放，吸引了不少开明女士的向往。[83]上海精武女子体育会还仿照总会成立“精勤”“模范”“励志”等小团体，相约学习、习武，这些小团体还联合在一起，组成一个大团体，与精武男会员组成的团体竞争。从《中央精武》所记载“上海精武女会消息”中可知，1922年上海精武女会举行毕业典礼时，初级毕业者多为精武女会中的“精勤团”团员，而当年中级毕业者均属“模范团”团员。[84]另外，上海精武女子部还配合精武体育会创编“跳舞术”的情况，专门编制适合女子练习的“舞蹈”，如女子凤舞，作为学校教育中使用的舞蹈；编制男女合演的对手剑舞，如蛇龙舞，作为社会交际舞。另外，她们还习练武化舞、蝶舞、蜜蜂舞等内容为精武会所举办的各种宣讲会服务等[85]。

为了推动女子体育运动的发展，精武女子体育会鼓励会员积极参加现代运动会。受封建思想的禁锢，中国女性很少参加体育比赛，直到1921年在上海举行的第五届远东运动会上，才开始有中国女子团体游艺表演；1923年，在第十届华北运动会上，开始有女子田径和篮球竞赛项目等。直到1924年第三届全国运动会在武汉召开，为“谋女界体育起见”，全运会筹备委员会发函邀请全国女界积极参与运动会，上海精武体育会女子部麦木越鑫、邓越澜、高素廉、刘英、卢恺廉等女士在精武女会的推动下踊跃参与其中，为近代女子体育运动的发展贡献了自己的力量。[86]

除发展上海精武女会外，上海精武体育会还积极推动各地女会的发展。一方面积极提携和指导上海精武女子体育会的成立，另一方面也鼓励国内外精武女会的创办。在上海精武会的推动和影响下，各地精武分会纷纷建立女会，几乎是精武体育会组织发展至哪里，哪里就有女子分会要求建立，上海精武女会、汉口精武女会、广东精武女会、广东精武女会分会、香港精武女会、九龙精武女会、澳门精武女会、新加坡精武女会、吉隆坡精武女会、雪兰莪精武女会、庇能精武女会、佛山精武女会、江西精武女会、汉口精武女会等各地精武女子体育会十几所已相继成立。各地精武女子体育会的创建对于改善当地妇女体质、推动女子解放起到了积极的作用。

各地精武女会的成立，一定程度上促成了近代女子人才的流动。根据精武总会的要求，各地精武体育会的技击部主任及教员皆由总会派员兼任，精武女会也不例外，这样就为各地精武人才的流动提供了便利。应汉口精武会之请，1923 年朱重三女士由中央精武委为汉口女会技击主任。临行时，中华女子公学、绍兴旅沪公学等校，召开欢送会，到会者三百余人。会上朱重三在致答谢辞中强调其赴汉服务精武女会，主要任务在于提倡武术、考察教育，并说明练习武术的目的在于涵养德性、启发智识，将精武体育会的“三育”思想用于实践中，欢送会演变成了、一场学术交流会议。[87]同年，江西精武女子体育会因会务发展，也致函中央精武，要求选派江西精武女子部的熊恬女士为女子部的助教员。熊恬曾留学日本，当时正担任江西女中的体育教师，利用暑假期间不远千里来到上海精武体育会练习“跳舞术”。中央精武领导人鉴于其成绩优秀，于是委任她为江西精武女子部助教员。[88]中央精武还委派李佩弦担任佛山精武女子体育会的会务，1924 年 11 月李佩弦因事来沪，受到上海精武体育会的欢迎，并召开专门会议，就两地精武状况进行交流。[89]

1924 年，民国第二届全运会持续三天，观众爆满。由于大会筹备借鉴了之前在湖南举行的华中运动会的成果，各项布置得当，会场秩序总体上处于良好有序运转的状态。大会结束后，上海女子体育师范学校联合了精武体育会发起慰劳会，为全运会的健儿们庆祝。

# 第十一节 非师范类学校

## 1. 上海精武进修学校

1995 年经教育部门批准，建立了上海精武进修学校，聘老会员来执教，以开办训练班的形式向青少年和广大武术爱好者传授武术。并建立了杨浦、浦东培训部，派遣部分骨干和精英业余教练，通过各种途径和形式深入到全市 30 多所中小学校及幼儿园开展武术活动。将江湾高级民办中学、长江二中、思源中学、临汾路小学、鞍山一村小学、三泉幼儿园等十几所学校办成武术特色学校和精武训练基地，这有力地促进了学校武术教育的开展。

精武体育总会连续举办了 8 届比赛，参赛规模一届比一届大，动作简单化，体现趣味性，使练习者更易接受，再加上给每一个参赛的队或个人进行奖励，极大地提高了学生练习武术的积极性，使更多的人加入武术活动中来，扩大了习武的人口。

从 1998 年起，精武会还建立了一些武术辅导站，在全市三十几所公园、社区开展各种武术活动，并定期举办上海市太极拳、剑比赛，以及组织运动员参加一些体育文化活动，将全民健身活动开展得有声有色。

## 2. 佛山元甲学校

佛山元甲学校是一所历史悠久的学校，始建于 1925 年秋，是为纪念我国著名爱国武术家霍元甲，弘扬爱国主义精神而建立的，故以“元甲”命名。

1926 年间，佛山布行会馆为解决布行子弟入学，向精武会董事会提出，如布行子弟只收一半学费，可以提供汾流街部分房舍办学。董事会基于推广精武精神，扩大武术体育队伍的考虑，决定同意开办，并把学校命名为元甲小学，委任黄功亮为第一任校务主任。由佛山布行乐和堂各店介绍入学的学生，则免收全年学费。元甲学校以德、智、体“三育”为办学宗旨。初时只招收 4 班，后来逐渐扩展到 10 多班，校舍迁往金线街。沦陷期间停办，抗战胜利后续办。

1946 年，由于通货膨胀和逾期发薪等原因，佛山一般中学基本停止上课，元甲小学有两班毕业生的升学遇到困难，学生家长反应强烈。董事会于是决定利用精武会的活动场地开办元甲中学，起初只招收两班，以后扩大到 6 班。新中国成立后与联合中学合并，并于 1987 年复校，得到港澳知名人士霍英东先生、马万祺先生、何厚铧先生等港澳同胞的捐资支持。

佛山元甲学校培养了大批人才，原广东省省长、曾任全国政协副主席的叶选平是校友中的杰出代表。

天津霍元甲文武学校坐落在霍元甲故乡天津市西青区精武镇小南河村

## 3. 天津霍元甲文武学校

天津霍元甲文武学校坐落于爱国武术家霍元甲先生的故乡西青区精武镇，是一所以文为主、以武为办学特色的寄宿制民办学校，是天津体育局指定的“天津市少数民族传统体育项目训练基地”和“天津市青少年业训重点布局单位”。建校 20 年来，学校共培养出了 10 位国际级比赛冠军、200 多位国家级比赛冠军，在国际、国内和省市级各类各项比赛中累计获得奖牌 3600 余枚。培养出国家“健将级运动员”30 余名、国家“一级运动员”100 余名、国家“二级运动员”1000 余名。先后向全国各大专院校、公安武警部队、人民解放军、专业武术队等单位输送了数千名优秀毕业生。学校在 2009 年和 2015 年先后被评为天津市民族团结进步表彰模范集体，2019 年被国务院评为全国民族团结进步模范集体。

霍元甲文武学校其建筑面积约 22000 平方米，设有幼儿部、小学部、中学部、中职部，并与警官职业学院联合办学，开设 5 个学段的课程，专业训练设有武术、散打、跆拳道、空手道、中国式摔跤、国际式摔跤、举重、拳击、少儿体操、蹦床、射箭等12个运动项目。霍元甲文武学校的侧门是霍元甲纪念园，这里有霍元甲先生的墓。一代武术大侠霍元甲是全世界精武体育会成员祭拜的对象，每年都有许多国际友人来到这里，瞻仰先生遗风。

天津霍元甲文武学校学生自2012年以来，连续随中国代表团出访国外，足迹遍布80余个国家和地区。2015年12月，由天津霍元甲文武学校校长郎荣标带队，霍元甲文武学校8名优秀学生代表跟随中国文化部赴南非，陪同中国国家主席习近平出席“中非合作论坛约翰内斯堡峰会”，并在12月4日南非“中国年”闭幕式《中非时刻》文艺演出中，为世界50多个国家领导人、近千名观众献上了《武·谊》武术表演。

2015年12月4日晚8时许，习近平夫妇同南非总统祖马夫妇，以及出席中非合作论坛约翰内斯堡峰会的各国领导人一起步入演出会场，晚会在激昂热烈的鼓乐《对话》中拉开序幕。霍元甲文武学校《武·谊》表演团队一出场，就技惊四座。短短几分钟的表演中，南拳、长拳、虎拳等10多种武术套路与中国传统扇子舞结合，将舞蹈艺术与武术表演融为一体，一招一式目不暇接，表演内容动静结合，武术展示刚柔并济，生动诠释出国粹中华武术天人合一的理念。精彩的演出震撼全场，雷鸣般的掌声经久不息，再一次向全世界展示了中华武术的博大精深和中华文化的源远流长，也让世界各国朋友进一步了解了精武文化。[90]

2016年随李克强总理出访古巴，随刘延东副总理出访俄罗斯、墨西哥等重要访演，反响尤为强烈。国家文化部指定天津霍元甲学校为全国首家“涉外武术培训基地”，已成功完成对非洲、东欧等二十几个国家近百名学员的武术培训。此外，由精武镇政府发起、天津霍元甲文武学校和天津尚武文化发展有限公司创编自演的天津第一功夫剧《武·传奇》，运用“尚武精神”展现天津精武特色、弘扬中华民族传统文化，创造性地将中华武学理论与实战完美融合，为中外观众上演了数百场，引起国内外的广泛关注，已经成为天津文化旅游的一张亮丽名片。

天津霍元甲文武学校的在校学生已由建校初期的50余名发展为1500多人，学校先后向全国各大专院校、公安武警部队、人民解放军、专业武术队等单位输送了数千名优秀毕业生。在校学生先后参加了世界、全国和天津市的大型武术比赛上百场，共荣获各种奖牌2000余枚。其中，获得世界冠军的学生3名，全国冠军上百名，省级冠军800多名。学生先后随团出访20多个国家进行武术交流，同海内外众多精武会、武术团体建立了长期友好合作关系。

## 第十二节　教学书籍出版

上海精武体育会注重娱乐、审美，其组织活动主要包括运动会和庆祝活动、创立分会、著述武术书籍、拍摄影片、武术教学、体育训练等。国术馆系统在武术军事化、竞技化方面作出了突出贡献，其主要组织活动形式有国术考试、比赛和表演、

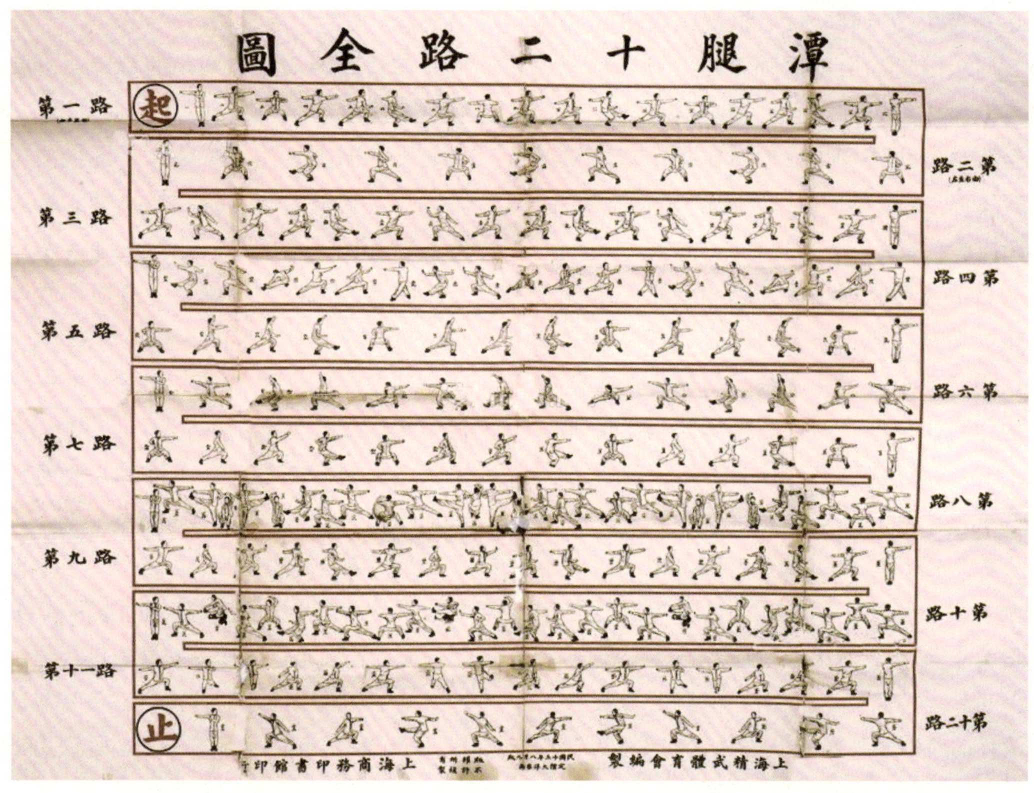


上海精武体育会编制的《潭腿十二路全图》

国术教学和训练、出国访问交流技艺、编著国术书刊等。[91] 而上海精武体育会文事部最重要的一个科目就是创办各种体育书报。

西方体育活动在上海的开展，使国人领略到“体育”这一运动的魅力，人们逐渐以欣赏、讨论、参与各种体育活动作为一种生活品位、一种生活时尚。19 世纪末，体育作为娱乐的一项内容出现于报端，租界地区的报纸常有赛船与赛马等体育消息登载。华人报纸最早开设体育专栏的是《申报》，20 世纪 20 年代初之前，体育常安排在该报的教育消息中，形成一个小栏目，后形成了体育专栏。继《申报》之后，《时报》《新闻报》《大公报》《时事新报》《大陆报》等各大报纸都设有体育版。在体育刊物方面，除较早的《体育界》《体育杂志》外，仅 20 世纪 20 年代，上海就出现过 11 种体育刊物，其中就包括上海精武体育会主编出版的《精武杂志》。《精武杂志》于 1924 年 2 月创刊，1925 年 10 月改为《精武月刊》。

近代上海人们热衷于体育事业的另一个表现是涌现了许多私人创办的书刊。例如，马崇淦于 1933 年创办的《勤奋体育月报》就是当时最具影响的私人体育月刊，该刊对上海的体育史料记载甚详。体育专刊与特刊多数为各报社或专业出版机构所出，以画册居多。如良友图书印刷公司出版过第 4、第 5、第 6 届全国运动会画图专刊，第 9、第 10 届远东运动会特刊，和第 11 届奥林匹克运动会图画专刊。《申报》馆曾出版过第5届全国运动会的画册及纪念册。[92]上海群众团体创办的期刊，影响最大的有中华全国体育协进会主办的《体育季刊》和精武体育会创办的《精武年报》《精武丛刊》等杂志。

精武体育会创办的书籍和刊物，以宣传精武精神、普及体育科学为己任。精武会认为，中国传统武术是一门值得深入研究的学科，一举一动皆有精深的科学道理寓于其中。近代以来，社会上以及流行的一些武侠小说和武术书籍中，多渲染武术的飞檐走壁、特异功能等内容，由于我国向来“文武殊途”，读书人总怕习武有辱身份，不肯与之为伍，故而“武术书籍难供参考”。为此，一方面，精武会对社会上流行的所谓“易筋经”“太上老君感应”、某某拳术家能运气功“手捺银元成窝”、辨声掷物等一类的书籍和内容进行批评，在出版的书籍中，努力摈弃一些武术书籍中所渲染的迷信思想和内容。[93]另一方面，为了将武术真实地展现在人们面前，着手编著、出版一系列动作规范的各派武术书籍，并借助当时社会上的新发明如“透视、摄影”等技术，将图片与文字说明相结合，使精武著述中的体育内容“有摄影，有新式图画”，达到将“技击术之真学理”真实地反映出来，使之“光大昌明”。[94]《精武本纪》设有“武库”一栏，不仅将当时社会上能够见到的武术书籍予以登记，以备市民按目索取，同时将精武体育会所教授的武术套路动作，配以姚蟾伯、程子培等人拍摄的影片，刊布出来，供市民按图学习。因此，精武会出版的武库丛书及其他书籍刊物，版面皆图文并茂，质量高于同时期的其他出版物。

在精武会书籍和刊物的撰写、出版等方面做出重大贡献的代表，一大批能文能武之士，如陈铁生、陈公哲、姚蟾伯、罗啸璈等，亲自为刊物撰文或执笔。精武会还创立了精武出版社，专门出版涉及精武文化的著述与读物，普及与传播精武体育文化知识。

其中，陈铁生“自少致力文学”，文采尤其出众，为多种书刊执笔。陈铁生曾担任上海昌记兴经理、上海利兴号经理，1864年出生，广东新会人，自幼好文，“旧学修养甚佳，尤长书法”[95]。陈铁生早年曾加入同盟会，参与反清活动，后跟随陈其美进行革命工作。陈铁生作为陈其美进行革命的得力助手，从中国精武体操会筹备时即参与其工作，1916年陈其美被害后，陈铁生“矢志不谈政治”，正式义务服务精武会，为精武事业的繁荣和发展呕心沥血，直到1941年6月逝世。[96]据《精武本纪》记载，精武体育会聘请陈铁生等人“计划推销之良法”，于是“乃以撰者附刊于商务印书馆之学生杂志中，命名曰‘技击丛刊’，凡一种之杀青，另刊单行本，仍托商务印书馆印行，今之潭腿与潭腿挂图、五虎枪、达摩剑、合战、童子军、实用棍谱等是也。”[97]陈铁生在精武书刊的“出版纪略”一文记载：“余五年（1916年）入精武会，8月撰潭腿第一路，登于上海商务印书馆学生杂志第3卷第8号之技击丛刊栏”，文中图像“由陈公哲用新式快镜摄出，以存其真”。[98]这是上海精武体育会所撰著和出版的第一部武术书籍。随后，又连续在《学生》杂志（商务印书馆出版）的“技击丛刊”刊登精武武术套路，包括潭腿、达摩剑、五虎枪、合战、工力拳等。

因为社会反响良好，后因需求增加，又集结成册单独发行了《达摩剑》和《潭腿》两种，以及一幅《潭腿十二路挂图》。[99]

陈铁生还热心于各种武术挖掘工作，在武术界有很大影响的《少林拳术秘诀》，就是他根据民间秘密会党“洪门海底”的反清资料融合武术内容而成，并以“尊我斋主”的笔名出版专书。陈铁生任精武体育会书刊编辑部的总编辑，整理出大量的中国传统武术遗产，为精武会甚至中国武术史留下大量文字资料，有精武会“文胆”之称。[100]按照罗啸璈的说法，在中央精武成立后，工作最劳烦者为卢炜昌在中央精武执行部，“除炜昌君外，其重要者为陈铁生君”，他编著《精武拳经》及国乐曲谱可谓达到了“心力交瘁”的地步。[101]

罗啸璈原本是广州《广东七十二行商报》社长，为精武事业的发展不辞劳苦。罗啸璈在广东精武体育会的筹备和成立过程中结识陈公哲、卢炜昌等人，之后投身精武体育会，“为精武事连年南北奔驰，不知劳苦”，澳门精武体育会会长卢廉若称其为“精武牧师”[102]。罗啸璈“崇尚音乐”，除主张“武术救国”外，甚至发出“音乐救国”之论，不遗余力地资助和宣传精武事业，人称“精武宣传天使”[103]。罗啸璈与郑灼辰、李佩弦等人凭借其对中国传统文化及武术的深厚造诣，与陈公哲、陈铁生、宁竹亭、翁耀衡等精武会一批骨干力量，对精武体育会的宗旨、性质、精神等进行阐发，并将精武精神向商界推广和传播。

此外，精武体育会还刊行《精武本纪》《精武中央杂志》《精武杂志》《精武月刊》《精武丛报》《精武画报》等书籍和期刊。1920年，罗啸璈作为“五特使”之一被上海精武会派往南洋一带，回国后写成《精武外传》；1923年他再次被选派往津京等地宣传，回沪后写成《精武内传》。精武会武术总教练赵连和著有《功力拳》《潭腿》（1919）、《达摩剑》（与陈铁生合著）等武术书籍。薛巩初著有《技击准绳》。王怀琪有1916年出版的《八段锦》和1917年出版的《易经二十四式》。

精武体育会出版的其他书籍包括医学、音乐等方面。从精武体育会保留下来的现有资料发现，精武体育会出版的书目有44种，其中书籍31种、期刊7种、特刊6种，主要书籍都是由商务印书馆、中华书局出版发行。[104]

陈铁生 赵连和合著《达摩剑》1930年商务印书馆发行，新中国成立后人民体育出版社1962年再版

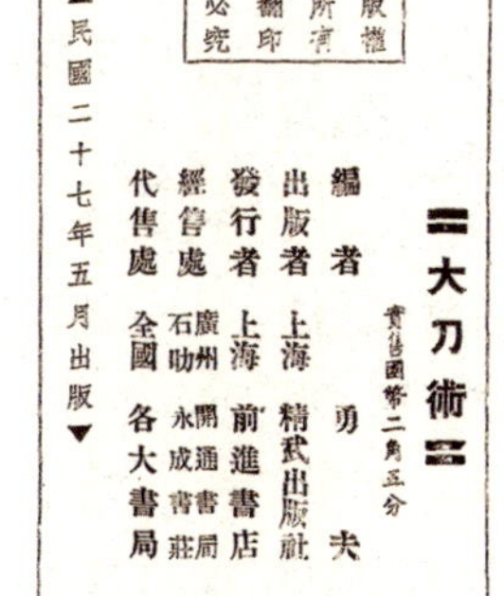
大刀術

實價國幣二角五分

編者 勇夫

出版者 上海精武出版社

發行者 上海前進書店

經售處 廣州開通書局 石叻永成書莊

代售處 全國各大書局

版權所有 翻印必究

民國二十七年五月出版

精武出版社出版《大刀术》的版权页

# 第十三节 开创武侠小说写作

民国时期，梁启超等人倡导的“新小说”之风大兴，许多小说作家纷纷响应。这些作家以“鼓吹武德、提振侠风”为己任，“以侠客为主义”，主张小说要“演任侠好义，忠群爱国之旨”，在他们所办的小说杂志中，“其中各册，皆以侠客为主”，武侠小说的热潮便涌现了出来。

上海精武会出版的有关本会的技击术著述，以及教学之用的教材、挂图，其数量之巨前所未有。此外，精武文事部通过“精武出版社”出版了大量有关武术、武侠方面的文学书籍。这一时期与武术有关的武术期刊和武侠小说作品蓬勃发展，得益于抗战爆发前十多年相对稳定的社会环境。作为民国武术传播的重要载体，上海精武体育会出版的武术期刊及文学书籍，参与了全国武术变革、精武精神传播、武术理论批评、国术运动的全过程，在分布时空、编辑、作者以及刊物的内容、编辑策略上都具有鲜明的演进特点。可以说，上海精武体育会下辖的精武出版社，所出版的作品，是同期全国轰轰烈烈的武术运动发展演变最为直接也是最重要的历史见证者，推动了中国传统武术的现代化变革。

精武会早期成员、武侠小说奠基人、一代武侠宗师向恺然先生，是出版领域杰出的代表人物。向恺然，于1889年生于湖南平江一个富商之家，其父为湘潭一带颇有名望的儒生，对子管教甚严。向恺然五岁时即读诗书、习武术，文武并进。十四岁，向恺然考进长沙高等实业学堂，因对陈天华的《猛回头》等书倍加推崇，一年之后即被清政府视作乱党开除。向恺然无法读书，便请求父亲变卖田产，自费赴日留学。后如愿以偿，考入东京宏文书院学法政。留日期间，他认识了著名武术家王润生，于是又学拳习武，日不间断，技艺精进甚速。

1915年，向恺然学成归国，此时的他已经家道中落。迫于生计，只身来到上海，租住在上海圆明园路一条狭窄的弄堂里，以卖文为生，开始寻求一种新的写作方式，希望在精神层面唤醒国民的整体麻木。《拳术见闻录》配合着《拳术》一书刊行，向恺然在书中介绍了霍元甲其人及其拳术功夫，他的“拳术”理论也在这些论述中体现出来。他的小说《近代侠义英雄传》讲述霍元甲一生精忠为国的故事，是向恺然较早的一部作品，其“征实”的情况也很突出，但比《拳术见闻录》之类笔记的传奇色彩要浓烈一些。

向恺然以“平江不肖生”的笔名，创作了多部武侠小说，成为民国时期著名的武侠小说家，对文学的贡献巨大。毕生撰有十三部武侠小说，其中《近代侠义英雄传》最有价值，书中人物大刀王五、霍元甲、赵玉堂、山西老董、农劲荪等都是历史上的真实人物。此外，向恺然先生对于中国武术理论、武术思想也曾经有过详尽的归纳总结，也是一位武术理论家。向恺然参加了上海精武体育会，与精武会成员马良、陈公哲、陈铁生、卢炜昌等，一起编纂《国技大观》，参加编撰者也有时为武侠小说家的庄病骸、通俗小说家张冥飞等，还有当时的军政界要人孙文、李烈钧、马良。《国技大观》例言记载：“一国技为吾国民众体育，发源远在秦汉以前。代有绝艺异能之辈，往往遭专制独夫之忌嫉，韬晦匿迹，抱技以没……致吾国保国强民独一无二之技术，不绝如缕，编者本国技救过之志，或掇旧籍，或采新著，诠释图解，厘定供世，亦无非聊辟武术界之榛径已耳。”

向恺然认为拳术主要有强身健体、锻炼意志进而增强民族活力的功能性作用，至 1923 年，向恺然更倾向于将拳术置于文化的角度去看待。虽然拳术分为普通的提倡和研究的提倡，但是，普通的提倡不能在程序上与研究的提倡分节，它们最终提倡拳术的目的是一致的。向恺然在考虑提倡拳术的目的时更侧重于拳术的文化层面，比之一般同辈，其倾向提倡拳术的非功利性及拳术的客观存在性，强调去伪存真的拳术。

对民间拳师的态度，体现了向恺然尚武、去门户的先进思想，在其各类文章中均表达了对民间拳师的态度：对部分民间拳师的秉性，以及技艺表现出由衷的敬佩，而对大部分民间拳师根深蒂固的门户观念、好勇斗狠的冲动鲁莽、夸夸其谈的不切实际等诸多行为，持批评和厌恶的态度：“我知道我国的武术，门户派别甚多，各派各有各派的好处。但脑筋里面，牢不可破的有一种思想，是认定所聘请来的那些武术家，多是些粗人，脑筋简单，武术尽管高强，对于拳术的理解，是不透彻的。一面和他们讨论，一面瞧不起他们，最凑巧而最奇怪的，便是那些武术家，见了我那种骄矜的态度，听了我许多武断的议论，不但没一个人非难我，并且都恭维我的见地精确，武艺有独到之处。有时我高兴起来，要和他们套一套手法，他们都谦虚不遑，我更自以为工夫练得不错了。”[105]

另外，他在《拳术传薪录》中谈道：“余于组织国技学会时，延聘各地武术家，前后以百计。虽艺有高下，然其谈论技术时，莫不神色飞舞，有不可一世之概，若第就其外表观之，皆万夫之雄也。湘潭曾□甫，年四十余，以拳术享重名…… 因是曾之声誉益隆而究无有知其技至何等者，余以六十金招致之，居会中将一月，与他拳术师言，恒傲岸不为礼。人多衔之，屡欲与角。余虑俱伤，力为排解。曾知不见容于众，亦兴辞去。曾行之前一日…… 欣然谓余曰，吾有妙手，当于再会时出以相示，此虽聚首一月，实未得尽吾长也。余时亦被酒，乃笑曰：君手皆妙，复何手之能独妙也？曾曰：妙在能倒人。余曰，君手皆能倒人，此何手而特妙也？尚劲者乎？尚快者乎？曾曰：尚劲与快，始能倒人，则不得云妙矣。余曰，是则神术也。曾曰否。余推案而起曰：不劲不快，亦非神术。余敢必其无此妙手，曷请相示，但得倒余无所忤。他拳师从而知之。曾色挠。志群师力止余。曾惭恧即夕遁去。拳师以此术弋赀者，十人而八九，不曰有秘密之传，即谓有神妙之手，学者求艺心切，无不入其术中，其实皆诈欺取财者也。”[106]

总之，向恺然先生的武术理论、武术思想具有很强的针对性和前瞻性，他提出的武术观点对弘扬国术也是合理的、科学的。他的武术思想集中表现在“去除门户之见，爱国崇礼的尚武精神；著书传薪，注重武德与武术相融合；将拳术作为一门学术，提倡将拳术非功利化等”[107]，这些都是十分切合时代发展潮流的进步观点。

# 第十四节 武技论释

为了让更多人了解和喜爱武术，上海精武体育会创建了运动会技击大会制度，这是精武体育会特有的武术展演活动。在运动会上，精武体育会安排有精武会员、教员们的精武技击术演示、精武会所教授社会团体的会操表演、所聘请的全国各派武术名家的武艺展示、颁奖等活动，同时还设置“武技论释”环节，对武术动作进行解说。

“武技论释”最先出现在精武体育会召开的第4届毕业运动会上。1916年11月5日，上海精武体育会借十六铺新舞台旧址凤鸣茶园举行第4届毕业运动会，这也是精武会首次技击高级会员毕业典礼。在该届毕业运动会上，精武会认为，最精彩的环节不在颁奖和运动员的表演，而在“为技击说明一节”。在普通人看来，中国技击术无论徒手或器械，“几于千手雷同，最难引起观者之兴味”；而且，对于武术表演，很多观众经常是带着“看武戏”的心态而来，对于“如何着劲，如何巧妙”，并不了解。为了增加人们对武术的了解和兴趣，精武会认为在运动会上有增加武术动作要领解释环节的必要，“武技论释”于是出现。“武技论释”即由动作解说人员“特于技击各类择要解释其实用法”，以此达到“门外汉亦懂得一二”，实现“普及技击”的目的。[108]

精武体育会对“武技论释”解说人员进行精心选择。精武体育会首次在毕业运动会上应用“武技论释”这一环节时，任命卢炜昌担任解说员。卢炜昌在人们的心目中向来是沉默寡言，规行矩步，一副谦谦君子、儒雅学者的形象。担任武技解说员时，卢炜昌却一改往日严肃、认真的形象，忽然“伶牙俐齿，口角春风”起来。他的风趣幽默、浅显易懂的阐释，“感动来宾不少”。[109]经过该次运动会上的“武技论释”，中国传统武术在社会、学界及舆论界引起了不小的轰动，当时上海的中文和西文报纸，纷纷进行评论，对于精武体育会的做法给予了充分的肯定和赞扬。

“武技论释”出现后，成为精武体育会向观众介绍武术项目的必备节目，广受欢迎。精武会每有新的运动项目出现，或有特别要解释的环节，他们都会通过“武技论释”说明者之口将其进行阐释和发挥；遇有武术表演、双人或多人对练，也必有“武技论释”，解释其要领和精髓。精武会在学员毕业运动会所发布的“启事”中就载明“今以运动场中，来宾众多，特添入武技解释一门，将技击术中之徒手、器械各种用法择要说明……更添生理表示一门，从医学、生理上表出人身强弱之大原因”，使人耳目一新。[110]

注释：

1. 周保分：《传统武术与现代武术关系的研究》，《体育世界（学术版）》2008 年第 1 期，第 24 页。
2. 邱丕相：《中国武术史》，高等教育出版社 2008 年版，第 132 页。
3. 国家体委武术研究院：《中国武术史》，人民体育出版社 1998 年版，第 8 页。
4. 李印东：《武术本质及其功能价值体系的阐释》，北京体育大学 2006 年博士论文，第 48 页。
5. 栗胜夫：《论我国传统武术的传承与发展》，《武汉体育学院学报》2007 年第 4 期，第 42 页。
6. 李仲轩口述，徐皓峰整理：《逝去的武林——一代形意拳大师口述历史》，南海出版公司 2009 年 2 月第 1 版，第 18 页注 8。
7. 谭华：《近代中国社会的变革与武术的进步》，《华南师范大学学报社会科学版》2003 年第 1 期，第 123 页。
8. 杨祥全：《武术概念之源流变迁考证》，《北京体育大学学报》2007 年第 2 期，第 249-250 页。
9. 李仲轩口述，徐皓峰整理：《逝去的武林——一代形意拳大师口述历史》，南海出版公司 2009 年 2 月第 1 版，第 16 页注 1。
10. 谭华：《近代中国社会的变革与武术的进步》，《华南师范大学学报社会科学版》2003 年第 1 期，第 123 页。
11. 《精武本纪》，上海档案馆，卷宗号 Q401-10-48，SC0248。
12. 卢丽娟主编《上海精武体育总会会史（1910 年 7 月 -1996 年 12 月）》（未付印），第 14 页；陈公哲：《精武会 50 年》，春风文艺出版社 2001 年版，第 15、33 页。
13. 《精武本纪》，上海档案馆，卷宗号 Q401-10-48，SC0248。
14. 陈公哲：《精武会 50 年》，春风文艺出版社 2001 年版，第 18 页。
15. 《精武本纪》，上海档案馆，卷宗号 Q401-10-48，SC0033。
16. 卢丽娟主编《上海精武体育总会会史（1910 年 7 月 -1996 年 12 月）》（未付印），第 14 页。
17. 《精武丛报》，上海档案馆，卷宗号 Q401-10-41，046。
18. 《精武本纪》，上海档案馆，卷宗号 Q401-10-48，SC0053。
19. 《精武本纪》，上海档案馆，卷宗号 Q401-10-48，SC0064。
20. 李仲轩口述，徐皓峰整理：《逝去的武林——一代形意拳大师口述历史》，南海出版公司 2009 年版，第 117-127 页。
21. 《精武本纪》，上海档案馆，卷宗号 Q401-10-48，SC0299。
22. 《精武丛报》，上海档案馆，卷宗号 Q401-10-41，003。
23. 《精武本纪》，上海档案馆，卷宗号 Q401-10-48，SC0064。

24.《精武丛报》，上海档案馆，卷宗号 Q401-10-41，057。
25.《精武本纪》，上海档案馆，卷宗号 Q401-10-48，SC0168。
26.《精武本纪》，上海档案馆，卷宗号 Q401-10-48，SC0168、SC0053、SC0056。
27.《精武本纪》，上海档案馆，卷宗号 Q401-10-48，SC0168。
28.《精武本纪》，上海档案馆，卷宗号 Q401-10-48，SC0031。
29. 卢丽娟主编《上海精武体育总会会史（1910 年 7 月 -1996 年 12 月）》（未付印），第 15 页。
30.《精武本纪》，上海档案馆，卷宗号 Q401-10-48，SC0050。
31.《精武本纪》，上海档案馆，卷宗号 Q401-10-48，SC0047。
32.《精武本纪》，上海档案馆，卷宗号 Q401-10-48，SC0047。
33.《精武本纪》，上海档案馆，卷宗号 Q401-10-48，SC0062。
34.《精武本纪》，上海档案馆，卷宗号 Q401-10-48，SC0050。
35.《精武本纪》，上海档案馆，卷宗号 Q401-10-48，SC0050。
36.《精武本纪》，上海档案馆，卷宗号 Q401-10-48，SC0051。
37.《精武本纪》，上海档案馆，卷宗号 Q401-10-48，SC0057。
38.《精武本纪》，上海档案馆，卷宗号 Q401-10-48 SC-0031。
39.《精武本纪》，上海档案馆，卷宗号 Q401-10-48，SC0296。
40.《精武杂志》，上海档案馆，卷宗号 Q401-10-30，SC0138。
41. 陈卓枚：《粤乐拉杂谈》，《精武本纪》，第 118 页。
42.《上海精武体育会内传与章程》，上海档案馆，卷宗号 Q401-10-2，SC0059。
43.《精武本纪》，上海档案馆，卷宗号 Q401-10-48 SC-0032。
44. 卢丽娟主编《上海精武体育总会会史（1910 年 7 月 -1996 年 12 月）》（未付印），第 15 页。
45.《精武本纪》，上海档案馆，卷宗号 Q401-10-48 SC-0132。
46.《精武本纪》，上海档案馆，卷宗号 Q401-10-48 SC-0296。
47. 陈公哲：《精武会 50 年》，春风文艺出版社 2001 年版，“新版代序”第 3 页。
48.《上海精武体育会内传与章程》，上海档案馆，卷宗号 Q401-10-2，SC0034。
49. 陈公哲：《精武会 50 年》，春风文艺出版社 2001 年版，第 38 页。
50.《精武本纪》，上海档案馆，卷宗号 Q401-10-48，SC0062。
51.《精武丛报》，上海档案馆，卷宗号 Q401-10-41，020。
52.《精武本纪》，上海档案馆，卷宗号 Q401-10-48，SC0300。
53.《精武本纪》，上海档案馆，卷宗号 Q401-10-48，SC0059。
54.《精武本纪》，上海档案馆，卷宗号 Q401-10-48，SC0062。
55.《上海精武体育会内传与章程》，上海档案馆，卷宗号 Q401-10-2，SC0034。
56.《精武本纪》，上海档案馆，卷宗号 Q401-10-48，SC0294，SC0295。
57. 陈公哲：《精武会 50 年》，春风文艺出版社 2001 年版，第 38 页。
58.《精武丛报》，上海档案馆，卷宗号 Q401-10-41，020。

59.《精武丛报》，上海档案馆，卷宗号 Q401-10-41，020。
60. 陈公哲：《精武会 50 年》，春风文艺出版社 2001 年版，第 15、33 页。
61.《广州文史》2008 年 8 月。
62. 参见上海精武体育总会官网“藏书”条目。
63.《精武本纪》，上海档案馆，卷宗号 Q401-10-48，SC0118。
64.《精武本纪》，上海档案馆，卷宗号 Q401-10-48，SC0248。
65.《精武本纪》，上海档案馆，卷宗号 Q401-10-48，SC0032。
66.《精武本纪》，上海档案馆，卷宗号 Q401-10-48，SC0248，SC0093，SC0091，SC0281，SC0280。
67.《精武月刊》，上海档案馆，卷宗号 Q401-10-37，SC0162。
68.《精武月刊》，上海档案馆，卷宗号 Q401-10-37，SC0162。
69.《精武月刊》，上海档案馆，卷宗号 Q401-10-37，SC0162。
70. 成都体育学院体育史研究室：《中国近代体育史简编》人民体育出版社，1981 年版，第 33 页。
71. 郎净：《近代体育在上海（1840-1937）》，上海社会科学院出版社 2006 年版，第 107-111 页。
72. 吴文忠：《中国体育发展史》，三民书局印行，教育资料馆出版 1981 年版，第 68 页。
73. 宋旭、曹春宇：《“体操”与“体育”演变因缘新探》，《沈阳体育学院学报》2005 年第 4 期，第 86 页。
74. 谷世权：《中国体育史》，北京体育大学出版社 2004 年版，第 198-199 页。
75. 赵晓阳：《强健之路：基督教青年会对近代中国体育的历史贡献》，《南京体育学院学报》2003 年第 2 期，第 10-12 页。
76. 马廉祯：《略论中国近代本土体育社团对外来社团在华发展的借鉴——以精武体育会对基督教青年会的模仿为例》，《搏击•武术科学》2010 年第 3 期，第 69 页。
77.《中央杂志》，上海档案馆，卷宗号 Q401-10-34，SC0051，SC0052。
78.《精武本纪》，上海档案馆，卷宗号 Q401-10-48，SC0097。
79. 陈公哲：《精武会 50 年》，春风文艺出版社 2001 年版，第 42 页。
80.《精武本纪》，上海档案馆，卷宗号 Q401-10-48，SC0094。
81.《精武本纪》，上海档案馆，卷宗号 Q401-10-48，SC0075。
82.《精武本纪》，上海档案馆，卷宗号 Q401-10-48，SC0075。
83.《上海精武体育会征求特刊》，上海档案馆，卷宗号 Q401-10-27，002。
84.《中央杂志》，上海档案馆，卷宗号 Q401-10-33，SC0003。
85.《上海精武体育会内传与章程》，上海档案馆，卷宗号 Q401-10-2，SC0029。
86. 廖建林：《社会变迁与近代体育的发展——对旧中国第三届全国运动会的历史考察》，《求索》2004 年第 4 期，第 235 页

87.《精武杂志》（1924），上海档案馆，卷宗号Q401-10-29，102。
88.《精武杂志》（1924），上海档案馆，卷宗号Q401-10-29，071。
89.《精武杂志》（1924），上海档案馆，卷宗号Q401-10-29，102。
90.“今日头条”2015年12月8日《精武文化搭建中非友谊新桥梁 霍元甲文武学校随国家领导人出访南非》。
91.郭玉成、许杰：《精武体育会与中央国术馆的武术传播研究》，《体育文化导刊》，2005年第2期。
92.上海市地方志办公室《上海体育志》，第五编第二章第一节“报刊”。
93.陈公哲：《精武会50年》，春风文艺出版社2001年版，第20页。
94.《精武本纪》，上海档案馆，卷宗号Q401-10-48，SC0291。
95.郑光路：《中国近代体育史上一段重要的史实--鲁迅与武术、气功》，《体育文化导刊》2003年第11期，第68页。
96.卢丽娟主编《上海精武体育总会会史（1910年7月——1996年12月）》（未付印），第42页。
97.《精武本纪》，上海档案馆，卷宗号Q401-10-48 SC0032。
98.《精武本纪》，上海档案馆，卷宗号Q401-10-48，SC0118。
99.《精武本纪》，上海档案馆，卷宗号Q401-10-48，SC0118。
100.郑光路：《中国近代体育史上一段重要的史实——鲁迅与武术、气功》，《体育文化导刊》2003年第11期，第68页。
101.《上海精武体育会内传与章程》，上海档案馆，卷宗号Q401-10-2，SC0148。
102.《上海精武体育会内传与章程》，上海档案馆，卷宗号Q401-10-2，SC0016。
103.《上海精武体育会内传与章程》，上海档案馆，卷宗号Q401-10-2，SC0156。
104.卢丽娟主编《上海精武体育总会会史（1910年7月-1996年12月）》（未付印），第15页。
105.向恺然：《我失败的经验》，湖南省第二届国术考试汇刊，1932年10月。
106.向恺然、陈铁生等：《国技大观》，载《民国丛书》第四编47册，上海书店出版社1992年10月版。
107.毛佳：《民国时期平江向恺然武术理论、武术思想研究》，《中华武术（研究）》，2016年第4期。
108.《精武本纪》，上海档案馆，卷宗号Q401-10-48，SC0056。
109.《精武本纪》，上海档案馆，卷宗号Q401-10-48，SC0056。
110.《精武本纪》，上海档案馆，卷宗号Q401-10-48，SC0059。

# 第八章 精武医旅

# 第一节 精武医学双璧

## 1. 精武医学部

中医历来被视为“江湖郎中”，位居中九流之列，到了清末民初传统中医地位更是大幅下降。究其原因，除了外部的一些社会条件外，中医也遇到了自身发展中前所未有的挑战。

一是落后的医疗技术。中西方医术与药物的交流源远流长，域外的药物与技术最终大都被中医消化吸收，转化成为自身体系的一部分。但是，到了清末民初时，发生了变化，西方的医学技术有了质的飞跃，而中医仍停滞不前，这种停滞使它很难抵抗西医传入后带来的一系列挑战。

二是不规范的医学教育。中医虽有医学教育，但没有现代意义上的医学教育。“考医之举，仅为采风问俗；而历朝的太医院，则不过供应皇室贵胄，不足以言医学教育。”[1]在教学方式上，采取师徒制，强调“悟”的重要性，很多有效的经验由于徒弟悟性不够而无法流传下来，落后便在所难免了。1928 年南京特别市执业中医之调查显示，有高达 49% 的中医师为祖传或师传，仅 5.4% 为医校毕业。对于这一状况，梁启超曾说：“……全体部位之勿知，风土燥湿之勿辨，植物性用之勿识，病证名目之勿谙。胸中有坊本歌括数则，笔下有通行药名数十，遂嚣然以医自命。……今所谓医者，皆此类也。”[2]

上海精武体育会对此弊端进行了改造。根据《中国精武会章程》，上海精武体育会设置了“精武医学部”，中医有主任，西医也设有主任，“此部分主任多兼教员，为义务职，以会员之深于此道者任之，以部长董其成。”[3]“医学为最要之学科，本会中西医学兼备。主任中医者罗君伯夔，主任西医者医学博士林君锦华。两先生道德学问，皆为社会所钦仰者也。”[4]

精武医学部由中医大师罗伯夔与西医博士林锦华共同组建，是国内最早的中西医结合教学机构之一。林锦华主要教授运动伤科，而罗伯夔则著有《精武医说》一书。该书出版于 1918 年，是一本临证综合类中医文献。全书论及脏腑学说与西医解剖学的关系、28 种病脉的脉理与主病、临床 80 余种常见病证及治验方 107 首。

## 2. 精武医社

自古医武一家，学武必须懂医，方是正道，精通医方方能快出功夫，出纯功夫：“是以营卫调和腑脏得所出入升降，濡润而宣通，饮食日滋，阴生阳生，方经恃此长养，百脉由此充盈，即神仙之修养，靡不由此也。修心养性为练拳之主课，肺为相，相必须宽宏大量，能容天下难容之事。人身最重要机关是为五脏，诚能深明于五脏，知五脏之形象，方能练好拳，练出拳味。”

1923 年，为了发展精武实业，广东精武体育会会长熊长卿与女儿熊富珠留在了上海。熊富珠是广东光华医校毕业生，医术高明，1923 年到 1924 年期间，广肇公学职员叶鼎臣、梁绍文等得到其医治而康复。为了解决医疗设备不足的问题，造福更多的病人，1924 年，经中央精武商议，在福德里内设立了精武医社，熊长卿出资购置

曾作为"精武医社"邻居的中共中央宣传部旧址

了西药及医疗器械。

精武医社成立时，熊长卿的另外两位家族成员黄潄蓉与何佩岑加入，并得到了熊富珠的同学陈杜卿和陈季植的帮助，精武医社就有了五位女西医进行专业化管理，这在当时是一项创举。

在精武会出版的期刊中刊登了数篇报道，详细地对此进行了介绍。

上海精武新设医社

医学士熊富珠女士，为广东光华医校学业生。去岁随其尊人熊君长卿来沪。时有广肇公学职员叶鼎臣，患咯血症，群医束手，自分必死矣。富珠女士，为施刀圭，旬日而瘳。并有广肇公学教员梁绍文，病呛甚剧，中西医咸以为不治之肺痨症。富珠女士，为之诊脉，知非肺痨，欲以显微镜试验其痰，然沪上只有一处有是项器具者。乃一面为之诊治，一面借得是项显微镜至。为之试验，乃断为非肺痨，不半月而病已霍然矣。富珠女士，商诸中央精武，在上海精武之左旁，福德里内，设立精武医社。其目的在为精武效力。然精武固鲜病夫，但仍立一例。凡精武中人，持会证至而求治者，不取诊金。熊君长卿，并以数千金为之购置西药及医具。此种西药，只以原本出售，医社中并有熊氏家族黄潄蓉、何佩岑两女西医。又有富珠女士之同学陈杜卿、陈季植两女士帮忙。精武医社中，共有西医五人。又闻熊君长卿，将其附股屈臣氏水厂之红利，每年抽拨十分之二，以为上海精武之经常费，数盖不赀也。[5]

精武医社已开幕

横浜桥堍福德里内精武医社，已于阳历六月十五日开幕。社长为熊长卿，西医生为杨绅、林锦华、陈杜卿、吴启东、黄潄蓉、陈季植、何佩岑、熊富珠，中医生为罗伯夔。所定诊例如下：门诊上午八时至十二时，出诊下午一时至五时。门诊一元、出诊三元、接生十五元、手术费另议。凡精武会员免诊金，并精武会员家属及由会员介绍亲朋，皆折半诊金。非出诊时间出诊，诊金双倍。贫者由医生酌定或减或赠，极贫者由医生定酌赠药并顾为念贫人起见，特于社内附设药房，药价格外从廉。设欲在外检药，亦听其便。

上海精武医社近讯

上海精武医社系熊长卿先生出资办理，由其女公子熊富珠女士主持一切。自熊女士去后，主持乏人，现由女医生陈杜卿、陈桂植接充主任。所有社中费用，概由陈医生担任。已由吴应彪君将该社一切医具，点交陈女士保管。两医生品学兼优，存心济世，得此良医，介绍于社会，亦一佳事也。

熊长卿先生热心公益

精武医社前由熊君长卿创办，由其女公子富珠医学士主任社务。历有数年，日臻发达，前年富珠医学士以过劳致疾，卒于庐山。嗣由陈杜卿、陈季植医学士接办，极力扩充。现将医社移至北四川路安慎坊廿六号，添设留医房，以便妇女留产之用，并承熊君捐赠一千五百倍油浸镜嘴之显微镜一具。闻该镜价值八百余元，熊君慨然捐赠，足见其热心公益，良可嘉也。

# 第二节　首倡“运动中医”

前贤有云：“流水不腐，户枢不蠹。”药王孙思邈认为，运动能使“百病除行，补益延年，眼明轻健，不复疲乏”。为了更健康、更长寿，就需要将运动和医学有机结合起来。这一领域的杰出代表，是精武会会员李佩弦，他在国内最早提出了“运动中医”理论——熊氏易筋经。

李佩弦的“运动中医”理论，讲求武医结合。在提出这一著名理论之前，曾在广东西关龙津西路逢源西三巷开馆行医练武，是近代著名西关正骨名家、武术家，是岭南医学文化和武学文化重要代表人物，被誉为“武林全才、杏林长老”。人称“文武秀才”，能编、能导、能演，创编了当年流行于社会的“共和舞”，精武会出版的大批书籍与拍摄的电影也都有他的心血。

中华经典《素问》说：“五劳所伤：久视伤血，久卧伤气，久坐伤肉，久立伤骨，久行伤筋。”李佩弦的著作《少林真传熊氏易筋经》，系统地阐发了他对于“运动中医”的主张，即运动要适度，以微汗出为好，不宜大汗淋漓。合适的运动最养生，能使阳气升发而不耗，周身气血运行略加快，脏腑机能趋于平衡。中老年人的“养性之道，常欲小劳，但莫大疲及强所不能堪耳”（孙思邈）。

“少林易筋经，坊间刊本殊多，尝见学者得斯法之一鳞半爪，亦获奇效。是篇乃熊（长卿）家嫡传，与坊间印行者迥异，盖秘本也。鄙人丙子初春，赴沪舟次遇熊君长卿，畅谈武术，忽忆友人从游熊君，习易筋经，举而相讯。熊君告余曰：余年逾古稀，而精神矍铄异常人，其致强之道，实赖易筋经之功。当承示各法，数分钟内，果有特征。据谓久习此法力气不期而自增至。彼曾以臂力指力示人。

“斯法之动作简单易学。第一级不费力，老弱咸宜；第二级宜于初发育之少年；第三级之练力法，数年纯功可臻力士地位。

“余以经验所得，常以斯法授同寅，其有患痼疾者练习数月，必收大获。因恐此道日久湮没，谨依熊氏面授家传说明，以供同好之研究，欲转弱为强、延年益寿者，幸勿忽诸。”[9]

李佩弦的“运动中医”，还具体提出了第一、二、三级的练法，其第一级共八式，第五和第八两式略有动作，其他无动作。具体如下：

## 1. 四指握拳呼吸

双足立定，宽如肩阔，眼平视，牙咬紧，口微开，舌舐上腭，两手握拳，大拇指贴大腿；每呼吸完毕拳握一紧，勿放松。愈握愈紧，直至八十一次呼吸完毕，乃放松。行之数月手力自然增加。

注意：肩要沉，胸勿挺，引气下沉丹田。初练先做九次呼吸，两手即放松，以后逐渐增加，总要自然不勉强。

## 2. 双掌下按呼吸

双足立定如前式，眼平视，牙咬紧，口微开，舌舐上腭，两手掌左右下按（按于身旁两侧，宽于两肩，掌心向下），左右手指跷起，掌愈按愈下，勿放松，至八十一次呼吸完毕，乃放松。此式也增长手力、腕力。

注意：沉肩，含胸，气沉丹田，掌下按时手指跷起。

## 3. 双掌前推呼吸

双足立定如前式，眼平视，牙咬紧，口微开，舌舐上腭，两掌前推（掌心向前，位高同头），大拇指与食指尖相对成三角形；每一呼吸完毕，双掌向前推出，手指同时拗入，愈推愈前，愈拗愈入，直至八十一次呼吸完毕，乃放松。此式长手力与指力。

注意：手臂微屈，气沉丹田，手指拗入。

## 4. 左右托掌呼吸

双足立定如前式，眼平视，牙咬紧，口微开，舌舐上腭，两手掌左右平伸，用意想有重物置于两掌之中；每一呼吸完毕，用意把掌上托，只用意两掌均不动，练至八十一次呼吸为止。此式增长臂力。

注意：沉肩，收胸，气沉丹田，双手伸平勿下坠。

## 5. 双掌开合呼吸

两足立定如前式，眼平视，牙咬紧，口微开，舌舐上腭，两手合十当胸，两大拇指贴身；吸气时两手分开，呼气时两手再合，练至八十一次呼吸为止。此式使肺部一张一缩，对结核病有良好的效能。

注意：沉肩，含胸，气沉丹田，两手开合时手指拗出，大拇指贴身，不离肘，不提起。合掌当胸，连续开合，外开至肩宽为度。

## 6. 双掌上撑呼吸

双足立定如前式， 双手反掌向上撑，掌心朝天，大拇指与食指头相对成三角形，面向天；吸气时牙咬紧，呼气时口张开，手向上撑高，愈撑愈上，直至八十一次呼吸完毕为止。此式增长臂力和腕力，并可去口中臭气。

注意：气沉丹田，头上仰，眼看手背，胸腹不可凸出，手指拗落。

## 7. 双手下垂呼吸

双足立定如前式，牙咬紧，身变屈至九十度角，两手徐徐下垂，身下弯时呼气，起立时吸气，两手愈垂愈下；呼吸如过于急速，起立时立定可再行一呼一吸，后乃下垂；如不觉疲劳，可连续八十一次呼吸乃止。

此式增长腰力和腹力，并对腹部脂肪过剩有特效，能减腹脂，收细腰围。如腹部脂肪过剩，每日习三次至五次，一月后可收大效。

注意：沉肩，收胸，气沉丹田，双手下垂时，两肩微微松动，手要放松，勿用力。[10]

李佩弦的“运动中医”的思想，对人

体内的五脏六腑进行锻炼，使五脏六腑更加强壮，概括起来就是改良和增强肌肉运动能力，结合呼吸而锻炼自身的方法，是我国古代流传下来的一种健身法。

**精武医说 jing wu yi shuo**
【简介】临证综合类。罗伯夔著。刊于 1918 年。全书论及脏腑学说与西医解剖学的关系、二十八种病脉的脉理与主病、临床八十余种常见病证及治验方一百零七首。

《中国中医药学术语集成中医文献（下）》陈荣，中医古籍出版社2007年版，第1227页

## 第三节 济难问诊，服务社会

1937 年“八一三”淞沪会战期间，日本侵略军进犯上海闸北、虹口、杨树浦，造成上海及邻近地区成千上万人流离失所。为避战火，逃进公共租界和法租界的难民最多时达 70 万，租界内人满为患。租界当局恐难民滋事，也惧日军趁机进入租界寻衅，用铁栅门阻止难民涌入。于是，大批难民露宿街头，集结在最靠近法租界的南市民国路（今中华路），缺衣少食，处境悲惨。成年人每日冻饿死者逾百人，儿童每日死亡约 200 人。

上海精武体育会积极会同上海有关社会团体，组成“上海慈善团体联合救济会”。作为该会的董事单位，精武会组织会员戴着红十字的臂章，穿梭在火线和后方，在日寇的轰炸机下抢下了一波又一波的伤员，安置了一波又一波的难民。

时任精武会会长的闻兰亭，名汉章，字兰亭，原籍江苏武进，1870 年出生于泰兴靖江。因家道中落，少年时便到靖江一家棉布店当学徒，积攒了一些棉纱业方面的经营经验后，到上海发展。1912 年前后，他在上海纱业商人中组织了纱业竞智团，经营棉纱交易。经过数年努力，闻兰亭在上海工商业声誉鹊起，成为纱号业巨头。1920 年，为了与日商争利，闻兰亭与虞洽卿等发起组织上海第一家华商交易所“上海证券物品交易所”，担任常务理事，后因上海一些纱厂业主另组华商纱布交易所抵制，交易未获正式批准。1935 年，闻兰亭出任纱布交易所的常务董事，后升为理事长，此后相继担任交易所联合会会长、上海市商业联合会常委、全国商会联合会执行委员等职，重登纱业巨头宝座。

闻兰亭虽为商界人物，但与当时政界各方人士交好，为老上海“海上三老”之首。中年丧妻后，开始信佛，热心参加各种慈善活动，担任了许多孤儿院、残疾院、教养院的院长或董事。“一•二八”事变后，他负责上海市民地方维持会红十字会的救济伤兵工作。抗战爆发后，他担任上海慈善团体联合救济会董事等职，先后办起四五十个难民收容所。当时中国共产党曾利用他的影响，成立了难民教育中心和难民学校，教育和动员难民参加中共领导的各种抗日斗争。

广东精武体育会自成立后，同样热心于地方公益事业或爱国运动，或独力办理，或自动发起，或直接参加。例如：广州市于 1924 年六七月间，发生鼠疫，传染很快。会员黎启康、许修五、陈晖成、陈宗杰各医生，在光华社细菌研究所发现及检出疫

菌后即来会报告，广东精武体育会极力任宣传。一方面使卫生当局注意防止疫情的蔓延，一方面使一般群众知道防御传染的方法，因而开防疫演讲大会两次。第一次由会里卫生科主任陈俊干医生演讲，第二次由会里总务主任陈彦医生演讲，讲题为“鼠疫之传染及其预防法”，并用幻灯影片说明。两次演讲，都取公开方式，不分男女老幼，一律欢迎，因此到会听讲的人很多。1925 年 2 月，在精武会里召开了一次城市卫生宣讲会，由陈俊干医生担任演讲，对民众颇具启发意义。再如，广东精武会会员黎启康，能够自制牛痘苗，连续数年，都把牛痘苗送会赠种，每星期一、三、五日下午 2 时至 4 时，由会医许修五、陈彦两医生担任赠种，不受分文，献爱社会。

## 第四节 开办济众难民医院

1937 年“八一三”淞沪会战爆发，租界人口骤至 450 万，每日死亡骤增，各医院人满为患。为适应救亡形势，精武会联合工部局华员总会，并经中国红十字会、上海市救护委员会的协助，在愚园路 1314 号合办第十九救护医院，收容伤员 100 余人。日后，又扩充床位至 200 余张，先后共治愈伤员 500 余人。随着战区逐渐扩大，大批难民涌入上海与法租界毗邻的南市区。

中共一大会址抗日战争时期馆展出的济众难民医院标志

精武会鉴于难民疾病丛生、不断死亡的严峻情况，联合工部局华员总会在汉口路 115 号，改办济众难民医院，利用原有救护医院设备，开设门诊部继续为贫苦难民服务。“救护医院的经费主要来源是由会员的捐助。”为劝募难民医院经费，在会员中开展一角捐活动，以聚沙成塔。

后因业主收回房屋，济众难民医院于 11 月 15 日结束，前后持续九个半月。据院方报告，由各慈善团体保送入院治疗 529 人，治愈 432 人，门诊 1490 人；每月经费约 1800 元，除“慈联会”津贴外，其余由两团体各自向会员劝募。医院结束后，难民仍较多，精武会又和“工华”“益友”三团体，于天津路福绥里“益友社”内合办门诊部。

## 第五节 开办两大制药厂

### 1. 霍东阁制药厂

抗日战争胜利后，印尼独立，因种种原因，精武会无法继续生存。已经 50 岁的霍东阁在印尼万隆转入制药业，专门经营

施德之大药房

东阁制药厂。

霍家有祖传的接骨疗伤秘方奇药，除平常自家练武受伤诊疗外，也给乡亲们免费医治。有一次，有个武师来访，意欲打败迷踪拳，却被霍元甲打成骨折，霍家为其治愈后送走。霍家还有一种秘传奇药叫“神力丸”，常吃这种药可长力气。霍东阁聪颖过人，对家传秘方详加研究，成为爪哇岛上的著名医药师。霍东阁针对南洋有普遍流行的疟疾病，经反复研究、试验，终于制成治疗此病的特效药。因他家住在万隆，遂将此药命名为“万隆丸”。万隆丸一问世，便成为疟疾克星，此药被南洋人视为“救命丸”。

1960 年，霍东阁已去世，其妻叶玉梅主管制药厂。是时，天津爆发疟疾病，霍东阁次子霍文亭飞书求救。叶玉梅及时将“万隆丸”寄到天津小南河。霍文亭除了自救之用外，还分送乡亲们，愈后的乡亲们大赞药物的神奇疗效，并感戴霍家的恩义。

上海精武体育会会长施德之发明的药品

## 2. 施德之药厂

施德之，1861 年生于香港，毕业于皇仁书院。在退役后于 1900 年在上海开设了施德之药厂。药厂研制了施德之济众水、兜安氏吐泻水、中法九一四药膏等，都十分畅销。尤其是济众水，风靡上海，火遍江南，在很长时间内都是平民喜用的消暑良方。1923 年，由人介绍到精武体育会参观。参观结束后，施德之认为“精武事业，以提倡体育为主旨，救人于未病之先”，与其医药事业可谓“殊途同归”，于是“尽力赞助”“慨然加入会籍”。

# 第六节 主题多样的旅行

## 1. 运动旅行

旅游具有悠久的历史；但是，旅游形成为社会的一个行业，则是近代才出现的。近代旅游业之父被认为是英国人托马斯·库克（Thomas Cook），他第一个组织了团队旅游，也组织了世界上第一例环球旅游团，编写并出版了世界上第一本面向团队游客的旅游指南——《利物浦之行指南》，创造性推出了最早具有旅行支票雏形的一种代金券。精武旅行团是中国最早的旅行团体之一，并逐步发展为具有旅行社性质的组织。

精武旅游起始于一些会员自发组织的徒步、自行车骑行等运动旅行，后逐步发展为定期并向社会开放的活动。《精武本纪》载，1916 年“本会会员陈公哲、姚蟾伯、卢炜昌、黄汉佳曾于今年国庆日同乘自由车作旅行，以数小时间同抵苏州。同仁等以此举有益体育，公送银杯一具以为纪念”。

随着旅游风气的渐起，精武会成立了旅行组，将休闲旅游纳入会务之中，每星期或每两周组织旅行一次。据旅行组 1930 年的报告，该年共组织旅行 20 次，参加人数达 1803 人。出游地主要以上海周边为主，例如南翔、嘉定、无锡、杭州、苏州等。出行方式涵盖了海陆空，包括自行车、火车、轮船、汽车，甚至还有飞机。按主题大致可分为休闲旅游、运动旅游和游艺旅游。

具体论述或描述参见本志前述相关章节。

1922 年，精武会组成了历史上最高规模旅行团。据精武《中央》杂志记载：上海精武旅行团男女会员凡 30 余人，其行程先赴天津、北京，然后转至汉口，参与汉会四周年纪念并行新建会场开幕礼。旅行团成员有陈公哲、罗啸璈、翁耀衡、连炎川等，旅游点有南京、栖霞山、镇江、常州、超山、无锡、庙行、浙东、杭州、宁波、雁荡、天台、龙华、宜兴、奉化、滁州、崇明、普陀、高桥、戚家墩、扬州、青岛、嘉兴、黄山、常熟等地。

1922 年 10 月 28 日，由陈公哲、罗啸璈、连炎川等人组成的上海精武会旅行团抵达天津，意在宣传精武，创办精武会。《益世报》等津门各报纷纷发表消息，并刊发陈公哲的演说词：“精武会发起于霍元甲先生，在上海创立已有 13 年。近两年间，已深得国中人之信仰，汉口、广东等处，均推广设立会所……”

10 月 30 日午时，由卢炜昌、姚蟾伯、赵连和、陈铁生率领的 30 名上海精武会成员乘海轮到津，进驻城中鼓楼旁的广东会馆内。上海精武会此次北游，阵容非常强大，几乎所有精武骨干力量都聚集到了天津。之后数日，精武成员上下午和晚上一日三忙，除了参加欢迎会，就是演出宣传精武。

11 月 2 日晚 8 点，上海精武旅行团全体成员出席了南开大学的欢迎会。在会上，精武人连炎川演讲：“精武会成立，是由天津人霍元甲先生发起。后有日本武士与霍君角力，该日人连负数次，因此怀嫉。后霍君患病，请医生诊治。该医士因得日人之贿，致将霍君毒毙……会员日渐增多，成绩愈行完善，已成中外共承认之团体。”

11 月 7 日午间，旅行团在广东会馆内

精武体育总会旅行部

召开了天津精武会发起人筹备会会议。在筹备会上，选出麦次尹（广东）为筹备处正主任，熊少豪（广东）、包寿饮（江西）、宋则久（天津）为筹备处副主任，在场50余人皆列名为发起人，随后发起人又陆续增加到130余人。因11月8日，精武旅行团屡次接到汉口精武体育会电报，催促旅行团绕道汉口参加汉口11月11日举行的纪念游艺会。出于行期考虑，上海精武旅行团未能等待天津分会建立即行离开天津赴北京情愿。上海精武团离开天津后，因多种原因，天津精武分会筹备会即无形瓦解，在北方成立精武分会的愿望未能实现。

赴汉参加汉口精武体育会五周年纪念大会是精武北游旅行团的第三站，也是上海精武体育会扩大宣传和影响，促进武术交流的又一举措。按照原定计划，汉口精武体育会五周年纪念大会在11月11日举行，因精武旅行团逗留京津，因此延期举办。1922年11月21日，在陈铁生的好友张绍曾的护送下，精武旅行团乘京汉列车离京，至23日下午抵汉口，受到汉口精武体育会、广东公校辅德中学、致忠学校、华商商团、商学各界人士的欢迎。精武旅行团在汉口停留的十余天，除赴汉口精武会五周年纪念会三天外，参加各种欢迎会或宴会共达9次之多。其中汉口报界11月26日假汉口精武体育会举办宴会，各报记者如王春先、王郁之、郭聘帛、黄趾端、钱介盘、王华轩等相继发表演说，对精武体育会的精神和宗旨极力称赞。28日汉口华商商团及青年会召开欢迎会，商团领袖曾务初、王伯年、林咏池等人经过与上海精武体育会磋商，也确定了日期与北游旅行团进行会操表演。汉口青年会则以精武体育会“提倡中国式体育”，与青年会宗旨相同，开会欢迎，并引导精武旅行团到青年会观摩其活动内容。[11]

汉口精武体育会五周年纪念大会使精武事业在中国的中心地区再次得到扩展。1922年12月1日汉口精武体育会举行五周年纪念大会兼初、中两级毕业典礼。当天赴会者数千人，除汉口精武体育会全体职员参加外，湖北督军兼省长萧耀南也派出代表参加大会，湖北教育厅厅长宗彝亲临会场，汉口慈善会长蔡辅卿、中华大学校长陈淑澄、国民学校代表郑惠吾、民生学校校长任松如、全国商联会代表冯少山等皆参加大会。会上各代表相继发言后，由汉口毕业会员表演国操，到会所有团体及个人或徒手或器械表演各种操法。上海精武主任陈公哲、张文德用西方弦乐演奏粤曲《霸王别姬》、小提琴独奏粤乐《昭君怨》，汉口精武会会员及旅行团联袂表演精武中国式体操，另外有女会员表演跳舞，男会员表演滑稽舞等。

经过3天汉口五周年纪念大会的宣传，精武体育会在武汉地区的影响进一步扩大。汉口中华大学校长陈淑澄专门设宴款待精武旅行团，提出组设武昌分会的愿望，同时他还联合文华大学校及武昌青年会，召开欢迎会，邀请中央精武旅行团放映精武电影，并遍请武昌各界及各学校师生，前往参观。不久武昌精武分会建立。

精武旅行团由汉口返回上海，顺利完成了“北游”的任务。12月6日，是精武旅行团返沪的日子。当天旅行团的行李先行被运到江安轮，大队人马则分为两部分，一部分参加当晚广东同乡会多人为旅行团举行的饯别会，另一部分则参加在维多利西剧场举行的游艺会。维多利游艺会是上海精武旅行团与汉口精武体育会所举办的演出活动，其目的一是为了两会之间的武术交流，二是借演出为汉口精武体育会筹备资金。待一切活动结束后，次日凌晨时，汉口精武体育会负责人才陪同精武旅行团抵达江安轮启程返沪。[12]12月9日精武旅行团抵达上海，至此结束了北游的整个行程。整个北游共筹款1000余元，虽“不及诸团员旅行费之半”，但对于精武体育会以及中国传统武术在北方的传播起到积极的推动作用，更重要的是使南北进行了一次难得的武术交流。

运动旅行（自行车），原载《精武本纪》

## 2. 摄影旅行

精武体育会每于周末休假日，便组织摄影班的学员到郊外旅行，摄取风景，回来后自行冲晒，供学员公开观摩和评阅。精武体育会摄影设备在当时居于沪上前列，“会内备有大规模冲晒室，同时可容十余人工作，并有放大机，以备学员作深一层之研究”，这些设备“均仰给于外国”，设备条件和水平在国内都属一流。[13]20世纪30年代经济危机，国外摄影器材价等“外货腾贵，较前几增一倍”，尤其到了1932年上海“一·二八”事变后，精武体育会摄影研究班遂致无形星散。不过，时局和战局都不能影响摄影爱好者的兴趣所向，“为提倡摄学艺术”，精武体育会旅行部曾“举行摄影展览，以引起摄影旅

会员旅行江湾，摄影以留鸿爪。影中房舍为陈氏别墅

运动旅行（远足），原载《精武本纪》

行诸君之兴趣”。征求信息一发出，爱好者纷纷报名将其所拍摄的佳作贡献出来，经过层层选拔，最后有多幅作品被选中参加了在当时南京路大陆商场精武体育会会所内举办的摄影展，展期长达一周，观者络绎不绝。[14] 此外，摄学部常常与旅行团合组活动，为此设计了具有专利的“旅行暗箱”方便会员在外出旅行时开展摄影并在当场洗印。

## 3. 海上旅行

海上旅行，是在普陀山举办的固定活动。

上海精武体育会海上旅行团乘宝丰轮出发浏河

## 4. 天空旅行

1925 年 5 月 30 日，精武会发起了第一次天空旅行，42 人登上欧亚航空公司巨型飞机，沿黄浦江到吴淞实业部鱼市场，经市中心闸北转折至南京路跑马厅上空，在空中回旋了两大圈后返回起飞点。

天空旅行原载《精武年报》

# 第七节 精武村及青年寄宿舍

旅客須知

寄宿舍出租

本會爲利便會員起見特自建寄宿舍內部設備極爲完善除特製傢私外並有會客室圖報室浴室水廁健身房等且交通便利一路電車一路公共汽車均可直達房間分甲乙兩種取價公道如欲租借請向本會幹事部接洽

原载《精武杂志》

原载《精武本纪》

根据《精武本纪》记载：精武公园议定的次日，陈公哲、卢炜昌、姚蟾伯、徐惟一等人，协商购买了精武公园后方的一块土地，作为“精武村”，“村例不许有不规则之行动，盖沿精武式也。此后，即多一正当清洁之地方。吾愿居此者，永远守此精武式而勿变。”[15]

汉口精武体育会的精武村简章，曾刊载于中央精武出版的第18期《中央》杂志。

汉口精武村简章

（一）定名　本村专寓居精武体育会会员，村民均实行精武式，故定名汉口精武村。

（二）宗旨　聚集同志会员，合居一村。请求公共卫生，崇尚勤俭诚朴，使成为良好之模范新村，并维持精武会务。俾臻完善而期永久。

（三）地址　在汉口铁路外，本国赛马场对面，精武新会场之四周。

（四）村民　以精武会员为限。

（五）地段　大者五拾方，小者十二三方。按图样之规定，各人得随意认购。

（六）地价　价分为念四两、念三两、念二两三等。按地点而定，详载图样，并另单列明之。

（七）购地　精武会员之欲认购地段者，须先缮具愿书，遵守村内一切章程。函送发起人，得多数认可，然后填具认地书，缴交发起人存据，力得认购。

（八）缴价　先缴地价半数，其余则于税契手续办竣时，发起人通告限期收清，倘逾期不交，而有他人欲认购时，发起人得给还所缴地价，将地收回另售。

（九）契据　本村购地时，只立总契约一纸，由发起人向最稳妥之银行租赁保险箱一具，永远保存。各村民认得地段，于缴清地价时，则由发起人发给地据，以作凭证。届时，董事会如已成立，则由董事会给发之。

（十）马路　定为宽十五英尺，所用

之地，除精武会场四周之路，由精武会让出五尺。其余由各村民按照所购地皮多寡，平均让出，永远作为公路。

（十一）围墙　村外四周，由董事会，建筑围墙，高十英尺，厚十英寸。其建筑费，由各村民，按照所购地皮多寡，平均摊派之。

（十二）公费　所有修筑马路，清洁为生、自来水、路灯、看更等费用，按月归各村民，按照占地多寡摊派之。

（十三）建筑　须依照董事会所定规程，不得遇事奢华。惟坚朴中，亦须注重美术。所有图样，非经工程员鉴定，董事会认可，不得动工。

（十四）期限　村民自认购地段之后，限六个月，修造房屋。否则如有别人欲购时，董事会得以原价收回，不付利息。其应摊之公费，除建集马路围墙，两款外，原须归原主缴付。

（十五）董事　本村设董事五人，就中推举正副董事各一人，处理村中一切事务。任期三年，任满再举，仍得连任。

第一任董事，由村民在发起人中推举，以后则由全体村民用投票法选举之。

（十六）职员　由董事会就村民中推事理事三人、会计员一人、查账员一人、书记一人、工程员一人、卫生员一人，依照董事会之决议，执行村中一切职务任期三年，再举连任。

（十七）租赁　村民如有余屋出赁，须先准精武会员租用，如无人承租，始得赁与外人。惟仍须先将租户姓名职业，报告董事会，得其认可。由租户填具愿书，附入精武，及遵守村中一切章程乃生效力。

（十八）转让　村民有事离埠，或因他项事故，欲将房屋地皮出让者，须就精武会员中，觅一受主。不得让与外人，并须于未交易以前，报告董事会，得其认可，换给地据，方生效力。

（十九）抵押　朴民如有将其地据作担保品，或抵押品时，须先报告董事会，得其认可，并以书面证明，方生效力。

（二十）出村　村民既属精武会员，常无不检举动。倘或有违犯会章，及村中公德，而与本村有防碍者，得由董事会，召集村民公决，请其出村。其房屋之处置，照第十四条办理。

（廿一）规则　本村一切规则，及董事会与职员办事细则，由村民另订之。

（廿二）附则　本章程未尽事宜，于董事会未成立以前，得由发起人随时议决修改。

认地书

迳启者，鄙人拟认购精武村内地皮若干方。即图样所列第几段并愿遵守村内一切章程，请为提议，如荷通过，即祈示复，为盼此致。

汉口精武村发起人台照　　启

中华民国某　年　某　月　某　日

购地愿书

立愿书人某某，今购到

精武村内地皮若干方，即图样所列第几段，并愿遵守村中一切章程。所有应缴地价，修造房屋等事，自当遵章办理，决不有误，此致。

汉口精武村发起人存据　　某某手立

中华民国某　年　某　月　某　日　　保证人某某袋

注释：

1. 中华医学杂志编辑部：《中国的医学教育》，《中华医学杂志》1933年19卷2期，第197-205页。
2. 何志平、尹恭成、张小梅：《中国科学技术团体》，上海科学普及出版社1990年版第50页。
3. 《精武本纪》，上海档案馆，卷宗号Q401-10-48，SC-0032。
4. 《精武本纪》，上海档案馆，卷宗号Q401-10-38，064。
5. 《精武杂志》，总第40期，第54页。
6. 《精武杂志》，总第42期，第67页。
7. 《精武月刊》，总第48期，第47页。
8. 《精武月刊》，总第51期，记事篇第10-11页。
9. 李佩弦：《少林真传熊氏易筋经》。载《少林与太极》杂志“少林篇”。
10. 李佩弦：《少林真传熊氏易筋经》。载《少林与太极》杂志“少林篇”。
11. 《上海精武体育会内传与章程》，上海档案馆，卷宗号Q401-10-2，SC0127。
12. 《上海精武体育会内传与章程》，上海档案馆，卷宗号Q401-10-2，SC0131，SC0132，SC0135。
13. 《精武丛报》，上海档案馆，卷宗号Q401-10-41，020。
14. 《精武丛报》，上海档案馆，卷宗号Q401-10-41，020。
15. 《精武本纪》，上海档案馆，卷宗号Q401-10-48，SC0033。

# 第九章 精武文艺

# 第一节 戏剧组织

## 1. 辛酉剧社

辛酉剧社由朱穰丞与其精武体育会的朋友于 1921 年共同组织创办，活动地址设在横浜桥福德里精武体育会内。辛酉剧社，致力于新文化、新思想的宣传研究，也进行戏剧创作。辛酉剧社的宗旨是“专演难剧”，以“殉道者”的精神对待戏剧艺术，“孜孜屹屹地钻研演技”。在左翼戏剧运动影响下，除演剧外，辛酉剧社还参加了上海戏剧界的许多进步活动。

上海文学家与著名报人叶灵凤（1905-1975）曾经在回忆结识袁牧之与辛酉剧社时写道：

“我认识袁牧之很早，他那时不仅还未投身电影界，连话剧生活也还是刚刚开始，年纪大约还不到二十岁，还是上海东吴第二中学的学生。当时上海有一个话剧团体，称为‘辛酉剧社’，主持人是朱穰丞。这是上海早期的一个话剧团体，它的形成可能比南国社更早。今日的应云卫、马彦祥，都是参加过这个剧社的。我那时也不过二十几岁，刚在美术学校毕业，却已经主持着几个刊物的编务，也参加了这个剧社，担任着舞台装置工作。袁牧之则是社里的主要演员，他从一开始就在舞台上露头角了。

“辛酉剧社是一个业余剧团，主持人朱穰丞可说是这个组织的灵魂。他是吃洋务饭的，是一家经营茶叶出口的洋行买办。这个位置看来一定是由他家世袭的，这才不仅有余力，也有余闲来从事话剧工作。他的年纪比我们大了许多。我们当时都是二十岁左右的青年，他却早已有了家室，而且已经是几个孩子的父亲了。除了袁牧之以外，这个剧社的活动分子，还有一位女演员顾震，是一个卡门型的热情豪放女性，此外还有早几年与我同事的沈颂芳，以及现在在美国的袁伦仁，都是辛酉剧社的参加者。

“每逢到了星期六或是星期天，朱穰丞的那家设在法租界的洋行放了工，洋人也走了，写字间的钥匙是由他掌管的，于是那里就成了辛酉剧社社员的聚会处，排戏的时间很少，总是在一起海阔天空地乱谈。写字楼的架上有许多小玻璃瓶，里面盛的全是茶叶样品，因此我知道这家洋行是经营茶叶出口的，可惜当时一直不曾留意是一间什么洋行。”[1]

上海辛酉剧社所在地

1925 年 4 月，辛酉剧社在精武中央大会堂举行首次演出，剧目为《虎去狼来》；

同年秋季，为“五卅”惨案中的工人举行募捐义演，剧目为《山河泪》。1926年11月，演出了《获虎之夜》《亲爱的丈夫》等，其后又演过《酒后》等4个小戏。1927年“四一二”政变后，辛酉剧社内部出现左右两派之争，一度停办。1927底，朱穰丞邀集袁牧之、马彦祥、应云卫、王莹等，连同原有剧社成员沈颂芳、黄培生、罗鸣凤等重新组织“辛酉学社爱美的剧团”（即Amateur的音译），仍简称“辛酉剧社”。

剧社成立后，即选演了俄国安特列夫的四幕剧《狗的跳舞》，演出武者小路实笃著、田汉翻译的三幕剧《桃花源》。这些演出表演深沉细致，通过角色丰富的表情变化，以贴切的形体动作和台词体现人物内心活动，从而将不同性格的角色表现得惟妙惟肖，栩栩如生。1930年5月，剧社演出А.П.契诃夫名剧《万尼亚舅舅》（中文译名《文舅舅》），主演袁牧之以其精湛的演技，将主人公在迷惘、醒悟、期望中赤诚地追求美好与幸福的内心活动，准确而有层次地表现出来，获戏剧界好评。

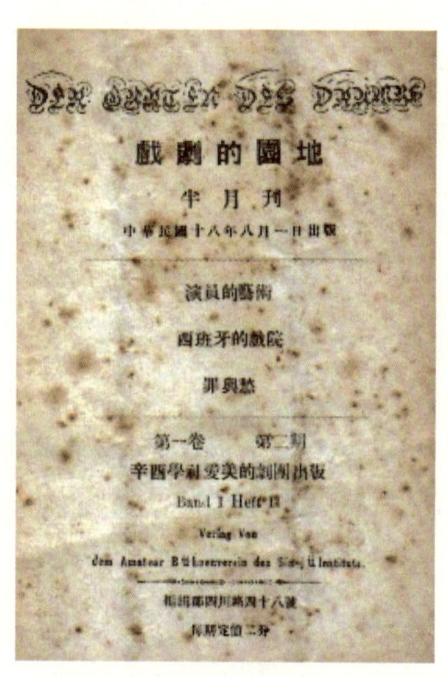


辛酉剧社于1929年7月16日起出版半月刊《戏剧的园地》，共出四期

1929年7月16日起，辛酉剧社出版半月刊《戏剧的园地》，共出四期。

20世纪30年代，在左翼戏剧运动影响下，除演剧外，辛酉剧社还参加了上海戏剧界的许多进步活动。1929年10月，辛酉剧社和南国社、戏剧协社，共同发起成立上海戏剧运动协会，提出无产阶级戏剧的口号，并举行演出，引起戏剧界人士的广泛思考，并“坚决地参加了为工人演剧的队伍”。1930年2月，辛酉剧社参加上海9个剧团联合抗议美国辱华影片《不怕死》事件的斗争，联名发表《上海戏剧团体反对罗克〈不怕死〉影片事件宣言》；3月，参加上海剧团联合会的筹备工作。5月，在中央大会堂再次公演《文舅舅》，水平进一步提高，袁牧之、王莹等优秀话剧人才演技日臻成熟，如袁牧之已形成既重形式，又有感情内涵的表演风格。6月，剧社提出“难剧运动”的口号，做5天示范演出，重新推出《狗的跳舞》《桃花源》等剧目。8月，参加中国左翼剧团联盟并分任组织工作。至此，辛酉剧社从“纯艺术的象牙塔”中走出，投入到轰轰烈烈的左翼戏剧运动激流中。是年冬，在险恶的政治环境下被迫解散，朱穰丞赴法国勤工俭学，进一步投身进步的革命事业。

## 2. 中国左翼戏剧家联盟

1927年大革命失败后，中国共产党为了领导国民党统治区的进步文化活动，1929年在上海成立了中央文化工作委员会（简称文委）。在文委的领导下，上海艺术剧社率先揭开了左翼戏剧运动的序幕。接着，进步戏剧团体开始了联合行动。

1929年12月，由上海艺术剧社与摩登剧社倡导，并经田汉号召，联合南国社、剧艺社、辛酉剧社、新艺社、青鸟社和交通大学、复旦大学、大夏大学的学生剧社等，共10家，1930年3月正式成立了“上海戏剧运动联合会”，简称“剧联”。

1930年8月，上海艺术剧社、南国社相继被国民党当局查封，激起了话剧界人士的极大义愤。为了加强团结，坚持斗争，经许多剧团负责人协商同意，决定将“上海戏剧运动联合会”更名为“中国左翼剧团联盟”，于是年8月23日召开成立大会。会上选定原来的上海艺术剧社负责总务，摩登剧社和辛酉剧社负责组织，南国剧社负责宣传。后因白色恐怖加剧，有的剧团内部产生分裂，经文委领导的中国左翼文化总同盟研究决定，改变剧团联合组织形式，定为个人自愿参加，于同年冬改为“中国左翼戏剧家联盟”。

为明确阐述左翼戏剧运动的方向和任务，“中国左翼戏剧家联盟”起草并通过了《中国左翼戏剧家联盟最近行动纲领》，阐明“中国左翼戏剧家联盟”的主要任务是在白色区域开展工人、学生和农民的演剧运动，采取剧联独立演出、辅导工人和学生表演以及联合演出方式，开创无产阶级戏剧运动，同时兼顾中国电影运动，以及建设无产阶级的戏剧理论等。根据纲领的精神，“中国左翼戏剧家联盟”积极地开展了各项工作。

在组织上，“中国左翼戏剧家联盟”建立了领导全国左翼戏剧运动的体制。除在上海设立总盟外，1931-1933年，先后在北平、汉口、广州、南京、杭州、南通、天津、太原、济南、青岛、成都、归绥等地设立了分盟或小组，从而形成了左翼戏剧运动网络，使左翼戏剧运动在全国范围内迅速发展。

在演剧方面，上海总盟和各地剧联组织，以秘密盟员为核心，团结进步的戏剧工作者，组成了50多个左翼剧团。其中上海有艺术剧社、南国社、大道剧社、春秋剧社、骆驼剧社、三三剧社、新地剧社、无名剧人协会、上海业余剧人协会等，北平有呵莽剧社、苞莉芭剧社、新球剧社等，南京有摩风剧社、大众剧社，南通有新民剧社，杭州有五月花剧社，汉口有鸽（疑为“鹄”）的剧社，广州有前卫戏剧者联盟等。这些剧团深入到工人、学生、市民中去，演出了大量进步剧作家创作的剧目，取得了强烈的宣传效果。例如：1931年大道剧社根据苏联小说《第四十一个》改编的《马特加》，借剧中苏联红军的故事，在舞台上喊出了“红军万岁”“苏维埃万岁”的口号，表达了当时革命群众的心声，获得了观众的热烈欢迎。1933年，“九一八”两周年纪念时，剧联通过应云卫主持的上海戏剧协社演出了反帝名剧《怒吼吧，中国！》，在观众中引起了轰动，影响十分深远。

除了演剧之外，“中国左翼戏剧家联盟”还出版了《艺术新闻》《戏剧新闻》等刊物，建立了为各左翼剧团服务的艺术供应社。

同时，把工作发展到了电影和音乐，于1932年建立了影评小组，1933年成立了音乐小组，卓有成效地推动了当时电影和音乐工作。

在辅导学生演剧和工人演剧方面，“中国左翼戏剧家联盟”冲破国民党当局的破坏和阻挠，通过各种方式推动进步的学生演剧活动，如派盟员姜敬舆、侯枫、徐韬等人到大夏大学的大夏剧社、复旦大学的复旦剧社、暨南大学的暨南剧社、持志大学的持志剧社、美术专门学校的美专剧社去起骨干作用，派大道剧社与暨南剧社、持志剧社、光华大学的光华剧社做联合演出，后来又领导了由各个大中学校剧团成立的上海学生剧团联合会。

在“中国左翼戏剧家联盟”的领导和影响下，各学校剧团上演了很多进步剧目，使学校戏剧运动出现了兴盛的局面，有力地扩大了左翼戏剧运动的影响。同时，为了开展工人演剧活动，剧联成立了工人演出委员会，先后派左翼剧团到工厂和工人居住地区演出，并派陈鲤庭、金山、崔嵬、姚时晓、沙蒙、丁里、徐韬等到工厂去组织工人剧团和辅导工人演剧，推动了工人剧运的发展，使工人剧运成为整个左翼剧运的一支重要力量。

1934年，国民党当局加紧实行高压政策，“中国左翼戏剧家联盟”的处境更加困难。面对这种严峻的形势，1935年春，“中国左翼戏剧家联盟”领导人总结了前一阶段剧运的经验教训，决定采取面向社会，努力提高剧场艺术的方针。为了实现这项任务，剧联集中了一批影剧双栖的优秀作家、导演（如章泯等）、演员（如金山、赵丹等）、舞台美术家（如贺孟斧等）组成了“上海业余剧人协会”。经过积极的准备，1935年6月，上海业余剧人协会举行了首次公演，演出了H. 易卜生的名剧《娜拉》，同年9月又公演了 H. B. 果戈理的名作《钦差大臣》。这两个戏的演出，导、表演水平之高，所受观众之欢迎，都是前所未有的，这是左翼剧运在恶劣环境中所取得的一次重大胜利，标志着左翼剧运的水平有了新的提高。它为后来话剧向剧场化、职业化过渡准备了条件。

中国左翼戏剧家联盟在开展左翼剧运的6年中，初期由于受“左”的路线影响，也出现过一些缺点，如在戏剧界的团结上有关门主义倾向，过分强调配合当时的政治斗争而忽略演剧艺术的规律等。但总的看，它的革命功绩是主要的，主要表现在剧联领导的左翼戏剧运动，有力地配合了中国共产党领导的革命斗争，戏剧工作者们用自己的实际行动，粉碎了国民党当局对进步文化活动的反革命文化“围剿”，为中国无产阶级戏剧运动初步开拓了道路。同时，在中国左翼戏剧家联盟领导的左翼戏剧运动中，戏剧工作者通过大量的艺术实践，不仅提高了演剧运动的水平，而且培养出了一批优秀的戏剧专门人才，如夏衍、章泯、金山、赵丹、宋之的、于伶、陈鲤庭、郑君里、刘保罗、王莹、舒绣文、张庚、崔嵬、塞克、姚时晓、徐韬、贺孟斧、辛汉文等。[2]

# 第二节 《义勇军进行曲》

电通影片公司是一个由中国共产党电影小组直接领导的左翼电影公司，1934 年夏成立于上海，位于杨浦区的上海新沪钢铁厂（原荆州路 405 号，现已拆）旧址，其前身是成立于 1933 年 9 月以经营“三友式”有声电影录音放音设备的电通股份有限公司。电影《风云儿女》是电通公司在荆州路拍的第一部影片。投资这部影片的投资人是上海精武会会长、东北抗日义勇军总司令朱庆澜将军，他为这首歌加上了“义勇军”三个字。

1934 年，中国共产党的电影小组派司徒慧敏（司徒梦岩的本家）参与，改组成制片公司后，沈端先（即夏衍）、田汉等主持电影创作，司徒慧敏任摄场主任，袁牧之（辛酉剧社）、应云卫（精武新剧团）、许幸之（中华艺术大学陈抱一同事）等任编导，摄影师有吴印咸、吴蔚云等，主要演员有陈波儿（袁牧之妻子）、王人美、王莹（辛酉剧社）等，音乐家聂耳（音乐创作受中华音乐会影响）、吕骥（周淑安学生）、贺绿汀也参与制作。1935 年底停办。

在短短的一年多时间里，电通公司共摄制故事片《桃李劫》《风云儿女》《自由神》和《都市风光》4 部享有盛誉的影片，在反文化“围剿”的斗争中，作出了杰出的贡献。

《风云儿女》是电通公司迁入荆州路 405 号后拍摄的第一部影片（1935 年）。该部影片的编剧是田汉、夏衍，导演是许幸之，主演有袁牧之、王人美、谈瑛、顾梦鹤四人。当时，剧作家田汉因为从事革命活动，在刚写完电影的故事文本时就被捕入狱，由夏衍接手写成了电影剧本。青年作曲家聂耳听说此事后，主动要求为主题歌词谱曲。两人仅用了两夜工夫就完成了曲谱的初稿，出国前一天，还亲自到电通影片公司摄影棚用简谱初稿试唱，认真倾听司徒慧敏和张云乔等的修改意见。

故事的主要情节是：青年诗人辛白华（由袁牧之饰）和大学生梁质甫（由顾梦鹤饰），两人都是东北人，又是好朋友。在“九一八”后，他们从东北流亡到上海。在他们住处还有从华北流亡而来的穷苦的阿凤（由王人美饰）和她的母亲。不久，梁质甫因为友人参加革命而遭受株连，被捕入狱；辛白华却逃避斗争，和一个富孀（由谈瑛饰）堕入情网；而阿凤则参加了歌舞团，到外地去演出。梁质甫出狱后，即北上抗敌；而辛白华偕同富孀到青岛旅游。阿凤的歌舞班赴青岛演出，辛白华和阿凤异地相逢，观看了她演出的《铁蹄下的歌女》，激起了爱国热情。这时，又传来了梁质甫英勇牺牲的消息，辛白华大为震动，毅然结束了逃避斗争的享乐生活，走上了抗日的最前线。

影片通过梁质甫的战斗牺牲和辛白华的转变，反映了抗战时期知识青年的觉醒和成长，以及全国人民一致要求抗日的强烈愿望。虽然在国民党当局禁止拍摄抗日影片的命令下，影片中梁质甫这条线未能充分展开，但是影片仍然在一定程度上体现了抗日救国的主题。由田汉作词、聂耳作曲的主题歌《义勇军进行曲》，不仅在革命战斗年代激发了人民的革命热情和战

左：电影《风云儿女》剧照
右：电通公司摄制影片《风云儿女》海报

斗意志，并且于新中国成立后，被确定为中华人民共和国国歌。

为配合影片的宣传和发行，电通影片公司于1935年5月出版了《电通》半月画报，由公司的四位导演孙师毅、袁牧之、许幸之和司徒慧敏，利用各自的拍片空隙轮流编辑（第13期由唐纳主编）。由于画报在内容报道和编排形式上都有独特之处，因此广受欢迎，每期发行数达到4万册之多。1935年，著名戏剧家田汉在完成了影片《风云儿女》的文学故事以后，被国民党当局以“宣传赤化”的罪名逮捕，《电通》却在这时推出了《风云儿女》特辑（第2期），全文刊出了田汉撰写的长达近两万字的《风云儿女》文学故事。1935年，电通公司终因经济困难和国民党当局的迫害而停止拍片，公司编辑出版的半月刊杂志《电通》，共出版13期，也于1935年停刊。

1935年4月15日清晨，为了躲避国民党政府的追捕，党组织让聂耳东渡日本、经欧洲转到苏联学习深造，聂耳把《义勇军进行曲》的初稿带到日本修改。4月末，聂耳将修改后的《义勇军进行曲》曲谱寄回上海，收件人是电通影片公司的孙师毅和司徒慧敏。《义勇军进行曲》曲谱先后在1935年5月10日《中华日报》第4页副刊版和6月1日出版的半月刊杂志《电通》画报第二期上发表。修改稿的歌词中最为画龙点睛的地方是聂耳添加了3个“起来”和最后一个“进”字。这3个“起来”，明显增强了这首歌的激情与号召力，把旋律引向了高潮。最后一个“进”字也加得非常好，仅用一个“进”字就表现出了中国人民无穷的力量。就这样，一首表现中华民族刚强性格、昭示民族尊严的战歌诞生了。

上海衡山路811号是原百代唱片公司旧址（现为徐家汇公园小红楼）。1935年5月9日，《风云儿女》主题歌《义勇军进行曲》正式在百代唱片公司录音，演唱者为袁牧之、顾梦鹤等，以后灌制成唱片发行并反复被电台播放进入千家万户。1935年5月24日，在专门放映国产影片的金城大戏院（北京东路780号，今黄浦剧场）《风云儿女》首映，片中《义勇军进行曲》立刻被传唱开来，许多人为了学会这首歌曲一遍又一遍地观看电影，不久就出现了电影院内银幕上下一起高声歌唱的动人场面。《义勇军进行曲》以雄壮的旋律、坚定的行进节奏，吹响了抗日救亡的进军号角，抒发了中国人民反帝爱国百折不挠的坚强意志和决心。抗日战争爆发后，这首歌曲在国内外广为流传。国民党中央广播电台也定期安排播放这首雄壮的歌曲，美国、英国、法国、印度及南洋各国的广播电台也经常播放这首歌。1940 年美国著名黑人歌手保罗·罗伯逊（《老人河》的原唱者）不仅在纽约公开演唱了这首歌，并在 1941 年灌录了一张名为《起来》的中国革命歌曲唱片，在美国发行传唱，宋庆龄还亲自为这套唱片撰写了序言。

1949 年 9 月 27 日举行的中国人民政治协商会议第一届会议，全体与会代表一致通过，“在中华人民共和国国歌未正式制订前，以《义勇军进行曲》为国歌”。1978 年 3 月 5 日，第五届全国人民代表大会第一次会议将《义勇军进行曲》正式定为中华人民共和国国歌。2004 年 3 月 14 日，在第十届全国人民代表大会第二次会议通过的中华人民共和国宪法修正案明确，宪法第一百三十六条增加一款：“中华人民共和国国歌是《义勇军进行曲》。”国歌同国旗、国徽一样，是国家的象征，具有同样的宪法地位。

## 第三节 体育纪录片

上海精武体育会开设有摄影科，拥有当时国外最先进的摄影技术，摄影在当时属于非常著名而且前沿的一门学科。据资料记载，精武体育会最迟在 1911 年就已开设摄影科目，该年 3 月 3 日中国精武体操会迁到第二会所，在万国商团中国义勇队旧址的两片草场右方，搭建棚屋，辟为摄影室，最初只限于照相技术，后来又增加活动影像的制作。

为纪念上海精武体育会成立 10 周年，并为扩大宣传使国内外都容易明白精武提倡武术真相起见，由精武摄学部拍摄了一部体育纪录片即《精武体育会十年来之事迹》，又名《拳术》或《技击术》，全片共 8 卷，计 8000 英尺。其中，前 5 卷完成于 1919 年底，并租上海大戏院放映，招待各国领事观看，获得国际人士的嘉许；后 3 卷完成于 1920 年末。影片原收藏于上海闸北精武中央大会堂，1938 年日本侵占闸北时被毁，现在只存这部影片目录。

1919 年 12 月 19 日至 21 日，上海精武体育会为了筹集建设精武公园所需之不足款项，特在上海大戏院组织游艺大会，其节目内容之一就是放映由陈公哲拍摄的《精武体育会十年来之事迹》这部体育纪录片当时已完成的前五卷。据《申报》报道称：“精武活动影戏十年来之事迹自草创以至现在此画乃自制费洋八千元长数千尺……”“倍开尔路精武体育会成立十年，前月因建筑华人公园筹款会，曾于虬江路将自制之拳术活动影戏开演三天，形容毕肖。见者莫不称道。”

1920 年适值上海精武体育会十周年纪念，摄学部又新摄有包括本会事迹等多种影片数千尺，如 1920 年 11 月 1 日该会干事陈公哲等“均于今日由南洋抵沪，陈罗诸君之赴南洋，系为倡办星洲暨各岛精武分会。此次办理分会事竣回沪，随带有活动影戏片多种，系各分会开会情形、各埠名胜风景，与国技表演之作，材料丰富，都三四千尺……”又如 1920 年 11 月 14 日“在精武公园开欢迎新会员会，并拍照活动影片，用留纪念”。

这些新摄制的影片于1921年1月22日精武体育会在广舞台开游艺会时上映，当时情况在《申报》上亦可见报道：“二十二晚（即星期六日），本埠精武体育会在虬江桥歌舞台举行游艺会七时半开演……开会之先，由会员合奏军乐，次主席郑灼臣君宣布缘起，次会长袁恒之君演说：谓……各国国民，人人均注重体育，一国有一国之精神，精益求精，将来进步，无可限量。反观我国，只有少数人留心体育，其余大多数青年，专讲嫖经赌经，置体育于不顾，以致百事废弛，人才消灭，国势已有土崩瓦解之危象。诸君乎，大厦将倾，独木难支，必须人人知亡国之惨痛，彻底觉悟，下一决心，先从体育入手。根基既立，然后研究德育智育，自然事半功倍，社会多一体育之人，即少一嫖赌懒惰之人。本会不惜巨资，制成影片，使人人知体育真相，由浅入深，引人入胜，不问老幼男女，俱可练习。强国强种，在此一举。此乃本会今日开会之深意云，次即表演各种游艺，第一节为陈公哲姚蟾伯梵玲洋笛合奏……第十节演自制影片，凡三千尺，皆该会十年来之成绩，至演毕时已钟鸣十一下矣。”

《精武体育会十年来之事迹》除了在上海公映过数次以外，还运往广东、香港及欧美各地放映，这是利用中国体育电影元素传播中国文化精神的第一次成功范例，也是中国第一部完全国产的体育电影长纪录片。[3]

上海精武体育会应用摄影技术，为体育教学和精武发展做贡献。为了扩大精武体育会的影响，宣传体育，精武体育会将他们编练的武术套路及操法不仅“绘图著说，演绎成书”，而且通过摄制由真人表演的活动影像资料的形式展示给世人，以“使学者易于领会”[4]。精武体育会所拍摄的活动影画，都是由精武会摄学部亲自编制而成的，从武术及体操的习练者，到影片的拍摄者，包括摄学部的师资力量皆来自精武会自身。针对一些动作要领的拍摄方法、拍摄角度、图片的剪裁取舍等，也都是摄学部中的学员集体研究所得。

# 第四节 音乐组织

## 1.精武粤乐部

由于很长一段时间，精武体育会的主事者很多来自广东，因此精武粤乐活动开展得很好，这也是精武舞蹈术常配以粤乐、粤曲的原因所在。精武体育会主事者之一的陈铁生认为，“技击家多与音乐结不解缘”，以此解释粤乐与技击的关系。[5]

天津《泰晤士报》中文记者李我生，曾分析精武体育会开设音乐科的原因，认为礼、乐、射、御、书、术称作六艺，是自古文人必学的科目，其中音乐的作用是用以“陶冶性灵”，因此“精神修养之学科自以音乐为第一重要”，“射”“御”可谓“躯体修养”之术，精武体育会所推崇的“拳术”便是“躯体修养”的承担者。[6]因此，精武体育会将音乐与武术视为人们精神与躯体修养所必不可少的重要内容之一，而将二者有机结合起来。

粤乐是中国丝竹乐中独具特色、影响广泛的一个乐种。因此，陈铁生在1918年组织的精武粤乐部之名称即是“粤乐丝竹会”；1919年，陈铁生又在上海精武体育会办事点之一的四川北路6号组建中华音乐会，聚合了许多粤乐业余和专业名家。这些人大多是精武会员，如吕文成、甘时雨、何芳南、司徒梦岩、钱广仁、尹自重等，陈铁生为主持人。其中吕文成被称为近代广东音乐宗师，20世纪20年代誉满粤沪两地，以擅长演奏二胡闻名。《申报》《游艺丛刊》等辟有“音乐号”，常常向其征稿。司徒梦岩原是美国麻省理工学院造船科学生，课余兼向美国小提琴制造家Walter Goss等人学习小提琴，归沪后将小提琴与广东音乐相结合，促进了近代粤乐的发展。

粤调之丝竹会

在陈铁生等人的努力下，20世纪20年代改革主奏乐器高胡、扬琴、新式鼓架，并将小提琴用于粤乐演奏。更为突出的是，他们在上海创作、改编了近百首粤乐作品，其中如《步步高》《雨打芭蕉》《渔歌唱晚》《孤舟雪夜》等近10首，都成为广东音乐的传世佳作。他们还通过录制唱片向广东和全国推广。

创立初期的京乐团

1924年，精武总会迁入福德里新建会址后，中华音乐会并入精武粤乐部，又称粤剧部，粤乐活动更为活跃。平时以清唱为主，有时则戏装演出，逢会内大型活动必有粤乐演出，偶亦有公开卖票在精武中央大会堂演出，有“未开幕之前，人已满座”之盛况。[7]精武会员黄婉香曾作《七律》描述粤乐活动情景：“灯光如雪酒如河，艳说新声粤乐多。玉琯银筝珠海调，铜琶铁笛越台歌。三弦轻拨留清韵，一曲徐翻记

1919年的京乐团

大锣。别有好音娱耳鼓，洋琴谱出协中和。”他们还成立“中西乐理研究社”，研究中西乐的同异。

## 2. 中华音乐会

上海精武体育会游艺部的部分会员于1918年建立了“上海工界协进会粤乐组”，1919年5月，由上海精武体育会的陈铁生等发起，创立了中华音乐会，[8]会址设在北四川路6号（中央精武办事处）。中华音乐会的会员以职工、教师等为主，聘吕文成、甘时雨、何仿南任教师，下设粤乐、粤剧、京剧、沪剧4组，每年秋季举行音乐歌剧大会以展示成绩。

在“上海工界协进会粤乐组”的影响下，上海精武体育会于1923年创立粤乐部，陈铁生担任粤乐部主任。陈铁生聘请中华音乐会的甘时雨、吕文成、杨祖永三位为精武粤乐部教员。[9]1924年《申报》有关中华音乐会演出新剧的报道中，提到中华音乐会会员皆有职业，以工余之暇，研究音乐，并从事新剧创作，该会赞助者中“多粤帮会员”，其中粤绅梁树棠和卢炜昌即是其主要的支持者。[10]

1923年7月中华音乐会修正会章，成为以“教授音乐”为首要会务的音乐社团，设有中乐、西乐两科，其中又分设“京乐”“沪

上海精武体育会军乐队

上海精武体育会西洋弦乐班之一

上海精武体育会西洋弦乐班之二

中华音乐会成员在表演

乐”“粤乐”“西洋铜乐”和“西洋弦乐”等组，并成立了“新剧团”。黄咏台曾任主席兼正总务，会员有司徒梦岩、吕文成、甘时雨、钱广仁、祝湘石等。1924 年，精武总会迁入福德里新建会址后，中华音乐会并入精武粤乐部。主事者是黄咏台，为中国早期舞台剧发起人之一，也是最早把话剧形式带到精武会的人之一。同时，黄咏台也是中华音乐会会刊《音乐季刊》的 5 位编者之一。

精武体育会表演跳舞术时所拍和的各种音乐，甚至在兵操训练时所演奏的军乐，大部分都是由精武会内的音乐人制作而成的。1923 年，当时担任精武会国文书记兼音乐部主任的陈铁生编写了《新乐府》一书。在书中，陈铁生将精武体育会和中华音乐会经常演奏的各种乐曲，分为“古乐”“今乐”和“大同乐”三大类。其中：“古乐”指早已存在的乐曲，如《梅花三弄》；“今乐”指由近人及今人创作或改编的乐曲，如《到春来》《小桃红》《柳摇金》《浪淘沙》《凤凰台》等；在《新乐府》中，不论是“古乐”还是“今乐”，都是以工尺谱记谱的，但其中四首“今乐”，即《柳摇金》《凤凰台》《到春来》和《小桃红》，同时也被谱成五线谱，它们连同数首谱成工尺谱的西乐，被归类为“大同乐”。《凤凰台》《柳摇金》的五线谱是由司徒梦岩负责译写的，《到春来》《小桃红》的五线谱则由精武会主持人陈公哲谱写。[11]

# 第五节 音乐创作

## 1. 乐器与风格等创新

中华音乐会在 20 世纪 20 年代对广东音乐的改革与发展曾作出巨大贡献，吕文成将传统二弦改良成高音二胡；祝湘石制成钢丝洋琴；甘时雨创作新式“锣鼓架”；何大慢把吉他改制成三弦的广东音乐吉他；尹自重把小提琴改良成适合于广乐音乐的演奏，他们还改进了乐队编创，吸收其他乐器进入广东音乐。

由于广东音乐的常规乐器初期有二弦、

提琴、三弦、月琴、横箫，俗称“五架头”，又叫“硬弓组合”，独奏多用琵琶或扬琴。20 世纪 20 年代以后，改以高胡为主奏乐器，辅以扬琴和秦琴，俗称“三件头”，又称“软弓”。主奏乐器是高胡，也称粤胡、南胡。它与二胡的型制基本相同，只是琴筒更细短。20 世纪初，广东民间艺术家吕文成把二胡的外弦，从丝弦改为钢弦，定弦比二胡高出四度或五度，音色更加明亮。演奏时两腿夹持琴筒，以控制音量。于是广东音乐又成了“丝竹音乐”的代名词。而刘明源素有“弓弦乐之圣手”的美誉。他 11 岁就加入了天津“百灵乐团”“闽粤会馆”等乐社，曾学习江南丝竹、广东音乐、京剧、评剧、河北梆子等，把南北音乐融会贯通了。刘明源在创作《喜洋洋》过程中，主要采用了广东音乐的丝竹乐器，使乐曲富有了浓郁的广东音乐的特色，用高胡演奏效果更佳。

其二是乐曲的音乐风格。广东音乐的节奏清晰、旋律流畅活跃，常以装饰音群构成习惯音型，因而形成一种轻快活泼、缠绵缱绻、艳郁华丽、精致细腻的音乐风格。而山西的音乐风格则是明快直白、高亢粗犷、雄浑热烈、富于变化，少用装饰音群。由于刘明源的广东音乐的幼功，有意把《喜洋洋》的音乐氛围处理成了广东风格。旋律轻快激昂，层层递增，节奏明快，迭起迭落，一张一弛，与著名广东喜庆音乐代表作《步步高》有异曲同工之妙，其热烈喜庆氛围有过之而无不及。以至于后来每逢人们欢度喜庆日子时，总是奏起《喜洋洋》而少用《步步高》了。

第一批把西方音乐带进中国的广东籍音乐家为数众多，成就斐然。其中萧友梅先生与蔡元培先生在 1927 年共同创办了中国第一所高等音乐学府——国立音乐院（上海音乐学院的前身），成为中国第一位音乐专业教育的教育家。萧友梅（188-1940），字思鹤，又名雪明，广东广州府香山县（今广东省中山市）人。中国首位音乐博士，上海音乐学院创始人之一、作曲家、教育家、音乐理论家，是中国现代音乐史上开基创业的一代宗师、现代专业音乐教育的开拓者与奠基者，被誉为“中国现代音乐之父”。此外，冼星海先生在条件简陋的情况下，用生命的激情“写”出了以《黄河大合唱》为代表的许多不朽作品。他们为中国近代音乐发展奠定了基础。

20 世纪上半叶民族民间音乐的发展，助推了广东第二个音乐浪潮的出现——以吕文成先生（代表作《步步高》《平湖秋月》《蕉石鸣琴》）、严老烈先生（代表作《旱天雷》《倒垂帘》《连环扣》）、何柳堂先生（代表作《赛龙夺锦》）等为代表的一大批才子，“写”出了充满灵性的、流传大江南北的、不朽于中国民族民间音乐之林的“广东音乐”。“广东音乐”的形成不仅集本地戏剧和曲艺音乐之大成，还融入了江南丝竹等大江南北民间音乐及现代西方音乐的元素。

20 世纪 20 年代中期，长期旅居上海的吕文成（1898-1981）到广州演奏演唱广东曲艺时，所用的是他根据江南二胡改革的、装上小提琴钢弦的粤胡。此琴音色尖亮并富于歌唱性。两弦粤胡没有四弦琵琶那么复杂深奥的技法，容易被一般音乐爱好者所掌握，一时以异军突起之姿，风靡乐坛。吕文成从扬琴家一跃变成粤胡艺术的开山鼻祖，他在各种音乐会上演奏《双声恨》《昭君怨》《小桃红》《柳娘三醉》《鸟投林》《齐破阵》等曲目，并灌录唱片。吕文成创作了大量体裁精短、优美通俗的小曲，开一代广东音乐新风。

## 2．举办群众音乐会

在聂耳、任光、吕骥相继在歌曲创作上取得成功之后，即有了代表新民主主义音乐文化的作品之后，开展有组织的群众歌咏活动，扩大这些作品的社会影响，以实现鼓舞群众、教育群众的作用，就成为当时革命音乐运动发展中的一个重要任务。

1935 年 2 月，上海爱国宗教界人士刘良模先生在基督教青年会（刘良模任该会全国协会的学生干事）成立了“民众歌咏会”，以职业青年为主要对象，开展经常性的歌咏活动。刘良模起初教唱一些浅显易唱而有情趣的外国歌曲，后来在参加歌咏会的群众的建议下，选了聂耳、任光、吕骥等创作的进步影片中的歌曲作为教唱材料，受到群众的欢迎，参加歌咏会的人迅速增加，产生很大的影响。

音乐家吕骥

著名音乐家吕骥对民众歌咏会给予积极的支持，曾到民众歌咏会向该会全体成员发表演讲，联系抗日救亡的形势，评述了聂耳创作的《义勇军进行曲》等作品的时代意义，提出中国的新音乐应该向着为大众、为民族解放的方向发展。他的讲演，在会员中产生了强烈的反响。

1935 年 9 月，吕骥发起在精武中央大会堂举行了“群众音乐会”（群众性的义演音乐会），演唱进步歌曲和苏联歌曲。由“洪钟”“业余”“民众”等 8 个业余歌咏团演唱，听众一千多人。这是第一次在公开的音乐会上演唱革命群众歌曲，卖票所得全部捐献给罢工工人。

吕骥（1909-2002），曾用笔名有穆华、霍士奇、唯策等。湖南湘潭人。汉族，中国著名的作曲家、理论家及音乐教育家，中国音乐家协会一、二、三届主席和第四届名誉主席。2001 年获得首届中国音乐金钟奖颁发的“终身荣誉勋章”。吕骥少年时自学箫、笛、扬琴、琵琶，后又自学钢琴、小提琴。吕骥早年创作的《自由神》《新编“九一八”小调》《中华民族不会亡》《武装保卫山西》《抗日军政大学校歌》《开荒》《参加八路军》等歌曲，曾在根据地军民中广为传唱，并产生了很大的社会影响。新中国成立后，吕骥致力于中国民族民间音乐遗产的收集和整理工作，并亲自主持《中国民间歌曲集成》的编辑工作。作为音乐理论家，吕骥的理论研究涉及了社会音乐生活、音乐功能、音乐创作、音乐表演、民族音乐、音乐美学、音乐史等多方面的领域，出版了两卷集《吕骥文选》。

1931 年，吕骥加入中国左翼戏剧家联盟；1933 年，参加上海左翼戏剧家联盟音乐小组的活动。1935 年聂耳出国后，吕骥主持音乐小组的工作，与沙梅等人组织业余合唱团，开展群众抗日救亡歌咏活动。吕骥还为该会办的骨干训练班讲课，帮助他们提高音乐水平和教唱的能力。吕骥从民众歌咏会的活动看到开展救亡歌咏运动的重要意义，并由此想到应该有一个歌咏团体，有计划地介绍新创作歌曲和苏联的进步歌曲，以向社会推广。5 月间，沙梅自苏州到上海，吕骥与其商议举办歌咏团体事宜，在剧联领导下成立了业余合唱团。业余合唱团的作用不仅是传播新歌，同时还成为推动上海的群众救亡歌咏运动的核心力量。因为业余合唱团成员中的许多人，又是别的群众歌咏团体的负责人或歌咏指挥，有的同时还担任着几个群众歌咏队的指挥。业余合唱团通过他们联系着一大批歌咏团体和众多的歌咏爱好者，使业余合唱团的救亡歌咏活动产生广泛的影响。后来，随着中国共产党所领导的抗日救亡群众运动的发展，救亡歌声从上海扩展到全国，汇合成中华民族抗敌救国的怒吼。

## 第六节 创新舞蹈术

上海精武体育会还借鉴西方舞蹈形式，将中国传统的武术动作，“混合各种手法”，采用配有歌词的音乐相拍和，编成了各种舞蹈术，包括武化舞、星舞、盾舞、剑舞、滑稽舞、健康舞、凤舞、蝶舞、共和舞、和平舞、对舞、庄舞、菩提舞等十几种舞蹈。这些舞蹈将粤乐、武术、舞步，以及精武体育会发明的中国式体操糅合在一起，阐释技击术的基本原理，向民众普及武术知识。在精武会看来，这些跳舞术绝非仅仅以声色娱乐为目的，它一方面是游艺表演的重要内容，另一方面还隐含着“挽祖国学术将亡”的深意，承担着弘扬中国文化，强民、强种、强国的使命。

武舞是上海精武体育会将音乐与武术相结合编制的一种舞蹈形式。为了把音乐与武术结合起来，精武会将武术功架演进为舞蹈姿势，通过编配音乐后，寓刚于柔，亦文亦武，创编出较有开创性的现代武舞表演形式。精武会“国乐宣言”中分析了编制武舞的原因，认为“我国礼乐散失，已越千年”“近世学者有志兴废”，但“苦无所取资”，因此在“非所得已”的情况下“步武欧风”；另一方面，鉴于礼乐“关系于体育前途极大”，于是“会集中西音乐名家特组一中华音乐团体，律资研究”[12]。为此，精武体育会将全国划分为黄河、长江、珠江三大流域“分途考求”，并“改良乐器、编配乐歌”供学者传习，同时，把古代音乐与东西洋音乐相结合，“谋音乐之大同”[13]。经过努力，仅收集到京调、沪调、粤调三种，精武会认为这些远远不能完全代表国乐，况且音乐本身应同时兼备“声”与“容”，而这三种音乐“以声言，则八音既已不全，以容言，而舞法又复尽失”[14]。为了完成“规

盾舞

复完全之国乐”的使命，精武体育会把音乐与武术结合在一起，将“国操技术，混合各种手法”，模仿西方某些舞蹈形式，“编成舞蹈一科”[15]。

由于精武体育会的主事者很长一段时间内多来自广东，因此精武粤乐活动开展得很好，这也是精武舞蹈术常配以粤乐、粤曲的原因所在。精武体育会很多会员对音乐有研究，当时许多在沪上的广东音乐玩家，都是精武体育会的成员，他们在发扬粤乐和粤曲方面扮演着一个举足轻重的角色。

精武体育会表演跳舞术时所拍和的各种音乐，甚至在兵操训练时所演奏的军乐，大部分都是由精武会内的音乐人制作而成的。1923年，时任精武会国文书记兼音乐部主任的陈铁生编写了《新乐府》一书，将精武体育会和中华音乐会经常演奏的各种乐曲，分为“古乐”“今乐”和“大同乐”三大类。

我们仅从《滑稽舞歌》中就能窥见一斑：“三星旗招展，盾形章堂皇大精武，为我邦家之光。据德依仁游艺，挽祖国学术将亡。跳舞名滑稽，嬉笑怒骂成文章。今日里，我们小孩子粉墨就登场，舞袖何银档。君呀你不见乌衣巷口剩斜阳，君呀你不见高堂明镜鬓如霜。看衣冠优孟效东方，曼倩猖狂，此中意，君知否，待我从头说端详。民之初生，含哺鼓腹乐熙攘，寿而康，可怜世人寻烦恼，名缰利锁梦黄粱。歧路亡羊，踽踽凉凉，枉用心肠，纵石崇汾阳，朝露无常，何处是故乡，何如徜徉，玩世栩栩学蒙庄，掉臂游行，真好一比大罗仙模样。莫笑荒唐，此是精武国操变相。”[16]

上海精武会根据《精武内传》介绍了精武体育会创编的武化、解放运动、剑舞、滑稽跳舞四种主要的舞蹈术，具体来说如下：

## 1. 滑稽跳舞

精武会创编的舞蹈始于滑稽跳舞。1915年冬，陈公哲、郑灼辰等人参加上海青年会举办的游艺会，为会上所表演的西方音乐杂技所启发。会后，郑灼辰提议，与其“临渊羡鱼，不如退而结网”。[17] 于是，

滑稽舞

联合精武会会员陈善、郑福良、金刚耀、李国荃、程镜川6人，“采取拳术中各手法”，编成“滑稽跳舞”[18]。经过集体商议，郑灼辰决定取粤乐中的《柳摇金》曲，配以拳术中的各种姿势，仿照西方杂技中小丑的着衣风格，“穿彩衣，涂花面，做小丑面相”[19]，取“寓谐于庄，或寓庄于谐之举”[20]。经过10天的努力，这种配乐舞蹈最终完成。因该舞动作诙谐，具有较浓的娱乐意味，因此称之为“滑稽跳舞”。滑稽跳舞手法共分3节，第一节16式，第二节19式，第三节30式，分别和以粤乐《柳摇金》的三阕音乐拍和。[21]1921年，在中华音乐会召开的游艺会上，滑稽跳舞首次献演，因其寓

谐于庄“于刚柔屏杂之运动中复加以美感的作用”，使表演者“不含进一服精神兴奋剂”，而且“其手法之足资实用，与其精神筋骨之足资发展”尚有“再作深一层的研究”的可能，即刻引起全场轰动，此后上海各团体和学校“凡开游艺会，多函索演此”，大受当时社会的欢迎。[22]

## 2. 武化舞

武化舞是精武体育会创编的有别于“滑稽跳舞”的较为庄严的舞蹈术，由精武会会员李佩弦、郑灼辰、陈善、陈启英、姚蟾伯、杨森伦等编制，它选取“最艳丽之到春来”作为拍和的曲调，“为西人所最欢迎者”[23]。悦耳的音乐、柔和而不失刚劲的动作，经过武术与音乐融合后的武化，“洋洋盈耳，悦目赏心，令人神往”，被认为是“我国二千年前之大武乐”，受到时人的青睐。[24]精武体育会认为，我国古代教育原有乐舞，后来“乐、舞并亡”。近代知识分子为了振兴中国传统音乐，遂将西方教学方式引进到中国普通学校中，开始“设音乐一科”，不过“其所施教，亦只声歌而已”[25]。精武体育会根据《礼经·乐纪》，认为“乐必发于声音，形于动静”，像欧西音乐仅有“声歌”，根本“不能完全成其为乐也”；对于当时国内“所办之体育学校，其所教授之外国乐舞，一切手法，虽于体育微有所合，而态度柔靡，未免和而失之于流”[26]。为了“以精武提振积弱之人群”，于是“本其平日所习练之国操，融合手法数十种，编一庄严之跳舞术，名曰武化”[27]。武化将中国传统的武术动作与音乐相结合，既能弥合西乐仅有“声歌”的不足，又能弥补当时国人所习西方舞蹈的“柔靡”缺陷。武化舞具有强身健体、振奋精神的作用，受到当时社会的认可与欢迎。从《精武体育会内传与章程》所记《武化手法》中可以看出，武化舞是拍和着粤乐“到春来”曲调，随曲调节奏进行表演的一种舞蹈，这种舞蹈动作由各类武术套路或拳种中抽离出来的武术动作汇编而成，包括潭腿、青龙拳、罗汉拳、少林拳等数十种拳术的40个动作，共40式。如武化手法第一式动作“冲扫”是潭腿中的动作，第二式动作“单擎掌”是小札拳中的动作，第三式“拨脸腿”则是青龙拳中的动作，等等。[28]

## 3. 凤舞（解放运动）

精武体育会内男会员们创编的“滑稽”“武化”等跳舞术，不仅具有健身作用，而且在社会上大受欢迎，屡屡在各种游艺会、音乐会上演出，这让不甘落后的精武体育会女会员十分羡慕，她们时常聚在一起，商讨创编适合于女子习练的“舞蹈”。1920年，应精武女会员的要求，精武会教员赵连和“用我国固有的武术手法”创遍

凤舞

了一套由20式动作组成的“凤舞”。这20式动作由大成拳、少林拳、黑虎拳、伏虎拳等9种拳术动作，1式剑术动作，1式双座钩动作，2式罗伞棍动作组成，采用粤乐中较受妇女欢迎的“小桃红”曲谱拍和。[29]因其配乐优美动听、舞姿舒展大方、优雅刚劲，被认为是中国失传已久的“国舞”再现。精武体育会创编“凤舞”的目的十分明确，即为了“发达妇女的体格”，以使她们在“提高知识”和“发达体格”之后，能够成为“一个可以自立之人”，并实现“女子解放”的目的。[30]精武女会员们认为，“这种技术，既是改良的国产，又胜于押裹的外货”，认为其“不但是舞蹈术，简直是一种最完善的体育运动”[31]，将习练凤舞作为她们锻炼身体和提高妇女社会地位的一种象征，不仅与男会员同台演出，同时还到女会员所教授的学校进行推广。北京《舆论报》对精武舞蹈术有过这样的评论：“滑稽跳舞、解放运动集合各种拳术编成，一谐一庄，尤为难见，无怪沪上西人特最称赞也。”[32]凤舞编练完成后被列入精武体育会北游京津的秩序表中，陈铁生有感于当时妇女运动潮流的迅猛，“思有以药之”，遂将其赋予妇女解放的意义，改称“解放运动”[33]。

## 4. 剑舞

“剑舞”是精武体育会仿照中国古代舞剑的意境而创编出的一种舞蹈术，大体创编于20世纪20年代初期的北游京津之前。精武体育会认为，“我国剑术精妙，自古著名”，但到了近世“而始散失”，今且“流入他国”，被他人视为“一种强

剑舞

国之武术”。有感于中国剑术“吾国人宁尚不知宝贵，而今其长处散失”的状况，为了恢复中国剑术精华，保存“国粹”，精武体育会决定“于剑术一门，加意研练”[34]。经过研究，精武体育会将其研练出的各种剑术手法，“编入舞蹈一科”，形成“剑舞”[35]。“剑舞”共45式，是“综合八仙、达摩、八卦、连环、七星、双八卦、盘中、绨袍各种”而得。起舞时“饰以古装，和以音乐”，以此彰显“我黄帝子孙之神武”[36]。剑舞以粤乐“浪声梅影”调拍，优美的音乐配以潇洒飘逸的舞剑动作，因而立即受到会员及社会大众的喜爱。精武体育会的舞蹈术归游艺科（分会有的称跳舞科）推行和管理，自“剑舞”产生后，成为精武体育会举行的游乐、旅行、大型庆祝活动，以及学员平时教学中的表演和学习之重要内容之一。

由精武体育会创编的舞蹈术一直不断地增加着。除了上述四种主要在“学校教育之舞”进行推广的舞蹈术之外，[37]精武体育会又编制了男女合演的对手剑舞，称之为“虬龙舞”，作为“社会交际之舞”[38]。以上舞蹈均以粤调相拍和，“一

以怡悦性情，一以调节血气”，且其“声容略备”，不仅使“国乐”得到了发展，而且也实现了“体育之功用”[39]。此外，精武体育会还创编有对舞、女子蜜蜂舞、共和舞、蝶舞等，均受时人推崇。可以说，精武舞蹈术是将中国传统武术经过配乐而创编的一种新式舞蹈，它将中国传统的武术、舞蹈与音乐较为完美地结合在了一起。

精武体育会的《国乐宣言》鲜明地阐述了创编滑稽跳舞、武化、剑舞、凤舞四种舞蹈术的背景和意义。宣言说：“我国礼乐散失，已越千年 ……本会感此……有志正乐。”由于众所周知的“乐之本体，兼备声容”，在收集了京、沪、粤调三者后，精武体育会将该会“所得之国操技术，混合各种手法，编成舞蹈一科。其初次所编动作纯取诙谐，和以粤调，名曰滑稽跳舞。不期此术一出，竟得社会欢迎。旋再编一庄舞。曰武化，曰剑舞，曰女子凤舞（后易名为解放运动），为学校教育之舞……均以粤调相和”。宣言认为，上述舞蹈“一以怡悦性情，一以调节血气”。从《国乐宣言》中不难看出，上述四种舞蹈术是传统武术与粤乐交融的产物，它不仅使国乐“声容略备”，而且“完成体育之功用”，是当时极富价值的精武活动内容。[40]

注释：

1. 叶灵凤：《袁牧之与辛酉诗社》，载《霜红室随笔》，海豚出版社 2012 年 8 月版。
2. 参阅《百问中文》“人文社科篇”“中国左翼戏剧家联盟”条目。
3. 黄德泉《抗战以前中国体育电影考述》，载《当代电影》2013 年第 7 期，第 60 页。
4. 《上海精武体育会内传与章程》，上海档案馆，卷宗号 Q401-10-2，SC0034。
5. 陈卓枚：《粤乐拉杂谈》，《精武本纪》，第 118 页。
6. 《上海精武体育会内传与章程》，上海档案馆，卷宗号 Q401-10-2，SC0059。
7. 程美宝：《近代地方文化的跨地域性——20 世纪二三十年代粤剧、粤乐和粤曲在上海》，《近代史研究》2007 年第 2 期，第 1-17 页；《精武杂志》，上海档案馆，卷宗号 Q401-10-29，010。
8. 广东炎黄文化研究会编：《粤韵香飘——吕文成与广东音乐论集》，澳门出版社 2004 年版，第 50 页。
9. 《精武杂志》（1924），上海档案馆，卷宗号 Q401-10-29，010。
10. 《申报》上海书店 1983 年影印本，1924 年 3 月 19 日（旧历甲子二月十五日，本埠增刊第 2 版），第 406 页。
11. 程美宝：《近代地方文化的跨地域性——20 世纪二三十年代粤剧、粤乐和粤曲在上海》，《近代史研究》2007 年第 2 期，第 13 页。
12. 《上海精武体育会内传与章程》，上海档案馆，卷宗号 Q401-10-2，SC0029。
13. 《上海精武体育会内传与章程》，上海档案馆，卷宗号 Q401-10-2，SC0029。
14. 《上海精武体育会内传与章程》，上海档案馆，卷宗号 Q401-10-2，SC0029。
15. 阮原：《怡保精武二周年纪念特刊》，南洋怡保精武会 1927 年版，第 13-14 页。
16. 阮原：《怡保精武二周年纪念特刊》，南洋怡保精武会 1927 年版，第 21-22 页。
17. 陈公哲：《精武会 50 年》，春风文艺出版社 2001 年版，第 103 页。
18. 罗啸璈：《精武内传》，上海社会科学院出版社 2008 年版，第 29 页。
19. 陈公哲：《精武会 50 年》，春风文艺出版社 2001 年版，第 104 页。
20. 罗啸璈：《精武内传》，上海社会科学院出版社 2008 年版，第 30 页。
21. 《上海精武体育会内传与章程》，上海档案馆，卷宗号 Q401-10-2，SC0048、SC0049、SC0050。
22. 罗啸璈：《精武内传》，上海社会科学院出版社 2008 年版，第 30 页。
23. 罗啸璈：《精武内传》，中央精武发行所，1923 年 10 月，第 14 页。
24. 《上海精武体育会内传与章程》，上海档案馆，卷宗号 Q401-10-2，SC0037。
25. 《上海精武体育会内传与章程》，上海档案馆，卷宗号 Q401-10-2，SC0037。

26.《上海精武体育会内传与章程》，上海档案馆，卷宗号 Q401-10-2，SC0037。
27.《上海精武体育会内传与章程》，上海档案馆，卷宗号 Q401-10-2，SC0037。
28.《上海精武体育会内传与章程》，上海档案馆，卷宗号 Q401-10-2，SC0038。
29.《上海精武体育会内传与章程》，上海档案馆，卷宗号 Q401-10-2，SC0041、SC0042。
30. 罗啸璈：《精武内传》，中央精武发行所，1923 年 10 月，第 26 页。
31.《上海精武体育会内传与章程》，上海档案馆，卷宗号 Q401-10-2，SC0041。
32.《上海精武体育会内传与章程》，上海档案馆，卷宗号 Q401-10-2，SC0111。
33.《上海精武体育会内传与章程》，上海档案馆，卷宗号 Q401-10-2，SC0041。
34. 罗啸璈：《精武内传》，中央精武发行所，1923 年 10 月，第 29-30 页。
35. 罗啸璈：《精武内传》，中央精武发行所，1923 年 10 月，第 29-30 页。
36.《上海精武体育会内传与章程》，上海档案馆，卷宗号 Q401-10-2，SC0044-45。
37. 罗啸璈：《精武内传》，中央精武发行所，1923 年 10 月，第 30 页。
38.《上海精武体育会内传与章程》，上海档案馆，卷宗号 Q401-10-2，SC0029。
39.《上海精武体育会内传与章程》，上海档案馆，卷宗号 Q401-10-2，SC0029。
40. 罗啸璈：《精武内传》，中央精武发行所 1923 年 10 月，第 14 页。

# 第十章　精武实业

# 第一节 紧密联系商界

精武会聘请上海商界名流担任会长、会董等职务，目的是扩大精武体育会在商界的影响。上海精武体育会在20世纪30年代之前大部分时间里，会长是由当时上海商界名流担任的。体操会成立不久，霍元甲遇害，陈其美等人忙于光复上海、经营新政权，上海精武体育会处于风雨飘摇之中。此时，既是体操会的筹备者，又是体操会的第一批会员，同时具有商界背景的陈公哲、卢炜昌、姚蟾伯等人，利用广肇公所会董的身份，先后聘请袁恒之、陈止澜、聂云台、王阁臣、霍守华、吴耀庭等商界人士担任精武会会长或副会长之职，以获得地方政府与租界管理部门的信任。从此，上海精武体育会开始与商界联系在一起，并成为精武会发展中的一种重要模式。[1]

据统计，1911至1941年的30年间（其中6年无会长），商会会长主持精武会长达22年，精武会前十年中6位副会长都为商界人士。上海精武体育会第一任会长农劲荪为同盟会会员，虽曾追随孙中山进行革命，其对外也是以商人的身份出现的。

出任上海精武会第二任会长的袁恒之，曾是花旗银行买办，与当时上海商界名人虞洽卿等人发起组织华商体操会（即上海义勇队中华队之前身）。1911-1913年袁恒之担任精武体育会会长期间，正是霍元甲遇害后，中国精武体操会处在风雨飘摇之时，经济上陷于困顿。此时，“由各职员之惨淡经营，然出于会长袁恒之实力赞助为多”[2]。在袁恒之的资助和带领下，上海精武体育会艰难走出低谷。之后袁恒之于1916-1918年间担任上海总商会会董，一直对上海精武体育会给予资金赞助。继袁恒之担任精武会会长的是周金箴，曾连续多年担任上海总商会会长、会董等职；1915年4月10日，周金箴升任沪海道道尹，才辞去总商会会长之职，补为会董。

晚清的广东商人

1918年担任精武体育会会长的聂云台是对精武体育会赞助最多的商界人物之一。[3]聂云台是曾国藩的外孙，少年时随父聂缉梁住上海。聂云台年轻时曾赴美国留学，归国后一直从事商业活动。1904年聂云台任复泰公司经理。1908年又改组华新纺织新局为恒丰纺织新局，出任总经理。1917年，与黄炎培等人在上海发起成立中华职业教育社，任临时干事。1919年聂云台兴建恒丰二厂及织布厂、筹建大中华纱厂，任董事长兼总经理。翌年，当选上海总商会会长、全国纱厂联合会副会长。此后，他还与人共同创办大通纺织股份有限公司、华丰纺织公司、中国铁工厂、中美贸易公司及上海纱布交易所，分别任董事长、董事和总经理等。1920年担任上海精武体育会会长的霍守华，也是当时商界名流。霍守华，广东南海人，家道殷实，在芜湖开设有顺泰成米号，并且作为副业与地方士绅共同组织了同丰机器碾米公司，在上海开办有租赁轮船公司。民国元年，曾经与桐城人叶鸣蜜合伙开办宣城保民银矿失败，随后于1913年集资注册开办了长龙山铁矿即裕繁铁矿，成立了裕繁公司，霍守华自任总经理，总公司设在上海广东路，另在芜湖设立分公司，在桃冲设矿厂。同时，霍守华还曾担任上海各马路商界总联合会会长、上海国民大会策进会主席。霍守华与陈公哲等人同为广肇公所董事，二人曾商议以匿名形式为精武体育会捐赠金钱，筹建精武公园，所谓匿名氏捐赠万金之事，事后据陈公哲回忆捐赠人即为霍守华。

继霍守华任精武体育会会长的是吴耀庭，也是当时上海工商界中知名人士。1920年中国第一家综合性交易所的成立即有他的一份功劳。上海证券物品交易所由孙中山发起创办，蒋介石、张静江、戴季陶、虞洽卿和陈果夫等人皆参与其中，蒋介石也是最早的一批入市者。孙中山为了筹措革命经费，1916年派朱执信写了一份申请书交给北洋政府农商部，申请在上海创设证券物品交易所，经营证券、花纱、金银、杂粮、皮毛等，资金总额定为当时国币500万元。对于孙中山的要求，北洋政府心有余悸，因而对孙中山的呈文不予批准。在蒋介石、张静江等人的策划下，由虞洽卿等联合当时上海工商界中知名人士温宗尧、闻兰亭、李云书、吴耀庭等共任发起人，草具文书，提出申请，并递交给北京的农商部，申请创设“上海证券物品交易所”。经虞洽卿、闻兰亭的多方疏通，特别是在上海工商界的鼎力支持下，上海证券物品交易所最终获得农商部正式颁发的营业执照。1920年2月1日，上海证券物品交易所在总商会开创立会。

20世纪20年代后半期任会长的施德之，1861年生于香港，曾毕业于皇仁书院，年轻时只身来沪发展，“经营商业，多至十余种”。其中最著名的是医药事业，他所经营耀华药厂出品的神功济众水，曾一度风行国内外，救人无数。施德之喜欢字画，尤其爱好古董，收藏之富，在当时“沪上无出其右者”[4]。1923年施德之由人介绍到精武体育会参观，参观结束后，施德之认为“精武事业，以提倡体育为主旨，救人于未病之先”，与其医药事业可谓“殊途同归”，于是“尽力赞助”“慨然加入会籍”，仅加入精武一年，即被推举为会长，并一直为精武会效力“凡十二年”[5]。施德之任精武体育会会长及会董的十多年里，基本每年都“捐助巨资”，而且“凡有大举，莫不慨然以为之倡”，如在精武体育会筹建中央大会堂、装修横浜桥新会所、建筑篮球房、举行国内外精武代表大会、举办精武义学、设立特区分会等重大活动中，“皆赖公之输助，得以早日完成”[6]。

上海精武体育会的会董多数由商界人物担任。精武体育会建立后经过数年发展，会员日众，会务日繁。自1916年春开始，上海精武体育会开始设立董事会，“董事无定额，凡满任会长及热心赞助本会者，得举任之”[7]。凡遇有大事董事会有权讨论议决。历届著名的精武会董事有简琴石、袁恒之、简照南、霍守华、温钦甫、谭海秋、胡耀庭、汤节之等人[8]，其中简照南是名重一时的人物。他所创办的“南洋兄弟烟草公司”在与外国资本的激烈竞争中脱颖而出；该厂所生产的“双喜”牌和“飞马”牌香烟畅销中外，其业绩，在中国烟草工业发展史上都是居于首屈一指的地位。[9] 谭海秋于1918年曾经担任广东省银行行长，之前与胡耀庭、霍守华、温钦甫等皆为上海广肇公所董事，这些人皆为上海商界名人。他们通过对精武体育会的赞助得以委任为董事。

由商界人物担任会长、会董是一种双赢的策略。一方面聘请商界领袖担任会长、副会长、会董等职务，会长、会董们以会员的身份捐助巨额款项，支持精武会的运作，同时这些会长、会董与政商两界的密切关系，又为精武会的生存与发展提供合法的保护。从另一面来看，商界名人愿意支持精武体育会，出面担任职务，这既有利于他们抬高身价，又可以将他们经营的商业宣传到这个庞大的群体中，可谓一举两得。如曾任会长的施德之将其药厂所制的施德之神功济众水以“自救之最上策”的广告名，在精武体育会所创办出版的刊物上登载，并以施德之本人名义署其名于后。[10] 这样，借助精武体育会这一组织宣传自己的产品，无形中扩大了知名度和销路。

精武会位于福德里的中央大会堂

## 第二节 “精武三公司”

创办实业是上海精武体育会支撑精武事业不断发展的另一重要举措，“精武三公司”是其典型代表。

“精武三公司”是上海精武体育会早期发展的主要财政来源之一。“精武三公司”，又称“精武三友”，是指陈公哲、卢炜昌、姚蟾伯三人，他们是精武体育会前期得以发展和繁荣的核心人物。

陈公哲，广东中山人，出生于上海，其父陈升堂为“上海五金业巨富”，因此陈公哲得以就读上海守真书院这一有名的西方教会学校，毕业后继续苦读于上海复旦大学。父亲去世后，陈公哲中途辍学，子继父业，经理“粤瑞祥”五金商号。陈公哲在文史、理化、音乐、舞蹈、医药、机械、摄影、狩猎、数学、外语等方面均有涉猎，且“每学必求其精，必有所成”[11]。因操得一口流利的英语，在霍元甲来沪与西洋大力士比武时曾充当霍元甲的英文翻译；年仅20岁时，即已被聘为上海留美预备学校的英语教授。在医学方面，陈公哲研制出的“白花油”，可与当时胡文虎的“万金油”相抗衡；摄影上，除拍摄出具有保存价值的《三潭夕照》外，还出版了《哲氏计光表》《测光捷径》等著述。[12]陈公哲自1910年加入中国精武体操会习拳开始，先后在精武会担任过总干事、坐办、庶务长、理事长、技击部的技击主任、文事部的摄影学教授、游艺部的田猎主任等职。[13]陈公哲热心精武事业，将其父位于上海倍开尔路地段的产业捐献出来，前半段兴建精武体育会的会所，后半段则建屋自居。由于对精武体育会的特殊贡献，陈公哲成为精武会的重要领军人物。

卢炜昌、姚蟾伯二人一直是上海精武体育会发展的重要支柱。卢炜昌，广东省香山县人，比陈公哲年长8岁，其“父业建筑，出身于上海汉堡黎英文书院，能中英文，为人沉毅，身躯健伟”，最初在上海德国礼和洋行做英文秘书，后出任新瑞祥五金号经理。[14]卢炜昌精通音律，其治乐之道“举中外冶为一炉”，曾先后出任精武会的会计、书记、技击部的武器主任等职，有“精武会元勋”之称。[15]

姚蟾伯，江苏吴县人，比陈公哲小一岁，是上海颜料业巨子，“出身于上海万竹小学，人极和善，身体修美，有经济力量”。按陈公哲的评价，其属于“一纯粹和平无心机之人物”[16]。在精武体育会担任过会计、总务主任、技击部的技击主任、游艺部部长等职。

陈公哲、姚蟾伯、卢炜昌三人皆接受最新式教育，受到新文化的影响，具有强烈的爱国热情。三人通过自己的经济力量资助精武事业的发展，人们将三人比作当时上海的永安、先施、新新“三大公司”，因此有“三公司”的称号。陈、姚、卢三人献身精武事业，为精武会的发展倾尽心力和财力。在精武体育会初创阶段，“精武三公司”成为精武会的经济支柱，不仅上海精武体育会会所用地、建筑费用大部分由“三公司”捐赠和出资承担，就是体育会日常的运作管理费用，也由三人出资进行资助。

中央大会堂的设计建筑，陈公哲功不可没。如前所述，1922年开始动工建筑的中央大会堂，是由陈公哲亲自绘图设计的，中央大会堂建筑及会堂布置共花费5万元[17]。前期建筑经费2.2万余元皆来自会员募捐及个人捐款，其中陈公哲个人就捐款5000元，简照南捐款5000元，并代为募集资金2000元。[18]中央大会堂的映雪楼藏书室，是为了纪念陈公哲的夫人卢雪英女士而命名。陈公哲的夫人卢雪英，是上海精武女子体育会的主要成员，1919年因病去世，按照她的遗嘱，将其去世后所有赠礼2700元，皆移捐大会堂作为建筑经费。卢雪英去世后，还将其遗饰金器30两捐于上海精武体育会，熔铸到精武体育会的大铜钟，精武体育会将这个大铜钟命名为黄钟，意为“欲唤醒黄魂，注重武术，保存国粹”。黄钟悬于精武公园中，后迁于中央大会堂，1928年为日本人所毁[19]。罗啸璈在《精武内传》中指出，“吾会自创立至今年，会中最得力之祯干仅十数人耳，坚毅如炜昌，勇鸷如公哲，沉潜如蟾伯，聚合于一炉，以铸就此宏大之事业其所耗金钱与精力实不可以数计”[20]。

在精武体育会内，除陈公哲三人之外，还汇聚着一批与陈、卢、姚“三友”相类似的受过新式高等教育又有一定经济实力的中坚人物，典型代表有陈铁生。陈铁生担任上海昌记兴经理、上海利兴号经理，与陈公哲、卢炜昌、姚蟾伯三人关系很好，有“精武四杰”“精武四友”之称。陈铁生（又名陈卓梅）1864年出生，广东新会人，自幼好文，“旧学修养甚佳，尤长书法”[21]。

另一典型代表是罗啸璈。罗啸璈曾任广东《七十二行商报》社长，在广东精武体育会的筹备和成立过程中结识陈公哲、卢炜昌等人，之后投身精武体育会，“为精武事连年南北奔驰，不知劳苦”，澳门精武体育会会长卢廉若称其为“精武牧师”[22]。罗啸璈“崇尚音乐”，除主张“武术救国”外，甚至发出“音乐救国”之论。他与精武四杰有着深厚的友谊，对精武事业予以资金上的资助和宣传，不遗余力，又被人称为“精武宣传天使”[23]。罗啸璈与郑灼辰、李佩弦等人凭借其对中国传统文化及武术的深厚造诣，与陈公哲、陈铁生、宁竹亭、翁耀衡等精武会一批骨干力量，对精武体育会的宗旨、性质、精神等进行阐发，并将精武精神向商界推广和传播。

# 第三节 实业与经营活动

## 1. 粤瑞祥与新瑞祥五金号

1843年开埠的上海，为粤商谋求更大的发展提供了一个更广阔的舞台。旅沪粤商在上海经营着各式各样的生意，包括茶栈、杂货店、玻璃店、印刷店、机器花行等，以及高级行业的大洋行的买办和通事，和社会地位较低的工种如工匠、船匠，以至“细崽”“西崽”等。历任中国各地海关税务司的马士（H. B. Morse，1855-1934）曾描述道：“我的童仆是个广东人，他从一个掌柜听闻某个买办的职员的消息，他们也是广东人；后者的消息从东门旁的老银号老板处得知，他是个广东人；这个广东商人的消息乃从城内另一个广东人那里听来，那个广东人是三合会的成员。”[24]

为了增加精武体育会的经济收入，精武体育创办的各种实业，除了精武三公司之外，还有瑞祥五金号。瑞祥五金号，是陈公哲承袭的父业，地址在上海百老汇路；后来，陈公哲又在河南路棋盘街开办新瑞祥五金号。由卢炜昌担任经理之后，陈公哲继续在无锡开振源号，在汉口开瑞源号，全部收入都用以安置精武义务职员。

## 2. 屈臣氏汽水厂

上海的汽水生产，始自19世纪60年代，初由英商老德记药房自产自销，但设备简陋，产量不高。1864年，英商在上海开设正广和汽水厂专制汽水，以后英商屈臣氏药房兼制汽水。1919年，陈公哲和郭唯一合资以6万元收购英臣氏药方所属的屈臣氏汽水厂（厂址在汇山路86号，1932年被毁），改称华商屈臣氏汽水公司制造厂，聘卢炜昌为总经理。当年即为精武会贡献3万余元，次年获利6万余元。

此外，上海精武体育会随各地精武分会的建立，以此扩展精武实业的发展范围。20世纪20年代初，鉴于精武分会已经在广东、武汉及南洋等地建立，精武体育会决定扩大现有的实业规模，并推荐卢炜昌、熊长卿二人筹划此事。因卢炜昌担任职责较多，“每有外出，非十数人不能代其职务”，精武体育会内各骨干力量纷纷表示愿意暂代卢炜昌职务，为精武分忧。为了增加帮手，熊长卿令其正在求学的女儿熊富珠及孙女熊可欣二人留在上海，加入上海精武体育会，供上海精武方面在人手缺乏时使用。熊长卿还将其所经营的实业收入充作广东精武会会务经费之用。1923 年根据讨论决定，卢炜昌、罗啸璈代表上海精武总会“巡视汉会，且谋实业推广”[25]。7 月卢炜昌、罗啸璈到达武汉汉口后，考察了汉口精武会及汉口当地的实际情况，提出在汉口建立屈臣氏汽水厂支厂的计划，收益作为各分会的常用经费，得到汉口精武体育会的赞同。屈臣氏汽水厂汉口支厂成立后附属于上海总厂，“均其利益，以固巩固”[26]。通过扩展精武实业，使精武体育的影响进一步向各地商界深入。20 世纪 20 年代，汽水厂发展为股份有限公司，工人近百人，主要生产汽水，附带制冰，主要设备仅有 9 英寸压缩机 1 台，冰产量 18 吨每日。其产品多为水果饮料，如杏仁露、挨士忌廉露（ice cream）、香槟露、桑子露、樱桃露、香蕉露，以及传统的柠檬水、香橙水、沙士（root beer）、罢体刺水、恙啤水（ginger beer）等。1949 年，国民党政权败退台湾后，屈臣氏汽水公司仍继续营运，但以生产自行开发之各种口味

WATSON'S AERATED WATERS
ARE THE
PUREST AND BEST IN CHINA
MMade from the purest ingredients only, in thd most modern factory in the Fas Eart
WATSON'S MINERAL WATER CO.
Tel. C. 2726. Factory N. 795　11 Ningpo Rone

屈臣氏汽水廠

本廠不惜鉅資特購最新式機器及上等藥品製成汽水多種久爲中西人士所歡迎至於濾水灌汽之法亦經工部局衛生處所贊許今歲又新出四種銷行更廣名目列下

杏仁露（行滯消積 止咳除痰）　挨士忌廉露（甘芳適口 暑天最宜）
香檳露（露存異味 香沁心脾）　桑子露（解渴消食 氣質純良）

其餘櫻桃露香蕉露暨各種銷行最廣之檸檬水香橙水沙士罷體剌水及恙啤水等尤爲吾國人所酷嗜賜顧者請通函或致電話至上海寧波路十一號本汽水廠可也

電話 總行中央一七二六 工廠北一七九五號

上图为屈臣氏汽水厂（北四川路）的外观，下图为屈臣氏汽水广告

●勤華貿易公司之推廣營業

本埠望平街勤華貿易公司。係川鄂蘇粵各幫領袖所組織。專營對外貿易。經理爲江湘浦周錫之兩君。自本年春間開辦後。營業頗形發達。分設美洲各大埠。英京倫敦柏明罕等處。近復添設經理德國之部。聘格來斯君主任。格君對於印刷機器極爲熟諳。代理製造廠四十餘家。以故滬上印刷公司。向勤華公司訂購機器者甚衆。該公司復派格君往德奧兩國監督工程。並就地與各廠家接洽。格君已於昨日乘法公司郵船波濤士號起程矣。

勤华贸易公司

的汽水为主。1956 年，屈臣氏汽水公司改为公私合营，并入北京市食品厂，原来的屈臣氏品牌也改为“北冰洋”。20 世纪 80 年代，北冰洋汽水成为夏季北京市民的必备饮品，企业的生产旺季从原来的 6-8 月（3 个月）变成 4-10 月（7 个月），旺季生产 24 小时不停工，年产量达到近 1000 万打。到 1990 年，北京市北冰洋食品公司饮料种类 33 种，厂房建筑面积 7.8 万平方米，职工人数 2500 多人，汽水平均每年生产量 1100 万打以上。

### 3. 勤华贸易公司

勤华贸易公司是一家对外贸易公司，组织过国货大会。

## 第四节　会员缴费收入

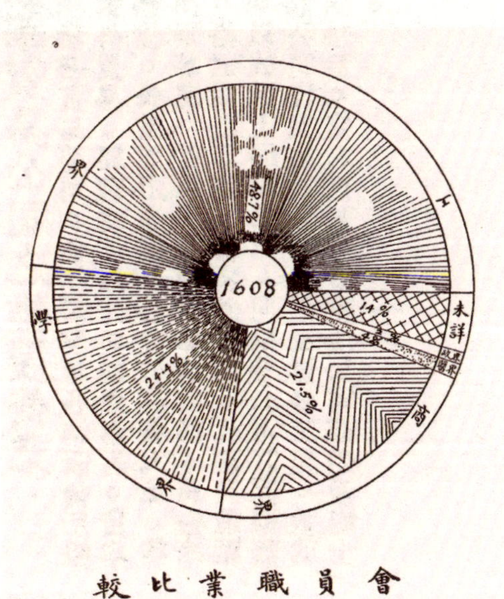


會員職業比較

由于上海精武体育会由工、商、学、医、政各界人员组成，且以工商两界居多数，因而家境都比较富裕。鉴于此种情况，精武体育会实行会员制，会费收入是精武体育会的主要经费来源之一。

根据《中国精武会章程》的规定，特别会员每月收费 2 元，每半年收费 8 元，每年收费 12 元；16 岁以下之会员年月费均减半；通常会员每半年收费 2 元，夏季会员每 40 天收费 1 元，均于入会时缴交会计处。[27]

1924 年修订的《上海精武体育会章程》，规定“通常会员年纳 12 元，不满 16 岁减半；赞助会员年纳 25 元以上；维持会员年纳 50 元；名誉会员不限”。[28]

根据上海精武体育会年报记录，可以看出 20 世纪二三十年代精武会会员人数及职业构成的大致情况：

据统计，1925-1934 年 10 年间，加入上海精武体育会的会员人数基本呈上升趋

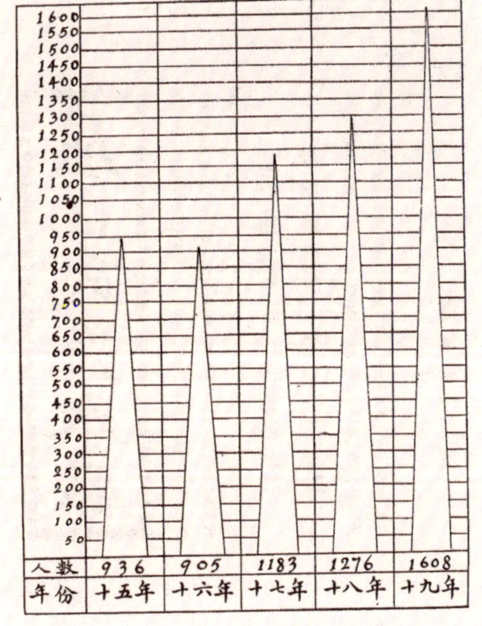

势，只有1932年因受“一·二八”淞沪会战的影响加入会员人数大大减少。在加入的会员中，以工商学三个领域的人数最多，以1929年、1930年为例：1929年加入上海精武体育会的会员总数1276人，其中工商界974人，占会员人数76.4%；学界229人，占17.9%；政界8人，占0.6%；其他领域65人，占5.1%[29]。1930年，加入上海精武体育会的会员总数为1608人，其中工商界占总人数比例为70%，学界占24.4%；医界占4%；其他占1.6%[30]。精武体育会会员以广东籍、江苏籍人数最多，1929年上海精武体育会有来自河北、山东、江苏、浙江等13个省籍的会员加入，其中广东籍的有640人，江苏籍的有252人，占总人数的69.9%[31]；1934年来自全国15个省籍的会员中，广东籍951人，江苏籍711人，占总人数的61.8%[32]。从现有资料看，加入精武体育会为会员者，多数皆有一份较为稳定的收入，或具有一定的经济地位。这可以从1922年秋被选派参加北游天津、北京的精武旅行游艺团职员名表中大致看出，37名被选职员中，除2人为在校学生、9人职业不明外，其他人都有自己的工作单位，甚至身居要职。

## 第五节 和兴照相馆

鸦片战争后，上海成为通商口岸，大批西方传教士、商人、旅行者携带问世不久的照相机进入上海。1852年，外商赫尔曼·哈斯本德在福州路隆泰洋行经营银版摄影和肖像着色。稍后，法国人李阁朗在外滩开设照相馆，专门拍摄人物肖像，成为上海第一家照相馆。

和兴照相馆在20世纪20年代拍摄的帅哥穿风衣老照片

19世纪末，上海照相馆最著名的有“耀华”“宝记”“保锠”“致真”四家，号称“四大天王”，分别设在南京路、福州路和广东路。“耀华”老板施德之积极探索光影造型，主张“以黑出白”，所摄人像层次丰富立体感强，并擅长放大巨幅照片。在1900年巴黎博览会上，“耀华”送展的照片获得奖凭，成为清末中国唯一在世博会上获奖的照相馆。

1922年精武会主任陈公哲和姚蟾伯共同出资盘顶南京路和兴照相馆，地点就在南京路浙江路口三友实业社的楼上。开业之初和兴照相馆虽然名气不是很大，但经营业绩还是可观，“以上各商业，各店每年利润收数万，大部分用于精武”。精武会接手和兴照相馆经营两年后，于1924年2月14日上海《新闻报》刊登了和兴照相馆本礼拜六拍卖的广告，原因为何，现已难考证。

## 第六节 出版社和印刷厂

为了发展实业，经过筹划，1921年上海精武体育会正式成立了中央印刷公司，由陈公哲任印刷公司总理。公司成立初期，曾接受南洋兄弟烟草公司宝塔牌香烟盒的印刷订单，每月经营印务达15万元，为上海精武体育会的发展提供了充足的资金保障。

精武体育会有自己的精武出版社，还有自己的中央印刷厂，对于精武会的各项事业就如虎添翼。1922年9月下旬，中央精武体育会的北游团，准备了宣言、各种跳舞术说明书，以及新创影画、演讲稿等内容，所有这些材料内容编辑成册，统统交由精武中央印刷厂印刷，共装表一万册，封面有美术国画内容，并插有电影画面多张，共58页，广告一万张（广告形式用五彩石印）。同时，精武北游旅行团所挑选的精武体育会较为重要且比较实用的期刊著述十余种，即精武、广东精武报告、精武本纪、精武外传、测光捷径、开会手续、宣言演说之资料、教员条例、精武医说、潭腿精义、武铎、精武各埠住址录、精武之回顾及今后之希望、西文精武概要，共十四种，“悉付捆载”，也是由精武中央印刷厂印刷的。[33]

**中央印刷有限公司啟事**

自本年七月二十四日起本公司購貨取貨收銀等一切契據均由總理甘鑑先君簽字方爲有效特此通告 代理董事長 周錫三啟

**中央印刷有限公司招股啟事**

本公司自去秋發軔定集**資本十五萬兩**除發起人認定半數外其餘分向各界招足以溥利源數月以來經陳公哲君極力部署待有具體辦法如下（一）各種印刷機器已向德美定妥約四閱月可到（二）[illegible]亦早結定可免將來[illegible]之虞（三）[illegible]地十畝已購定塘山路大連灣路角（四）[illegible]廠圖樣業經繪就日內即行興工建築（五）營業所及辦事處[illegible]已租定**南京路P字四百二十五號**邇來各大印刷事業之蒸蒸日上尚有求過於供之勢本公司順流而趨就目前附股踴躍之情形可[illegible]前途營業之順利固無[illegible]矣發起[illegible]之[illegible]業也[illegible]得附股章程[illegible]即向南京路事務所索取可也

**發起人** 聶雲台 王紹坡 胡耀庭 譚[illegible]銘 張[illegible]雲 郭[illegible]一 盧煒昌 陳公哲

注释：

1. 刘帅：《精武会社会网络之研究（1909-1941）》，上海体育学院2009年硕士论文，第18页。
2. 《精武本纪》，上海档案馆，卷宗号Q401-10-48，SC0200-SC0248。
3. 《精武本纪》，上海档案馆，卷宗号Q401-10-48，SC0200-SC0248。
4. 《精武丛报》（1936），上海档案馆，卷宗号Q401-10-41，002。
5. 《精武丛报》（1936），上海档案馆，卷宗号Q401-10-41，002。
6. 《精武丛报》（1936），上海档案馆，卷宗号Q401-10-41，002。
7. 《精武本纪》，上海档案馆，卷宗号Q401-10-48，SC0200-SC0296。
8. 《精武本纪》，上海档案馆，卷宗号Q401-10-48，SC0200-SC0248。
9. 《广州工商经济史料》第36辑，简照南与南洋兄弟烟草公司。见广州文史网。
10. 《精武杂志》（1924），上海档案馆，卷宗号Q401-10-29，074。
11. 陈公哲：《精武会50年》，春风文艺出版社2001年版，“新版代序”第3页。
12. 陈公哲：《精武会50年》，春风文艺出版社2001年版，“新版代序”第2页。
13. 《精武体育会史料选》，《档案与史学》1998年第1期，第21页。
14. 陈公哲：《精武会50年》，春风文艺出版社2001年版，第20页。
15. 《上海精武体育会内传与章程》，上海档案馆，卷宗号Q401-10-2，SC0156。
16. 陈公哲：《精武会50年》，春风文艺出版社2001年版，第20页。
17. 《上海精武体育会内传与章程》，上海档案馆，卷宗号Q401-10-2，SC0018。
18. 陈公哲：《精武会50年》，春风文艺出版社2001年版，第40页。
19. 陈公哲：《精武会50年》，春风文艺出版社2001年版，第40页。
20. 《上海精武体育会内传与章程》，上海档案馆，卷宗号Q401-10-2，SC0019。
21. 郑光路：《中国近代体育史上一段重要的史实——鲁迅与武术、气功》，《体育文化导刊》2003年第11期，第68页。
22. 《上海精武体育会内传与章程》，上海档案馆，卷宗号Q401-10-2，SC0016。
23. 《上海精武体育会内传与章程》，上海档案馆，卷宗号Q401-10-2，SC0156。
24. 转引自程美宝：《近代地方文化的跨地域性——20世纪二三十年代粤剧、粤乐和粤曲在上海》，在2005 年12月由华东师范大学历史系、中国社会科学院近代史研究所民国史室、《历史研究》杂志社在上海共同主办的“现代中国都市大众文化与社会变迁国际研讨会”上的报告。
25. 《上海精武体育会内传与章程》，上海档案馆，卷宗号Q401-10-2，SC0148、SC0149、SC0150。
26. 《上海精武体育会内传与章程》，上海档案馆，卷宗号Q401-10-2，SC0152。
27. 《精武本纪》，上海档案馆，卷宗号Q401-10-48，SC0297。

28.《上海精武体育会章程》，上海档案馆，卷宗号Q401-10-2。

29.《精武年报》，上海档案馆，卷宗号Q401-10-38，020。

30.《精武年报》，上海档案馆，卷宗号Q401-10-38，062。

31.《精武年报》，上海档案馆，卷宗号Q401-10-38，019。

32.《上海精武体育会第十六届征求纪念》，上海档案馆，卷宗号Q401-10-129，017。

33.《上海精武体育会内传与章程》，上海档案馆，卷宗号Q401-10-2，SC0024。

# 第十一章 管理机制与社会影响

# 第一节 管理机制民主化

精武体育会有一套较为完善的民主管理模式，实行会员民主选举的参事会制，推行由全体会员大会、参事会及事务会议三会组成的会务管理模式。精武会从自上而下的会务管理到规范的制度规章，从职员的选举，到章程的制定、会员入会就学的要求等，都以严格、明确的规定出现，形成了一套严密的自我约束、自我管理机制。

## 1. 会员大会

担任上海精武体育会各种职务的职员、参事会中的参事，皆由全体会员民主推荐产生。上海精武体育会每年春季召开会员大会，选举职员一次。根据精武体育会的选举办法规定，凡会员皆有被选举权，入会满两年者，有选举权；由旧职员向大会提议，某人可担任某项职务，经得某人同意后有被选举权，未经旧职员向大会提议，如确有管理某项职位的能力，经本人同意后，亦有被选举之权利；选举日期，除通信外，并登报声明。大会当天无论到会人数多少，都依法进行选举，不到者作为默认处理。[1]精武体育会参事也是在每年一度的全体会员大会上经过全体投票选举产生。以1925年度的参事会选举为例，1925年1月4日，上海精武体育会在中央大会堂举行春季会员大会，并选举1925年度参事。当天上午8时会议开始，即席推举陈善为监察，简世铿为检票员，郁瘦梅为唱票人，另外推举记票员十人，依法开选。当天参选者得票情况如下：郑灼辰68票，陈善61票，崔聘西56票，薛巩初56票，姚蟾伯51票，翁耀衡49票，卢炜昌49票，简世铿47票，连炎川42票，陈铁生41票，佘树人41票，郁瘦梅35票，黄维庆35票，劳伯视34票，陈展璞32票，梁树棠28票，陈公哲25票；候补者12人，程镜川24票，李明德23票，施德之21票，老燕林20票，周锡三20票，郑福良19票，谭海穰17票，盛竹书13票，郑经伯12票，霍守华12票，吴耀庭11票，朱穰丞11票。选举结束，由主席宣布选举结果。取得票数最多的前15名为参事。

会员大会对精武体育会所制订的各项章程有表决权。当参事选举出来之后，在会议主席的主持下，由全体会员参与，讨论关于精武体育会的“兴革事宜”及所拟定的各项章程，并针对会员的提议进行讨论。例如，在1925年1月的春季会员大会上，郁瘦梅就提出精武参事会设置参事长及将原有文牍、教育两科合并为一科的意见，得到劳伯视、薛巩初的附议，随后陈铁生提议，文牍、教育两科，改为文事科，郁瘦梅附议，经过在场会员的讨论后通过了余瘦梅、陈铁生二人的提议。随后，会员大会就精武体育会的参事会章程问题进行讨论，薛巩初首先提议，将参事会章程附入精武会章程内，以保障参事会章程的合法实施，此提议得到郁瘦梅的附议。经过讨论后大会通过了这一提议之后，郁瘦梅又提议，修改参事会章程第四条，由参事中互选参事长一人、副参事长一人、书记一人，得到黄维庆的和议，经过到会会员的举手表决后通过了该提议。[2]

## 2. 参事会议

参事会议是上海精武体育会具有一定评议性质的管理机构，参事互选是精武体育会实行精英管理的主要体现。被会员大会选举出来的参事们，一般都是对精武体育会支持最多、贡献最大的一部分中坚力量。由他们组成参事会后，在当年第一次正式的参事会召开之前，一般都会举行参事互选会，讨论决定参事会内部人员的任职情况。以 1925 年 1 月 10 日的参事互选会为例：1 月 4 日春季会员大会上选举出参事后，随之新选举出的参事于 10 日举行参事互选会议，会议由郁瘦梅担任主席，黄维庆做记录。经过 15 名参事员的互相选举，最后决定参事长由卢炜昌担任，副参事长由郁瘦梅担任，秘书为黄维庆，总务科长是郑灼辰，国操科长为姚蟾伯，文事科长为陈铁生，经济科长为翁耀衡，音乐科长为陈善，游艺科长为简世铿，交际科长为劳伯视。互选任职结束后，陈铁生提议，仍照往常惯例，定于每月的第二个星期六晚上 8 时至 10 时举行参事常会，得到一致表决通过。

精武体育会的参事会涉及的管理内容包括一般的事务性问题、精武会参事会议细则的修订、年度预算决算的审订等，是精武体育会的一个民主决策和管理的权力机构，带有一定的评议机构的性质。

首先，精武参事会负责精武体育会内一般事务性的管理，对于精武体育会内一应大小事项，精武参事会都会进行集体讨论和表决。1925 年 1 月 19 日，上海精武参事会召开当年第一次常务会议。会议一开始，黄维庆即提议，要求每位在参事会议席上发言的人，都讲“国语”，劳伯视当即表示赞同，与会众参事也一致认可。黄维庆还提出，精武会各科需将其办事细则、各科主任及其科员名单，限期于下期常会召开时提交。之后，黄维庆、陈善、崔聘西等人又分别针对各地精武体育会会员证的统一问题、参事会设置布告牌问题、设置议事厅问题等提出各自的建议，并当场进行讨论表决，有的当即通过，有的则视情况再做考虑。1925 年 2 月 7 日，上海精武体育会召开了 1925 年度第 2 届参事常会，会上陈善提议将精武总会会所后楼的化装室改为音乐室，并提出由总会支付 15 元的公款作为装修费，通过各参事员讨论，会议通过了该议题。

其次，参事会负责审议和通过参事会议细则的修订及精武各科科员的当选资格。1925 年 1 月的参事会上，陈善提议组织委员会，修改参事会议细则，得到郑灼辰的附和，大家一致同意通过投票的方式选举修改会议细则委员会，经过投票最后从参事员中选出陈铁生、简世铿、郁瘦梅三人，为修改会议细则委员。[3] 根据参事会章程规定，各科科长有权根据各科工作的需要推荐适当人选充当科员，被推举出的人选需要经过理事会的通过。在第二次参事常会上，按照第一次常会上的决定，各科根据本年度的工作需要将推选出的科员名单提交给参事会进行讨论，会上各科科长纷纷提交科员名单。交际科长劳伯视提出连炎川、崔聘西、郁瘦梅、陈善、姚蟾伯、陈敏、郑福良、程镜川、李世勘、陈子学、简贻孙、李明德为交际科科员；简世铿提出黄维庆为弹子主任，吴茂枝为乒乓主任，莫甘棠为溜冰主任，翁耀衡为游泳主任，姚蟾伯为杠子、平台、木马主任，杨仲绰为摄影主任，李佩弦为舞蹈主任，郑灼辰为新剧主任，陈贵立为新游戏主任；陈善提出劳伯视为京乐主任，陈铁生、郑灼辰为粤乐主任，陈展璞、陈剑明、林侣衡、宋金润为粤乐科员；陈铁生提出简世铿为书法及书报主任。参事会随后就各科科长所提人选进行表决，提议皆被通过。[4]

精武体育会召开的参事会，除正常性的每月举行的一次常会外，还有非常态下召开的特别会议。《精武杂志》记载有“上海精武参事特别会议记”，这次会议于1925年5月4日召开，“系根据上届常会议定，专为修订参事会会议细则，及审定本会是年预算案”而召开的特别会议。[5]本次会议共有12位参事到会，针对参事会大纲的修改，大会争论激烈。薛巩初认为，参事会大纲曾登载于《中央杂志》第37期上，应根据原稿进行修改。[6]为避免修改内容与原大纲有抵触，薛巩初在会议上将原案宣读了一遍。参事会大纲起草委员连炎川认为，既有大纲起草在前，则参事会议细则，不应与原案相抵触，最多只应对大纲提出修改。劳伯视作为原草案起草员之一，也提议“将该案逐条再付讨论修正之”。薛巩初认为“此细则须改为参事会章程”，以便“办事有所依据”。经过讨论，陈善认为参事受会员付托，故所订章程也应征求会众的意见，因此他主张先推举数人起草，然后召集全体会员会议进行表决，也算是公示于众人。这个提议得到郁瘦梅、张俊庭的赞成。临时主席郑福良将此提议付表决，一致通过。于是用投票的方式，在参事中选举委员，结果郁瘦梅、陈善、连炎川以多数当选为起草委员。同时，会议还决定于此次会议的下周三再次召集特别会议，讨论草案。[7]

## 3. 事务部

在参事会议之外，精武体育会设置有事务部，并通过召开事务会议进行会务管理。精武体育会事务部的设置是精武体育会对参事制管理模式的进一步改革，其原因，一是因参事会中各参事皆有自己的固定职业，担任参事属于义务服务，因而每次开会参事们难以全部到会；二是因平日负责精武具体事务管理的是各科的科长、主任，及其他职员，而未能担任具体职务的参事对某些具体事务讨论就难免产生误解，甚至在解决一些关键问题时相互掣肘。因此，改革参事会，举行事务会议，扩大会议代表人数和范围成为精武体育会改革民主管理制度的内容之一。与之同时，社会各界兴起的改革代议制的民主思想对精武体育会影响很大。在对精武体育会管理制度进行检讨后，精武会认为“凡团体必有机关，多设评议、执行两部”，这是西方代议制在中国的应用，但代议制在当时“已根本动摇，渐有捉襟见肘之势”，因此决定摈弃“此相互牵扯、转动不灵之代议制”“参酌世界最新制度，设事务部”[8]。

对于事务部的运行模式，精武会制订了事务部章程如下[9]：

甲、部中有参事、有科长，科员由科长自择，提出于事务会议通过之。科员人数，视其繁简，另有规定。参事从选举会产出，由参事互选科长；

乙、参事非常驻，遇有每月规定之事务会议，或临时召集之会议则列席；

丙、科长常驻，遇事务会议同列席；

丁、参事及科长，于事务会议，咸有表决权；

戊、事务会议，在到场人员中推举临时议长；

己、科长除日行公事可自决外，遇有特别事故，须招集事务会议，乃能执行；惟遇非常事变，得请求中央精武主任命令，或该处会长命令执行但由该处会长命令执行者，仍须报告于事务会议承认；

庚、有参事或科长一人以上提议者，即可由秘书处通告，召集临时会议；

辛、事务会议有职员五分之一，即可开会。

此事务部章程俟开职员会议通过执行，办事细则另定之。

根据该事务部章程，可见事务部是在参事会之外新生的一个相当于执行和决策性质的权力机构，是精武体育会鉴于已有的参事会制度中出现的弊端而进行的改良。参事部成员的涵盖面远远大于参事会，不仅包括全体参事会成员，还基本将精武体育会内各科科长及各职位的工作人员都包括了在内。根据章程的规定，精武体育会每月召开事务会议处理会务。事务会议是由全体职员参与的相当于今天的“全体职工”大会，不过事务会议有职员五分之一，即可开会。事务会议也如同参事会的召开一样，每月定期举行常会，按照规定，事务会议一般应与参事会一样，安排在每月第二个星期的周六晚上，在参事会结束之后召开常规性的事务会议，因两个会议安排在同一天晚上举行，时间很长，故实际上开会的时间很少有同一天进行的。尤其是当时战争频仍，会议时间尤其短促。如1924年9月7日召开的当年第9次参事会，因江浙战争的影响，上海全城戒严，“华界九时断绝交通”，因时间不允许两会同晚举行，不得已将原定于当晚的事务会议取消，另择时间进行。[10]

总之，精武体育会事务会议所涉及的内容包括制定章程、选举干事部总负责人、中央精武、上海总会、分会的财政统一问题、技击教员薪俸问题、征求会与财政预算问题，以及精武日常事务管理等一系列问题。实际上，事务会议的职权范围基本取代了参事会，而且还有所扩大，几乎除各科科长日常事务能够自行处理之外的所有大小事情皆需交由事务会议讨论决定。

## 4. 管理制度

精武体育会通过制定章程的形式作为完善和巩固其管理的保障。上海精武体育会成立初期，即制定了《中国精武会章程》，章程共分14章，29条，通过制定章程，将精武体育会从名字的订定，到办会宗旨、招收会员的准则、会内教职员工的工作任务和责任、会费收缴、毕业文凭的发放、设置项目种类及会员练习的时间安排等，一一详细地罗列出来（章程见附录）[11]。从1915年第一个精武体育会章程制定开始，虽然随着年代的推移，章程略有修补，但章程的核心内容从不曾改变。章程的制定，使精武体育会有了发展的指南，在精武体育会章程的指导下，精武体育会进一步细化各种规章制度。直到今天精武体育会章程依然是其发展的基本依据。

除了总章程外，精武体育会几乎凡事即以章程的形式规范下来。精武体育会干事部是精武体育会内较为重要的一个部门，相当于精武会的行政办公室。根据资料可以知道，精武体育会参事会管辖下的干事部，设有总干事一人、干事员若干。《干事部章程》规定“总干事商承参事会命令，统率各干事员办理会中一切事务，并按日编入记事录”，章程将各部门分担的工作责任和职能一一分列出来，职责清晰，任务明确。[12]精武体育会有召开征求会的制度，自1925年精武体育会召开第1届征求会，之后，为了“发展会务、普及体育”，并谋“人才”“物力”及“精神”之相助，精武体育会每年都有“一度之征求”。[13]为了更好完成征求任务，每届征求会都制订有征求章程。1925年精武体育会召开第6届征求会员大会，其征求章程将体育会举办征求会的日期、目的、分队、组织、奖励、报告、缴费、利益及附则说明等一一详尽地列进章程内。另外，精武体育会内部根据需要设立有不同的体育运动项目，一些项目又成立有专门的项目队伍，如精武体育会内的排球项目和篮球项目，就有专门的排球队和篮球队，根据不同队伍的组建情况，精武会在其成立时也分别制定有篮球队章程、排球队章程等。[14]

精武体育会还就体育会内部成立的各类小团体订定章程。如精武会员在练习技击的过程中，根据各自需要组成不同的小团体，这些小团体也往往制订各自的规章，对会员起到了一定的规范作用。其他诸如励志团、惜阴团、健儿团、模范团等组织的建立，也各自制定有一套规章制度，以示规范会员的行动。另外，精武体育会内还成立了一些武术研究团，这些小团体同样通过制订规章的形式，保证活动的正常进行。例如，太极拳长者班简章、国术班简章、技击班简章（即西洋拳术）、太极拳研究团简章、教员拳术研究会章程等，涉及其他体育项目的则有乒乓队简章、游泳班简章、摄影研究班简章、旅行团简章、网球队简章、救护班简章、京剧部简章等。

精武体育会上述章程，会根据实际需要进行修改完善，体现出了既民主又集中的管理模式。精武体育会各种章程的制订，成为其管理职能有效实施的保障，通过一系列章程，一方面规范了精武体育会各项活动的内容，另一方面给各项活动提供了规章和程序方面的依据。正因为它有着自身较为严密的民主管理制度建设，使精武事业在近代中国的体育发展史上显得尤其突出。

## 第二节　创办报纸，联系社会

晚清以来，上海就已成为中国新闻出版业最发达的地方；民国建立后，新闻出版业更加繁荣起来；到了20世纪二三十年代，报纸成为人们了解外界的新式和普遍的工具，《申报》《新闻报》及各类小报、晚报等迅速发展起来。报纸中的“论说”、报道，成为城市居民获得各种信息的主要来源之一，远自世界大事、国家大事、天气预报，近至物价涨落、市政管理、赛马、看戏，都由报纸刊载，看报成为近代上海市民生活的重要组成部分。[15]

上海精武体育会自成立之后就十分注意建立与报界之间的良好关系，利用报界做好宣传，扩大社会影响。一方面，精武会领导层内很多人本身就是当时上海乃至中国报界的精英人物，如精武会董事罗啸璈为《广东七十二行商报》社长，长期担任精武会书记的陈铁生是上海《广肇周报》的重要撰稿人；另一方面，精武会利用当时享誉国内的报章，如《时报》《益世报》《大中华商报》《河北日报》《大公报》《泰晤士报》《时闻报》等，密切关注中国体育事业的特点，大力报道和宣传精武体育会的活动。

广东人创办的报纸是近代宣传上海精武体育会较多新闻媒体之一。上海精武体育会虽然由陈其美、霍元甲等人创办，但在霍元甲去世后，精武会实际上由广东和上海两地的商人主导，其中又以粤人为主。长年主持精武会的三位核心成员（陈公哲、卢炜昌、姚蟾伯）。陈、卢二人都是广东中山人，在广东精武体育会开办之时，经过广州当地绅商的引荐，集体加入精武会为会员，从此各地精武会的大小活动都得到上海和广东两地报界的大力宣传。当时广东的《天声日报》《国华报》《广东七十二行商报》等都对广东精武分会的成立进行了详细的跟踪报道。[16]

《广东七十二行商报》是与精武体育会有密切关系的一份报纸，创刊于1906年9月15日，是民国时期在广州创办的时间最长的一份经济类报纸。创办人为黄景棠，总经理兼发行人为罗啸璈，曾改名为《七十二行商报》。自1919年起，罗啸璈全权负责该报的社务及采编工作，直至1935年7月逝世。《广东七十二行商报》主张“以爱国之热诚，为强国之基本”“有监督商人之责任，亦有监督政府之义务”，是近代广州商会的“喉舌”，也是广州商界各行各业观点的集散地。《七十二行商报》负责人罗啸璈是广东精武体育会的主要发起人之一，又以上海总会会董的身份成为上海总会的主要负责人之一，因此《七十二行商报》对精武体育会的活动宣传尤其尽力，对精武体育会尤其是广东精武分会的成立和发展自始至终十分关注，事无巨细皆大力宣传和报道。《精武本纪》对广东精武体育会的编写基本就是以引用该报刊的报道来记述的，通过该报精武体育会将其办会宗旨和精神、精武体育会的活动等宣传给民众。[17]

陈铁生曾为霍元甲被害一事写挽联悼念，挽联写道：

> 瞻仰昂昂金刚汉，力巨出神，拳精入化，飞龙踞虎，尚武精神，浩气鹏鹏贯牛斗。
>
> 讴歌堂堂勇大侠，胆坚铁石，志烈秋霜，爱国忧民，强我民族，大义凛凛满乾坤。

这副挽联精辟概括了霍元甲的一生，其内容据称最早就是在《广东七十二行商报》上登出的。由于史料缺乏，具体刊发日期现已无从考证。

《广肇周报》是另一份与精武会关系紧密的报纸。《广肇周报》成立于1919年3月，是由广东旅沪人士创办的以报道广东地方消息，刊登知识性、趣味性文章，以及小说、游记等。因其站在商人的立场反

1920年出版的《广肇周报》封面

对军阀混战，主张国家统一，呼吁发展民族经济，抵御外侮，故在时人的心目中地位突出。[18]《广肇周报》宣传“尚武”“强种”“强国”，积极报道上海精武体育会的活动。例如，1919年12月19日-21日，精武体育会为建设精武公园，特别召开游艺会，筹集经费，《广肇周报》就进行了详细报道，对精武体育会所奉行的精武精神大力宣传，扩大了精武体育会在上海市民心中的影响。[19]

在精武体育会的发展过程中，其他各地的报纸之宣传同样起到了助推器的作用。不仅各地精武会建立时报界大力宣传，每有重大外事活动，上海的《申报》《新闻报》等多家报纸，也纷纷派其驻外记者，密切关注精武体育会的动向，“每有行动，辄发电报告”[20]。另外，西方报纸对于中国的体育发展情况也非常关注，对极力推崇中国国产体育的精武体育会的大小活动皆予报道。例如，1916年11月5日，精武体育会举行第4届毕业运动会暨第1届高级会员毕业典礼，此次毕业典礼孙中山亲自出席，并有勉励国人习练技击的演说；为了增加观众对精武体育的理解，运动会上增加“武术释义”一节。因此，上海中西各报新闻记者都加以关注，纷纷发表评论，“多奖励语”[21]。又如，1917年11月，精武体育会召开的第5届技击毕业典礼，进行了“技击军用实施法”表演，被时人认为是最新式的军事操练，备受国内外人士关注。该次活动除了“国文报纸多奖励语”外，“英人之字林报，美人之大陆报，皆表同情”，“字林报于会医林锦华之科学证明尤多赞美，大陆报长篇大论记载更详”[22]。

精武体育会北游京津时，精武体育会借助《广东七十二行商报》主编罗啸璈与两地报界相熟的关系，建立并加强了与报界的联系。筹备阶段即得到京津报界联合会朱季箴及《舆论报》主任侯雪农的欢迎函。北游团队到达天津后，即得到京津汉文《泰晤士报》总理熊少豪款待。熊少豪作为天津汉文《泰晤士报》社长，1921年参加北京全国报界联合大会时，罗啸璈以《广东七十二行商报》主席的身份与之结识。当罗啸璈带领精武旅行团到达天津后，熊少豪即将其报社同事李我生、胡稼秋二人介绍给精武会。[23]旅行团在京津期间，熊少豪代表北方报界宴请精武旅行团，并将他们介绍给新闻界，使北游旅行团得以结识《益世报》陶荷亭、《大中华商报》萧润波、《河北日报》许润民、《华北新闻》周拂尘、《大公报》陈伯益、《时闻报》李秋岩，及新闻记者季敏如、姚敬轩等人，使北方新闻界对精武体育会这一民间体育组织的“强国强种”“保存国粹”“创立体操”等宗旨和“利国利民”的作用有了充分的了解。在报界的努力下，北方各大报纸皆登载了精武会代表北来之事，对精武宗旨、特点、精神、目的等予以全面解读和宣传，并跟踪报道了上海精武体育会在京津两地的大小活动。[24]陈铁生在《上海精武体育会内传》中评价，“广东有啸璈主任之《七十二行商报》，天津有熊少豪主任之京津《泰晤士报》，北京有侯雪农主任之《舆论报》，皆精武之护法军也。”[25]道出了精武体育会与当时报界之间的密切关系。

# 第三节 加强图书出版

西方体育活动在上海的开展，使国人领略到“体育”这一运动的魅力，人们逐渐以欣赏、讨论、参与各种体育活动作为一种生活品位、一种生活时尚。在19世纪末，体育作为娱乐的一项内容出现于报端，租界地区的报纸常有赛船与赛马等体育消息登载。华人报纸最早开设体育专栏的是《申报》，在20世纪20年代初之前，体育常安排在该报的教育消息中，形成一个小栏目。此后，体育所占篇幅越来越大，最后形成体育专栏。继《申报》之后，各大报纸相继开设体育栏目，如《时报》《新闻报》《大公报》《时事新报》《大陆报》等都设有体育版。在体育刊物方面，除较早的体育刊物《体育界》《体育杂志》外，仅20世纪20年代，上海就出现过11种体育刊物，上海精武体育会主编出版的《精武杂志》就名列其中。

除了期刊外，上海还有许多私人、社团、报社或专业机构出版的各类体育刊物。如马崇淦于1933年创办的《勤奋体育月报》是当时最具影响的私人体育月刊，该刊物对上海的体育史料记载甚详。由上海群众团体创办的期刊，影响最大的有中华全国体育协进会主办的《体育季刊》、精武体育会创办的《精武年报》《精武丛刊》等杂志。这些刊物对当时的上海市民具有相当的影响力，具有一定权威性和导向性。

由于精武体育会以发展技击术为根本宗旨，所以精武书刊以传播武术的书籍为主。精武体育会内聚集了一大批能文能武之士，如陈铁生、陈公哲、姚蟾伯、罗啸璈等。据《精武本纪》记载，1916年，卢炜昌等人曾策划出版月刊，以记载精武体育会一应大小事项，但由于种种原因未能成功。之后，精武体育会又聘请陈铁生等人“计划推销之良法”，于是“乃以撰者附刊于商务印书馆之学生杂志中，命名曰‘技击丛刊’，凡一种之杀青，另刊单行本，仍托商务印书馆印行，今之潭腿与潭腿挂图、五虎枪、达摩剑、合战、童子军、实用棍谱等是也。”[26] 陈铁生在精武书刊的《出版纪略》一文对此也有记录，“余五年（1916年）入精武会，8月撰潭腿第一路，登于上海商务印书馆学生杂志第3卷第8号之技击丛刊栏”，文中图像“由陈公哲用新式快镜摄出，以存其真”。[27] 这是上海精武体育会所撰著和出版的第一部武术书籍。随后，又继续在《学生杂志》的“技击丛刊”栏内“按号刊登”了“潭腿、达摩剑、五虎枪、合战、棍谱之五种”。另外又由商务印书馆出版、发行了两册武术单行本《潭腿》和《达摩剑》，及一幅《潭腿十二路挂图》。[28]

除上述书刊外，精武体育会还刊行有《精武本纪》《精武中央杂志》《精武杂志》《精武月刊》《精武丛报》《精武画报》等书籍和期刊。此外，罗啸璈原为《广东七十二行商报》的社长，1920年作为“五特使”之一被上海精武会派往南洋一带，回国后写成《精武外传》；1923年再次被选派往津京等地宣传，回沪后写成《精武内传》；精武会武术总教练赵连和则著有《功力拳》《潭腿》《达摩剑》等武术书籍；薛巩初著有《技击准绳》等书籍。精武体育会出版的其他方面书籍，还包括医学、音乐等方面。

精武会以普及体育科学为己任，因而利用精武书刊以宣传精武精神，批判错误观点。

现有资料表明，上海作为全国的出版中心，民族传统体育书籍以精武体育会的出版物最为突出。1916 年，上海精武会在上海商务印书馆主办的《学生杂志》上开设了《技击丛刊》栏目，从潭腿一路开始，图文并茂连载中国武术套路，成为精武书刊的最早起源。“余五年八月撰潭腿一路，登于上海商务印书馆学生杂志第三卷第八号之技击丛刊，是为精武会以技击术撰著成书公诸国内之第一次……”

据不完全统计，精武会出版的书刊如下（括号中为出版时间）：《精武》（1918）、《精武画册》《精武本纪》（1919）、《精武外传》（1921）、《精武内传》（1924）、《精武粤传》（1925）、《精武医说》（1918）、《精武之回顾及今后之希望》《精武会章程》（1924）、《精武自励团长章程》（1924）、《教员条例》《潭腿》（1919）、《潭腿十二路》（1919）、《潭腿精义》《达摩剑》《工力拳》《十字战》（1919）、《合战》《五虎枪》《武铎》（1921）、《降龙棒》《少林宗法》《少林拳术图说》《硬捶挂图》《太极浅说》《国技大观》《技击准绳》《潭腿挂图》《潭腿十二路全图》《测光捷径》《新乐府》《粤曲精华》。

此外，精武会还出版过的期刊包括：（1）《中央》（1921），该期刊每月 15 日出版，1924 年 2 月改为《精武杂志》，1925 年 10 月改为《精武月刊》。（2）《精武画报》（1927）。（3）《精武春秋》（1929）（季刊）。（4）《精武年报》（1929-1934）。（5）《精武丛刊》（1933 年 12 月 -1937 年 8 月）等五种，以及特刊《精武特刊》（1923）、《精武本纪》等 6 种。

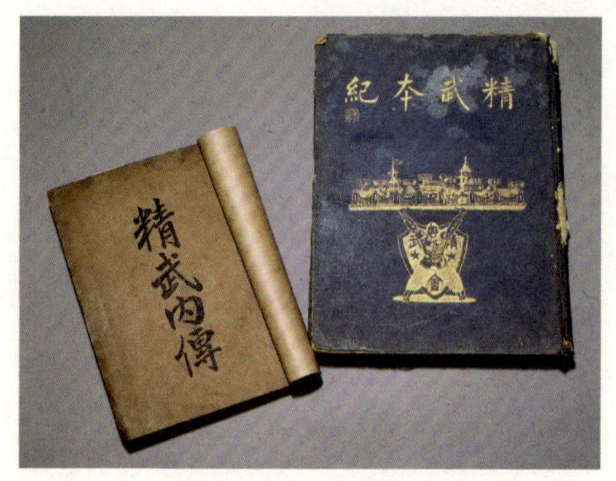


《精武本纪》与《精武内传》书影

精武各分会亦办有月刊、特刊、画报等，其内容含涉广泛。例如，1925 年首刊的《佛山精武月刊》内容涉及言论、武库、文苑、说海、艺术、列传、乐府、杂俎、纪事、演讲、特载、余兴等专栏。1926 年首刊《精武杂志（香港）》。

新中国成立后编写的《精武拳械录》获得国家体育总局颁发的“武术挖掘奖”。同时，还拍摄了《精武十套》和《太极五式》等资料录像带，作为国际精武武术传统拳术比赛规定动作。1997 年还编写了《上海精武体育总会会史》，为传统武术的发展起到了规范和促进作用。近些年出版了《精武会讯》。

从精武体育会保留下来的现有资料发现，精武体育会出版的书目有 44 种，其中书籍 31 种、期刊 7 种、特刊 6 种，内容涉及精武理论、武术理论与技术、纪事、章程等，主要书籍都是由商务印书馆、中华书局出版发行。[29]

创办各种体育书报，是上海精武体育会文事部下最重要的一个科目，精武体育会体育书刊的创办适应了当时社会环境的需要。

# 第四节 办分会，办赛事

上海精武体育会正式成立的早期分会有三个，均分布在上海。

自1916年精武体育会迁到杨树浦提篮桥倍开尔路73号后，会员日众。倍开尔路地处租界，属于当时上海的东区，离市中心区较远，会中人“以途远，未够时间往返，多感向隅”[30]。当时有很多精武会员居住在北四川路（今四川北路），该处为当时虹口商场的中心点，来往人员很多。1917年有会员在北四川路寻到位于横浜桥桥畔福德里内的一幢房屋，作为设立分会会所之用。经过商议，上海精武体育会决定在此建立分会，作为上海的北区分会，这是上海精武体育会的第一分会。上海精武体育会从总会中抽调教员及高级毕业会员，分班到第一分会授课。第一分会的开设，不仅方便了在此居住的会员到会练习，而且吸引了更多的人加入精武，上海增加了一个可以习练体育的场所。[33]

在上海第一分会的影响下，上海精武体育会第二、第三分会相继成立。当时，上海南市中国商团成员很多都曾加入精武会为会员，其中会员薛培坤、刘永康、曹永康三人倡议在沪城新北门成立一个分会。在三人努力筹划下，上海精武体育会借煤炭公所作为会址，开辟了上海精武体育会第二分会，是为南区分会。当时，担任技击部长的卢炜昌任命霍元甲之子霍东阁主持第二会所的会务。[32]上海法租界内建有山东会馆，会馆“馆舍广大，建筑雅致”，馆内建有面积达五亩之多的园林，是一处适宜娱乐休憩的好场所。

1917年，在山东籍会员宁竹亭的联络下，经山东会馆主事者同意，上海精武体育会借山东会馆的地方成立了第三个分会，是为上海西区分会，由王绍坡任分会会长[33]。自此上海精武体育会在上海拥有了东南西北四区分会，“训练沪人，称盛一时”。[34]除此之外，在20世纪30年代，上海精武体育会还在南京路大陆商场创建有上海特区分会，为热闹的南京路附近的居民提供了一个休憩锻炼的场所。

上海知识阶层属于社会中间阶层，人数并不占绝大比例，但他们的生活方式却影响着城市社会的主流，成为从各地汇集到上海的移民们追求理想的典范。中间阶层将其在校读书期间接受的体育教育带到社会中、生活中，一方面积极参加社会上的各种组织，继续开展体育活动；另一方面还积极倡导和推动体育运动在中国的开展。例如，为了联络感情，上层与中间阶层人士常常组织和参与各类同乡团体、联谊会、校友会等活动，在这些活动中体育便是主要内容之一。

20世纪初期，上海徐汇公学毕业的

民国时期上海徐汇公学少年足球队

学生自发成立了校友会，并于1920年成立体育部，添置弹子房，成立足球队，外出参加比赛。[35]对于工厂、金融机构或者百货公司等而言，体育还是提高工作效率的手段。上海商业储蓄银行为了降低行员的劳动强度，在行员中开展各种文体娱乐活动，丰富职员生活。上海银钱业为联络同行感情，增强员工体质，各行庄纷纷提倡乒乓运动，举办“银”“钱”两组乒乓球比赛等。

除了组织专业运动队伍参加体育赛事外，上海精武体育会还积极主办和承办各种现代运动会。精武体育会主办或承办体育比赛的想法，早在1923年中华体育协会成立时就有设想。近代中国的体育赛事，基本上完全由外国人所把持。1923年，第6届远东运动会在日本举行，中国体育界决心发起组织全国性体育组织，由中国人自己来主持国际、国内体育比赛的一切事宜。中国代表团刚回到上海，上海精武会领导人陈公哲、卢炜昌等便联合上海体育界知名人士戈公振、熊长卿、唐少川、马子贞等人，商讨成立全国性体育组织中华体育协会。1923年7月7日中华体育协会发起人会议召开，暂借北四川路精武体育会中央大会堂为临时筹备处。由于中华体育协会在当时缺乏在全国具有影响力的体育界人物，加上其组织承办大型体育比赛的能力有所欠缺，1924年在中华体育协会与中华业余运动联合会联合的基础上，中华全国体育协进会正式成立，作为领导全国体育的机关。中华全国体育协进会共有9名董事，上海占5名，其中卢炜昌、聂云台等人为精武体育会成员。

近代的中国，体育人才稀缺，有能力组织及举办运动会的团体和单位很少，而精武体育会内汇集的各类体育人才，对西方体育竞赛较为熟悉；加上精武体育会每年一届召开毕业运动会，尽管毕业运动会以武术表演为主，较少有竞技比赛的性质，但其筹备运作模式仍然使精武会积累了大量的筹办体育赛事的经验；尤其是20世纪20年代，精武体育会一直参与筹备中华体育协会和中华全国体育协进会，了解和掌握了一些经办和主持现代体育比赛的知识。以上种种原因，使上海精武体育会在近代体育赛事的筹划和组织方面较其他民间体育组织更胜一筹。

## 第五节 利用政界资源

近代的中国，外强环伺，国内政局不稳。上海精武体育会成立之时，正是中国革命风雨欲来之时。随着清廷立宪骗局的被揭穿，陈其美等革命党人联合上海地方绅商响应武昌革命，发动上海起义，成立沪军都督府，实行共和。1912年1月1日，中华民国临时政府成立，但民主革命的成果很快为袁世凯所窃取，上海再次落入北洋军阀的手里，战争再起。此后，上海成为各派军阀争权夺利、连年混战的场所，这种状况一直延续到国民政府统治上海。国民政府在上海建立国际大都市的计划尚未实现，中日之间的交锋再起。加之，近代上海又处在公共租界、法租界、华界一市三治的特殊政治环境中，三方势力交织于一地。在此形势下，作为民间社会团体的上海精武体育会，既要远离政治，又不能离开政治，力图保持精武会的政治中立，但又能够灵活变通，通过与政界的友好交往来积极扩大精武体育的影响范围。因此，在1912年，袁世凯发布解散社团令时，精武会因不问政治，而未被取缔。

精武体育会的前身是在清末民初军国民思潮影响下，以陈其美为首的爱国人士为培训反清革命志士而设置的具有学校性质的军事训练机构。虽然随霍元甲的去世，陈其美的军事训练计划未能如愿进行，但早期精武体育会的生存和发展仍然得到了陈其美等人的暗中支持和保护。1912年，上海精武体育会会员在绍兴挂起精武分会的牌子，进行武术教授活动。当时，刚刚取得绍兴政权的革命党人王金发并不清楚精武会的来历，下令取缔之，“幸前沪督陈英士函电纷驰，始保无恙”[36]。广东精武体育会则得到了地方军政各界的大力支持，杨达三、陈廉伯、李烈钧等人在广东精武分会的成立和早期发展上出力不少。[37]

上海精武体育会利用早期革命网络所带来的社会资源，借每年举办毕业典礼及运动会之机，常常邀请孙中山、吴稚晖等政界闻人到会发表演说，借以联络感情等。由于陈其美与孙中山的关系非同一般，因而孙中山对由陈其美等人发起成立的上海精武体育会十分重视，不仅多次出席精武体育会举办的各类庆典活动，屡次在精武技击运动会上发表演说，而且在精武体育会成立十周年纪念之际，应邀为精武会亲笔题词“尚武精神”四个大字，并为《精武本纪》作序。到了20世纪二三十年代，上海精武会邀请政界人物出席运动会、各种游艺会及征求会员开幕典礼等活动是很常见的事。例如，1936年2月16日，在精武会所举行的第17届征求开幕典礼上，上海精武体育会曾邀请当时上海市长吴铁城（李大超代）、当时任国民政府行政院秘书长的褚民谊等参加，二人相继代表上海官方致辞和发言。[38]邀请政界人物出席各种活动，既是精武会扩大自身影响的手段，也是联络与政界感情的较好方式之一。通过领导人物发言，一方面借以宣传“体育”，号召更多人参加到运动中来；另一方面也扩大了自己的社会影响，与政府保持良好的关系。

此外，精武会还通过负责人私人与政界人物的良好关系，扩大精武会的社会影响力。陈公哲曾回忆他与孙中山的一段交往：1911年12月，辛亥革命胜利后，孙中山由香港回到上海，为了庆祝胜利，“上海香山同乡会同仁首开欢迎会于老靶子路扆红园”，陈公哲之父陈升堂是上海粤瑞祥五金号老板，作为孙中山的同乡也参加了此次欢迎会，陈公哲由于随其父同往，因此“获识总理”[39]。中国精武体操会改组为体育会后，尤其是主要创办人陈其美去世后，精武体育会改革宗旨，强调“不许预闻政治”。由于一直“不肯参加孙总理孙中山政治活动”，“常受彼部下指责”。[40]1922年，陈炯明炮轰广州总统府，孙中山偕胡汉民、汪精卫、黄惠龙等人离粤乘轮赴沪，刚好与从香港返回上海的陈公哲同乘一船。在船上，陈公哲与孙中山相遇，谈到精武体育会与革命事业问题，陈公哲当面向孙中山申述了精武体育会的政治立场。陈公哲道：“先生孙中山遭陈炯明之反叛，殊属不幸，本人甚表同情。先生提倡革命，为国勤劳，素所敬佩，历年以来，精武开会，屡蒙在临，发表言论，提倡体育，精武会与公哲个人既荷垂注，但未尝参加革命工作者，盖欲建立为一纯粹社会团体，提倡武术。若一旦参加政治，各处分会，易遭地方不同派系之官厅禁阻，所以洁会自好，非不赞成革命也。以处境关系，为求成事，不得不尔，今幸同舟，借此一申积愫，且先生之革命成功，党员已众，亦不在乎多精武一团之参与。先生向革命一途迈进，余则向体育一途建设，未敢谓为分道扬镳，然彼此相得而益彰。”[41] 孙中山认为人各有志，对上海精武体育会远离政治的立场予以鼓励。1927 年后国民政府加强对民间各类社团的监控和清查，精武体育会一方面凭借初创时期积累的革命关系网络，另一方面因为有着与孙中山论证政治志向的特殊交往经历，最终逃脱了被取缔的命运。

邀请政界人物担任精武体育会的各类职务，是精武会保持与政界友好关系的主要策略之一。虽然精武体育会的历届领导人一再强调该会避免谈论政治，并将“概不许预闻政治，尤不争门户短长”作为精武体育会的宗旨之一，[42] 但为了生存的需要，不得不出于务实性的考虑，与政界保持一定的联系。在国民政府统治上海之前，精武体育会通过各种关系联络孙中山、汪精卫、蒋介石等当时一些政界名人，并加强与英美租界的关系，以取得其生存优势地位。1927 年南京国民政府名义上统治全国之后，为了与政府保持良好的关系，精武体育会聘请上海市政府高级官员担任名誉会长，以取得当权者的肯定和优待。

20 世纪 30 年代之前，担任上海精武体育会会长的周金箴、朱庆澜、吴耀庭等人虽然名义上与政治无关，但实际上却与政界有着某种联系。周金箴在 1914 年 -1915 年间担任上海精武体育会第三任会长，在任期间曾于 1915 年 10 月被任命为沪海道道尹。

早年担任上海精武会会长的朱庆澜（1874-1941）将军

1919 年担任会长的朱庆澜，早年曾与同盟会员程潜等人在四川编练新军。辛亥武昌起义后，朱庆澜响应革命，宣布四川独立，一度被推为四川大汉军政府副都督。1912 年，朱庆澜被任命为黑龙江督署参谋长，后改任护军使兼署民政长、巡按使、黑龙江省将军。1916 年 7 月，朱庆澜受段祺瑞任命，担任广东省长，翌年 7 月，任广东新军司令。张勋复辟，朱庆澜首先通电声讨，响应孙中山的“护法”主张，并电请孙中山来粤主持大计。1917 年 7 月 17 日，孙中山率起义海军及部分国会议员抵达广东后，受到朱庆澜的欢迎与支持，并从省长警卫军中拨出二十营改编为护法军。段祺瑞对朱庆澜的行为大为不满，逼其离开广州。之后，朱庆澜寓居上海，被上海精武体育会聘为会长，一直与孙中山领导下的革命党人保持着密切联系。

1921-1925 年任上海精武体育会会长的吴耀庭，虽是商界人物，由于其 20 世纪 20 年代初曾帮助蒋介石发起成立上海证券物品交易所，因此与蒋介石等人一直保持着较好的私人关系。

1930-1937 年间一直担任上海精武总会会长的褚民谊，是国民党的元老，年轻时曾留学日本，后随同乡张静江赴法国，途经新加坡时参加同盟会。在法国巴黎，褚民谊与吴稚晖、李石曾、蔡元培等人创办中国印书局，发行《新世纪月刊》《世界画报》等，宣传反满革命。1937 年上海沦陷后，褚民谊投靠汪伪集团，叛变投敌，抗战胜利后，褚民谊在广州被军统局诱捕，1946 年 8 月 23 日，褚民谊以汉奸罪在苏州狮子口监狱刑场被执行枪决。

1943 年任精武会长的闻兰亭，名义上虽然是商界人物，但其与当时政界各方人士交好，为老上海"海上三老"之首。闻兰亭身份复杂，与中共、国民党、日伪都有一定的关系，也曾加入青帮，晚年丧妻后，开始信佛，热心参加各种慈善活动，担任了许多孤儿院、残疾院、教养院的院长或董事。"一·二八"事变后，他负责上海市民地方维持会红十字会的救济伤兵工作。抗战爆发后，他担任上海慈善团体联合救济会董事等职，先后办起四五十个难民收容所。中共曾利用他的影响成立难民教育中心和难民学校，教育和动员难民参加中共领导的各种抗日斗争。1944 年闻兰亭又担任汪伪中国实业协会监事长、全国商业统制总会理事长，为日伪统制上海物资奔波。虽然与日伪关系密切，闻兰亭也曾让国民党军统在家中安置秘密电台，发送日伪情报，同时他还向中共地下工作者提供一些日伪经济活动情况，并出面保释过一些被捕的中共地下党员。[43] 这样一个与中共、国民党、日伪三方政治力量皆有关系的人物担任上海精武体育会的会长，在客观上保护了精武体育会，避免了在抗战时期被完全摧毁的命运。

此外，精武会还与其他社会各团体保持良好的关系。1922 年，中央精武组织的北游京津团，目的之一就是积极经营与各社会团体之间的关系。与上海各团体建立并保持良好关系的另一个体现是，与基督教青年会、中国体育会、中国武术研究会、中央国术馆等社会团体有着良好的沟通联系。王阁臣在担任 1916-1917 年精武会会长期间，因其曾担任过上海基督教青年会董事会中国籍会长，[44] 加强了体育会与基督教青年会之间的联系。陈公哲曾参与中央国术馆的筹备和建设，后者作为国民政府成立的官方武术传播机构，中央国术馆可以通过行政力量在全国各省市县建立分支机构，向全国推广武术。1936 年 4 月 12 日，精武体育会联合上海市国术馆、中华体育会三团体，借上海八仙桥青年会，宴请时任中国国术馆馆长张之江，讨论体育发展问题，沟通信息。[45]

总之，上海精武体育会通过良好社会关系网络的构建，扩大了社会影响，推进了自身的发展。

# 第六节 名人评述精选

## 1. 孙中山先生《精武本纪序》

自人类日进于文明，能以种种经验资用器具而抵抗自然。至于今日，人智所发明者几为古人梦想拟议所不到。盖云：盛矣！然以利用种种器具之故，渐举其本体器官固有之作用，循用进废退之公例而不免于淘汰。此近来有识者所深忧也。概自火器输入中国之后，国人多弃体育之技击术而不讲，驯至社会个人积弱愈甚。不知最后五分钟之决胜常在面前五尺地短兵相接之时，为今次欧战所屡见者则谓技击术与枪炮飞机有同等作用亦奚不可。而我国人曩昔仅袭得他人物质文明之粗末，遂自弃其本体固有之技能，以为无用，岂非大失计耶。我国民族，平和之民族也。吾人初不以黩武，善战策。我同胞然处竞争剧烈之时代，不知求自卫之道则不适于生存。且吾观近代战争之起，恒以弱国为问题，倘以平和之民族善于自卫，则斯世初无弱肉强食之说。而自国之问题不待他人之解决，因以促进世界人类之平和我民族之责任，不綦大哉！易曰：慢藏诲盗，冶容诲淫。孟子曰：人必自侮而后人侮之，国必自伐而后人伐之。此皆为不知自卫者警也。精武体育会成立既十年，其成绩甚多。识者称为体魄修养术专门研究之学会，盖以振起从来体育之技击术，为务于强种保国有莫大之关系。推而言之，则吾民族所以致力于世界平和之一基础！会中诸子为精武本纪既成索序于余，余嘉诸子之有先知毅力不同于流俗也。故书此与之。

中华民国八年十月二十日

## 2. 朱执信《精武本纪》序文

序文原稿见第321页。

## 3. 吴敬恒《潭腿序》

先秦射御与书数并重，汉魏载籍，状人性行，亦每称读书。即并言击剑，或云学书不成，学剑又不成。或射或御，或击剑，随各时期之风，其实皆即一种锻炼体魄之修养术。性情务极美善，智识务极精微，体魄务极强劲。德智体三要素之薰育，新式教育家，类能言之矣。顾在世界开明人类，皆能平均发育。而吾人则狃于宋元以来之儒懦主义，号称偏尚德，智次之、抑体而不言。驯至以薄弱之体魄，不惟智识得其粗忽，而道德亦遂不能不苟且。从近今二十年，大半皆痛悟其非。然学校中增设体育一科，犹不过以装饰品视之。仍屏与射御击剑同等之体魄修养术若拳术之类者，为江湖外道。甚矣锢蔽之习之不易除也。惟精武体育会，以朝阳一鸣凤，而以讲习会之形式，实立一体魄修养术专门学校之基础。其印行之《技击丛刊》，即体魄修养术之讲义也，春间陈先生铁生曾嘱敬恒弁一言于简端。今连先生均度又命之，余甚愧久为儒懦主义养成之一人，体魄不完具，智识道德遂一无所似。故虽读丛刊，不能悉通，辄谬举吾意，以告相说以解者。

民国七年七月武进吴敬恒

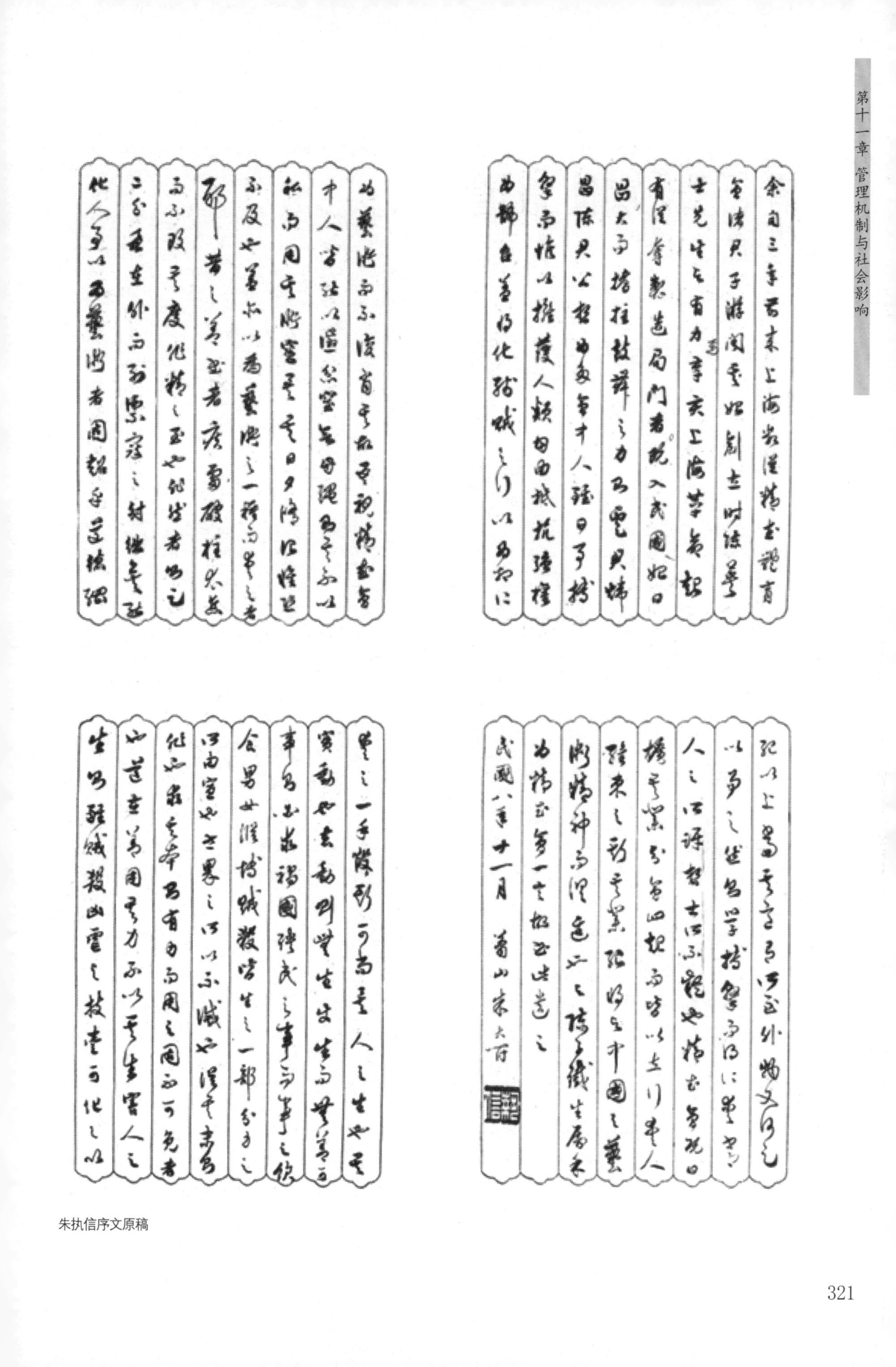

朱执信序文原稿

# 第七节 媒体报道选辑

## 1.《大力士霍元甲传》，萧汝霖撰

霍元甲，字俊卿，天津静海人也。父恩第，以技击有名当时，生元甲兄弟□人。元甲行居四，少善病。年十二与里中八九岁儿角力，辄负。恩第恚曰：令此儿知技，丧霍氏名矣。宅有习技室，元甲独见屏不得入。则穴壁窥之，夜如宅畔枣树园中，潜习，十余年不辍，无知者。诸少年藐之，与角，皆败去，乃稍稍多元甲力。居无何，元甲之天津，赁怀庆会馆为药栈。天津治技击者，妒霍氏名，又易元甲，欲辱之。群至，尽负。景州虎头庄赵氏之徒闻之，阳为力人，就元甲佣。日夜诇之，无所获。一日，三人共肩一巨捆牛膝，重可七百斤，呻而行。元甲蹙额曰：孱哉孺子。三人置之地而目焉。元甲以木承其二，引置栈中。力人夜移筑衢二巨石塞门。元甲晨起，蹴而远之，乃共服元甲能。庚子，拳匪作。其酋韩某欲致元甲，使使馈以礼。元甲俱叩之，闻神拳事，大笑，反其物。使者惭而退，相戒不犯其处。会西教士以急难弃其徒，其徒虞匪至不免，逃且无所之，涕泣载道。元甲闻之，往曰：我虽不善君等，不忍视君等无罪受死也，盍昵就我？于是教徒皆从元甲往。室隘，编苇而居。韩酋闻之怒曰：我以重渠故不之扰，今庇教民辱我，不翦之，不足以张神威。乃以书遗元甲曰：明日巳初，必以教徒授我。薄午，即以千六百神军取汝矣。元甲集众人而告之，且曰：某杀君等也。君等不恃某必逃，逃虽无幸，必有免者。今且奈何？众不知所对。元甲曰：临难而惧，无勇也。弃人于危，不义也。君等以身托元甲，元甲敢不以身报乎？明日，吾将以辰往，巳归。幸而克，君等之福也；不幸，则请迟君等于地下。众皆哭。次日，元甲从容栉沐饮食已，佩刀之匪所。鼓声阗阗然，骑士列广场，左右骋，步者集其后，举刃如霜雪，群待酋命。酋居幕中，踞案而坐，左右手挟二短铳，指挥徒党。元甲瞥然入，断酋二臂，以号于众。众皆股栗，遂溃。津报纪其事，疑为剑仙。当此之时，元甲名闻海内。海内豪侠之士，皆以一见元甲为荣。元甲长不满五尺，为人恭默谦虚，恂恂如也，人以是益重之。未几，有俄罗斯人至津鬻武技者，尝仰卧地上，手持百磅铁哑铃各一，足挟其一，上承巨板，板上置坚木之案，设四雕椅，四人环坐而博，将物事者上下，无患倾侧。登报广告，自署为世界第一大力士，且曰：第二大力士为英吉利人，第三大力士为德意志人。元甲曰：我国虚无一人乎？时俄力士开幕奏技而往，投以刺曰：我以角技来也。力士以询译者，译者为述元甲平生，遂受意出曰：西人鬻技求食，故张其词，以显观者，公何必与较短长？元甲曰：不可，某干二事，愿达之力士，叩其一，曰可与我决雌雄，更请其次。则曰：易词宣众，谢过而已。译者唯唯入。越数日，俄人登报更语而去。武清李富东，年且六十矣，尝为清侍卫教师，海内无与敌者。闻元甲名，使其弟子往风之。数往还，元甲乃之武清。富东与角，弱焉。富东大喜，厚礼之。元甲归语人曰：李公未驰衣束带耳。逾数年，英国有大力士者，至上海，腹上可承铁磴重八百斤，能曳自动车倒行。元甲自津往，属力士已之南洋。力士盖佣于人以鬻技者，其主人犹在上海。元甲偕译者往见之。约与斗，期以明年三月，赛二千金，失诺者罚五百金。元甲以英人品福为征。及期，元甲至，则力士已返自南洋，又如汉口矣。会有白人与黑人决斗，鬻观券者，皆自命为大力士。元甲与其友二人往，门者不之纳。元甲曰：我与力士较力者，亦须券乎？叩其姓氏，肃之入座。睹其技，喟然叹曰：是亦以勇鸣于吾国？国人羞死矣！遂请斗。黑人方克其敌，许以明日。元甲延张园园主张叔和为征。晨往约之。逾午，黑人偕数西人至，律师与焉。谓元甲曰：子毋蹴、毋触、毋拳击、毋肘搉、毋指掌中人，即与子斗耳。元甲笑曰：然则使我卧而承之乎？惧我即窜去，安得为此无理之言。数人大惭而退。元甲遂赁张园，设擂台一月，以俟英大力士。且为各国文扬言曰：我国为病夫国，我为病夫国之病夫，顾愿与天下健者从事。越二十余日，有东海赵其人者，请斗。元甲曰：我为此，欲国人不弱人也。子不我与而敌我乎？赵曰：若设台，我扑台耳，胡餂我为？元甲不得已，与周旋。久之，推赵堕台而随之曰：汝我匹也，可以休矣。赵曰：不僵一人，毋休也。元甲又起与斗，惧失外敌，不敢尽能，曳之卧。赵衔而去。英人以力士遁，品福亦不知所往，欲索罚金，法无征者诉不得直，事遂寝。东海赵之师曰张文达，至上海，欲复元甲。与元甲语，甚嫚。沪上好事者，襄之。复赁张园，设擂台。元甲适有心疾，与其弟子刘正声往视。文达立台上，呼而搦焉。正声代其师与斗，自午及暮，未已。园主鸣铃止之。明日复往，元甲以温语慰之，欲释前隙。与文达者叱曰：呼将伯以御敌，非夫也。文达益张。元甲曰：今日之事，吾弟子且以十五分钟奏捷。文达曰：我仅识若，不识若弟子。元甲曰：某虽病，敢与君约，三出外跌君者，我负矣。跃而上，一进破文达门户，再进跌文达于胯下。举拳厉声曰：张文达，若为异邦人，吾手下无完躯矣！观者万余人，皆大呼。文达仓皇遁去。有善元甲者，谓元甲宜广其传，遂留海上。募赀设精武体育会。先是元甲友某，以丧父逋万金，求佽于元甲，元甲与之。友营商败，不能偿，元甲诸兄弟有间言。元甲患之，遂疾，至是愈剧。或送之至秋野医院。秋野日人也，知元甲善技击，邀之往观柔道会。元甲以疾辞，固请。乃与刘正声偕。日人欲与角，元甲不可。强之，命正声。日人进扑，正声欲颠之，不得，阳卧，伸足出正声胯下。正声侧而蹴之，伤股。继进者，怒而前，势甚疾。正声迎挤之，仰跌寻丈外。其三人，乃舍正声扑元甲。元甲执其手，肤裂，投之落地，折其胁。日人皆盱愕，与秋野语良久。元甲归，秋野敬之异于他日。明日，元甲疾忽剧，强舌望阳，未几遂卒。年四十有三。

萧汝霖曰：宣城农劲荪君，为余道霍公平生。好任侠，重然诺，济人如不及，誉人如不足。有德于人，终身不伐。负绝技二十年，不骄不馁，未尝败衄。之精武会，睹其遗像，质朴如村农老圃，想象其为人，盖笃厚君子也。宁独无惭于古勇士哉。于虖，霍公殆进技以道者矣！

（载1916年1月《青年杂志》第一卷第五号，《青年杂志》第二卷起改称《新青年》）

## 2.《述精武体育会事》，萧汝霖撰

庚戌春三月，霍元甲旅居海上，喟然而叹曰：“彼苍者天，我生不辰。”其友曰：“何也？”元甲曰：“使我生数百年前，以长矛短剑杀贼报国，立不朽功，如拾芥耳。今科学明，火器出，行阵变。虽有武勇，将安用之？”其友曰：“不然。数百年前，人以长矛短剑为能，君可独雄乎？且吾国人方病孱弱，聪明之士，鄙夷斯道，下焉者习焉不能精，精者不能以文采自见而传之国人，传者各宗其宗以相仇敌，莫知大体。师弟子授受之际，贤焉者以为杀人之事，不可妄教。不贤者秘其异能，以为逢萌之备。其由来久矣！君以盖世之名，登高而呼，首倡斯道，以广其传，大道为公而忘其私，君且不死矣。”元甲雀跃而起曰：“某虽不敏，请事斯言。”是岁六月一日，精武体育会成，元甲之友农劲荪者，实赞其事。越七十日，霍元甲卒。与会事者，感元甲忱，不肯中辍，聘虎头庄赵氏之徒充教育，来学者且千人，故精武体育会所习者皆虎头庄赵氏之技也。会中习艺时间，早夜为多，作业者不使害其生，按时而往，就班而练，受技而退，随时与地以温习之。人悦其简而易从，故出入会中者，实繁有徒。寄会所食宿焉攻斯道者，数十人而已。至于今年，已阅五岁。习艺会中者，虽无奇技异能，而人皆肢体畅舒，精神发越，方之恒人，相去远矣。本年十一月二十二日，会中举行毕业式，各奏其所得以劝国人。会所隘，不能容观者，假座民兴新剧社，余亦往间其席。所习拳，以弹腿为基，复有醉八仙、工力拳、黑虎拳等；所习械，有单刀、双刀、大刀、花枪、双拐、虎头钩、三节棍、齐眉棍、九节鞭等。有南洋中学拳术教师，曰刘正南者，率学生十余人至，皆演拳斗械。江浙民风，视朔方为脆弱。沪上辟埠以来，旅居是间者，尤为繁华所中，靡者几不胜衣矣。得是会而振其敝，毋乃空谷之足音欤？虽其造诣不深，亦足多也。日本柔道之会，击剑之场，遍于全国，侨居之地，往往而有。其国中学生，群居游戏，莫不以相扑柔道击剑争胜负，故其民大率短小精悍，勇于赴事。然彼所谓具大力、负奇技者，与吾国拳术大家比长絜短，则固不可同年而语也。顾日人之绩，则以蕞尔小邦为东亚盟主，吾民乃寝无栖息地矣。然则国民之强弱不贵少数人具大力、负奇技，而在多数人晓武术健身手耳。余以为吾国之技击，惟器械之仅适于私斗者，人皆习之，且以为好勇作乱之赀，绌之可也。拳术保而昌之，其为吾族雄飞之道，可以强身体，可以隆武德之券乎？霍元甲有言曰：“吾霍氏之技，手仅一手，刀仅一刀，枪仅一枪，吾固不愿吾国人徒以一手一刀一枪胜人也。”斯言也，愿为精武体育会诸君诵之。

（载1916年1月《青年杂志》第一卷第五号）

# 第八节 文学与影视作品

## 1. 早期文学创作

据不完全统计，20 世纪 30 年代以前，以精武会或者精武会人物、事件等进行的文学创作主要有：

| 出版年份 | 书名 | 章节 | 作者 | 出版单位 |
|---|---|---|---|---|
| 1913 年 8 月 | 虞初近志 | 第 2 卷《记霍元甲逸事》 | 丕文 | 上海广益书局 |
| 1916 年 1 月 | 青年杂志 | 第 1 卷第 5 册《大力士霍元甲传》 | 萧汝霖 | 新青年社 |
| 1916 年 6 月 | 风尘奇侠传 | 大力士霍元甲传 | 萧汝霖 | 振民编辑社 |
| 1916 年 12 月 | 拳术 | 拳术见闻录 | 向恺然 | 中华书局 |
| 1917 年 | 清稗类钞 | 第六册技勇类《霍元甲七世善拳》 | 徐珂 | 中华书局 |
| 1917 年 6 月 | 续风尘奇侠传 | 霍公元甲遗事并精武体育会之梗概 | 卢炜昌 | 振民编辑社 |
| 1919 年 | 武侠大观 | 侠中勇《大力士霍元甲》 | 姜侠魂 | 振民编辑社 |
| 1920 年 2 月 | 精武本纪 | 大精武主义·历史 | 陈铁生 | 上海精武体育会 |
| 1922 年 10 月 | 留东外史续集 | 第十三章 | 向恺然 | 中国图书公司 |
| 1923 年 6 月 | 近代侠义英雄传 | 多个章节 | 向恺然 | 世界书局 |
| 1923 年 9 月 | 国技大观 | 轶事类警顽篇《赵玉堂》 | 向恺然 | 振民编辑社 |
| 1925 年 | 江湖游侠传 | 第二十六回 | 向恺然 | 新华书局 |
| 1926 年 | 霍元甲演义 | | 庄病骸 | 新华书局 |

## 2. 电影作品

据不完全统计，自精武会创建以来，以精武会或者精武会人物、事件等进行的电视剧创作主要有：

| 首映年份 | 片名 | 主演 | 摄制地区 | 制作单位 |
|---|---|---|---|---|
| 1944 年 | 霍元甲 | 舒适 | 中国大陆 | 中华电影联合股份有限公司 |
| 1972 年 | 精武门 | 李小龙 | 香港 | 香港嘉禾电影公司 |
| 1975 年 | 重建精武门 | 嘉凌、向华强 | 台湾 | 香港得利影业公司 |
| 1976 年 | 新精武门 | 成龙、苗可秀 | 香港 | 罗维动作电影厂 |
| 1977 年 | 精武门续集（唐山大兄 2） | 何宗道（黎小龙） | 台湾 | 香港七海影业公司 |
| 1981 年 | 迷踪霍元甲 | 元茵 | 香港 | 嘉氏影业（香港）公司 |

| 1982年 | 霍元甲 | 梁家仁 | 香港 | 思远影业公司 |
| --- | --- | --- | --- | --- |
| 1987年 | 好小子第4集——跨越时空的小子 | 左孝虎 | 台湾 | 汤臣（香港）电影有限公司 |
| 1991年 | 新精武门1991 | 周星驰 | 香港 | 浚昇影业公司 |
| 1992年 | 漫画威龙（新精武门1991 II) | 周星驰 | 香港 | 浚昇影业公司 |
| 1994年 | 精武英雄 | 李连杰 | 香港 | 正东制作有限公司 |
| 2001年 | 重振精武门 | 石天龙 | 香港 | 新东山电影电视制作有限公司 |
| 2004年 | 霍元甲之精武真英雄 | 刘家辉 | 香港 | 盛世娱乐有限公司 |
| 2005年 | 无敌小子霍元甲 | 徐小龙 | 香港 | 南京电影制片厂 |
| 2005年 | 精武家庭 | 冯德伦、钟欣桐 | 香港 | 成龙英皇影业有限公司 |
| 2006年 | 霍元甲 | 李连杰 | 中国大陆 | 中国电影集团公司 |
| 2007年 | 精武魂 | 郑伊健 | 香港 | 北京中录同方音像出版社 |
| 2010年 | 精武风云·陈真 | 甄子丹 | 香港 | 北京光线影业有限责任公司 |
| 2019年 | 霍元甲 | 谭旭 | 中国大陆 | 奇树有鱼 |
| 2019年 | 精武陈真 | 陈奕名 | 中国大陆 | 盖世影业（北京）有限公司 |
| 2020年 | 功夫宗师霍元甲 | 户国防 | 中国大陆 | 北京奥创世纪网络影视发行有限公司 |

## 3 电视剧作品

据不完全统计，自精武会创建以来，以精武会或者精武会人物、事件等进行的电视剧创作主要有：

| 首播年份 | 剧名 | 主演 | 播映电视台 / 制作单位 |
| --- | --- | --- | --- |
| 1977年 | 霍元甲 | 王道 | 台湾中华电视台 |
| 1977年 | 精武门 | 梁小龙 | 香港佳艺电视台 |
| 1981年 | 大侠霍元甲 | 黄元申 | 香港丽的电视台 |
| 1982年 | 陈真 | 梁小龙 | 香港丽的电视台 |
| 1984年 | 霍东阁 | 钱小豪 | 香港亚洲电视台 |
| 1993年 | 精武五虎 | 罗莽 | 香港无线电视台 |
| 1995年 | 精武门 | 高雄 | 香港亚洲电视台 |

| 2001 年 | 霍元甲 | 赵文卓 | 广东皮卡王影业有限公司 |
|---|---|---|---|
| 2001 年 | 精武英雄陈真 | 吴樾 | 广东皮卡王影业有限公司 |
| 2001 年 | 陈真后传 | 梁小龙 | 感动人生（北京）文化有限公司 |
| 2007 年 | 霍元甲 | 郑伊健 | 华夏视听环球传媒（北京）股份有限公司 |
| 2008 年 | 精武陈真 | 陈小春 | 东阳环宇影视文化传媒有限公司 |
| 2012 年 | 十万个冷笑话 | 动画配音 | 有妖气原创漫画梦工厂 |
| 2017 年 | 青年霍元甲之冲出江湖 | 李浩轩 | 星座国际传媒 |
| 2020 年 | 大侠霍元甲 | 赵文卓 | 中央电视台、爱奇艺 |

注释：

1.《精武杂志》，上海档案馆，卷宗号 Q401-10-31，SC0102。
2.《精武月刊》，上海档案馆，卷宗号 Q401-10-37，SC0045。
3.《精武月刊》，上海档案馆，卷宗号 Q401-10-37，SC0044，SC0045。
4.《精武月刊》，上海档案馆，卷宗号 Q401-10-37，SC0045。
5.《精武杂志》，上海档案馆，卷宗号 Q401-10-30，SC0235-SC0236。
6.《精武杂志》，上海档案馆，卷宗号 Q401-10-31，SC0102。
7.《精武杂志》，上海档案馆，卷宗号 Q401-10-30，SC0236。
8.《精武杂志》，上海档案馆，卷宗号 Q401-10-31，SC0103。
9.《精武杂志》，上海档案馆，卷宗号 Q401-10-31，SC0102，SC0103。
10.《精武杂志》，上海档案馆，卷宗号 Q401-10-29，062。
11.《精武本纪》，上海档案馆，卷宗号 Q401-10-48，SC0295，SC0296，SC0297，SC0298，SC0299，SC0300，SC0301。
12.《精武月刊》，上海档案馆，卷宗号 Q401-10-37，SC0159，SC0，60。
13.《上海精武体育会征求特刊》，上海档案馆，卷宗号 Q401-10-27，031。
14.《精武杂志》，上海档案馆，卷宗号 Q401-10-30，SC0174。
15. 熊月之、周武主编：《上海：一座现代化都市的编年史》，上海世纪出版股份有限公司、上海书店出版社 2007 年版，第 153 页。
16.《精武本纪》，上海档案馆，卷宗号 Q401-10-48，SC0242。
17.《精武本纪》，上海档案馆，卷宗号 Q401-10-48，SC0035、SC0036。
18. 郭绪印：《老上海的同乡团体》，文汇出版社 2003 年版，第 467 页。
19.《精武本纪》，上海档案馆，卷宗号 Q401-10-48，SC0292、SC0293、SC0294。
20.《上海精武体育会内传与章程》，上海档案馆，卷宗号 Q401-10-2，SC0135。
21.《精武本纪》，上海档案馆，卷宗号 Q401-10-48，SC0056。
22.《精武本纪》，上海档案馆，卷宗号 Q401-10-48，SC0057。
23.《上海精武体育会内传与章程》，上海档案馆，卷宗号 Q401-10-2，SC0056。
24.《上海精武体育会内传与章程》，上海档案馆，卷宗号 Q401-10-2，SC0060-SC0063。
25.《上海精武体育会内传与章程》，上海档案馆，卷宗号 Q401-10-2，SC0056。
26.《精武本纪》，上海档案馆，卷宗号 Q401-10-48，SC0032。
27.《精武本纪》，上海档案馆，卷宗号 Q401-10-48，SC0118。
28.《精武本纪》，上海档案馆，卷宗号 Q401-10-48，SC0118。
29.《精武本纪》，上海档案馆，卷宗号 Q401-10-48，SC0291。

30. 卢丽娟主编《上海精武体育总会会史（1910年7月-1996年12月）》（未付印），第15页。
31. 陈公哲：《精武会50年》，春风文艺出版社2001年版，第41页。
32.《精武本纪》，上海档案馆，卷宗号Q401-10-48，SC0282。
33.《精武本纪》，上海档案馆，卷宗号Q401-10-47；陈公哲：《精武会50年》，春风文艺出版社2001年版，第42页。
34.《精武本纪》，上海档案馆，卷宗号Q401-10-48，SC0049。
35. 陈公哲：《精武会50年》，春风文艺出版社2001年版，第42页。
36.《徐汇公学校友会报告》，转引自郎净：《近代体育在上海（1840-1937）》，上海社会科学院出版社2006年版，第192页。
37.《精武本纪》，上海档案馆，卷宗号Q401-10-48，SC0248。
38.《精武本纪》，上海档案馆，卷宗号Q401-10-48，SC0245。
39.《精武丛报》，上海档案馆，卷宗号Q401-10-41，009。《精武丛报》，上海档案馆，卷宗号Q401-10-41，009。
40. 陈公哲：《精武会50年》，春风文艺出版社2001年版，第89页。
41. 陈公哲：《精武会50年》，春风文艺出版社2001年版，第90页。
42. 陈公哲：《精武会50年》，春风文艺出版社2001年版，第89-90页。
43.《精武本纪》，上海档案馆，卷宗号Q401-10-48，SC0295。
44.《上海基督教青年会和女青年会》，上海地方志上海通网站。
45.《精武丛报》（1936），上海档案馆，卷宗号Q401-10-41，025。

# 第十二章 传承有序 继往开来

# 第一节 传承有序 组织机制建设

新中国成立不久，至20世纪50年代初，上海市体育会以精武会为主，组织市体育会下属群众团体之一“上海市国术联谊会”，精武会5人被选为委员，并由徐致一任主席，陈绪良任副主席。另有三人进入市体育会下属的举重委员会、技巧运动委员会和摔跤联谊会。

为促进精武会务，上海精武体育总会成立了“会务促进委员会”。主席由徐致一担任，副主席是翁耀衡，总干事是黄维庆。其他常委和委员有陈绪良、胡维予、盛泽钧、朱廉湘、陈占元、章伟川、李伯龙、王一、梁锦堂、简世铿、文继康、张菊生、邓效良、朱戚公。精武会于1950年8月17日向市教育局作了体育社团登记备案。

上海精武会原属上海市体委领导。在上海市政府建立体育运动委员会后，1956年下半年，精武会遂改由虹口区体委管理，由于徐致一本人调往北京工作，因而“会务促进委员会”实际被撤销了，日常管理工作由黄维庆、陈绪良和几位专职人员负责。这个时期，精武会在经济上，主要依靠总会、分会两处场地对社会开放，收取费用维持基本开支，自给自足。在遇到需要开展大型活动而经费有困难时，区体育部门会给予一定的补贴，一些义务性的文体活动相应减少。

1956年，上海市房管部门调整办公用房，南京东路慈淑大楼改为政府机关办公大楼，三、四楼的精武分会经协商迁至延安东路57号二楼，面积441平方米。精武分会（先南京东路后迁延安东路）也是黄浦区内少数室内训练场所之一，场地租借和使用率都较高，对于开展群众体育，尤其是虹口区中小学生的体育训练活动起了积极的作用。虹口区体委每年都下拨一定经费让精武会添购体育设备。

1965年，虹口区政府特批经费大修会所，到1966年上半年竣工，面貌一新。政府对一个民间体育社团积极支持扶植，是对精武体育会在体育事业上所作贡献的肯定。“文革”时期，精武会的会务活动基本停止。精武历史资料（包括档案、刊物、摄影等）和武术器械等大部被销毁。延安东路分会的房屋调作他用。精武体育会曾经一度被改名为“要武体育馆”。

“文革”结束后，1977年，针对上海精武体育会的现状，《中国体育报》记者平原向报社和国家体委写了一份内参，呼吁国家体委要给精武体育会正名，恢复上海精武体育会的本来面貌，发挥其体育团体的作用。时任国家体委主任李梦华作了重要批示，并将批示精神写了“编者按”，刊登于国家体委内部刊物《体育工作情况》。随后，当时的虹口区体委主任沈文彬，即按内参与编者按的精神，着手进行恢复精武体育会的筹备工作。

从1978年开始，精武会相继开展精武体育会的传统项目，与海内外友会陆续取得联系，整修了会所，挖掘整理了精武传统套路，并在各方面支持下，举办了三次大型纪念活动（1982年建会73周年、1984年建会75周年和1985年霍元甲逝世75周年）。

1983年恢复上海精武体育会的原名，是拨乱反正的一个重要成果，也自此拉开了精武体育会新时期的会务工作。1984年初，成立了“精武理事会筹备会”，由沈文彬、陈内华等负责，着手进一步开展恢复会务的各项工作。随着上海精武会会务活动恢复，与海外友会的联络与交往也逐步开展。至1989年初时，马来西亚及其下属十多个分会，新加坡、英国、加拿大、美国、瑞士以及中国香港，国内佛山、余姚等友会都已相互来往。日本、斯里兰卡、越南等地也来商议恢复或筹建精武会组织事宜。

1989年，上海精武体育会进入了建立新的组织机构时期。1989年8月20日，精武会举行了中断40年之久的会员大会，重新确立了上海精武体育会章程、会旗、会徽、会歌，选举产生了恢复会务活动后的第一届理事会机构。并授予傅钟文、郑吉常、吴玉昆、胡维予、陈霖笙、荀达三、邓效良、盛泽钧、郝鸿昌等9位德高望重的精武老人为名誉理事；授予41位精武老会员和对精武恢复活动有较大贡献者为“荣誉会员”。根据上海市民政局等有关部门的规定，恢复上海精武体育会理事会组织，第一届理事会成立于1989年8月20日，首届理事会理事18人、常务理事6人，会长卢丽娟，副会长姜其昌，设立干事长并由陈内华兼任，副干事长为陈立勤（兼）、苏锦标（兼）。

1990年12月17日，经市政府民政局批准会名改为上海精武体育总会。1991年底制订了“精武贡献奖”条文，第一批授予周士彬、傅钟文等65人，并于1992年1月26日在会员大会上授奖。至1994年底，上海精武会会员增至1983人，荣誉会员52人，每星期日上午在会内设立“会员活动日”，有计划地组织武术的传授和交流，粤乐队亦开展自娱自乐活动。1994年会所拆建后仍外借场地进行，风雨无阻，每年均有2000多人次参加。

1994年10月，成立了上海精武会会史编写小组。为广泛听取友会对上海精武会史的意见，上海精武会与香港精武会联合于1995年8月30日在港召开上海精武会史研讨会，并于1996年完成上海精武会史（1910-1996）编写和刊印工作（此稿未及刊行）。

1995年1月《精武会讯》问世，担负起传播精武事业日新月异的信息，传递各地友会的动态，成为交流精武会务活动的园地。至1996年12月止共出版了10期。

1995年3月19日成立了第二届理事会，包括理事26人、常务理事10人。会长卢丽娟，副会长贾瑞宝（兼干事长），副干事长有张文藻、王宗宜、苏锦标、孙申霖。

2000年9月27日，成立了第三届理事会，理事34人，常务理事12人，按照这一届理事会章程，设立理事会主席，由卢丽娟担任，副主席是贾瑞宝，秘书长为张文藻，副秘书长王宗宜、苏锦标。

2005年5月21日成立第四届理事会，选举理事18人，理事会主席薛海荣，副主席贾瑞宝，秘书长陈内华，副秘书长为沈龚兴、方婷。

2008年2月，上海精武体育赛事公司注册成立。2009年9月，马来西亚、新加坡、英国、美国、瑞士、荷兰等国友会以及天津和上海精武会在上海开会，决定成立精武搏击赛事联盟；制定规则，建立技击训练基地，尝试推出综合搏击活动。

2009年1月16日、2010年2月4日，上海精武总会先后举行第四届委员会第五、六次全体会议，总结工作，制定工作计划，专题讨论筹办精武百年庆典以及第 11 届世界精武武术文化大会活动事宜。

截至 2010 年底，上海精武体育总会累计在册会员 5486 人。根据会务的发展情况，每年召开委员会会议和会员大会，使会务活动有序开展。

2012 年 10 月 22 日，成立了第五届理事会，由 18 人组成。理事会主席改称会长，会长颜建平，副会长有薛海荣、陈内华、瞿慧（后因故辞退）、陈名杰、华东平（补）、乐子幸（补），秘书长由陈内华兼任，副秘书长方婷、刘黎平。

2017 年 10 月 11 日，成立了第六届理事会，理事成员 24 人。会长颜建平，副会长薛海荣、徐文庆、陈名杰、戴国斌。秘书长刘黎平，副秘书长方婷、李国华（新增）、陈毅忠（新增）、何君岗（新聘）。监事长徐民富，顾问姚颂平。

由于会务活动坚持传承有序，上海精武体育总会取得了良好的成绩，上海市体委授予上海精武体育总会“1992 年度上海市体育社团先进集体”“1994 年上海市群众体育先进单位”和“1995 年先进集体”称号；卢丽娟、黎永钊被评为先进个人。

# 第二节 整理发掘继承传统

新中国成立后，精武会仍然抓紧对武术人才的培养、对精武武术的保护与传承。武术教师主要有鲍希勇、李龙标、王凤岗、孙润志等。除了教精武基本十套武术外，鲍希勇是鹰爪拳陈子正的传人；李龙标之父李汇亭是精武名师，擅长查拳、查刀。鲍、李两人主要在横浜桥总会任教。王凤岗是少林名家、精武总教练赵连和的高徒，擅长兵器，有“单刀王”的美称，在海内外精武任教 40 年；孙润志是吴式太极名家，长期在精武服务。1959 年，王凤岗受聘任江苏省武术队总教练。除武术外，还有胡维予担任举重、健美和摔跤指导，培养出多名一流举重运动员，并于 1954 年调至上海体育学院任教；被誉为“亚洲毒蛇”，曾在沪击败欧洲名手的郑吉常一直担任拳击教练，直至 1958 年中国拳击活动暂停才停训；陈少秋一直任摔跤教练。武术、摔跤、乒乓、棋类，是这一时期精武会的四项特色活动，经常以精武名义或虹口名义参加市级比赛和表演，并为市专业队输送了多名人才。

这一时期精武会出版了吴玉昆著《单杠运动》（1953 年）；吴玉昆著《双杠》（1956 年）；蔡龙云编著《一路华拳》（1957 年）；赵连和传授、陈铁生笔述《达摩剑》（1958 年）；蔡龙云编写、傅钟文示范《太极刀》（1959 年）；陈公哲著《精武会五十年》（1960 年）。

至 1978 年 12 月国家进入改革开放新时期以后，上海精武体育总会围绕挖掘套路遗产，进行精武资源整合，使精武文化得以在新时期发扬光大。

## 1. 整理精武历史传统

上海精武体育总会在弘扬中华武术过程中认真贯彻“南宗北派并蓄兼收”“融各派于一炉”的原则，一如既往地重视对传统武术的挖掘整理推广和培训工作。现已建立传统武术研究中心，研究中心下设6个专业委员会，12个传承基地，10个传承教学点。

为了将精武会员中掌握的各种拳种挖掘出来并能传承下去，1984年上海精武会组织了25位新老会员对精武以前传授过而流传下来的传统武术进行挖掘整理，整理出拳类有：潭腿，功力，脱战，十字战，大战，合战，短战，迷踪艺，八极，金枪手，少林，子孙丹，二郎，四六，卧地炮，黑虎，五虎，鹰爪行拳十路，鹰爪连拳五十路，鹰爪罗汉，杀手掌一、二、三路，杀蛟，棉掌，太祖，大雄，小雄，崩步，剁刚，一、二、三路摘要，五路梅花，十四路螳螂手，八步锤，八面锤，插锤，五郎锤，偷桃，出洞，柔铃，接潭腿，一百零八手，雁行，青龙，节和散拳等；械类有：八卦刀，五虎枪，虎扑群羊棍，达摩剑，金刚双刀，夜战枪，抱月刀，梅花刀，八仙剑，连环剑，杀手锏，奇门棍，六合刀和双刀进枪，单刀串枪等60多套精武传统武术。

2000年第六届世界精武武术文化交流大会合影

## 2. 挖掘精武武术套路

历史上，上海精武会曾推出、传授的精武武术有248套拳、械套路。1991年5月23日-27日，上海精武体育总会在复旦大学举办了“精武传统武术套路研讨会”，九个友会共20人出席，分别是：新加坡的廖德南、潘振强，马来西亚的杨柏志、邓炜如、叶汉辉、陈书章、陈才英，英国的黄济复，广州的招德光，佛山的黎日晴、区卓雄，上海的陈内华、苏锦标、黎永钊、袁继袖、包文光、孙审霖、孙剑狄等。在研讨会上，统一了《精武基本十套套路动作》，通过了《精武国际武术竞赛规则》并分别作出决定，发布了《会议纪要》。上海精武体育总会受大会委托，组织了8名教练集中精力编辑和排练示范动作，与上海师范大学电教中心协作，摄制成一套三辑资料录像带，分别为拳术：潭腿、功力拳、大战拳、节拳；械术：八卦刀、群羊棍、五虎枪；太极：陈、杨、吴、武、孙五式。录像带中有整套动作、分段动作、线路、解说和特技等内容，分中英文解说和中文解说两种版本，于1992年4月发行。从2007年起，上海精武体育总会先后成立了23个精武传统武术拳种研究组。研究整理的拳种有心意六合拳、精武传统套路、形意拳类、心意拳类、螳螂拳类、六合八法拳类、通背拳类、八卦掌类、太乙金刚拳类、传统武式太极拳、传统孙式太极拳、洪洞老架太极拳、石担项目、石锁项目、器械散打项目、迷踪拳、戳脚翻子拳、崆峒派花架拳、功夫绝技、八极拳、南拳等。

各个研究组本着尊重历史，精心挖掘

整理和不断探索实践，30余名研究组成员先后撰写了40余篇拳种资料。并在开展活动场地建立了查华拳、石担、石锁、形意拳、崆峒派花架拳、迷踪拳6个传承点。

2008年再版了《精武内传》《精武拳械录》《拳剑指南》《精武合战》等精武历史典籍和新编《武式太极拳》。“精武十套”是精武传统武术中最基本的武术套路，传播甚广，影响海内外。在已统一的“精武基本十套套路动作”的基础上，2009年5月，海内外友会汇集上海共同研讨，又统一推出第二、第三组20套精武传统武术套路，并于2009年12月19日在马来西亚怡保精武会完成光盘的编辑制作，供各精武友会传授、推广。拟适时在两年一届的世界精武武术文化大会上作为正式比赛项目。

2001年和2006年两次改版《精武会讯》，至2010年6月共出版45期，更好承担起交流精武友会动态、研讨精武传统武术的传播及世界精武体育联谊会的重大活动等传播的任务。

2010年2月6日，上海精武体育总会传统武术研究中心成立，每周活动一次，其任务为：挖掘整理精武传统套路和其他优秀套路，研究切磋拳种的技击方法和套路精华；建立传统武术传承人队伍；建立传承基地，普及推广传统拳种。

## 3. 保护精武文化遗产

为切实做好保护和传承“精武体育”非物质文化遗产工作，2012年在原23个研究小组基础上，组建了8个精武传统武术专业委员会，每周定期组织活动进行拳种套路挖掘整理、资料收集、传授交流、理论讲座活动。认真开展“精武体育”示范基地的审核、评定，新开辟川北绿地、科技公园、漕溪公园、世博公园、丹徒路小学、南翔、世纪广场、外滩纪念塔、龚路辅导站9个“精武体育”示范基地，目前，示范基地总数已达37个。举办研究中心成果展会，共展出8大类近400件展品，其中五个拳种研究成果在“上海武术文化展”中展示，一年中还增设了“六合八法拳”“心意拳”“陈式太极拳”3个传统武术传承基地，使传承基地数达14个。

2018年，上海精武体育会根据霍氏练手拳整理出“霍氏迷踪拳27式”。霍氏练手拳系霍氏的秘传绝技，经霍家流传七代，自霍元甲始，打破传媳不传女之例。后由其子霍东阁及高足刘振声，传授于精武体育会教员。根据精武会史记载及霍元甲曾孙霍自正提供拳谱，使霍氏练手拳得到继承和发扬。霍氏迷踪拳在套路结构上吸取各家之长，又突出其本身的特点，内容丰富多彩，兼具实用价值和健身价值，是一项国家非物质文化遗产。

## 4. 保护基础上的创新

创新主要有下列几项：（1）精武武术操。2013年发布了精武武术操。“精武武术操”是以精武传统套路（潭腿、功力拳、迷踪拳、大战拳、节拳、杀手掌、螳螂拳）中的代表性动作，配以百年精武庆典歌曲《精武之歌》，编制成左右面对称的武术拳操。“精武武术操”分为“中老年操”和“青少年操”，动作质朴，传统武术味浓。（2）精武警用功夫拳。2014年，上海精武体育总会与上海公安高等专科学校合作创编“精武警用功夫拳”。吸纳精武拳术和国内外警界、擒拿、控制术的精华，此拳包含了踢、打、摔、拿、靠等技术，攻防含义强，套路短小精悍，简单易学，实用性强，适合公安警校学生培训推广。（3）吴氏坐式太极拳。为了让下肢残疾、下肢有病痛而活动不方便的人群也能参加太极拳的健身运动，2014 年上海精武体育总会会同鉴泉太极拳社，历时三个月，联合创编了“吴氏坐式太极拳”。全套共 16 个动作，简单易学，将传统吴式太极拳的基本动作纳入其中，以适合下肢行动不便的人员练武健身。

## 5. 继承精武文脉

继承精武文脉，主要是建立精武网站，举办各种活动以传承精武文化和扩大精武影响力。2001 年起，考虑到新媒体网络的受众需求，特设立上海精武网，及时传播上海精武体育总会的信息。

为展示上海精武体育总会的发展历程，2002 年 3 月建立了精武史料室。

精武新会所“精武大厦”于 2002 年 4 月 30 日落成，是在上海精武会址（即原“精武大会堂”）的房基上再征地动迁而建的。扩建后的“精武大厦”，南临东宝兴路，西临四川北路，占地面积 3400 平方米，建筑面积约 2 万平方米，楼高 28 层，除供商住外，其余为上海精武会使用，裙楼部分外形仍保留原格局。这为进一步开展上海精武会会务活动，保护和传承精武文化遗产提供了场所，使精武事业有序向前发展。

《精武会讯》和“上海精武网”是上海精武对外宣传的主要途径。它以宣传精武精神、传播武术文化、报道活动信息为内容，季刊《精武会讯》已出版 74 期，上海精武网随时更新，加强了海内外友会间的沟通与交流。2007 年 6 月，经市政府批准，上海“精武体育”被第一批列入上海市非物质文化遗产名录。2014 年“精武武术”被列入国家级非物质文化遗产名录。上海精武特有的组织模式、传承方式和传统武术都是珍贵的遗产。为此，制订了五年“精武体育”传承保护措施，并已建立 50 个“精武体育”示范基地。出版了《精武拳械录》，再版了《精武内传》《精武合战》《拳剑指南》等精武书刊，继续为弘扬中华武术传承精武精神作出新的贡献。

广东佛山精武会馆开工石，至今仍保存完好

1984 年 11 月 12 日至 18 日在新修葺的精武会堂隆重举办建会 75 周年大会。活动得到了政府有关部门的有力支持和许多企业的大力赞助。许多外省市的老会员和体育组织寄来信件表示祝贺。上海市体委主任沈家麟著文祝贺，副主任金永昌参加大会并致辞。新加坡精武会的舞狮“侠士”廖德南和教练林维明带着完成师傅的“携”

金狮回娘“家”的遗愿，在大会上作了精彩的表演。76岁的浙江慈溪姚电侠老师，曾在上海、吉隆坡和佛山精武会授拳，回慈溪后任武协主席，出席本次盛会后，与弟子符永江成立了余姚精武会。天津西郊区代表团成员、霍元甲嫡孙霍文亭在讲话中回忆说：“先祖逝世后，神圣的精武事业更加兴旺发展，历久不衰，这又足以令人欣慰。”同时表示：“作为霍氏后代，我愿和诸位先生秉承精武精神，为实现精武宗旨，发展精武事业，贡献余生。”当年精武四大拳师之一鹰爪王陈子正传人、嫡侄——九十高龄的陈国庆，特派其子陈正跃前来参加庆典，并在会上表演了鹰爪铁砂掌绝技。66岁的精武老会员李子怀，年过花甲，在场上表演了当年在精武所学的“一路杀手掌”，刚劲有力，干净利落。整个庆典活动包括传统武术表演、交流展示，内容丰富。近年来茁壮成长的新手、老一辈精武教练以及市武协副主席傅钟文和郝鸿昌、何炳泉等都登台表演。此次中外宾客相聚在上海精武会堂，共同纪念建会75周年，是继1920年10月庆祝建会10周年之后的又一次海内外精武大家庭的聚会。

1985年9月14日是精武创始人、爱国武术家霍元甲逝世75周年纪念日。9月15日（星期日）下午7时在虹口体育场灯光篮球场上举行纪念活动。出席的有理事会筹备会成员、老会员及家属、上海各武术社团代表及区体育工作者和新闻单位等共约两千人。会上由区体委领导和老会员代表发言，缅怀先辈业绩，勉励后人奋进。纪念仪式结束后，由精武传统武术队、散打队和市武术队、市武警武术队作表演。同年，上海精武会专程走访了天津和北京的霍元甲后裔，并与天津协办了“霍元甲生平事迹展览会”，在天津、扬州各展一次，宣传霍元甲和精武精神。

1986年6月，国家体委在秦皇岛会议上宣布恢复拳击项目。1987年8月22日成立“上海市拳击协会”，市体委宣布“拳协”的办事机构——秘书处设在精武会，时任区体委副主任贾瑞宝和精武会著名老拳击教练郑吉常两人担任拳协副主席，精武会干事长陈内华担任秘书长。

2006年11月26日，上海市政协副主席宋仪侨、左焕琛率政协20余名委员视察上海精武体育总会，并参观精武会史馆。

上海市人民政府于2007年6月批准“精武体育”列入上海市第一批非物质文化遗产保护名录，肯定了精武体育会自创建以来，为弘扬中华武术，旗帜鲜明地进行变革，创立“精武体育”的鲜明特色。

2008年9月10日，上海精武体育总会组织百余名会员，参加上海市“2008中秋民俗嘉年华”展示活动，展示精武传统武术。上海市委副书记殷一璀等领导亲临现场视察“精武体育”展示区，对精武保护非物质文化遗产的意识给予高度赞扬。

精武文化历史，是前人创造所留下的宝贵遗产，为使非物质文化遗产得到有效的保护与永久的传承，上海精武会制定了五年的保护计划。2008年6月14日举办了“中国文化遗产日暨精武体育示范基地授牌仪式”。并分别于2008年和2009年，在全市中小幼学校、公园、社区辅导点设立20个“精武体育”示范基地。

2010年11月19日，在精武百年庆典活动期间，举行“精武百年——世界精武论坛”报告会。海内外精武友会共同探讨保护、传承、弘扬“精武体育”文化遗产，将上海精武会播撒世界的奋斗历程总结提升。

2010 年《精武百年会史》和精武百年史料室相继编写出版和重新建立。这些挖掘整理的宝贵资料全部上交给上海和国家武术管理部门，并由上海武术馆出版了专辑，其中《精武拳械录》被授予二等奖并对 25 位整理者进行表彰奖励。这项工作一直坚持不懈地努力实施至今。

# 第三节 推广精武体育文化

为使精武武术在群众中得到广泛普及和不断提高，从 1997 年起，上海精武体育总会每年举办“上海市中小幼学生武术比赛”“上海市传统武术、太极拳剑比赛”，至 2010 年，共有 1239 个校园、团体参加，参赛人数数万人。

## 1. 建立武术健身辅导体系

精武会根据上海市行政区域成立武术健身辅导站点，由健身辅导员和社会体育指导员负责开展教学辅导、交流等健身活动。辅导站分布在各社区和绿地，进行以太极拳为主的各种健身活动；各站点之间、中心之间定期开展交流、展示活动；组织辅导员培训，提高辅导员队伍的政治素质和业务能力。在开展活动中弘扬精武精神，宣传全民健身。目前，建立了 15 个辅导中心，206 个健身辅导站点，辅导员 500 余名，经常参加活动的人数达一万多人。

根据国家全民健身战略和人民大众迫切的健身要求，上海精武体育总会走出会所，深入广大群众，开展多种形式的武术健身活动。从 2006 年至 2010 年，在全市 12 个区建立了 13 个精武武术健身辅导中心，187 个辅导站，派出经过精武培训的辅导员深入各辅导站进行指导；邀请武术教授定期讲课，有计划地进行社会体育指导员和武术辅导员、裁判员等培训；至 2010 年经常参加武术健身活动达数万人之多。在普及的基础上，精武会定期选择某些项目每年举办武术、书法单项比赛，参赛者众多，有效地促进精武武术的提高。

## 2. 推进武术进校园活动

根据武术要从娃娃抓起，推进武术进校园的要求，精武会先后选派了二十余名事业心强、有一定武术技能和教学经验的骨干会员，通过各种途径和形式，深入到各大中小学校和幼儿园开展武术教学活动，普及武术运动。目前已在 18 所中学、65 所小学、28 所幼儿园开展了武术活动，并建立了 19 个训练基地，先后培训人数近 5 万人。帮助了学校创办武术特色学校，建立了闸北区临汾路小学“陆海英之杰”少儿武术俱乐部，受到了有关领导与有关方面的肯定。1996 年 12 月，上海精武会被国家体委武术运动管理中心命名为首批全国先进武术（馆）校。

为在青少年中传承精武武术，2001 年上海精武会成立了武术培训中心，组织了一批辅导员先后深入中、小学宣传精武武术，传授精武武术。至 2010 年底，在全市 100

所学校先后开展精武武术培训。已涌现出临汾路小学、同心路小学、长江路第二中学，以及三泉路幼儿园、同济幼儿园、金海螺幼儿园等以精武武术为特色的学校和幼儿园。2002年至2010年陆续建立了19个以地区、校园为单位的精武武术训练基地。据统计，累计5万青少年、幼儿接受精武武术的培训，不同程度掌握一套或几套精武武术套路，成为精武武术的传承人。

为了做好非物质文化遗产的保护和传承工作，让新一代人喜欢武术、学习武术，巩固和发展武术进校园工作，2014年6月6日，在虹口区政府机关会议室举行了上海精武体育总会与上海体育学院武术学院、华东师范大学体育与健康学院实习实训基地签约仪式，后两者都是武术高等学府，既有教学方面的研究，又有武术专业人才队伍。通过这次合作，要将部分大学生培养成为传承精武文化的新生力量；同时，三方通过积累武术教学经验，研究立德树人的武术教育课题，共同探讨体育教育如何被学生接受，如何改变学生品格的教学模式，培养具有武术技能、精通武术文化、会教授武术的优秀教师。实习实训基地成立之后，这些优秀的大学生在虹口的中小学校及对口支援的云南省文山州富宁县和青海省果洛州玛沁县地区的学校推广精武操，讲授武德，组建武术兴趣班，让中国的国粹在年轻一代中得以普及。

2014年7月14日至18日，在上海体育学院举行传授精武传统武术文化及精武传统拳术的教学活动。此活动是继上海精武体育总会与上体院、华师大体育与健康学院共建实习实训基地签约之后，又一次“体教结合”的具体实践。

2014年10月28日，以“精武课堂·健康人生”为主题的“社会主义核心价值观”教育实践活动暨“精武进校园”教学基地揭牌，及精武武术操开课仪式，在虹口区第三中心小学举行。将“精武进校园”项目作为践行“核心价值观”教育的有效载体，携手华师大体育与健康学院进行市级课题研究，指导精武武术的教学实践。在学校三年级学生中率先开设精武课程，每周两节，分别是精武文化课和精武武术操。“文武并举、刚柔相济”，既能让孩子们强身健体，又能学习传统文化，感受到中华武术的博大精深和精武武德的爱国精髓，认同社会主义核心价值观，有助于全面提升学生综合素质。

上海精武体育总会816名会员，在2002年上海市第12届运动会上表演了“精武少年”大型武术团体操，40名会员参加上海国际武术博览会开幕式“中国娃”武术操的表演，以及多种社会大型活动表演，广泛宣传精武武术。

上海精武体育总会有一支业余武术队，近10年来先后参加了中国武术协会主办的“国际传统武术暨绝技大赛”“武术之乡”全国武术比赛、杭州“国际武术锦标赛”、上海市武术锦标赛、民间武术交流赛暨太极拳、剑、推手赛，以及中国式摔跤锦标赛和中国象棋赛、跆拳道公开赛等。

2002年起，上海精武体育总会每年举行“中国武术段位制”初段位考核，截至2010年，参加考评通过人员共3292人次。

2009年，上海市第14届全民健身节期间，上海精武总会在11月26日举行了“全民健身与世博同行”健身武术展示大型活动，来自26个辅导健身团队300余人，表演集体太极拳和传统武术，宣传精武。

2010 年 9 月，上海精武体育总会进行二次选拔，选出 40 名会员，代表上海精武总会参加第 11 届世界精武武术、书法比赛。

2010 年 10 月，上海精武体育总会组织武术、龙狮、健美队参加上海市第 14 届运动会。

除此以外，上海精武总会利用现有场地、设施、设备，常年坚持对外开放，供群众进行多种健身活动，开设各项培训，辅导培训爱好者。

2018年5月，上海精武体育总会授予顾村中心学校“武术段位制普及推广试点校园”，该校成了目前宝山区唯一的试点学校

## 3. 举办各种武术健身培训活动

2017 年 2 月 27 日至 3 月 23 日，上海精武体育总会举办“飞云刀”培训班。由中国武术研究院专家委员会专家、中国武术十大名教授、武术九段、上海精武体育总会总教练王培锟老师执教，各辅导中心、研究中心和培训中心等 40 多名学员参加。“飞云刀”在保留了原基本动作的基础上，对传统的“太极刀”套路进行了改编。改编后的套路，内容更加充实，结构更为严密一些，符合赛事要求。推广“飞云刀”，旨在“继承传统，励志创新，焕发武术生命力”。

2017 年，上海精武体育总会举办杨式太极拳 28 式骨干培训班，由精武杨式太极拳总教练傅清泉执教。来自总会各辅导中心、研究中心的 50 多名学员参加。培训结业后，上海精武体育总会副会长薛海荣与傅清泉老师为学员颁发了《培训证书》。

从 2018 年开始，上海精武体育总会连续举办三次“精武大师”公益培训活动。国家级非遗“鹰爪翻子拳”传承人、河北省武术协会副主席、保定精武体育会会长、上海精武鹰爪翻子拳总教练陈桂学先生，杨式太极拳传人、中国武术七段、上海精武杨式太极拳总教练傅清泉先生两位大师亲自传授武艺。此次公益活动吸引了众多武术爱好者，其中包括来自瑞士、澳大利亚、希腊、日本、委内瑞拉、巴西等国学员。精武会依托网站、微信公众号、海报、精武各辅导中心等渠道，面向广大市民及外界人士发布公益活动信息；中国武术在线网、东方体育报等相关媒体也进行了报道。

2018 与 10 月 13 日，精武女子防身术公益活动在上海精武体育总会举行，吸引了众多都市女性踊跃参与。这是打破武术传男不传女陋习的体现，也是为了帮助女性自救自助，学习防身术以抵御不法分子的侵害。公益活动向大家讲解了女子防身术的特点、人体的要害部位，以及各个部位在防卫中的作用，活动达到了加强女性的防身意识、防身能力及临场应变能力的目的。

## 4. 弘扬精武体育文化精神

主要开展了以下工作：

（1）为增进海内外二十几个国家和地区的50多家精武体育会的文化交往，建立了两年举办一届世界精武武术文化交流大会的机制，由各友会轮流承办，并定期召开友会会长联席会议。于2011年在上海举办的第11届世界精武武术文化大会暨上海精武百年庆典活动上，决定定期举办“精武传统武术研讨会”。现已完成统一30套精武套路的编写和音像制作，为精武的传统武术在海内外传承，取得了良好的效果，起到了积极的推动作用。

（2）举办精武体育文化高峰论坛。2013年10月21日，国家体育总局武术管理中心、市体育局，虹口区委、区政府、区人大、区政协等领导，与武术、教育、文化、传媒界等从事武术文化和现代文化史教育研究的相关人士，参加了精武体育文化高峰论坛。共同探讨传承精武文化，推动精武品牌的建设，阐释“爱国、修身、正义、助人”的精武精神；探索百年精武为中华民族复兴的“中国梦·精武魂”，开辟民族强健的体魄与精神之路。同时，精武体育馆揭牌，为精武精神的传播和体育武术活动的开展提供新的平台。

（3）举办系列文化学术研讨活动。2017年6月16日，由虹口区文化馆、虹口非遗中心主办，上海精武体育总会承办的“百年社团——精武武术”讲座在精武学堂四楼会场举行，来自精武各区辅导中心、共青团虹口区委组织的志愿者和武警官兵近百人参加。上海精武体育总会副会长薛海荣向前来聆听讲座的人简要介绍精武历史概况，带领大家参观了精武百年历史展览室。在提问环节，薛副会长对精武会的历史渊源、“爱国、修身、正义、助人”的精武精神，作了详尽的讲解；从传承发扬优秀传统文化出发，谈到了“精武武术”“精武体育”列入非遗项目等，简明扼要地解答了精武会的发展历程以及今后的方向，展示了精武厚重的历史和文化底蕴。

（4）举办“精武精神当代的社会价值”主题座谈会。2019年1月19日，上海精武体育总会举办霍元甲一百五十周年诞辰纪念活动。当天下午，在上海精武体育总会召开“精武精神当代的社会价值”主题座谈会。国内精武友会会长、精武先贤后人、精武先贤铜像创作者——雕塑大师严友人，以及专家、学者等参加。

（5）重现精武公园建设。1920年初春，精武前人捐资建造一座“精武公园”以扬我华人志气。2013年12月9日，在虹口区各级领导的关心支持下，举行了“精武体育公园”挂牌仪式，上海市、区有关领导、霍元甲后裔、海内外精武同仁代表等出席活动。复建“唤醒黄魂、注重武术”黄钟、竖立霍元甲铜像、精武历史人物塑像，陈列历史事件，使之成为弘扬精武精神、振兴民族文化、爱国主义教育阵地和传承精武传统武术文化的场所。

（6）结合扶贫工作，推广精武武术。2014年6月、7月，上海精武体育总会为云南省文山州富宁县四所学校、青海省果洛州玛沁县地区三所学校的社会经济发展和开展精武传统武术培训贡献爱心。总会领导分赴云南、青海两地进行帮扶活动，就建设精武辅导站签订合作协议，委派精武助理教练（体院实习生）赴边远地区，为云南省富宁县的四所学校185名学生和十多名体育教师开展精武武术操和精武潭腿等精武传统武术培训。指导当地部分中

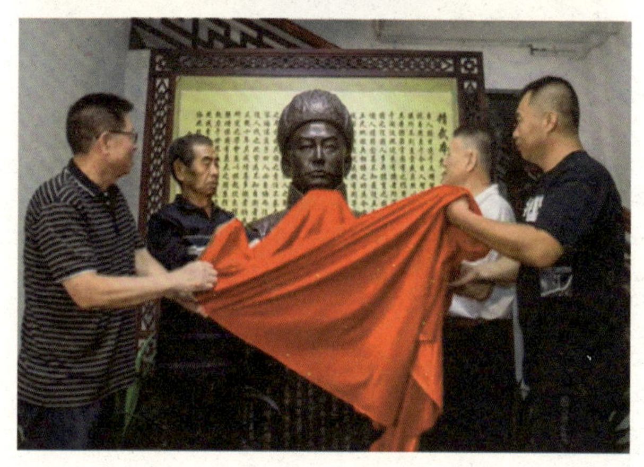

2019年6月8日，文化和自然遗产日当天在上海精武体育总会举办的霍元甲铜像揭幕仪式

小学校组建武术兴趣班、精武辅导站，帮助青少年强健体魄、弘扬中华民族传统、继承“爱国、修身、正义、助人”的精武精神。

（7）组织千余名精武会员赴龙华烈士陵园进行纪念活动。9 月 30 日是中国法定的“烈士纪念日”，上海精武体育总会自 2016 年开始连续四年组织千余名会员进行纪念活动。上海精武体育总会唱响主旋律，厚植爱国情，继承发扬革命烈士和精武先贤的精忠武魂，为中华民族伟大复兴而努力。

111 年以来，上海精武体育总会，始终不渝地致力弘扬中华精神，传承华夏武德，推行“爱国、修身、正义、助人”品行，以开放包容的姿态，吸纳、糅合“南宗北派”，云集了各个时期武术名家。为了做好保护和传承精武传统武术文化工作，进一步弘扬精武精神，推动精武事业的发展，有必要学习前人、激励后人。上海精武会对精武先贤后人和为精武事业作出贡献的人士，授予“精武世家”“精武之家”等荣誉称号，组建“精武队”等，以形成世代投身精武事业的良好氛围。

# 附录

## 附录1：上海精武体育会章程（1919年版）

### 第一章 定名

第一条 本会初由中国技击专家霍元甲君发起，专事技击一科，继欲扩充体育范围，附增兵操、文学、游艺三部，定名中国精武体育会。

### 第二章 宗旨

第二条 本会以提倡武术、研究体育、铸造强毅之国民为主旨，然武术本属专门之学，必须专心致志乃可期成，以故，本会宗旨概不许预闻政治，尤不争门户短长。

### 第三章 会所

第三条 本会所设在上海提篮桥倍开尔路工部局公学隔壁，第七十三号门牌，电话第东一百十九号。

### 第四章 会员

第四条 凡立志坚忍，确无嗜好，有商学界或会员介绍者，得为本会会员（年龄不限）。

第五条 会员分特别会员、通常会员、名誉赞成员、夏季会员四种：

（甲）特别会员：入技击部而兼他部者；

（乙）通常会员：只入游艺部者；

（丙）名誉赞成员：赞助本会及捐助经费者；

（丁）夏季会员：入技击部而兼他部惟以夏季四十天为限。

### 第五章 职员、教员

第六条 （总部）（一）正会长一人，总理会务；（二）副会长二人，协理会务，遇正会长不到时，得代行其职权；（三）董事无定额，凡满任会长及热心赞助本会者，得举任之；（四）总务主任二人，驻会执行会务；（五）书记员八人，司管文牍；（六）会计员二人，司进出款项；（七）调查员四人，调查各界对于本会意见，藉资奋勉，以期会务日臻完备；（八）庶务员六人，司本会一切庶务；（九）会医三人，司本会卫生、医乐事宜；（十）稽查员四人，司管一切雇役及清洁事宜；（十一）纠察员四人，监视会员行止。

技击部：部长一人，统理技击事宜，凡派出内外各团体之教练技击者，咸受其节制、调动。技击主任无定额，凡派往各省之总会及分会或上海之分会及团体教授技击之会员，均称为主任。技击教员无定额，直接受技击部长及主任之节制，间接并受总部制裁，而由技击部长聘任之。励志团主任二人，由本团公举。女子模范团主任二人，由部长指定道德高尚者充任。安步团主任一人，由本团公举。

武器主任四人，由部长指任。袖镳主任一人，由部长指任。弓箭主任一人，由部长指任。健儿团总教一人，由部长兼任或指派之。健儿团红、黄、蓝、白、黑五队，各由本队公举一人充任队长。技击术出版部编辑员无定额。

兵操部：部长一人，教授无定额，被服主任一人，军械主任一人，军乐主任一人。

文事部：部长一人，国文教授无定额，英文教授无定额，图书教授无定额，簿记学教授无定额，国语教授一人，打字科主任一人，摄影学主任一人，摄影学教授二人，教影戏片。雄辩团主任一人，书报主任四人，临池会主任二人，一人主国文，一人主英文；临池会检察员一人。中医主任、西医主任无定额。

游艺部：部长一人，京乐教授一人，欧弦教授一人，铜乐教授一人，京乐主任一人，粤乐主任二人，田猎主任二人，足球主任四人，网球主任四人，铁球、铁饼主任一人，台球主任一人，篮球主任一人，平台木马主任一人，溜冰主任一人，凌空主任一人，标枪主任一人，杠子秋千主任无定额。

第七条 本会各职员除正副会长外，均由会员中推举其富有责任心者当之，一年期满再被举得连任之。

## 第六章 会费

第八条 特别会员每月收费二元，每半年收费八元，每年收费十二元；十六岁以下之会员，年费减半；通常会员每半年收费二元；夏季会员每四十天收费壹圆，均于入会时缴交会计处。

## 第七章 科目

第九条 （一）技击部拳术、兵器、对手（即拆法）、内功（即运气）、弓箭术、袖镳。

（二）兵操部兵式操、野战术、气枪打靶、军乐、军事学。

（三）文事部各种体育书报、中西文夜学、摄影学、打字、簿记学、雄辩学、临池、国语、医学、图书。

（四）游艺部足球、网球、铁球、铁饼、台球、乒乓、杠子、篮球、秋千、溜冰术、凌空术、平台、木马、田猎、标枪。

音乐（分西乐、京调、粤调三种）

附技击术名目

黄河流域派技击术

（一）拳术

潭腿、穿拳、杀蛟拳、醉八仙、五虎架、卧地豹、行拳十路、大雄拳、接潭腿、工力拳、插拳、太祖拳、溜脚势、孙膑拳、跳地龙、鹰手连拳五十路、小雄拳、合战、节拳、龙虎势、少林拳、溜腿架、挡拳、形拳、五花豹、串子、大战、伏虎拳、金刚拳、小扎拳、撩挡拳、四六拳、罗汉拳、大棉掌拳、八折、脱战、黑虎拳、关西拳、顺步捶、硬捶、地躺拳、八步捶、小棉掌拳、猴拳、十字战、练手拳、八极拳、子孙丹、散拳、杀手掌、八面捶、前溜势、挡步捶、短战、二郎拳、青龙拳、五虎拳、十二步架、开打拳、雁行拳（以上独习类）、五郎腿、三部架、盘捶、四门拳、短打、套拳、一百零八拳、扎拳、棉掌拳、开门豹、对子腿、踊步捶、捻手拳（以上对手类）。

（二）兵器

达摩剑、提炉枪、三步枪、八卦刀、露花刀、小金刚双刀、峨眉枪、双锏、扑虎群羊棍、对枪、双刀串枪、双扫对枪、对手双刀、霹雳棍、绨袍剑、露花枪、花枪、步战刀、雪片刀、春秋大刀、峨眉刺、铜锤、齐眉棍、战枪、单刀串枪、双刺对枪、单刀对大刀、降龙棒大连环剑、梨花枪、双舌枪、朝阳刀、六合刀、双斧、提炉大刀、九节软鞭、奇门棍、鹤子枪、棍对枪、虎头钩对枪、对手大刀、大扫子对枪、小连环剑、拦门枪、二郎刀、大六合花枪、梅花单刀、太极大刀、虎头钩、单刀鞭、老虎鞭、圈枪、大刀对枪、三节棍对枪、方天戟对大刀、童子军实用棍、双八卦剑、中六合花剑、抱月刀、双刀梅花大刀、双座钩、拦门诀（即棍尾鞭）、缠拦枪、玄灵杖对枪、盘龙棍对枪、对手三节棍、五虎枪、断门刀、梅花枪、小六合花枪、解腕刀、双八卦刀、方天戟、八宝钩、孙膑拐、穿袖枪、拐刀对枪、对手八卦刀、双扫子对拐、夜战枪、太极枪、罗汉枪、劈山刀、大金刚双刀、玄灵杖、护手钩、大扫子、金剪刀枪、双拐对枪、断门刀、对手齐眉棍（以上对手类）。

（三）空手入白刃类

空手夺刀、空手破刀、空手夺双刀、空手夺枪、空手夺插、空手夺匕。

长江流域派技击术

（一）拳术

天罡手、昭阳手、醉八仙、弥陀拳、四门重手、金枪手、阳家手、八罗汉拳、十字手、兴唐拳、竞枪拳、大天罡、八黑手、十八技、百合拳、小天罡、蒋手、脱铐、金鸡拳、下山拳、独臂拳、宗法拳、小梅花拳、醉溜膛、赤雄拳（以上独习类）。

红操、黄操、花鲍操、短手、文操（以上对手类）。

（二）兵器

梅花枪、流金镜、双鞭、左提枪、单槊、双槊、少林棍、单札、双平安戟、金箍棒、月牙铲、甘家刀、五郎棍、平安戟、板凳、单拐、虎尾钢鞭、双扑刀、纵扑刀。

珠江流域派技击术

（一）拳术

铁拳、祖拳、虎膝拳、凤眼拳、双龙拳、伏虎拳（以上独习类）。

拼命拳（以上对手类）。

（二）兵器

长棍、双刀、拦门爹、板凳、藤牌战刀、伏虎拳（以上独习类）。

对手棍、双刀对棍、板模战双刀、把战刀牌（以上对手类）。

## 第八章 时间

第十条

（一）技击部：每晨六时起至晚上九时止，由教员分班教授，凡属特别会员无论何时均可来学。

（二）兵操部：兵式操及野战每星期三、六两日由上午七时至八时，星期日由上午八时至九时。

（三）文事部：夜学每晚由七时上课至九时，其余另有详章。

（四）游艺部：足球运动在星期六及星期两日；网球运动每日下午四时至七时，星期六及星期两日则由下午二时至七时；音乐每星期二、五两晚由七时至九时，星期日则由上午九时至十一时，其余则可随时为之。

## 第九章 毕业

第十一条 技击部会员满两年由教员及主任审定及格者，给以初等毕业文凭，满四年给以中等，满六年给以高等毕业文凭，各等毕业均于开秋季运动会时举行。高等毕业后有欲再求精进以竟全功者，尤为本会所欢迎，其会费并可按年递减。

第十二条 兵器部会员操满两年后，由主任者考试，程度及格则给以毕业证书，作为模范队，毕业后每星期日仍须会操一次，以资后觉之观摩，而促操务之进行，一年期满即退伍作为续备队。

第十三条 摄学毕业不拘年限，但须将所摄景物成绩交该部主任评定，认为合格始给以毕业证书，以谋艺术普及。广招同志，不限会员，外人成绩及格亦可得毕业证书，惟须缴证书费一元。

## 第十章 运动

第十四条 本会每年开秋季运动会一次。

## 第十一章 开会

第十五条 本会各职员每日唔面必有定时，遇事自可随时解决，如遇有重要事项则开全体大会议决，届时先由书记员发信通告。

## 第十二章 书报

第十六条 本会所置中西书报，只以供会员夜学之研究及公余之检阅，无论新置、旧存一概不能携出本会书报室外，以免散失及妨碍他人之取阅。

第十七条 会员所送或暂存本会之书籍，只许本人借用，但须在借书簿填明姓名及交还时日，以便管理者检查，此外无论何人均不得沿例借用。

## 第十三章 规则

第十八条 同人组织此会，为强种、保国起见，凡属会员均宜奋勉练习，以养成刚健强毅之风，而划除萎靡颓惰之习。

第十九条 特别会员每日练习须依所订技击课程表，由教员教授，间有不谙方言及不明所授要旨者，尽可询问各毕业会员，自当详细解释。

第二十条 特别会员因事不暇练习者，须致函书记处告假（惟遵守励志团规约者不在此例）。

第二十一条 本会所置技击器械，会员均宜爱惜，用毕须妥置原处，幸勿随意抛弃。余如所植花木、各种游艺器具及弹子台等，尤宜格外将护，以保公物。

第二十二条 浴室内所置淋水浴器及磁盆等会员均可享用，惟水管龙头之启闭用者须特别留意以免滥耗冷热水。

## 第十四章 附则

第二十三条 凡特别会员而遵守励志团规约者（励志团规约另载），为之备衣柜鞋箱，藉表欢迎勤奋会员之诚意。

第二十四条 兵操部员之操衣及汽枪，均可由本会代办，如觅有切实保证不致半途中辍者，其费用并可豁免。

第二十五条 摄影术部之暗房、冲片器具及布景等物，会员皆可借用，惟相片及冲片药水须用者自备。

第二十六条 游艺部会员来会运动时，须携带本会所给会证，俾以查询而免外人羼杂。

第二十七条 各部细则未克备载，会员欲知详细者，请径向各部主任询问一切。

第二十八条 会所右侧新建精武公园，凡我会员得享公园之全部权利。

第二十九条 本会所发之入会证券，在各省区之精武会及本埠之精武分会皆有效。

# 附录2：上海精武体育总会章程（2012年版）

（2012年10月19日第五届会员代表会议通过）

## 第一章 总则

第一条 本会名称：上海精武体育总会，英文名为SHANGHAI CHIN WOO ATHLETIC FEDERATION。

第二条 本会创建于1910年，是上海地区热心支持体育、热爱武术和传统文化的团体和个人自愿组成的非营利性社会体育组织，具有社会团体法人资格。是上海市体育总会的团体会员。

第三条 本会宗旨：高举中国特色社会主义的伟大旗帜，以邓小平理论和“三个代表”重要思想为指导，深入贯彻落实科学发展观，遵守国家宪法、法律、法规和相关政策，遵守社会道德风尚，贯彻实施《体育法》和《全民健身条例》，发扬“爱国、修身、正义、助人”的精武精神，广泛开展武术、近代体育和传统文化项目，满足市民健身需求，促进综合素质的提高，团结爱好者，为构建社会主义和谐社会作出贡献。

第四条 本会的登记管理机关是上海市社会团体管理局，业务主管单位上海市体育局，接受登记管理机关和业务主管单位的监督管理和业务指导。

第五条 本会的住所：上海市虹口区四川北路1702弄30号。

## 第二章 主要任务、业务范围

第六条 本会的主要任务。

一、保护非物质文化遗产，传承和弘扬精武传统武术和文化，开展中华武术普及和市民健身活动。

二、推进武术进校园、社区和企事业单位，协助相关组织，开展武术培训。

三、加强各类武术活动的管理和监督，成为传播精武精神，弘扬中华武术，修身品德、强体健身的文明窗口。

四、加强与海内外精武友会之间的联谊活动，组织竞赛、学术、信息等交流，提供武术和传统文化的咨询服务 。

五、开展武术理论研究，整理挖掘、编写精武传统武术史料，组织队伍宣传中华传统文化，提高技术水平。

六、业务范围：武术、各类体育和传统文化培训，开展各类体育文化与健身的交流、竞赛、咨询等活动。

## 第三章 会员

第七条 本会实行会员制，由团体和个人会员组成。

第八条 申请加入本会条件。

一、承认本会章程。

二、有加入本会的意愿。

三、居住在本市，热心武术、体育文化项目的爱好者。

四、开展武术和体育文化活动的机关、学校、企事业等团体。

第九条 会员入会程序

一、团体单位和个人提交入会申请书，个人入会由本会会员二人介绍，填写入会登记表。

二、秘书处审核，授权秘书长颁发《会员证》。

第十条 会员的权利和义务。

一、会员有下列权利：

1. 有权参加本会组织的各类比赛、培训和讲座。

2. 对本会有批评权、建议权和监督权。

3. 获得本会服务的优先权。

4. 享有入会自愿、退会自由的权利。

二、会员履行下列义务：

1. 遵守本会的章程，执行本会的决议。

2. 维护本会的合法权益。

3. 完成本会交办的任务。

4. 按规定交纳会费。

第十一条 会员退会应书面通知本会，并交回会员证。会员如果两年不缴纳会费，视为自动退会。会员如有严重违反本会章程或触犯刑律，经理事会通过决定，予以除名。会员失去会籍，其担任的会内职务自动免去。

## 第四章 组织机构、负责人

第十二条 本会设会长1人，副会长2-7人，秘书长，副秘书长和理事若干人组成。负责人是指会长、副会长、秘书长。

第十三条 本会的组织原则是民主集中制，领导机构的产生和重大事项的决策，经集体讨论，并按少数服从多数的原则。

第十四条 本会的最高权力机构是会员代表大会，会员代表每届任期四年，根据需要可提前或延期举行，但须报业务主管单位和登记管理机构审批。换届延期最长不超过一年。会员代表大会须三分之二以上会员代表参加方能召开，其决议须经到会会员代表半数以上表决通过方能生效。

会员代表大会实行团体和个人会员代表制。其代表采取推荐和协商办法产生。

第十五条 会员代表大会职责：

一、审议理事会的工作和财务报告。

二、选举和罢免理事。

三、制定和修改章程。

四、讨论并决定本会的重大事项。

五、决定本会的终止。

第十六条 会员代表大会选举产生理事，组成理事会。理事会在会员代表大会闭会期间领导本会工作。理事会任期四年。理事会每年至少召开一次会议，特殊情况可随时召开。理事会全体会议须有三分之二以上理事出席方能召开，其决议须经到会理事半数以上通过方能生效。

理事会中的团体会员推选的理事均为代表制，在任期内如出现工作或职务变动而失去代表性，由其原代表的团体会员单位相应人员接替，并书面备案。

第十七条 理事会职责：

1. 执行会员代表大会决议。

2. 筹备组织召开会员代表大会。

3. 向会员代表大会提出工作报告和财务报告。

4. 选举会长、副会长、秘书长等领导职务。

5. 授予荣誉称号。

6. 制定完善财务管理制度并监督其执行情况。

7. 对有损于精武荣誉的理事、会员和事进行批评和处理。

8. 制定修改章程，讨论决定其他重大事项。

第十八条 会长、副会长、秘书长必须具备下列条件：

一、坚持党的路线、方针、政策，政治素质好。

二、在本会业务领域内有一定影响。

三、会长、副会长、秘书长最高任职年龄为70周岁。

四、身体健康，能坚持正常工作。

五、具有完全民事行为能力。

第十九条 本会的会长、副会长、秘书长任期四年。最长任期不得超过两届，因特殊情况需延长任期的，经理事会三分之二以上理事表决通过，报业务主管单位审查并经社团登记管理机关批准同意后方可任职。

第二十条 本会会长为法定代表人，不得兼任其他社团的法定代表人。

行使下列职权：

一、召集和主持理事会会议。

二、检查会员代表大会、理事会决议的落实情况。

三、代表本会签署有关重要文件。

四、行使法人其他职能职权。

五、视情授权副会长主持日常工作。

第二十一条 本会下设秘书处，由秘书长和副秘书长组成，处理日常事务工作。

第二十二条 本会秘书长行使下列职权：

一、在会长或经会长授权的副会长领导下，组织实施年度工作计划。

二、提名副秘书长以及各办事机构主要负责人，交理事会决定。

三、协助会长管理本会工作人员。

四、处理其他日常事务。

第二十三条 为加强社团内部监督机制，本会设监事一名，监事的任期与理事任期相同，期满可以连任。正、副会长、秘书长、财务人员及其家属不得兼任监事。

监事的权利和义务：

一、受理会员申诉。

二、监督理事会遵守法律和章程的情况。

三、列席本会召开的会议，有权向理事会提出质询和建议，并应向登记管理机关、业务主管单位以及税务、会计主管部门反映情况。

四、依照章程规定的程序监查本会的财务会计制度、法规、政策的执行。

五、遵守有关法规和本会章程，忠实履行职责。

## 第五章 资产管理、使用原则

第二十四条 经费来源。

1. 会费收入。

2. 在业务范围内开展活动收入。

3. 社会资助，捐赠，赞助。

4. 其他合法收入。

第二十五条 本会经费必须用于本章程规定的业务范围内事业的发展，不得在会员中分配。

第二十六条 本会建立严格的财务管理制度，保证会计资料合法、真实、准确、完整。财务管理接受业务主管部门和财务审计部门的审计和监督。

第二十七条 本会配备有专业资格的会计人员。会计不得兼任出纳。会计人员必须进行会计核算，实行会计监督。

第二十八条 本会的资产管理必须执行国家规定的财务管理制度，接受会员代表大会和财政部门的监督。资产属于社会捐赠、资助的，必须接受审计机关的监督。并将有关情况以适当方式向社会公布。

第二十九条 本会换届或更换法定代表人之前必须接受社团登记管理机关和业务主管单位组织的财务审计。

第三十条 本会的资产，属本会集体所有，任何单位、个人不得侵占、私用和挪用。

第三十一条 本会专职工作人员的工资和保险、福利待遇，参照国家对事业单位的有关规定执行。

## 第六章 章程的修改程序

第三十二条 对本会章程的修改，须经理事会表决通过后，报会员代表大会审议，经业务主管部门审查同意，并报社会团体登记管理局核准后生效。

## 第七章 终止程序及终止后的财产处理

第三十三条 本会由于分立、合并等原因需注销的，由理事会提出终止决议。

第三十四条 本会终止决议须经会员代表大会到会人员的半数以上通过，并报业务主管部门审查同意。

第三十五条 本会终止前，须在业务主管单位及有关机关指导下成立清算组织，清理债权债务，处理善后事宜。清算期间，不开展清算以外的活动。

第三十六条 本会经社团登记管理机关办理注销登记手续后即为终止。

第三十七条 本会终止后的剩余财产，在业务主管单位和社团登记管理机关的监督下，按照国家有关规定，用于发展与本会宗旨相关的事业。

## 第八章 会旗、会徽

第三十八条 会旗系长方形，底色为白色，斜缀三星（红、蓝、黄），会徽外形为盾牌内上方系三颗星、下方为“精武”两字。

## 第九章 附则

第三十九条 本章程解释权属本会理事会。

第四十条 本章程自上海市社会团体登记管理局核准后方可生效实施。

# 附录 3：精武女子体育会简章[1]

**第一 定名**

精武女子体育会。

**第二 宗旨**

以振刷女子精神，增进德体智三育为宗旨。

**第三 会所**

暂设北四川路横浜桥福德里精武第一分会内。

**第四 会员**

凡立志坚忍（年龄不限），有相当团体或会员介绍者得为本会会员。

会员分三种：（甲）特别会员：入技击部而兼他部者；（乙）普通会员：只入游艺部者；（丙）名誉会员。

**第五 教员、职员**

（一）会长一人；（二）董事无定额；（三）总务主任一人；（四）书记员二人；（五）会计员二人；（六）交际员八人；（七）庶务员二人；（八）会医一人；（九）技击部主任二人；（十）女子模范团主任二人；（十一）教员由女子模范团全体及本会教员担任。

**第六 会费**

特别会员每年六元，普通会员每年二元，十六岁以下减收半费。

**第七 科目**

（一）技击、舞蹈；（二）保育学、英文、国文；（三）国语、临池、图画、粤乐；（四）网球、乒乓、篮球、秋千、溜冰术。

**第八 时间**

每星期一至六二时至六时。

**第九 毕业**

技击毕业由教员及主任审定及格者；满两年给以初等，满四年给以中等，满六年给以高等毕业文凭。

**第十 开会**

每年开大会一次，每月开常会一次。

**第十一 附则**

（一）凡会员皆得享会中一切权利。

（二）本会所发之会证在各省精武会、本埠精武分会皆有效。

（三）凡特别会员而遵守模范团规约者，本会为之备衣柜鞋箱，藉表欢迎会员之诚意。

# 附录4：世界精武联谊会章程

（2010年11月17日通过）

## 第一章 总则

第一条 名称

本联谊会的名称为：世界精武联谊会，英文译名为：World Chin Woo Federation 简称：（W. C.F）。

第二条 性质

本会是由世界各国各地区的精武会为共同发展精武事业，发扬中华武术、文化为主而自愿组成，不以盈利为目的的体育联谊组织。

第三条 宗旨

本会的宗旨如下：

发扬“爱国、修身、正义、助人”的精武精神，提倡“乃文乃武”，发展武术、文化和其他传统项目，增强各友会间的团结和协作，促进世界精武事业的发展和不断进步。

第四条 会址

本会设秘书处，办公地址中国上海四川北路1702弄30号。

第五条 语言

本会的基本通用语言为：中文（华语），英文为辅助语言。

## 第二章 会徽、会旗

第六条 会徽、会旗

一、会徽：五角黄色双边盾形，中间为三星三环和精武两字，上星上环红色，下二环为蓝色，左环内为蓝星、右环内为黄星；

二、会旗：以白色为底，旗中印有世界联谊会会徽图案；

三、释义：（1）盾形：保护自己，爱护他人；(2) 三环：智、仁、勇。

## 第三章 任务

第七条 本会的主要任务：

一、促进各国各地区精武友会之间的友好交往及相互了解。

二、组织竞技赛事文化交流（每两年举办一届）、学术研讨、培训学习、信息交流等活动，增进各友会会员间的接触和友谊。

三、发扬精武传统武术、文化，传承精武传统武术套路，学习并掌握现代武术的新内容，为武术的继承和发展作贡献。

四、通过训练竞赛，传承武艺、服务大众、增强体质。

## 第四章 会员

第八条 本会会员系指团体会员单位。

第九条 会员资格

凡经当地政府批准注册成为合法之民间非盈利组织，并以精武体育会为名称的均可申请加入本会。

第十条 入会手续

一、向秘书处提交以下资料：

1. 申请加入联谊会的申请报告。

2. 提供该组织根据章程开展活动的情况。

3. 提供下述资料的复印件。

（1）明确的精武体育会的名称（如：XXX精武体育会）。

（2）该组织章程，章程中规定该组织必须具有下列内容：

（A）为继承、弘扬精武“爱国、修身、正义、助人”的宗旨精神。

（B）努力开展精武传统武术及中华文化活动。

（C）愿为弘扬精武宗旨精神和传统武术努力工作。

（D）不以盈利为目的。

（E）会所详细地址和组织机构、负责人（秘书长以上人员名单及联系方式）。

（F）向当地政府申请注册，经批准为合法的社会团体的文件。

4. 经联谊会成员同意介绍该组织参加联谊会的书面函。

二、在一个城市，只能接纳一个精武体育会组织。

三、上述资料，由秘书处审阅后，经执委会审核提交联谊会会长联席会议通过，成为世界精武联谊会成员并颁发会员证书。

四、会费以年度为单位，金额为50美元。

第十一条 权利和义务

一、权利：

1. 有权参加本会组织的各类竞赛、交流、培训、研讨和会务等活动。

2. 对本会有批评、建议和监督权。

3. 享有本会的选举权、被选举权和表决权。

4. 享有入会自愿、退会自由的权利。

二、义务：

1. 遵守本会的章程，执行本会的决议。

2. 维护本会的合法权益。

3. 接受并完成本会委托交办的各项任务。

4. 按规定缴纳会费。

5. 支持并积极参加本会组织的各项赛事及活动。

6. 向本会反映情况，提供有关资料讯息。

三、会员凡无特殊理由，连续两年不参加本会举办的活动或连续两年不缴纳会费的，按自动退会处理，凡违反本会章程的，经会长联席会议讨论决定后，取消会员资格。凡自愿退会或取消会员资格予以公告。

## 第五章 组织机构

第十二条 本会设会长、副会长、秘书长、执行委员会，下设秘书处（秘书处为常设机构）。

第十三条 组织原则

充分协商、少数服从多数是本会的组织原则。

第十四条 会长联席会议（简称：会长会议）

一、会长（会员单位代表）联席会议是本会的最高权力机构。会长会议每两年召开一次，如遇特殊情况可以提前或推后召开。

二、会长联席会议的职权：

1. 审议通过本会的工作报告和本会财务收支情况。

2. 制定、修改本会章程。

3. 选举产生执行委员会成员，任期四年，可连选连任。

4. 讨论本会的终止事宜。

5. 章程规定的其他权力。

三、会长联席会议形式：

1. 各友会可选派2-3名代表出席会长联席会议，但每一个友会只能享有一票的投票权。

2. 会长联席会议由联谊会会长主持，会长因故不能出席时，则由副会长代替之。

3. 秘书处在会长联席会议召开前三个月，将开会通知书和会议议程发至各友会，各友会有任何提案应该在会议召开前两个月交给秘书处。

4. 在召开每次会长会议时须对下届会议的召开时间和地点予以初步确定。

第十五条 执行委员会(简称“执委会”)

一、执委会的产生：

1. 执委会成员由联谊会会长联席会议选举产生。

2. 执委会成员由5-7个成立时间较早，在友会中有一定影响的，在各大洲或地区有代表性的，为精武事业作出较大贡献的友会代表组成。

3. 同一个国家担任执委会，不超过两名成员。

二、执委会的职能：

1. 推荐产生会长、两个副会长、秘书长，任期四年，可连选连任。

2. 研究和拟定世界精武联谊会活动发展规划。

3. 沟通和协调联谊会成员会有关事宜。

4. 执委会每年举行一次工作列会，由执委会成员会轮流承办，费用自理。

5. 对本章程未有明文规定之事务，执委会有权根据本章程的精神处理，并向会长联席会议报告。

第十六条 会长职能：

1. 召集和主持本会会长联席会议。

2. 执行并检查会长联席会议决议的落实情况。

3. 签署本会的重要文件。

第十七条 副会长职能：

在会长缺席时，代理会长的职务并行使其一切职能。

第十八条 秘书长职能：

1. 主持秘书处开展日常工作，组织实施本会的工作计划。

2. 做好会长联席会议的各项准备工作。

3. 处理其他日常事务。

第十九条 秘书处职能：

会长联席会议闭会期间，按照会议决定的要求处理本会的日常事务。

## 第六章 资产管理、使用原则

第二十条 经费来源：

一、由本会各成员会缴纳的会费。

二、其他方面的合法收入。

第二十一条 经费使用：

一、本会的经费用于秘书处开展日常工作之支出。

1. 与各友会间的联络通讯费；

2. 秘书处的部分办公用品费用；

3. 刊物印刷邮寄、证书制作等。

二、秘书处工作人员劳务费由所在精武会承担。

## 第七章 章程的修改程序

第二十二条 对本会章程的修改，须在会长联席会议召开前三个月提交秘书处，执委会作出初步审核后，经会长联席会议审议并一半以上表决通过后生效。

## 第八章 附则

第二十三条 本章程解释权属执委会。

# Constitution of World Chin Woo Federation

(passed on 2010/11/17)

## Chapter 1 General Provisions

Article 1 Name

The full name of the organization shall be World Chin Woo Federation (Shortened as W. C. F), hereafter referred to as "Federation".

Article 2 Nature

The Federation is a sports organization composed of various Chin Woo associations from different countries and regions worldwide on a voluntary and non-profit basis, sharing a common cause in promoting Chin Woo, Chinese martial arts and Chinese culture.

Article 3 Aim

The aim of the Federation is to promote the Chin Woo spirits of "patriotism, self-cultivation, justice, and friendship"; to help spread a combination of culture and Chinese martial arts; to help develop martial arts, culture and other traditions; and to strengthen unity and cooperation of all associations to achieve development and continual progress of Chin Woo.

Article 4 Address

The Secretariat of the Federation is located at No. 30, 1702 Lane, North Sichuan Road, Shanghai, China.

Article 5 Language

The main language of the Federation shall be Chinese (Mandarin). English will serve as a supporting language.

## Chapter 2 Emblem and Flag of the Federation

Article 6 Emblem and Flag of the Federation

I. Emblem Pentagon shape, yellow color, and symmetrical shield with three stars, three rings and two Chinese characters of "Chin Woo" inside. The upper star and ring are red and the lower two rings are blue. The star in the left lower ring is blue and the star in the right lower ring is yellow;

II. Flag White background with the emblem of the Federation in the middle;

III. Meaning

i. Shield: To protect oneself and others;

ii. Pentagon: Benevolence, Investigation, Reflection, Discernment, Sincerity;

iii. Three stars: Physical education, Scholarly education, Moral education;

iv. Three rings: Intelligence, Kindness, Bravery;

v. V Red, blue and yellow colors: Freedom, Equality, Fraternity.

## Chapter 3 Tasks

Article 7 Main Tasks of the Federation

1. Help facilitate friendly communication and exchange among Chin Woo associations from different countries and regions, and to help build relationships between them;

2. Organize a competition and cultural exchange event (once every 2 years); conduct academic research, discussions, training, learning, information exchange and other activities to enhance the communication and friendship amongst associations;

3. Promote Chin Woo traditional martial arts and culture, inherit Chin Woo traditional martial arts forms, and learn and master the new content of modern martial arts, in order to contribute to the inheritance and development of martial arts;

4. Spread and inherit martial arts, serve the public, and enhance physical fitness through training and competition.

## Chapter 4 Membership

Article 8 The Federation is composed of individual Members.

Article 9 Membership

Any civil non-profit organization legally authorized by their local government with the name of Chin Woo Athletic Association can apply for membership to the Federation.

Article 10 Application Procedure

I. The following materials should be submitted to the Secretariat:

i. Application report to join the Federation;

ii. Information on the applicanfs activities in accordance with its constitution;

iii. Copies of the following materials:

a. Exact name of the association (For example, XXX Chin Woo Athletic Federation);

b. Constitution of the association, in which the following information must be included:

(a). Aim of inheriting and promoting the Chin Woo spirits of''patriotism, self-cultivation, justice, and friendship;

(b). An effort to organize Chin Woo traditional martial arts events andother Chinese cultural activities;

(c). Willingness to promote Chin Woo's cause, spirits and traditional martial arts;

(d). Non-profit.

c. Detailed address, organizational structure, and list of contact information of the principal positions above the general secretary;

d. Registration documents authorized by local government as a legal civil organization.

iv. Written consent letter from other Members of the Federation.

II. In each city, only one Chin Woo Athletic Association will be accepted;

III. After being checked by the Secretariat and audited by the Executive Committee, application materials will be submitted to the Chairman Joint Conference for final approval. A membership certificate will be issued to the approved applicant;

IV. A 50 USD membership fee shall be paid annually.

Article 11 Rights and Obligations

I. Members of the Federation will enjoy the following Rights:

i. The right to attend various competitions, exchange activities, training, research, discussions and other activities organized by the Federation;

ii. The right to criticize, advise and supervise the Federation;

iii. The right to vote and be elected;

iv. The right to join in voluntarily and quit by its own will.

II. Members of the Federation will have the following Obligations:

i. Obey the Constitution of the Federation and carry out the decisions of the Federation;

ii. Protect the legal rights of the Federation;

iii. Accept and accomplish various assignments from the Federation;

iv. Pay membership fee accordingly;

v. Support and participate in various competitions and activities organized by the Federation;

vi. Provide feedback and certain necessary information to the Federation.

Ⅵ. Members who do not participate in activities organized by the Federation or who do not pay the membership fee for 2 consecutive years with no good reason will be treated as quitting automatically. Members who break the Constitution of the Federation will be eliminated from the Federation after discussion and at the decision of the Chairman Conference. Members who quit by their own will or who are eliminated will be announced to the public.

## Chapter 5 Organization

Article 12 The Federation shall have a Chairman, Vice Chairman, General Secretary, Executive Committee and Secretariat (permanent establishment).

Article 13 Organization Principle

The Federation will follow the principle of complete negotiation and majority rules.

Article 14 Chairman Joint Conference (shortened as Chairman Conference)

I. The Chairman Joint Conference (with representatives from each member association) shall be the highest authority of the Federation. The Chairman Conference will be held every 2 years and can be advanced or delayed in case of any particular reason;

II. Duty and Right of Chairman Joint Conference;

i. Audit and approve the work report and financial income and expenses of the Federation;

ii. Formulate and revise the Constitution of the Federation;

iii. Elect Executive Committee Members every 4 years. The members can be re-elected;

iv. Discuss the termination of the Federation;

v. Other rights stipulated in the Constitution.

III. Form of Chairman Joint Conference:

i. Each member association can appoint 2-3 representatives to attend the Chairman Joint Conference and each member association only holds one vote;

ii. The Chairman Joint Conference will be hosted by the Chairman of the Federation. If the Chairman cannot attend the Chairman Conference, the Vice Chairman will be the host;

iii. The Secretariat will send the Chairman Conference notice and agenda to each member association 3 months prior to the Chairman Conference. Any proposal raised by member associations shall be submitted to the Secretariat 2 months before the Chairman Conference;

iv. During every Chairman Conference, the date and venue of the next Chairman Conference shall be determined.

Article 15 Executive Committee (shortened as the "Committee")

I. Formation of the "Committee";

i. Members of the Committee will be elected at the Chairman Joint Conference;

ii. Members of the Committee will be 7 early founded, influential member associations which can represent each continent or area and that have made great contributions to Chin Woo;

iii. No more than 2 members of the Committee can be from one country.

II. Functions of the "Committee" ;

i. Recommend a Chairman, two Vice Chairmen, and a General Secretary every 4 years who can be re-elected;

ii. Study and make sound activity and development plans for the World Chin Woo Federation;

iii. Communicate and coordinate related issues of member associations;

iv. There will be a routine meeting every year in the Committee, which will be hosted by each member of the Committee in turn. Cost will be covered by the host;

v. Issues not mentioned in this Constitution shall be handled by the Committee in accordance with the spirit of this Constitution and be reported to the Chairman Conference.

Article 16 Functions ofChairman

I. Call upon and host the Chairman Joint Conference of the Federation;

II. Implement the decision of the Chairman Conference and supervise;

IILSign important documents of the Federation.

Article 17 Function of Vice Chairman

When the Chairman is absent, the Vice Chairman will perform all the duties and rights of the Chairman.

Article 18 Function of General Secretary

I. Arrange daily routine of the Secretariat, organize and implement the work schedule of the Federation;

II. Prepare for the Chairman Joint Conference;

III.Deal with other daily routines.

Article 19 Function of Secretariat

Handle daily affairs in accordance with the decisions of the Chairman Conference.

## Chapter 6 Principles of Property Management and Utilization

Article 20 Source of funds

I.Membership fees from each member association of the Federation;

II.Other legal incomes.

Article 21 Utilization of funds

I.Funds of the Federation will be used by the Secretariat for daily affairs;

i.Communication expenses to each member association;

ii.Office expenses of the Secretariat;

iii.Costs of printing and mailing publications, making certificates, etc.

II.Salaries of the Secretariat staff will be paid by the Chin Woo Association to which he/she belongs.

## Chapter 7 Constitution Revision Procedures

Article 22 Revisions to the Constitution shall be submitted to the Secretariat three months prior to the Chairman Joint Conference. After being initially audited by the Committee and discussed at the Chairman Conference, the revision will become effective with more than half of the votes.

## Chapter 8 Annex

Article 23 The Committee reserves the right to the interpretation of the Constitution.

Note: the Chinese version of the contents of this regulation shall prevail.

# 附录5：会训与精武式

## 一、会训

精武会训曰："凡我会员，必须以仁爱为怀，服务为旨，以我所有，助人所无，牺牲个人之力量以求造福于人类；忠心待人，廉正守纪，见义勇为，积功于天爵，重振风教，多行而寡言，禀遵斯旨，几完人也。"

## 二、精武式

精武体育会以履行"精武式"来要求会众。

（1）人物：三育训练，获有全能。

（2）人格：公正廉明，尊人重己。

（3）风度：诚实坦白，博爱平等。

（4）言行：坐言起行，证以事实。

（5）信守：一言一诺，重于订约。

（6）守时：约会守时，不求原谅。

（7）正义：尊重正义，不讲私情。

（8）服务：非以役人，乃役于人。

（9）福利：乃予于人，非取诺人。

（10）友道：爱己及人，视同兄弟。

# 附录 6：会歌《精武颂》

会歌《精武颂》歌词作于 1918 年，曲调则创作于 20 世纪 80 年代，并经各国精武友会议定。

国不强兮招毁灭，人不强兮难自立。振我精神，锻我筋骨，充我知能，坚我魄力。百炼此身如钢铁，任何威武不能屈。大家齐努力，厉行三达德。起民疲，培国脉。大家齐努力，发扬精武式。卫国魂，尽天职。

bb 调 4/4

精武頌

国不强兮 招毁灭 人不强兮 难自立

振我精神 锻我筋骨 充我知能 坚我魄力

百练此身 如钢铁 任何威武 不能屈

大家齐努力 厉行三达德 起民疲 培国脉

大家齐努力 发扬精武式 卫国魂 尽天职

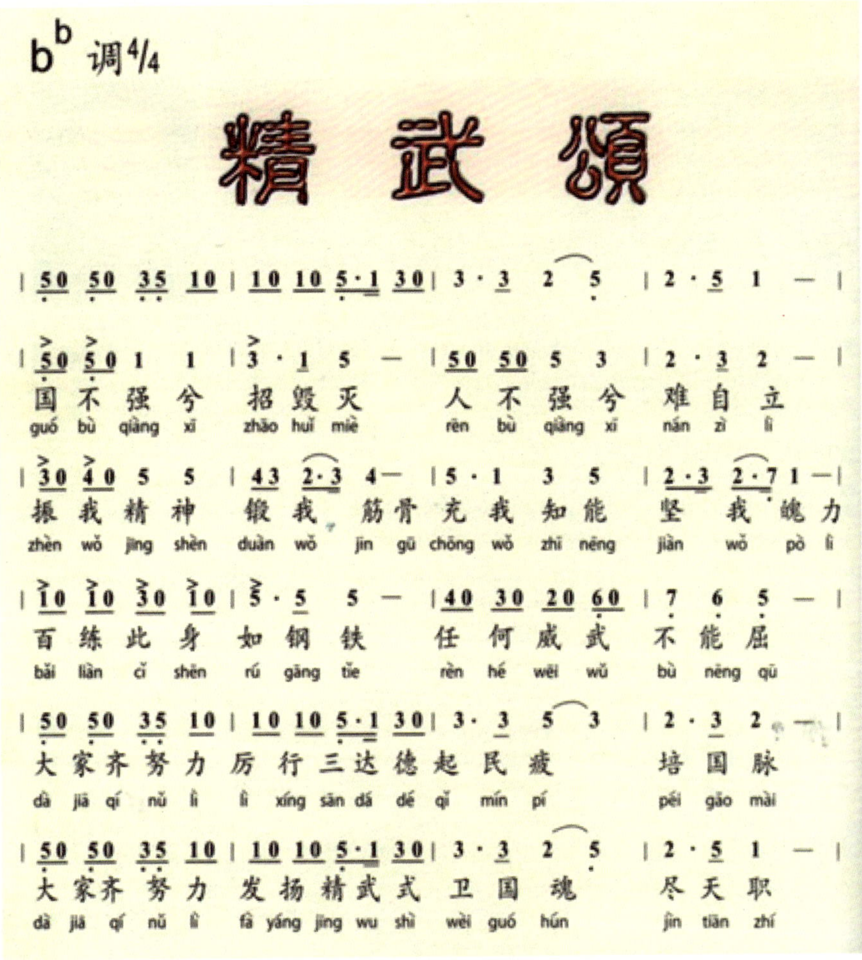

# 附录7：会旗、会服、会徽

## 一、会旗

会旗长方形，白色，斜缀三星（红蓝黄三色）（蓝色星初用绿，七年改为蓝），盖取博爱自由平等之意。

并有小旗青莲色，其精武两字黄色，

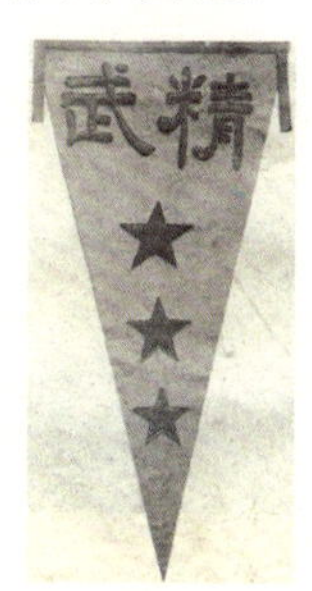


上横亦黄色，两小衬带紫色。三星亦分红蓝黄三色，此备各会员用为住宅之饰壁，以示晨夕不忘也。

## 二、会服

会员衣用国产之浅灰色爱国布。衣扣及缘饰以黑布为之。对襟，左方第一及第十二为黑布结钮，中缀十扣，右方十二扣而无钮，此称通明钮，因练拳时每拍击胸部有钮则不适用也。衣有领，亦以黑布缘之。衣长及身之半，窄袖，其长及腕下。袴用黑色爱国布，或杭绉，因练习武术时。须以下身着地，丝质者少沾尘埃之故。短靴用黑布制。本编首页，铁生公哲之两影相，即本会规定之服式也。教员用黑色布衣，施以浅蓝色缘，用通明钮，袴亦黑色，靴用黑布。

## 三、会徽

最初之襟章，用圆形，中径公尺三生的米达，中藏盾形。盾外则用浅蓝色地，盾内浅红色地。精武体育会五字浅蓝、三星色白。盾之周围，间一白线，六年形略改小，中径二生的有半仍圆式，而中藏盾形。盾外绿色地，盾内仍红色而略深，如玫瑰然。精武体育会五字用黑色，三星仍用白色。盾之周围，仍间一白线。两者皆如普通之襟章，用化学之假明角罩，中有颜色纸片也。七年，遂改用以模范铸成之盾式者。初用锑，既而改用银质。最长处一生的有半，最阔处一生的二。襟章有四种，其一种盾后有插针，一种盾后有袖钮形，此两者备男会员之用。一作领扣式，备女子模范团用。有作戒指形者，男女可用。本会之标识，现在规定全用盾形，意取正当防卫也。而身而家而国而世界，咸若此焉。愿吾会众，永书于绅。

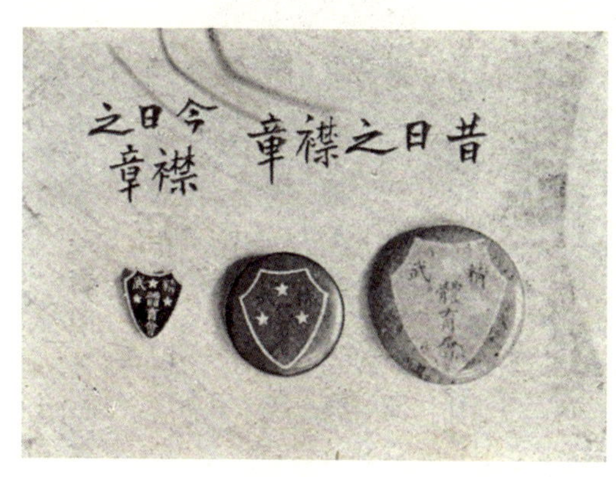

# 附录8：会员证、毕业证书、奖牌

普通會員 NO.

上海精武體育會會證

姓名 貫 年齡 歲

此證自民國卅七年 月 日起至

民國卅八年 月 日為有效時期

此證不得轉借別人

会员证

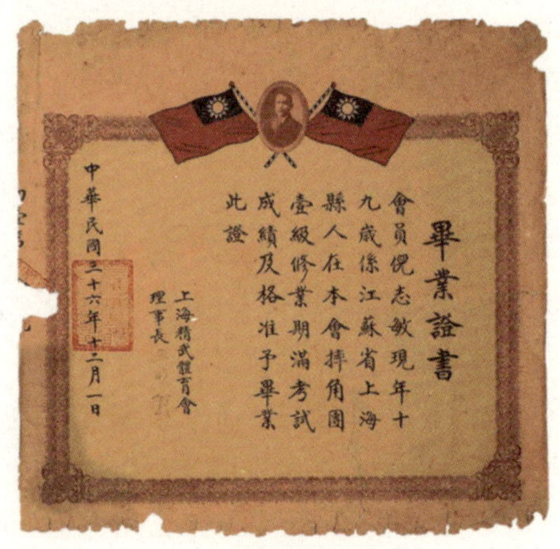

畢業證書

會員倪志敏現年十九歲係江蘇省上海縣人在本會拌角團壹級修業期滿考試成績及格准予畢業

此證

上海精武體育會

理事長

中華民國三十六年十二月一日

毕业证书

奖牌

## 一、会员证

## 二、毕业证书

## 三、奖牌

吾会有授盾例。盾铸以紫铜，上方有四锐角，直径十四生的米达有二，幅径十二生的有半，文曰精武（此两字平列），体育会（此三字直行），中缀星三（一在精武两字之中，两在体字之左右）（本会之盾式，凡门前之大铜盾，及此盾暨襟章之小盾，与印信图章，皆同一手书，盖为左君孝同所写。铸为模范，应用则以摄影术为之大小也）。凡会众有服劳日久、纯任义务，或有非常之赞助、创始之勋劳者，经会众公决，以全体名义，公赠此盾。有得盾者，咸以为荣宠。然非会众皆无间言，不轻授受，与彼烂羊头勋章雨，有霄壤之别也。本会会众于精神上体魄上皆得无限之利益，惟虽有十年服务，心力交瘁者，而身外物之酬赠。舍此盾外，例不许有他物焉，则其视为无上宝贵也，理亦宜之。

# 附录9：精武长河图·精武英雄谱

漫画作者孙剑，配诗仲富兰

洋场十里占风流，奥皮音们侮神州。
武士大名霍元甲，张园摆擂鬼见愁。

注：1910年，霍元甲在上海张园摆擂挑战叫嚣"东亚病夫"的外国大力士奥皮音。

## 精武拳师走四方，女子师范兴解放。
## 时代精神洗旧魂，桃李叶秀更芳华。

注：精武会注重人才培养，各派拳师走出精武会大门，深入上海各学校和基层，推广与普及武术健身，使弱者以强，病者以起，功德彪炳。练武之风在学校、社团、工厂蜂起，形成一股热潮。更举办了精武女子师范学校，戒缠足，兴女学，支持男女平等，推动了中国女性的解放。

春风时送暗香来，辛酉剧社顷刻开。
左翼剧联沪上起，精武会员几楼台。

注：精武会员朱穰丞联合其他精武会员成立了由潘汉年担任顾问的"辛酉剧社"，并在该剧社基础上诞生了"中国左翼剧团联盟"。

外滩公园辱华牌，精武公园造起来。
安步团走白渡桥，黄钟大吕悬高台。

注：黄浦公园辱华事件后，精武会创建精武公园，铸钟立牌："咸准入园游玩，凡属人类苟能守文明通则者"，精武安步团每天清晨从外白渡桥列队步行至精武公园，向黄钟致敬。

辛亥英雄陈其美，精武会员徐一冰。携手直捣老巢穴，攻打江南制造局。

注：1911年，孙中山发起辛亥革命，精武创始人、沪军都督陈其美，带领精武会员徐一冰等革命者攻打江南制造局。

融合中西任款邀，乃文乃武好烹调。
西洋画社粤乐换，武舞由来看今朝。

注：精武会创始现代旅行；创造武舞舞蹈；首创中国漫画杂志与西洋画社团，联合创办左联中华艺术大学；开创中西融合音乐社团。

精武医学护苍生，运动中医倡新声。

劳军抗日作慈善，济众难民医院成。

注：中医大师罗伯夔和西医博士林锦华首创了中西医融合医学教育机构与“运动中医”学科。构建精武医院、济众难民医院、第十九救护医院等。

精武十套界西东，技击西洋路更通。
潭腿图谱打头阵，画师竟是徐悲鸿。

注：精武会武术教练是来自三大流域的武术大家与名宿，集成中华武术流派精华，开创"精武十套"教学范例，徐悲鸿曾为"潭腿"教学绘制分解动作。

青史留名五特使，精武外交起旋风。
共筹体育协进会，奥运项目显神通。

注：1920年，精武五特使下南洋，开创了精武文化中外民间交流机制。1924年，精武会参与发起“中华全国体育协进会”；1936年出征柏林奥运会。

健儿爱国最殷勤，血战倭寇面半醺。
共赴国难为国死，精武剑处留英名。

注：精武会众多爱国健儿，奔赴抗日前线，英勇不屈与日本军国主义展开了殊死搏杀。奥运健儿符保卢，奥运拳手王润兰、靳贵第、靳桂血铸英雄抗日史。

精武何事故依依，出众人材出色衣。
集会考展混一体，表演实业越稀依。

注：精武会乃文乃武，成立之初起每年举办精武大会，会考展演集会为一体，包括书法与武术考试、集武术体育表演、游艺音乐表演和精武实业博展。

巾帼场中展英姿，红妆遥对夕阳西。
精武女侠追平等，因缘邂逅首故低。

注：精武女子体育会创始人陈士超；精武女学员"东方女侠"邬丽珠，铸就中国第一代功夫女星称号；精武会女医张湘纹创办"精武医社"济众民。

奋起抗战义勇军，电通公司留佳音。
天合之作进行曲，吟唱国歌思故人。

注：1935年，精武会长朱庆澜（东北义勇军后援会会长）与聂耳到长城一线慰问考察，之后投资拍摄《风云儿女》，并将主题曲命名为《义勇军进行曲》。

注释：

1. 本章程载《上海精武体育会征求特刊》，上海档案馆，卷宗号Q401-10-27，017。

# 主要参考文献


### （一）档案资料

上海档案馆所存上海精武会历年活动、议案等档案材料。（具体卷宗号在引用时注明）

上海档案馆所存《精武本纪》（卷宗号 Q401-10-48）及上海精武会出版之相关出版物。

### （二）未刊稿

卢丽娟主编：《上海精武体育总会会史（1910 年 7 月 -1996 年 12 月）》。

### （三）报刊

《时报》1910 年。

《申报》1910-1937 年。

《东方体育日报》2015-2020 年。

### （四）出版著作

精武体育会编著《精武本纪》，商务印书馆 1919 年版。

《上海通志》编纂委员会《上海通志》（共 10 册），上海人民出版社 2005 年版。

浙江省通志馆编《浙江通志馆馆刊》，杭州古籍书店出版 1945 年版。

《上海文化艺术志》，上海社会科学院出版社 2001 年版。

《上海体育志》编纂委员会编，蔡扬武主笔《上海体育志》，上海社会科学院出版社 1996 年版。

上海市工商业联合会编纂《上海工商社团志》，上海社会科学院出版社 2001 年版。

《上海成人教育志》，上海社会科学院出版社 2007 年版。

国家体委武术研究院编纂《中国武术史》，人民教育出版社 2011 年版。

陈公哲《精武会五十年》，春风文艺出版社 2001 年版。

罗啸璈《精武内传》，上海社会科学院出版社 2008 年版。

陈铁生《精武合战》，上海社会科学院出版社 2009 年版。

汪康年《汪穰卿笔记》，中华书局 2007 年版。

胡寄尘编《虞初近志》（清人张潮编撰），上海书店出版社 1986 年版。

邵元冲编《陈英士先生革命小史》，上海民智书局 1925 年版。收入文海出版社“近代中国史料丛刊三辑”。

马崇淦等编《上海体育年鉴》，上海体育世界社 1940 年版。

上海通社编《上海研究资料》，上海书店出版社 1984 年版。

成都体育学院体育史研究室编《中国近代体育史简编》，人民体育出版社 1981 年版。

吴文忠《中国体育发展史》，三民书局印行，教育资料馆出版 1981 年版。

姚辉、朱馥生《陈英士评传》，团结出版社 1989 年版。

莫永明《陈其美传》，上海社会科学院出版社 1985 年版。

梁启超《新民说》，辽宁人民出版社 1994 年版。

向恺然、陈铁生等《国技大观》，载《民国丛书》第四编 47 册，上海书店出版社 1992 年版。

金子直《民族卫生》，商务印书馆 1930 年版。

包天笑《钏影楼回忆录续编》，香港大华出版社 1973 年版。

王云五主编《民国陈英士先生其美年谱》。载“新编中国名人年谱集成”（第八辑），台湾商务印书馆发行，1980 年版。

金警钟编著《少林七十二艺练法精选》，山西人民出版社 1988 年版。

谷世权编著《中国体育史》，北京体育大学出版社 2004 年版。

星洲精武编辑委员会编《星洲中国精武体育会三十周年纪念集》，星洲精武体育会 1951 年版。

体育史资料编审委员会编《中国近代体育议决案选编》（《体育史料》第 16 辑），人民体育出版社 1991 年版。

周士彬、王连方编著《现代拳击》，学林出版社 1996 年版。

上海精武体育总会编《精武拳械录》，上海社会科学院出版社 2008 年版。

张建方《精武传统螳螂拳术》，上海辞书出版社 2010 年版。

郎净《近代体育在上海（1840-1937）》，上海社会科学院出版社 2006 年版。

阮原《怡保精武二周年纪念特刊》，南洋怡保精武会 1927 年版。

郭绪印《老上海的同乡团体》，文汇出版社 2003 年版。

仲富兰《上海六千年》（三卷本）之三《百年梦想》，上海人民出版社 2018 年版。

广东炎黄文化研究会编《粤韵香飘——吕文成与广东音乐论集》，澳门出版社 2004 年版。

### （五）学位论文

李印东《武术本质及其功能价值体系的阐释》，北京体育大学 2006 年博士论文。

胡玉姣《上海精武体育会体育现代化研究（1910-1937）》，华东师范大学历史系博士论文。

杨媛媛《近代上海精武体育会研究（1910-1949）》，华东师范大学硕士学位论文。

### （六）论文、文章

履冰《论东亚病夫国之病》，《绍兴医药月报》1925 年第 2 期。

中华医学杂志编辑部《中国的医学教育》，《中华医学杂志》1933 年 19 卷 2 期。

马良《中华北方武术体育五十余年纪略》，《体育与卫生》1924 年第 3 卷，第 3 期。

王健吾《华北之体育》，《体育季刊》1935 年，第 1 卷第 2 期。

危兆盖《简氏兄弟创办南洋兄弟烟草公司》，《传承》2010 年第 4 期。

郭志禹《东方传统武术都市化路径一探》，《武术科学·搏击学术版》，2005 年 3 月（第 2 卷第 3 期）。

马廉祯《略论中国近代本土体育社团对外来社团在华发展的借

鉴——以精武体育会对基督教青年会的模仿为例》,《搏击·武术科学》2010 年第 3 期。

林伯原《中国近代前期武术家向城市的移动以及对武术流派分化的影响》，《体育文史》1996 年第 3 期。

傅一啸《精武体育会的实况》，《广州文史资料存稿选编》（第七辑），广东人民出版社 2005 年版。

卜松竹《粤剧志士班——从广东演到上海》，广州市政协《文史》“文史荟萃”2017 年第 4 期。

杜俊娟《“体操”与“体育”的词源学略考》，《北京体育师范学院学报》1998 年第 3 期

熊月之《在上海，章太炎发出第一声反清呐喊》，《文汇报》“文汇记忆”2018 年 12 月 24 日。

易剑东《精武主义和奥林匹克主义的比较研究——19 世纪末至二战前的东、西方体育文化》，《成都体育学院学报》1997 年第 4 期。

程美宝：《近代地方文化的跨地域性——20 世纪二三十年代粤剧、粤乐和粤曲在上海》，《近代史研究》2007 年第 2 期。

周保分《传统武术与现代武术关系的研究》，《体育世界（学术版）》2008 年第 1 期。

赵晓阳《强健之路：基督教青年会对近代中国体育的历史贡献》，《南京体育学院学报》2003 年第 2 期。

栗胜夫《论我国传统武术的传承与发展》，《武汉体育学院学报》2007 年第 4 期。

郭玉成、许杰《精武体育会与中央国术馆的武术传播研究》，《体育文化导刊》，2005 年第 2 期。

宋旭、曹春宇《“体操”与“体育”演变因缘新探》，《沈阳体育学院学报》2005 年第 4 期。

郑光路《中国近代体育史上一段重要的史实——鲁迅与武术、气功》，《体育文化导刊》2003 年第 11 期。

李秀《百年精武体育在马来西亚的发展及影响研究》，《黄山学院学报》2011 年 10 月，第 13 卷第 5 期。

王菊蓉《一路一法的弹腿》，载《武术拳种和拳家》，上海教育出版社 1985 年版。

廖建林《社会变迁与近代体育的发展——对旧中国第三届全国运动会的历史考察》，《求索》2004 年第 4 期。

谭华《近代中国社会的变革与武术的进步》，《华南师范大学学

报社会科学版》2003 年第 1 期，第 123 页。

毛佳《民国时期平江向恺然武术理论、武术思想研究》，《中华武术（研究）》2016 年第 4 期。

杨祥全《武术概念之源流变迁考证》，《北京体育大学学报》2007 年第 2 期。

黄德泉《抗战以前中国体育电影考述》，《当代电影》2013 年第 7 期。

仲富兰《上海城市性格中的“精武”文化》，《解放日报》2016 年 9 月 20 日“思想者”专版。

仲富兰《精武文化不是只会“喊打喊杀”》，《解放日报》2020 年 6 月 9 日“思想者”专版。

### （七）网站、电子书

上海地方志上海通官网网站

上海精武体育总会官网网站

新华社上海分社官网网站

马来西亚沙巴精武体育会网站“精武历史”

新加坡文献馆网站

今日头条网站

武汉方志网

广州文史网站

# 后记

薛海荣
上海精武体育总会副会长

1910 年，由同盟会会员陈其美、农劲荪和爱国武术家霍元甲在上海共同创办了中国精武体操会（上海精武体育总会的前身）。百年以来，在精武先贤们的群策群力之下，前赴后继，历经风雨，精武文化现已成长为在中国乃至世界范围内有一定影响力的文化品牌。

作为一个具有百年以上辉煌历史的民间社团组织，精武会无疑是成功的。通过本志的撰写，我们梳理并找到了诸多原因，表明精武会取得今天的成就不是偶然的。在这些促成精武会迈向成功的种种原因之中，其关键原因之一是，精武会清晰地将自己定位为“人民大众”的社团组织。

精武会在成立十年时，就向南洋派出了“五特使”，组织起了最早的对外民间人文交流活动。“五特使”在南洋地区大力推广传统国术和现代体育，深入当地学校、工厂演讲，表演精武武术，放映精武电影，商讨建立分会等合作机制。这之后到 1935 年间，南洋地区就相继建立了近 20 个精武会组织，“五特使”下南洋获得了丰硕的成果，精武会由此在南洋完全扎根下来。

精武会之所以能够扎根南洋，远播海外，是“爱国、修身、正义、助人”这一精武会宗旨的绝好体现。这八字方针，体现了人类共同的价值追求，反映了人类的美好愿望，没有种族、民族、国家的差异，也没有意识形态上的冲突，因而能够得到当地民众的欢迎和拥抱，也是获得所在国家或地区领导人充分肯定的基本原因。例如，新加坡总理李光耀先后两次为新加坡精武体育会发来贺词。在北美大陆地区，则有两位美国总统曾为精武会致贺词。“五特使”下南洋，是精武会百年前成功实践的一次民间人文交流，彰显了“融汇中西”的海派文化特色，极大地促进了人民之间的友好交往。

根据党和国家提出的“文化自信”“道路自信”的战略方针，2021年6月2日，文化和旅游部公布了《“十四五”文化和旅游发展规划》，其指导思想部分指出，将“紧紧围绕举旗帜、聚民心、育新人、兴文化、展形象的使命任务，坚定文化自信，增强文化自觉……以改革创新为根本动力，以满足人民日益增长的美好生活需要为根本目的……着力建设文化遗产保护传承利用体系、现代公共文化服务体系、现代文化产业体系、现代旅游业体系、现代文化和旅游市场体系、对外和对港澳台文化交流和旅游推广体系，推进文化铸魂、发挥文化赋能作用……为提高国家文化软实力、建设社会主义文化强国作出积极贡献。”

面向未来，我们将积极响应国家和政府的上述要求，一如既往地做好世界精武联谊会的工作，履行好上海精武体育总会的秘书处职能，通过每年一次的执委成员会议，以及每两年由各成员会轮流举办世界精武武术文化大会，继续加强海内外精武会之间的交流与活动，尤其是要进一步拓展非华人所构建的精武会。在“一带一路”倡议的背景下，精武会将继续秉持“民心相通”的使命，践行好新时代中国文化“联接中外、沟通世界”的责任与使命，持续增进中国和世界之间的相互了解，同心同德共建世界美好大家庭。

在《精武志》编撰过程中，要特别感谢仲富兰老师、张治中老师及其所带领的编撰团队。时间紧、任务重，他们不怕辛苦，夜以继日地精心收集、整理、发掘史实材料，最后成功地为大家奉献出了这部《精武志》。我代表上海精武体育总会向仲富兰老师、张治中老师及其团队人员谨致真诚的谢意！

本次编撰《精武志》，主要参考了《上海精武体育总会会史》（未刊稿）、《精武百年会史》、《精武本纪·精武一百周年纪念》等三本著作，我们对以上三本著作的领导和编写团队表示衷心的感谢！但是，由于本次编撰的《精武志》跨时长达111年，因种种主客观原因，其所涉及资料多有散佚，未能更好地、全面地、完整地反映精武会发展的情况，全书还存在不尽如人意之处，敬请大家谅解。

严格来说，精武会的历程是一项宝贵的社会财富，因此编撰《精武志》也是一项社会工程，需要全社会的努力，尤其是需要关注和热爱精武精神之人的努力。我们热诚地欢迎社会有识之士，集众人之力，继续挖掘、整理、考证精武会散布在民间的资料，我们会在精武会官方网站、精武数字博物馆等处进行记录和发布，并在适当时机重修或另行编撰《精武志》，让精武事业在历史长河中生生不息，为国家为社会为人类的“美美与共”的理想而努力前行！

**图书在版编目（CIP）数据**

精武志/上海精武体育总会编. —上海:文汇出版社,
2021.8
ISBN 978-7-5496-3621-1

Ⅰ. ①精… Ⅱ. ①上… Ⅲ. ①武术—体育组织—概况
—上海 Ⅳ. ①G852.062

中国版本图书馆CIP数据核字(2021)第138680号

# 精武志

编　　者 / 上海精武体育总会

责任编辑 / 熊　勇
装帧设计 / 吴嘉祺

出版发行 / 文匯出版社
上海市威海路755号
（邮政编码200041）
经　　销 / 全国新华书店
印刷装订 / 上海颛辉印刷厂有限公司
版　　次 / 2021年8月第1版
印　　次 / 2021年8月第1次印刷
开　　本 / 787×1092　1/16
字　　数 / 520千
印　　张 / 26

ISBN 978-7-5496-3621-1
定　　价 / 288.00元